KB206122

산상수훈

그리고 인간 번영

신학적 주석서

The Sermon on the Mount and Human Flourishing
A Theological Commentary

산상수훈

그리고

인간 번영

신학적 주석서

조나단 T. 페닝턴 지음

이충재 옮김

도서출판 에스라

산상수훈 그리고 인간 번영 신학적 주석서

2020년 12월 15일 초판 1쇄 발행

지은이 | 조나단 T. 페닝턴
옮긴이 | 이충재
펴낸이 | 주해홍
펴낸곳 | (주)도서출판 에스라
등록 | 2018년 1월 22일 제2018-000009호
연락처 | 한국 010-4652-5057
　　　　미주 및 해외 714-713-8833
홈페이지 | 90daysbible.com
E-mail | haejoo518@gmail.com

공급처 | (주)비전북
전화 031-907-3927

ISBN 979-11-960521-9-5 03230

 "에스라가 여호와의 율법을 연구하여 준행하며
율례와 규례를 이스라엘에게 가르치기로 결심하였었더라"(에스라 7:10)

이 책에 담긴 모든 수고를 노스웨스트 오클라호마의 데이빗과
크리스타 아르니 가족에게 바친다. 나는 세상의 소금이며 세상의 빛인
이 사람들에게서 그리스도 중심, 천국 지향적 고난, 전체성,
그리고 번영을 목격해왔다.

네 보물 있는 그 곳에 네 마음도 있을 것이기 때문이니라.

마태복음 6:21

아무도 두 주인을 섬길 수 나니, 왜냐하면 그가 이를 미워하고 저를 사랑하거나
혹 이에게 헌신하고 저를 경히 여길 것이기 때문이니라.
너희가 하나님과 돈을 겸하여 섬길 수 없느니라.

마태복음 6:24

또한 천국은 마치 좋은 진주를 구하는 장사와 같으니 극히 값진 진주
하나를 발견하매 가서 자기의 소유를 다 팔아 그 진주를 사느니라

마태복음 13:45 (개역개정)

그 청년이 재물이 많으므로 이 말씀을 듣고 근심하며 가니라

마태복음 19:22 (개역개정)

• 차례 •

생각으로 시작해 이 책을 쓰기에 이르기까지 오랜 시간이 걸렸다. 마태복음을 연구하는 학생으로서 그리고 학자로서 지난 15년간 산상수훈의 아름다움에 매료되어 빠져 나올 수 없었다.

역사적, 개념적, 그리고 신학적 문맥에서 산상수훈 주석서를 쓰게 된 것은 지난 수년간의 강의에 기인한다. 이 강의는 내가 교수로 있는 학교 뿐만이 아니라 초빙교수로 있었던 리폼드 신학교(올랜도), 사우스이스턴 침례신학교, 그리고 열정적인 선교사들이 수업을 들었던 호주와 뉴질랜드등의 다양한 곳에서 이루어졌다. 또한, 나는 미국 전역과 세계 곳곳의 교회에서 산상수훈을 가르쳐왔다. 산상수훈에 대한 나의 이해를 머리속에 생각할 때마다 적어도 나 스스로의 명료성을 위해 배운 것들을 글로 써야겠다는 생각을 점점 하게 되었다.

베이커 아카데믹의 에디터인 제임스 어니스트 역시 같은 생각이었고 내가 이 작업을 이어가는데 많은 인내와 배려를 보여주었다. 불행히도 이 작업을 마칠 때에 제임스는 베이커를 떠나고 없었지만, 그럼에도 불구하고 짐 키니와 새로운 에디터인 아르얀 다이어를 비롯한 베이커 아카데믹 식구들이 잘 이끌어 주었다. 또한, 브라이언 볼거와 그의 팀은 글의 수정 작업을 통해 많은 부분에서 명료성을 높이는데 탁월한 역할을 해주었다. 이 책은 베이커 아카데믹을 통해 출판되는 나의 세번째 책이고 (다른 작업들도 진행중이다), 이들과의 관계를 단 한번도 후회한 적이 없었다.

이 책은 여러 단계의 발전 과정을 거치면서 많은 학생들이 소논문과 책들을 모아주고 음역과 확인 작업등으로 섬겨 주었다. 특히, 이충재, 브라이언 랜쇼, 브라이언 데이비슨, 스튜어트 랭글리, 다니엘 모리슨, 트레이 모스, 그리고 스테판 미첼에게 고마움을 전한다. 특히, 모든 장을 읽고 세부 사항을 점검해준 네이튼 리들호버에게 고마움을 전한다. 시간을 내어 이 책을 읽고 의견을 보내준 친구이자 동료 교수들인 더그 블라운트, 리로이 후이젠가, 벤 아스킨스, 마이클 스파리온, 개럿 왈든, 그리고 개릭 베일리에게 고마움을 전한다. 언제나 응원과 함께 나에게 소논문과 책들을 찾아다준 남침례신학교 도서관 스태프들, 특히 케빈 홀, 맥 밀러에게 고마움을 전한다. 이 책의 인덱스를 만들어준 필립 치아, 이충재, 맥 맥메인스, 안드레아스 베라의 유익한 은혜의 섬김에 고마움을 전한다.

이 책을 완성하며 완성에 대한 만족감과 부족함에 대한 아쉬움을 동시에 느낀다. 특히 후자와 관련하여 원함은 있었지만 근현대 해석을 다룬 주석들을 더 많이 다루지 못하여 아쉬움을 느낀다. 또한, 역사적이고 문예적인 해석들을 넘어서는 내용들을 더 다루고 싶었지만, 시간, 공간, 경험의 부족으로 인해 더 많은 깊이 있는 신학적 해석을 필요로 하는 교리적이고 건설적인 신학을 제공하지 못한 아쉬움을 느낀다.

산상수훈 번역

마태복음 5:1-2: 오르심과 앉으심

1 그가 무리들을 보았을 때 그는 산으로 올라갔다. 그리고 그가 앉았을 때 그의
 제자들이 그에게 왔다.

2 그리고 그가 그의 입을 열어 그들을 가르쳤다, 그가 말한다.

3 번영하는 자는 심령이 가난한 자니 하늘 나라가 저희의 것이기 때문이다.

4 번영하는 자는 슬퍼하는 자니 저들이 위로를 받을 것이기 때문이다.

5 번영하는 자는 겸손한 자니 저들이 세상을 상속받을 것이기 때문이다.

6 번영하는 자는 의에 배고프고 목마른 자니 저들이 배부르게 될 것이기 때문
 이다.

7 번영하는 자는 자비로운 자니 저들이 자비를 받을 것이기 때문이다.

8 번영하는 자는 마음이 깨끗한 자니 저들이 하나님을 볼 것이기 때문이다.

9 번영하는 자는 평화를 만드는 자니 저들이 하나님의 자녀들이라 불리워질 것
 이기 때문이다.

10 번영하는 자는 의를 위해 박해를 받는 자니 하늘 나라가 저희의 것이기 때문
 이다.

11 번영하는 자는 너희이니 나를 인하여 사람들이 너희를 욕하고 비방하고 모든
 악한 말을 하는 어느 때이든지 그러하니라

12 기뻐하고 즐거워하라 하늘에서 너희 상이 크기 때문이다. 이와 같은 방식으로
 사람들이 너희 전에 왔던 선지자들도 박해 하였느니라.

13 너희는 세상의 소금이다. 그러나 만약 이 소금이 짜지 않다면, 무엇으로 이것
 을 다시 짜게 만들겠느냐? 이 소금은 사람들에 의해 짓밟힘 당할 곳에 버려지

는 것 외에는 쓸모가 없다.

14 너희는 세상의 빛이다. 산 위에 세워진 도시가 눈에 띄지 않을 수 없다.

15 그리고 사람들이 등불을 켜서 바구니 아래 두는 경우도 없다. 오히려 받침대 위에 두고 집 안 모든 사람에게 빛이 비추이게 한다.

16 이와 같이 너희 빛도 모든 사람들에게 비추이게 하라. 그와 같이 하여 그들이 너희 착한 행실을 보고 하늘에 계신 너희 아버지께 영광을 돌리게 하라.

17 내가 율법이나 선지자를 폐지하러 온 줄로 생각하지 말라 폐지하러 온 것이 아니요 성취하려 함이라.

18 진실로 내가 너희에게 이르노니 하늘과 땅이 없어지기 전에 율법의 일점 일획이라도 없어지지 아니하고 다 성취되리라.

19 그러므로 누구든지 이 계명의 지극히 작은 것 하나라도 줄이거나 그 같이 다른 이들을 가르치는 자는 하늘 나라에서 작은 자라 일컬음을 받을 것이요, 누구든지 이 계명들을 행하고 다른 이들을 가르치는 자는 하늘에서 큰 자라 일컬음을 받을 것이니라.

20 내가 너희에게 말하거니와 만일 너희 의가 서기관과 바리새인들을 넘어서지 못하면 너희가 결코 하늘나라에 들어가지 못하리라.

21 옛 사람에게 말한 바 "살인하지 말라, 누구든지 살인하면 심판을 받게 되리라" 하였다는 것을 너희가 들었다.

22 더불어, 나는 이르노니 형제나 자매에게 노하는 자마다 심판을 받게 될 것이다. 그리고 형제나 자매에게 미련한 놈이라 하는 자는 재판정에 잡혀가게 되고 바보라 하는 자는 지옥 불에 들어가게 되리라.

23 그러므로 예물을 제단에 드리려다가 거기서 네 형제나 자매가 네게 원망할 만한 일이 있는 것이 기억나거든,

24 예물을 제단 앞에 두고 먼저 가서 형제 혹은 자매와 화해하고 그 후에 와서 예물을 드리라.

25 속히 너의 적대자와의 일들을 옳게 하라 심지어 재판정에 가는 길에 있다고

하더라도 그리하라, 그렇지 않으면 그 적대하는 자가 너를 재판관에게 내어 주고, 재판관이 옥리에게 내어 주어 네가 옥에 던져 지리라.

26 진실로 네게 이르노니 네가 한푼이라도 남김이 없이 다 갚기 전에는 결코 거기서 나오지 못하리라.

27 "간통하지 말라" 말하였다는 것을 너희가 들었다.

28 더불어 나는 너희에게 말하노니 음욕을 목적으로 다른 남자의 아내를 보는 자마다 그의 마음에 이미 그녀와 간통하였느니라.

29 만일 네 오른 눈이 너로 실족하게 하거든 빼어서 내버리라, 네 몸 중 하나가 없어지는 것보다 온 몸이 지옥에 던져지지 않는 것이 훨씬 좋으니라.

30 또한 만일 네 오른손이 너로 실족하게 하거든 찍어서 내버리라, 네 몸 중 하나가 없어지는 것보다 온 몸이 지옥에 던져지지 않는 것이 훨씬 좋으니라.

31 또 일렀으되, "누구든지 아내를 버리려거든 이혼 증서를 줄 것이라" 하였느니라.

32 더불어 나는 너희에게 이르노니 누구든지 음행한 이유 없이 아내를 버리면 이는 그녀로 간음하게 함이요, 또 누구든지 버림받은 여자에게 장가드는 자도 간음함이니라.

33 또 옛 사람에게 말한 바, "맹세를 깨지 말고 무엇이든 네가 주께 맹세한 것을 성취하라" 하였다는 것을 너희가 들었느니라.

34 더불어 나는 너희에게 이르노니 도무지 맹세하지 말라, 하늘로도 하지 말라, 이는 하나님의 보좌임이요,

35 땅으로도 하지 말라, 이는 하나님의 발 받침이요, 예루살렘으로도 하지 말라, 이는 큰 왕의 성임이니라.

36 네 머리로도 맹세하지 말라, 이는 네가 한 터럭도 희고 검게 할 수 없음이라.

37 오히려 오직 너희 말은 옳다 혹은 아니라 하라. 이를 넘어서는 것은 악으로부터 나느니라.

38 너희는 "눈은 눈으로 그리고 이는 이로"라는 말을 들었느니라.

39 더불어 나는 너희에게 이르노니 악한 일을 행한 자에게 저항하지 말라, 만약

누군가가 네 오른편 뺨을 치거든 다른 편 뺨도 대어 주라.

40 또, 누군가 너를 고발하여 겉옷을 가지고자 하면 그 사람에게 속옷까지도 주라.

41 또 누구든지 너로 억지로 오리를 가게 하거든 그 사람과 십리를 동행하라.

42 누구든지 네게 구하는 이에게 주며 네게 빌리고자 하는 자를 돌려보내지 말지니라.

43 또 너희가 "네 이웃을 사랑하고 네 원수를 미워하라" 말한 것을 들었느니라.

44 더불어 나는 너희에게 말하노니 너희 원수를 사랑하며 너희를 박해하는 자를 위하여 기도하라.

45 너희가 하늘에 계신 너희 아버지의 자녀이기 위해 이를 행하라. 하나님은 그 해를 악인과 선인에게 비추시며 비를 의로운 자와 불의한 자에게 내려 주심이라.

46 만약 너희가 너희를 사랑하는 자를 사랑하면 무슨 상이 있으리요? 세리도 이같이 아니하느냐?

47 또 만약 너희가 너희 형제와 자매만 사랑하면 어떻게 너희가 더 많은 의를 행하겠느냐? 이방인들도 이같이 하지 아니하느냐?

48 그러므로 하늘에 계신 너희 아버지가 전체적이심과 같이 너희도 전체적이어라.

6장

1 다른 사람들에게 보이려는 목적으로 이 의를 행하지 않도록 주의하라. 만약 그리하면 하늘에 계신 너희 아버지께 상을 받지 못할 것이니라.

2 그러므로 너희가 도움이 필요한 사람에게 베풀 때에 외식하는 사람이 다른 사람에게서 영광을 받으려고 회당과 거리에서 하는 것 같이 너희 앞에 나팔을 불지 말라. 분명히 내가 너희에게 이르노니 이것이 저들의 유일한 보상이니라.

3 너희가 도움이 필요한 자에게 베풀 때에 오른손이 하는 것을 왼손이 모르게 하라.

4 그렇게하여 도움이 필요한 자들에 대한 너희의 베풂을 아무도 모르게 하라. 그
러면 비밀리에 이루어지는 것을 보시는 너의 아버지께서 보상하시리라.

5 또 너희는 기도할 때에 외식하는 사람과 같이 하지 말라. 그들은 다른 사람들
에게 보이려고 회당과 큰 거리 어귀에 서서 기도하기를 사랑하느니라. 내가 확
실히 너희에게 이르노니 이것이 저들의 유일한 보상 이니라.

6 너희는 기도할 때에 네 골방에 들어가 문을 닫고 아무도 모르는 장소에 계신
네 아버지께 기도하라. 그러면 아무도 모르는 중에 보시는 네 아버지께서 보상
하시리라.

7 기도할 때에 이방인과 같이 횡설수설 떠들지 말라, 그들은 말을 많이 하여야
들으실 것이라 생각하느니라.

8 그들과 같이 되지 말라, 너희가 구하기 전에 너희 아버지께서 너희가 필요한 것
을 아시느니라.

9 그러므로 너희는 이렇게 기도하라:

하늘에 계신 우리 아버지여,

이름이 거룩히 여김을 받으시오며,

10 당신의 나라가 임하시오며,

당신의 뜻이 이루어지며,

당신의 뜻이 하늘에 있는 것 같이, 땅에도 있을 지어다.

11 오늘 우리에게 일용할 양식을 주시옵고

12 우리가 우리에게 죄 지은 자를 사하여 준 것 같이 우리 죄를 사하여 주시옵고

13 우리를 유혹에 이끌어 들이지 마시옵고, 다만 악에서 구하옵소서.

14 너희가 너희에게 적대하여 죄 지은 다른 사람들을 용서하면, 너희 하늘 아버
지께서도 너희를 용서하시려니와

15 너희가 다른 사람을 용서하지 아니하면 너희 아버지께서도 너희를 용서하지
아니하시리라.

16 그리고 너희가 금식할 때에 외식하는 사람들과 같이 슬픈 기색을 보이지 말라,

왜냐하면 그들은 금식하는 것을 다른 사람들이 보게 하려고 얼굴을 흉하게 하느니라. 내가 분명히 너희에게 이르노니 이것이 그들의 유일한 보상이니라.

17 너희는 금식할 때에 머리에 기름을 바르고 얼굴을 씻으라.

18 이는 너희가 금식하는 것처럼 사람들에게 보이지 않게 하고 오직 아무도 모르는 곳에 계신 네 아버지께 보이게 하려 함이라. 그러면 아무도 모르는 곳에서 보시는 네 아버지께서 보상하시리라

19 너희를 위하여 보물을 땅에 쌓아 두지 말라. 거기는 좀과 동록이 해하며 도둑이 구멍을 뚫고 도둑질하느니라.

20 오히려 너희를 위하여 좀이나 동록이 해하지 못하며 도둑이 구멍을 뚫지도 못하고 도둑질도 못하는 하늘에 보물을 쌓아 두라.

21 네 보물 있는 그 곳에 네 마음도 있을 것이기 때문이니라.

22 눈은 몸의 등불이다. 그러므로 네 눈이 전체적이고 관대하면 네 전체 몸이 밝을 것이다.

23 그러나 만약 네 눈이 악하고 탐욕스러우면 네 전체 몸이 암흑이 될 것이다. 그러므로 만약 네 안에 있는 빛이 암흑이면, 그것이 얼마나 큰 암흑이겠느냐!

24 아무도 두 주인을 섬길 수 없나니, 그가 하나는 미워하고 다른 하나는 사랑할 것이며, 혹은 하나에게 헌신하고 다른 하나는 경히 여길 것이기 때문이니라. 너희가 돈과 하나님을 섬기는 것은 할 수 없느니라.

25 그러므로 이에 대하여 내가 너희에게 이르노니: 너희의 목숨에 관한 것들에 관해서 무엇을 먹을까 혹은 무엇을 마실까 염려하지 말라, 또한 몸에 관한 것들에 대해서 무엇을 입을까 염려하지 말라, 목숨이 음식보다 중하고 몸이 의복보다 더 중하지 아니하냐?

26 공중의 새를 생각해보라, 씨를 심지도 않고 열매를 거두지도 않고 창고에 모아들이지도 아니하지만 하늘에 계신 너희 아버지께서 먹이시느니라. 너희는 이것들보다 더 귀하지 아니하냐?

27 너희 중에 누가 염려함으로 그의 목숨에 한 시간이라도 더할 수 있겠느냐?

28 또 너희가 어찌 의복을 위하여 염려하느냐? 들의 꽃들이 어떻게 자라는가 생각해보라; 일도 아니하고 길쌈도 아니하느니라.

29 내가 너희에게 말하노니, 그런데도 그의 모든 영광으로 옷 입은 솔로몬도 이 꽃들 중 하나 같지 않느니라.

30 오늘 여기 있다가 내일 불에 던져질 들풀도 하나님이 이렇게 입히시거든 얼마나 더 많은 것으로 너희를 입히시겠느냐 믿음이 작은 자들아?

31 그러므로 -"무엇을 먹을까" 혹은 "무엇을 마실까" 혹은 "무엇을 입을까"- 말하며 염려 하지 말라.

32 왜냐하면 이는 다 이방인들이 구하는 것이니라, 그리고 너희 하늘 아버지께서 너희가 이 모든 것들이 필요하다는 것을 아시느니라.

33 대신에, 먼저 그 나라와 아버지의 의를 구하라, 그리하면 이 모든 것이 너희에게 주어지리라.

34 그러므로, 내일에 대하여 염려하지 말라 왜냐하면 내일이 그 스스로를 위해 염려할 것이다. 각 날은 그 날에 속한 충분한 괴로움을 가지고 있느니라.

7장

1 부당하게 심판을 받지 아니하려거든 부당하게 심판하지 말라.

2 왜냐하면 너희가 다른 사람을 심판하는 그 심판으로 너희가 심판을 받을 것이고; 너희가 무슨 헤아림으로 다른 사람을 헤아리든, 그 헤아림으로 너희 또한 헤아림 받을 것이기 때문이니라.

3 어찌하여 형제나 자매의 눈 속에 있는 티는 보고 네 눈 속에 있는 들보에 대하여는 주의하지 않느냐?

4 어찌하여 형제나 자매에게 "나로 네 눈 속에 있는 티를 빼게 하라"고 말할 수 있겠느냐. 보라! 네 눈 속에 들보가 있느니라!

5 너희 외식하는 자여! 먼저 너희 눈 속의 들보를 빼어라. 그 후에야 밝히 보고 형제의 눈 속에서 티를 빼리라.

6 신성한 것을 개에게 주지 말며 너희 진주를 돼지 앞에 던지지 말라. 만약에 너희가 그리하면, 돼지는 그것을 발로 밟고, 개는 돌이켜 너희를 찢을 것이니라.

7 구하라 그리하면 너희에게 주어질 것이요. 찾으라 그리하면 너희가 찾을 것이요. 두드리라 그리하면 문이 너희에게 열릴 것이니라.

8 구하는 모든 이가 받을 것이요, 찾는 모든 이가 찾아낼 것이요, 두드리는 모든 이에게 열릴 것이니라.

9 너희 중에 아들이 빵을 달라 하는데 돌을 주는 사람이 없지 않겠느냐?

10 또는 아들이 생선을 달라 하는데 그에게 뱀을 주는 사람이 없지 않겠느냐?

11 그러므로, 악한 너희라도 너희 자식에게 좋은 선물을 줄 줄 알거든, 하늘에 계신 너희 아버지께서는 얼마나 더 많이 그에게 구하는 자에게 좋은 선물을 주시지 않겠느냐?

12 그러므로 모든 것에서, 무엇이든지 다른 이가 너희에게 또는 너희를 위하여 행하여 주기 원하는 대로 너희도 다른 이를 대접하라, 이것이 율법이요 선지자이기 때문이니라.

13 좁은 문으로 들어가라, 왜냐하면 멸망으로 인도하는 문은 넓고 그 길은 쉬워 그 문을 통하여 들어가는 사람이 많으니라.

14 그러나 생명으로 인도하는 문은 얼마나 좁고 그 길이 얼마나 어려운지 발견하는 자가 적음이라!!

15 거짓 선지자들을 조심하라, 그들은 양처럼 옷을 입고 너희에게 올 것이지만 속은 몹시 굶주린 탐욕스러운 이리라.

16 너희가 그들의 열매로 그들을 알아 볼 것이니라. 가시나무에서 포도를, 또는 엉겅퀴에서 무화과를 거둘 수 없지 않겠느냐?

17 이와 같이 건강한 나무마다 좋은 열매를 맺고 부패한 나무마다 나쁜 열매를 맺느니라.

18 건강한 나무가 나쁜 열매를 맺을 수 없고 부패한 나무가 좋은 열매를 맺을 수 없느니라.

19 좋은 열매를 맺지 아니하는 모든 나무는 잘려 불에 던져지느니라.

20 이러므로 그들의 열매로 그들을 알리라.

21 나에게 "주여, 주여" 하는 사람이 모두 하늘나라에 들어갈 것이 아니요, 다만 하늘에 계신 내 아버지의 뜻을 행하는 사람만이 들어가리라.

22 그 날에 많은 사람이 나에게 이르되 "주여, 주여, 우리가 주의 이름으로 예언하며, 주의 이름으로 귀신을 쫓아 내며, 주의 이름으로 많은 기적을 행하지 아니하였나이까?" 하리니.

23 그 때에 내가 그들에게 선포할 것이로되, "내가 너희를 도무지 알지 못한다! 무법을 행하는 자들아 내게서 떠나가라" 하리라.

24 그러므로 누구든지 나의 이 말을 듣고 행하는 자는 그의 집을 반석 위에 지은 지혜로운 사람으로 비유할 수 있으니라.

25 비가 내리고 강이 넘치고 바람이 불어 그 집을 치되 무너지지 아니하나니 이는 반석 위에 주추를 놓은 까닭이니라.

26 그러나 나의 말을 듣고 행하지 아니하는 자는 그의 집을 모래 위에 지은 어리석은 사람으로 비유할 수 있으리니.

27 비가 내리고 강이 넘치고 바람이 불어 그 집을 치매 그 집이 무너지고 그 무너짐이 심하였느니라.

28 그리고 예수께서 이 말씀들을 말하기를 마치시매 무리들이 그의 가르치심에 놀라니,

29 이는 그가 그들을 대단한 권위로 가르쳤고, 그들의 서기관들이 가르치던 것 같지 아니함이라.

8장

8:1 그리고 예수께서 산에서 내려 오시니 수많은 무리가 그를 따르니라.

서 론

산상수훈 전체 읽기 방법

이 책은 산상수훈(마 5-7)의 역사적, 문예적, 신학적 주해서이다. 조금 더 정확히 말하자면, 산상수훈이 자리하고 있는 유대 지혜 문헌과 그리스-로마 미덕 전통과 두 전통의 중요한 신학적이고 존재론적인 질문인 인간의 번영(flourishing)이라는 맥락에서 산상수훈을 해석한다.

이 책을 읽는 많은 사람들이 산상수훈 본문의 의미를 다루는 주석 부분에 우선적 관심을 가지고 있을 것이다. 이 책의 2부(6-11장)는 독자들이 언제든 확인하고 사용할 수 있는 주석적 자료를 제시한다. 하지만 이 주석만을 소화해서는 산상수훈을 풍성하게 읽을 수 없다.

이 책의 1부(1-5과)는 산상수훈을 제대로 해석할 수 있는 토대를 만들어 준다. 그림을 그릴 때 먼저 밑그림을 그리고 그것을 토대로 그림을 완성해 가듯이, 이 첫 다섯과는 산상수훈의 전체 밑그림을 보여준다. 산상수훈을 경치 좋은 산으로 비유하자면 이 첫 다섯 장은 산상수훈을 오르는 안내 지도가 되어준다. 등산을 마치면 넓고 큰 평지에 내려 오듯이 마지막12과(3부)는 산상수훈이 인간 번영의 관점에서 하나님의 구속 사역의 목적이라는 것을 설명한다.

이 책의 목적은 단순히 주해를 위한 주석일 뿐만 아니라 산상수훈을 전체로 읽는 방법과 산상수훈의 통합된 신학적 해석을 제시하는 것이다. 또한 이 책은 마태복음 5-7장 본문의 메시지를 역사적 배경, 문예적 형식, 그리고 신학적 주제에 맞추어 주해한다.

본격적 여정을 시작하기 전에 역사속에 존재했던 여러 종류의 산상수훈 해석 방식을 간략히 살필 것이다. 우리가 어떻게 여기까지 이르게 되었으며 앞으로 어떤 방식으로 해석 할 것인지 그려 볼 것이다.

산상수훈 해석 역사

리트머스 시험지로서의 산상수훈

산상수훈을 다루는 거의 대부분의 책들은 산상수훈 해석 역사에 대한 간략한 논의로 시작한다. 산상수훈을 직접 다루기 전에 해석 역사를 공부하는 방식은 아마도 일부독자들에게 마크 트웨인의 말을 떠올리게 할 것이다: "이미 많은 주석가들의 연구가 이 주제를 어둡게 만들었다. 만일 이런 일이 계속된다면 우리는 곧 이 주제에 대해 아무것도 알지 못하게 될 것이다."

그럼에도 불구하고, 해석사를 먼저 공부하는 것은 중요한 여정이다. 나의 생각에 집중하기 이전에 다른 이들의 생각을 이해하는 것은 지식과 지혜의 성장에 있어 필수불가결한 요소이다. 한스-게오르그 가다머가 말했듯이 "다른 사람이 옳을 가능성이 있다는 인식이 해석학의 핵심이다."[1]

산상수훈 해석사 연구를 단순히 형식적으로 하려는 것이 아니다. 성경 신학자들과 역사신학자들의 복잡한 머리속에서 벌어지는 재미없는 토론을 살펴보는 것도 아니다. 산상수훈이 역사속에서 어떻게 읽혀왔고 적용되어 왔는지를 살펴보는 것은 대단히 흥미롭고 산상수훈과 연관된 여러 신학적 주제들을 직접 들여다 볼 수 있는 기회이다. 산상수훈은 교회 역사 전체에서 가장 많이 가르쳐진 성경의 한 부분이고, 여러 중요한 주제들 포함하고 있다. 그렇기 때문에, 다양한 기독교 전통들이 그것을 어떻게 해석했는지 살피는 일은 여러 정보를 얻을 수 있는 즐거운 일이다.

산상수훈을 해석하는 방식은 그 해석자가 예수와 기독교 신학을 어떻게 이해하는 지를 여실히 드러낸다. 지난 수년간 산상수훈과 그 해석 역사를 연구해 오면서 한가지 알게 된 것은, 산상수훈이 각 기독교 전통의 전반적인 신학적 신념과 이해에 관한 중요한 리트머스 시험지 역할을 하고 있다는 것이다. 특히, 신약의 첫번째 가르침인 산상수훈을 해석하는 방식은 여러 신학적 주제들과 기독교인의 실천에 대한 이해를 드러낸다. 새 언약속에서 율법의 역할, 사람들의 윤리 체계에서 미덕(있는 경우)이 차지하는 역할, 기독교인의 삶에서의 경건한 행위의 중요성, 믿음과 행위의 관계, 종말론적 성향 혹은 그것의 부족, 기독교인의 삶에서 고통의 역할, 그리고 아버지로서의 하나님에 대한 이해 등 포괄적 범주의 주제에 대한 견해가 산상수훈의 해석에서 드러난다.

산상수훈을 읽는 다양한 방식들이 존재한다.[2] 산상수훈이 교회 역사

---

1 Jean Gorndin, *Introduction to Philosophical Hermenuetic* (New Haven:Yale University Press, 1994), 124를 보라. Gadamer의 하이델베르크 콜로키움1989. 7. 9에서 인용.

2 H. K. McArthur, *Understanding the Sermon on the Mount* (New York: Harper&Brother, 1960), 11을 보라. 초기 기독교 시대 때부터 산상수훈은 성경에서 가장 많이 주석되고 주해된 부분이다. 첫 3세기의 교부들의 색인에서 마태복음 5장은 다른 어떤 것보다 훨씬 자주 인용되며, 5-7장은 다른 3개의 연속되는 장보다 훨씬 자주 인용된다. 현대 시대에도 마태복음뿐만 아니라 산상수훈에 관한 수많은 주석과 설교들이 계속되고 있다.

전반에 걸쳐 많은 사랑을 받아왔고 아주 많이 사용되어 왔기 때문이다. 산상수훈에 관련된 엄청난 양의 2차 자료들이 존재하고 그것들을 분류하고 요약하는 일만 해도 엄청난 수고를 필요로 하는 작업이다. 산상수훈을 연구하는 학자들뿐 아니라 산상수훈을 연구하는 학자들의 연구물을 다루는 사람이 따로 필요할 정도이다. 사실 산상수훈 해석사의 분류학적 조사는 큰 가치가 있는 일이며 그것을 읽는 것 역시 중요한 일이다.[3] 대부분의 산상수훈 주석들에서 짧게 요약된 분류 연구를 찾을 수 있다.[4] 나 역시 이 책에서 내가 제안하고자 하는 산상수훈 읽기 방식을 제안하기 위해 간략한 요약을 제시한다.

1960년도에 출판된 흥미로운 책인 하비 K. 맥아더의『산상수훈 이해하기』는 산상수훈 적용 방식과 이해 방식에 관한 열두 가지 시도들을 논의한다. 맥아더는 이 다양한 시도들이 "산상수훈 해석과 기피"라 불릴 만하다고 재치있게 말한다. 역설적이게도 산상수훈이 교회사 전반에 많은 영향을 주었지만 오늘날의 많은 사람들은 산상수훈을 기피한다. 글렌 스타센과 데이빗 거쉬가 그들의 책『하늘 나라 윤리』에서 주장하듯이 기독교인들은 예수님을, 특히 예수께서 산상수훈에서 말씀하신것을 기피한다. 이는 좋지 않은 결과를 낳았다: "예수님의 구체적인 가르침을 기피하는 것은 기독교인들의 도덕적 실천, 도덕적 믿음, 그리고 도덕적 증인 됨을 심각하게 변형시켰다. 예수님은 제자도의 시금석은 우리가 그의 가르침을 행하는지, 그의 말씀을 '실천에 옮기는지'에 있다고 가르치

---

3 Jeffrey P. Greenman, Timothy Larsen, and Stephen R. Spencer, eds., *The Sermon on the Mount through the Centuries: From the Early Church to John Paul II* (Grand Rapids: Brazos, 2007). Clarence Bauman, *The Sermon on the Mount: The Modern Quest for Its Meaning* (Macon, GA:Mercer University Press, 1991)는 레오 톨스토이 (19세기후반)붙어 1970년대에 걸쳐 발견되는 열 아홉 개의 중요한 해석적 견해에 대해 자세한 논의를 한다.

4 특별히 Ulrich Luz, *Matthew 1-7: A Commentary*, rev. ed., trans. James E. Crouch, Hermeneia (Minneapolis: Fortress, 2007), 177-81을 보라.

셨다. 이것이 '우리의 집을 바위에 짓는다'는 의미이다(마 7:24)."[5]

산상수훈을 해석(혹은 기피)하는 방법들이 이렇게 많은 이유 중 하나는 산상수훈 자체가 신실한 독자들에게 문제를 일으키기 때문이다. 첫번째 문제는 산상수훈이 가르치는 의무가 믿을 수 없을 만큼 크다는 것과 그 가르치는 것을 완전하고 일관되게 실행하는 것이 명백히 불가능하다는 것이다. 두번째, 이와 관련한 율법주의 문제가 있다: 만약 사람들이 천국에 들어가기 위한 의무조건으로 산상수훈을 진지하게 받아들인다면, 그것은 반-복음적 율법주의 아닌가? 그리고 그것은 바울이 그의 서신서들에서 애써 반대했던 것 아닌가? 예수님의 산상수훈 가르침에 순종한다는 것과 바울의 이신칭의 교리는 어떻게 어울리는가? 산상수훈에 나타나는 "의"는 바울서신의 "의"와 비교해 무엇을 의미하는가? 세 번째 문제는 새 모세인 예수님의 가르침을 옛 모세가 시내산에서 받은 토라/율법과 연관하여 어떻게 이해해야 하는가이다. 이 문제는 새 언약과 옛 언약의 전반적 관계를 다룬다는 점에서 중요하다. 예수님은 나는 율법을 폐하려는 것이 아니요(5:17), 오히려 다른 결정적인 방식으로 율법을 재해석하고 율법의 온전한 의미를 명확하게 가르쳐 성취하려 하신다고 답한다.

다시 한번 요점을 말하자면, 산상수훈을 주의 깊게 읽다 보면 신학적, 목회적, 그리고 실천적 문제들이 야기되고, 여러 해석 방식들이 이러한 문제들에 대해 답한다. 이제 그 다양한 방식들을 간단히 살펴보자.

교부 시대와 중세시대 해석 방법들

첫째, 대체로 교부시대에는 동서방교회 모두에서 산상수훈이 문제가 되지 않았다는 사실에 주목해야 한다. 오히려 산상수훈은 기독교 이해

---

5 Glen H. Stassen and David P. Gushee, *Kingdom Ethics: Following Jesus in Contemporary Context* (Downers Grove, IL: IVP Academic, 2003), 11.

의 전형이고 기반으로 여겨졌다. 사복음서중 첫번째 복음서의 첫번째 가르침인 산상수훈은 믿음을 이해하는 첫번째 장소였다.[6] 이 지배적 견해의 대표자인 존 크리소스톰은 산상수훈은 바울의 가르침과 완벽하게 일치하며 그리스도께서 그의 백성 안에 그리고 그의 백성을 통하여 설립하시는 폴리테이아 혹은 왕국 공동체를 위한 비전이라 보았다.[7] 마찬가지로 위대하고 영향력 있는 어거스틴은 산상수훈 전체를 주석하며 "기독교인의 삶의 완벽한 척도"라 보았다.[8] 분명히 후대의 종교개혁자들이 씨름했던 예수님의 가르침이 어떻게 (루터교가 읽는) 바울과 상호공존할 수 있는지에 대한 문제는 없었다. 전반적으로 교부들은 산상수훈을 미덕 넘치는 기독교인의 삶에 대한 기본 비전 제시로 보았다. 이 미덕이 충만한 삶이라는 개념은 산상수훈을 낳은 헬라적 유대 배경과도 일치한다.

기독교가 발전하고 광범위한 지역에서 공식적인 종교가 됨에 따라 하나의 공통적인 해석방법이 생겨났고, 이는 특별히 서방교회의 많은 수도원 전통에서 실천되었다. 그들의 산상수훈 해석은 두 종류의 기독교인 즉, 특별한 종교적 부르심을 받은 수도승과 사제들, 그리고 세례받고 교회에 출석하는 평신도들이 별개로 존재한다는 널리 퍼진 개념에서 비롯되었고 영속하게 되었다. 이 이해 안에서 예수님의 가르침은 "계명(precepts)"과 "공의회(council)"로 나뉜다. 계명은 모든 사람들이 구원을 얻

---

6 복음서들이 초기 기독교 시대에 중심 역할을 감당했음을 지지해주는 더 많은 논지들을 확인하려면 Jonathan T. Pennington, *Reading the Gospels Wisely: A Narrative and Theological Introduction* (Grand Rapids: Baker Academic, 2012), 229-58을 보라. 알렉산드리아의 시릴이 대표적 예로 아들이 중개자 없이 직접 말하는 복음서들은 성경의 가장 중심부라고 주장한다. Matthew R. Crawford, *Cyril of Alexandria's Trinitarian Theology of Scripture* (Oxford: Oxford University Press, 2014) chap. 4를 보라.

7 Margaret Mitchell, "John Chrysostom," in Greenman, Larsen, and Spencer, *Sermon on the Mount through the Centuries*, 19-42를 보라.

8 Augustine, *The Lord's Sermon on the Mount* 1.1.1, trans. John J. Epson (London: Longman and Green, 1948). 어거스틴의 산상수훈해석이 (직접적으로 인용되지 않았더라도) 이 책 전반에 영향을 미치고 있다. 왜냐하면, 도덕 윤리와 인간의 번영이라는 접근은 그가 모형이기 때문이다.

는데 필요한 것이고, 공의회에 순종함은 완전함과 더 높은 부르심을 성취하기를 원하는 사람에게 필요한 것으로 여겨졌다. 이것은 사제계급을 발전시킨 서방카톨릭 전통에서 쉽게 볼 수 있다. 이 형식화된 구별은 모든 사람에게 적용 가능한 보편적인 계명과 성직자들과 특정한 영적자격을 가진 사람들에게만 적용되는 복음적 권고라는 로마카톨릭전통에 여전히 존재한다.[9] 가장 극단적인 형태가 도이츠의 활발했던 수도원 개혁자인 루퍼트에게서 발견되는데, 그는 은혜로 얻는 구원은 평신도와 세속적 성직자를 위한 것이고 산상수훈을 행하므로 얻는 구원은 열정적인 수도승을 위한 것이라 주장한다.[10] 로마 카톨릭 전통의 모든 신학자들이 루퍼트와 같은 방식으로 선을 긋는 것은 아니지만, 이 두 수준의 그리스도인들에 대한 기본 견해는 그들의 전통에 여전히 깊이 존재한다.

종교개혁시대 해석 방법들

종교개혁자들은 카톨릭의 두 수준 기독교인 사상과는 대조적으로 모든 믿는 자들의 제사장 됨과 이신칭의를 강조한다.[11] 마틴루터에게 산상수훈은 동시대 로마 카톨릭인들에 맞서 자신의 복음에 대한 이해를 정의하는 완벽한 전쟁터였다. 루터에게 산상수훈은 일부 특별한 사람만이 얻을 수 있는 특별한 가르침이 아니라, 오히려 그 반대였다: 산상수훈의

---

9 이것은 어거스틴의 입장에서 발견되지 않으며 수정주의적 어거스틴 주의자인 토마스 아퀴나스에게서도 발견되지 않는다. 참고, Aquinas, *Summa theologiae* I-II, questions 107-8, 여기에서 아퀴나스는 산상수훈은 모든 기독교인들을 위한 계명과 권고로서의 하나님의 법이라 말하며 이 결과에 어거스틴을 인용한다.

10 Benedict Viviano, "The Sermon on the Mount in Recent Study," in *Matthew and His World: The Gospel of the Open Jewish Christians; Studies in Biblical Theology* (Fribourg: Academic Press; Göttingen: Vandenhoeck & Ruprecht, 2007), 53. 특별히 Rrigitta Stoll의 주된 작품인, *De Virtute in virtutem; Zur Auslegungs- und Wirkungsgeschichte der Bergpredigt in Kommentaren, Predigten und hagiographischer Literatur von der Merowingerzeit bis um 1200* (Tübingen: J. C. B. Mohr, 1988)을 보라.

11 이와 관련하여 Servais Pinckaers가 관찰한것처럼 중세 후기의 변화는 (수동주의자들을 통한) 인간의 번영에 관한 윤리 이해에서 법을 지키는 것에 관한 윤리로의 변화였고 이것이 루터의 견해를 형성했다. Pinckaers, *Morality: The Catholic View*, trans. Michael Sherwin (South Bend, In: St. Augustine's Press, 2001-3), 32-41을 보라.

실현불가능한 높은 의무들은 모든 사람이 하나님 앞에서 자신들의 죄와 궁핍을 깨닫고 믿음으로 그리스도께 향하도록 의도된 것이다. 옛 언약의 율법과 마찬가지로 산상수훈은 복음을 준비하는 것이며, 어디에나 존재하는 루터의 율법-복음 해석패러다임의 대표적 예이다.[12] 데일 알리슨은 이 산상수훈 해석방식을 "불가능한 이상"의 관점이라 부른다.[13] 산상수훈의 기준은 너무 높게 설정되어 있어 이는 우리를 은혜로 돌아가게 한다. 아쉽게도 이 부정적인 용어들로 이루어진 관점은 산상수훈의 긍정적이고, 건설적인 사용을 불가능하게 하였다. 의도적이든 그렇지 않든 로마 카톨릭 수도원 해석과 완전히 대조되는 이 견해는 많은 개신교 전통에서 산상수훈에 대한 방치, 기피, 혹은 혼란의 원인이 되었다.[14]

비교를 위해 루터와는 다른 방향을 취한 동시대 두 가지 다른 개신교의 견해를 살펴보자. 먼저 개혁주의 혹은 칼빈주의 전통이다. 루터주의와 개혁주의 전통의 서로 다른 산상수훈 해석은 두 전통의 주요한 차이점을 드러낸다. "율법의 제3용도"를 강조하는 개혁주의 전통은 율법-복음이라는 대조를 강조하기보다 은혜의 맥락에서 율법/언약적 가르침을 이해하고 그것을 풍성하게 사용할 수 있다고 가르친다. 이것이 루터와는 조금 다른 산상수훈 해석을 가능하게 한다. 칼빈의 산상수훈 해석은 마음이 아닌 외적인 행동을 강조하는 바리새인들로부터 하나님의 율법을

---

12 영향력 있는 사상가들에게 전형적인것처럼 루터 자신도 그를 따르던 루터주의보다는 조금 더 산상수훈의 긍정적 사용을 어렴풋이 암시했다. 그러함에도 율법 대 복음이라는 루터의 과장된 선지자적 수사학은 이 산상수훈의 대조적 견해에 대한 궤적을 설정했다. Joel D. Biermann, *A Case for Character: Towards a Lutheran Virtue Ethics* (Minneapolis: Fortress, 2014)와 이 책 12과의 논의를 보라.

13 Dale C. Allison, *The Sermon on the Mount: Inspiring the Moral Imagination* (New York: Crossroad, 1999), 5.

14 루터주의자들의 견해에서 비롯하지 않았지만 비슷한 견해로 미국에 많은 영향을 끼친 세대주의 해석이 있다. 근본주의의 형태를 가진 이 견해는 19세기 후반부터 20세기 초까지 광범위한 지역에 영향을 끼쳤다. 전통적인 세대주의자들은 산상수훈은 은혜의 기간이라 여겨지는 갈보리부터 예수님의 재림까지의 세대가 아니라 시내산부터 갈보리까지의 세대, 즉 기독교 이전 율법의 세대에 주어진 것이므로 오늘날의 기독교인들에게 적합하지 않다고 주장한다. 그러므로 산상수훈에서 예수님께서 말씀하신 천국은 유대인들에게 제시된 천년왕국이다. 그 결과 산상수훈의 가르침은 기독교인들에게 전혀 적용되지 않으며 심지어 불가능하리만큼 높은 것이라고 주장한다.

해방하는 예수님을 보여준다. 산상수훈은 새 언약법, 곧 그리스도의 교리 요약이다. 루터의 부정적 읽기와 달리 칼빈에게 산상수훈은 기독교인들이 육체가 아닌 성령을 통해 주어지는 은혜를 인하여, 오직 하나님만 의지함을 통해 실현할 수 있는 것이다.[15]

루터와 칼빈은 각각 산상수훈을 해석하며 초기개신교의 한 중요한 전통인 재침례주의자들의 관점과 교류하고 반응한다. 재침례주의자들(아미쉬와 메노나이트 전통의 유례가 됨)은 로마 카톨릭 전통, 루터, 그리고 개혁주의 전통과 대조적으로 급진적이고 문자적인 해석을 강조한다. 산상수훈의 예외 없는 적용이 이 기독교 분파의 신학적이고 실천적 이해의 열쇠이다. 따라서 재세례파 전통은 모든 종류의 맹세에 대한 거부를 옹호하고, 다른 뺨을 돌려대는 비폭력을 장려하고, 그 밖의 산상수훈에 문자적 읽기를 적용한다.[16]

루터와 그와 같은 전통에 있던 자들은 재세례파의 해석을 잘 알고 있었고, 그것이 잘못되었고 심지어 사회에 위험한 것으로 보았다. 그 결과, 루터는 그의 "불가능한 이상"의 관점 이외에 또 다른 중요한 산상수훈 이해 방법을 제시한다. 이것이 두 왕국교리이다. 루터는 재세례파전통과 로마카톨릭주의에서 보여지는 사회 포기와 세상 탈퇴를 염려한다. 그는 두 왕국 이론을 통해 이 문제를 피하고 산상수훈을 모두에게 적용하려 한다. 루터는 먼저 영적/사적 영역과 시민/공적 영역을 구분한다.[17] 산

---

15 나는 찰스 퀄스의 유용하고 간략한 칼빈의 요약에 빚을 지고 있다. 그의 책 Charles Quales, *Sermon on the Mount: Restoring Christ's Message to the Modern Church* (Nashville:B&H, 2011), 8을 보라. 또한, Scott Spencer, :John Calvin," in Greenman, Larsen, and Spencer, *Sermon on the Mount through the Centuries*, 129-52를 보라.

16 산상수훈의 이 해석방식에 대한 유용하고 통찰력있는 이해가 Stanley Hauerwas's의 에세이 John Howard Yoder and Dietrich Bonhoeffer in Greenman, Larsen, and Spencer, *Sermon the Mount through the Centuries*, 207-22에 있다. 이외에 중요한 것으로, 루터주의자인 본회퍼는 그가 강조하는 "내적"에 반대되는 "보이는"교회 혹은 기독교 경건주의 관점의 측면에서 루터주의자들에게서 발전된 개인적-공적 구분을 거부한다.

17 Davie VanDrunen, *Living in God's Two Kingdoms: A Biblical Vision for Christianity and Culture* (Wheaton: Crossway, 2010)은 최근 개혁주의 관점에서 두 왕국 이론을 수정하려 시도한다. 하지만 이 시도가, 특히

상수훈은 전자인 개인의 도덕성에 대해 말하지만 공공정책에 관여하지 않는다. 한가지 결과는 기독교인은 개인이 아닌 사회의 한 구성원으로서 혹은 공무원의 일원으로서 무언가(예, 사형)를 할 수 있다는 것이다. 즉, 기독교인은 보복을 하면 안되지만 변호사나 왕자나 주부로서 정의와 질서를 유지할 수 있어야 한다.[18] 이 견해가 실용적으로 여러 면에서 도움이 되지만 실제로 루터는 어떤 사람을 각 범주로 나누는 것이 아니라 사람들을 두 범주로 나누는 다른 종류의 공의회-계명의 분리에 이른다. 두 종류의 사람이라는 이원론 대신 결국 두 영역의 이원론이 되어 사람의 마음가짐과 행동을 분리한다.[19] 이는 앞으로 언급 될 전체성 인간(whole-person)에 중점을 두는 산상수훈의 지배적인 주제와 어긋난다.

이와 대조적으로 로마 카톨릭 전통은 로마 카톨릭 교회내의 다양한 분파와 다양한 신학적이고 문학적인 영향을 이용해 산상수훈(일부 혹은 모든 것)을 미덕 형성에 관련해 해석하려는 경향을 가졌다. 미덕 윤리에 대한 기독교인의 이해와 발전을 강조하는 아퀴나스주의 해석은 산상수훈을 읽는 가장 영향력 있는 방법으로 남아있으며, 이는 카톨릭 도덕 신학에 밀접하게 연결되어 있다.

현대 시대 해석 방법들

현대 시대는 수많은 방법들로 기독교에 대한 이해에 영향을 끼치고 형성한다. 오늘날의 기독교인들 역시 산상수훈의 가르침의 급진적성격과 씨름하며, 그 결과 우리에게도 수많은 현대의 산상수훈해석들이 존재

아브라함 카이퍼와 관련하여, 진정 개혁주의 관점인지 아닌지는 논쟁점이다. 예를 들어 John M. Frame, *The Escondido Theology: A Reformed Response to Two Kingdom Theology* (Lakeland, FL: Whitefield Media Productions, 2011)을 보라.

18 이 영향력 있는 이해의 조금 더 깊은 이해를 위해 Susan Schreiner, "Martin Luther," in Greenman, Larsen, and Spencer, *Sermon on the Mount through the Centuries*, 109-28을 보라.

19 Stassen and Gushee, *Kingdom Ethics*, 130

하게 되었다. 그 중 하나가 사람의 내면의 의도에 집중하는 "실존적" 해석이다. 데일 알리슨이 이 견해를 묘사하듯, 산상수훈은 율법을 명령하지 않고 "그 대신 개인의 마음가짐과 내면의 성품에 대하여 말한다."[20] 산상수훈은 우리가 무엇을 해야하는지(do)가 아니라 우리가 무엇이 되어야 하는지(be)에 관한 것이다. 소렌 키에르케고어는 하나님 앞에서 사람들 자신에 대한 일깨움 혹은 실존적 공황상태/적나라함을 안겨주는 성경읽기 방법을 강조한다.[21] 또 다른 현대 해석들은 종종 전통적인 기독교의 견해에서 벗어나 산상수훈이 복음 메시지의 전체라고 주장한다. 즉, 전통적 강조인 죄, 속죄, 구원, 그리고 초자연적 거듭남보다는 예수님은 제대로 인정받지 못한 위대한 철학자이며, 산상수훈은 더 나은 인간 그리고 더 나은 인간 사회에 대한 비전을 제시한다고 주장한다. 이것이 많은 이들이 생각하는 산상수훈의 지속적 가치이다. 이런 해석 방법들 속에서 산상수훈을 진지하게 받아들이려는 다양한 시도가 있지만, 오히려 산상수훈의 어조를 다양한 방식으로 수정한다—그들은 예수님의 명령은 과장된 특징이 있어 실생활에서는 누그러뜨려져야 하고, 문자적 혹은 절대적으로 받아들이면 안되며, 예수는 일반적 도덕 원리를 가르치신다고 말한다.[22]

또 다른 해석방법으로 화란개혁파전통의 헤르만 리더보스가 있다. 그의 큰 영향력 뿐만 아니라 그의 통찰력 있는 해석 방법과 다른 여러 견

---

20 Allison, *The Sermon on the Mount*, 6.

21 Søren Kierkegaard, *For Self-Examination: Judge for Yourselves*, ed. and trans. Howard V. Hong and Edna H. Hong, Kierkegaard's Writings 21 (Princeton: Princeton University Press, 1991). 키에르케고어가 선호하던 성경은 산상수훈과 유기적으로 연관되어 있고 개념적으로 비슷한 야고보서였다. 야고보서는 하나님의 계시의 거울에 우리를 비추어 보고 그것을 잊지 않게 한다. Richard Bauckham, *James* (New York: Routledge, 1999), 1-10을 보라. 또한 David Crump, *Encountering Jesus, Encountering Scripture: Reading the Bible Critically in Faith* (Grand Rapids: Eerdmans, 2015)를 보라.

22 Charles Talbert의 유용한 MacArthur의 요약을 *Reading the Sermon on the Mount: Character Formation and Decision Making in Matthew 5-7* (Grand Rapids: Baker Academic, 2006), 29, 45에서 보라.

해들이 말하지 않는 복잡한 문제들을 언급하는 이유로 살펴볼 가치가 있다. 리더보스의 해석 방식은 "완전하게 함-복잡성"의 관점이라 표현할 수 있다. 리더보스는 그의 에세이 "산상수훈의 중요성"에서 몇가지 사고 단계가 수반된 정교한 읽기 방식을 제시한다.[23]

첫째, 리더보스는 예수님께서 율법을 "완전하게 하려"왔다 말씀하시는 마태복음 5:17의 강조에 주목한다. 리더보스는 이 말씀을 예수님께서 율법의 진정한 내용과 목적을 드러내어 가르치심으로 율법을 완전하게 하시는 것이라고 이해한다. (구약과 신약에서) 하나님의 율법은 단지 외적인 것을 의미하는 것이 아니라 언제나 내면의 성품, 즉 마음에 관심을 가진다. 그러므로 리더보스는 분명히 칼빈의 인도를 따른다. 그는 계속해서 율법은 매우 복잡하여 의는 여러 경우에서 율법의 다른 적용을 요구한다고 말한다. 예를 들어, 자식을 향한 아버지의 사랑은 필요에 따라 때로는 딱딱하게 때로는 은혜롭게 표현된다. 외적으로는 일관성이 없어 보이지만 실제로는 모두 같은 사랑에서 나오는 다른 표현이다.

리더보스는 예수님은 이 다측면적 율법의 특징을 배제하거나 번복하지 않았다는 사실을 발견한다. 예수님은 여러가지 상황에 따른 율법의 진실된 적용을 그의 삶에서 모범으로 보여주셨다. 그는 때로는 악에 저항하지 않았고 (예를 들면, 십자가에 못박히실 때), 때로는 악에 격렬하게 저항한다. 바리새인과 서기관들과의 갈등이 이를 잘 보여준다. 예수님은 사자이면서 양이다. 하나의 율법이 필요에 의해 여러 다른 상황들에서 두가지로 보여지는 율법과 선지자이다. 따라서, 리더보스는 산상수훈의 유효성의 범위를 조금도 제한해서는 안된다고 주장한다. 산상수훈의 중요성은 율법에 계시된 하나님의 뜻이 예수님께서 말씀하시는 풍성한 의미

---

23 Herman Ridderbos, *When the Time Had Fully Come: Studies in New Testament Theology* (Eugene, OR: Wipf & Stock, 2001), 26-43.

를 따라 완전히 실현되게 하는 것에 있다. "동시에, 예수님의 모든 구체적인 계명들에 우선적이고 제한 없는 유효성을 주어선 안 된다. 예수님은 율법 전체를 몇몇의 간결한 계명들로 표현하려 한 것이 아니다."[24] 예를 들어, 맹세하지 말라는 명령은 예수님 당대의 바리새파적 궤변에 대항하여 주신 것이지 구약에 나타난 모든 경건한 맹세를 뒤집으려는 의도가 아니다; 마태복음 5:17이 밝히듯이 예수님의 모든 가르침은 율법과 선지자와 일치하도록 정확하고 올바르게 이해되어야 한다. 리더보스는 이 해석만이 천국의 가르침과 삶 모두를 바르게 지킬 수 있는 것이라고 결론 맺는다. 그렇지 않으면 이 두 가지는 분리된다. 여러측면에서 리더보스의 해석은 전형적인 개혁파 접근 방식이면서, 동시에 윤리를 지속해서 상황화해 나가야 할 필요성을 더 확고히 한다. 그는 "미덕(virtue)"이라는 언어(와 그 강한 전통의 견해)를 사용하지 않지만, 약간의 중첩이 존재한다.

비 서양 그리고 비백인적 해석 방법들

위의 모든 해석방법들이 유럽 기독교 전통에서 나온 것이라는 점에 주목 해야한다. 이것은 기독교가 거의 2000년간 저자인 나 자신을 포함하는 서양에 막대한 영향력을 가지고 있었던 결과이다. 그러나 세계 기독교의 중심이 서양과 동양 모두로 계속 퍼져나가고 있기 때문에 서양과 백인의 관점 외의 다른 관점들을 살피는 것이 현명할 것이다.

전 세계의 다양한 관점들을 반영하는 영어로 쓰인 연구들이 상대적으로 적기 때문에 영어권 독자들이 비서양의 관점들을 접하기는 쉽지 않다. 또한 산상수훈에 대한 비서구권의 관점들은 일반적으로 서양과 서양의 영향을 받은 주석서들을 통해 공급되기 때문에 산상수훈에 대한 비

---

24 Ridderbos, *When the Time Had Fully Come*, 39.

서구권의 관점을 완벽히 이해하기도 어렵다.[25] 하이젠베르크의 불확실성의 원칙을 적용해 다시 말하면, 우리가 알고 있는 비서구권 관점들은 일반적으로 서구에서 (혹은 서구의 영향 아래서) 훈련받은 학자들이 매우 서구화된 형태와 방식으로 전달하기 때문에 왜곡과 변형이 존재한다. 그럼에도 불구하고 다른 목소리들을 듣기 시작했다는 사실이 중요하다. 다음은 다양한 출처에서 수집한 몇 가지 다른 견해들이다.

존 Y. H. 이에는 그의 대단히 흥미로운 에세이에서 세명의 20세기 중국 신학자들이 어떻게 산상수훈을 읽고 사용했는지 분석한다.[26] 이에는 세명의 해석자들을 그들의 사회적 맥락안에 설정하고, (다른 신학적 입장에 따라) 다른 해석들도 존재하지만 그들 안에 일관되게 발견되는 내용을 보여준다. "그들은 산상수훈을 가장 먼저 그리고 최우선으로 도덕성을 다루는 본문으로 취급하며, 성경 해석의 최종 목적은 독자들의 성품형성이며 그것을 위해 산상수훈이 주어진 것이라 받아들인다."[27] 이에는 성품형성에 대한 이 초점은 중국인들의 일반적인 지적전통이며, 특별히 유교 교육 제도의 전형이라 말한다.

한국인의 관점에서 산상수훈은 주로 교회 내에서 팔 복의 "축복"에 초점을 맞추어 읽혀 진다. 특히, 건강과 부의 복음 이해는 한국 교회의 대형 양적 성장에 큰 영향을 주었다. 이런 맥락에서 산상수훈은 하나님의 축복을 받기 위한 왜곡된 강조점을 가진 채로 읽힌다: 팔 복에 기반을

---

25 성경에 관한 세계적인 관점들을 서양에 가져오려는 최근의 시도들이 포함된 서양 주석 장르는 다음과 같다: Daniel Patte, ed., *Global Bible Commentary* (Nasheville: Abingdon, 2004); Brian K. Blount, ed., *True to Our Native Land: An African American New Testament Commentary* (Minneapolis: Fortress, 2007); Tokunboh Adeyemo, ed., *Africa Bible Commentary: A One-Volume Commentary Written by 70 African Scholars* (Grand Rapids: Zondervan, 2010); Brian Wintle, ed., *South Asia Bible Commentary: A One-Volume Commentary on the Whole Bible* (Grand Rapids: Zondervan, 2015).

26 John Y. H. Yieh, "Reading the Sermon on the Mount in China: A Hermeneutical Inquiry into Its History of Reception," in *Reading Christian Scripture in China*, ed. Chlöe Starr (London: T&T Clark, 2008), 143-62.

27 Ibid., 157.

둔 "여덟 개의 복"이 물질주의적으로 읽힌다. 동시에, 서양의 영향을 받은 한국 교회와 신학은 강한 윤리적 해석 전통과 루터주의자들의 불가능한 이상적 해석방식을 갖는다.[28]

더 멀리 남아시아까지 살피면 오늘날 얼마나 서로 다른 산상수훈 해석들이 존재하는지 알 수 있다. 남동 아시아 성경 주석의 마태복음5-7장 주석은 몇몇 남아시아의 인물들과 사상들(간디, 운명론, 아시아종교들의 관례 등)이 포함된 일반적인 주석 형태의 주해들이다.[29] R. S. 수거타야가 쓴 짧은 에세이에는 두 명의 영향력 있는 인도인 사상가인 라자 라모훈 로이 와 마하트마 간디의 산상수훈 사용에 대한 훨씬 더 날카로운 통찰이 있다.[30] 수거타야는 산상수훈이 이 두 명의 힌두교 사상가에게 매우 유익했다고 말한다. 그들은 식민지 기독교인의 영향과 그들의 선교활동 한 가운데서 진정한 종교가 무엇인지 이해하려 노력했다. 그들은 산상수훈에서 기독교교리나 신앙 등에 관한 내용보다는 그들이 진정한 종교의 목적이라 여기는 윤리적 진리와 비폭력의 실천 등을 발견한다. 둘 모두 역사적 예수나 다른 성경(심지어 마태복음의 다른 부분들)에 관심을 가지지 않지만, 넓은 관점에서 산상수훈을 힌두어 경전에 뿌리내린 윤리와 통합한다. 그들은 이런 방식으로 산상수훈을 통해 영국 식민주의자들과 인도 기독교인들과 대화할 수 있었다(심지어 설득하려 시도했다).

아프리카 성경 주석은 남동 아시아 성경 주석과 비슷한 형태의 서양식 주석으로 아프리카 주민들이 산상수훈을 읽는 여러 다른 방식을 보여준다. 예를 들어, 팔 복은 (적어도 특정 주석가에 의하면) 신적 축복보다는 행복

---

28 이 정보들은 나의 박사과정 지도 학생인 한국과 미국에서 교육받은 한국인 1세대 이충재의 한국교회의 산상수훈사용에 대한 분석을 통해 전달되었다.

29 Wintle, *South Asia Bible Commentary*, 1230-37.

30 R. S. Sugirtharajah, "Matthew 5-7: The Sermon on the Mount and India," in Patte, *Global Bible Commentary*, 361-66.

의 상태에 대한 마카리스틱 선언문으로 더 적절히 이해된다(이 책의 2과를 보라). 화평하게 하는 자가 된다는(마 5:9) 개념은 대량학살과 다른 형태의 폭력에 시달린 많은 국가들에서 더 크고 더 가시적인 역할을 한다. 또한 돈과 부에 관한 논의는 (6:19-34) 천연자원과 사회기반시설이 부족하고 서구의 소비 습관에 영향을 받는 탈식민 국가들에게는 다른 의미를 갖는다. 부와 최저 생활 생존에 관한 가르침들은 현대의 서구인들보다는 아프리카인들에게 큰 의미로 다가오며, 아마도 1세기 갈릴리 사람들의 이해와 더 가까울 것이다.

서구사회내에 존재하는 또 다른 목소리를 아프리카계 미국인들에게서 들을 수 있다. 우리 원주민의 땅에 대한 진실이라는 책에서 아프리카계 미국인들의 신약 주석을 발견할 수 있다.[31] 산상수훈에 대한 다른 주석들과 유사점이 많지만 구별되는 강조점이 있다. 예를 들어, 첫번째 팔 복인 가난을 경험한다는 것의 의미에 대해 일반주석들보다 그 내용이 훨씬 민감하고 풍성하다. 이는 단순히 돈과 힘없음에 관한 문제가 아니다, "가난함은 단순히 경제적 범주가 아니라 사회적 범주이다."[32] 마찬가지로, 마태복음 5:21-48을 폭력과 악에 대해 보복이 아니라 회개, 화해, 관용으로 극복하라는 가르침으로 이해한다.[33] 주기도문을 논하며 좋은 사회를 만들기 위해서는 앉아서 아무것도 하지 않는 것이 아니라 악이 지속되지 않도록 하나님을 도와야 하고, 그것이 아프리카계 미국인이 가지고 있는 중요한 책임이라고 지적한다.[34]

---

31 Blount, *True to Our Native Land*.

32 Michael Joseph Brown, "Matthew," in Blount, *True to Our Native Land*, 91.

33 브라운의 산상수훈 주석이 전반적으로 훌륭하고 통찰력 있지만, 마태복음에 대한 "중산층적 태도"를 드러내며 제자들은 기도방이 딸린 자기 집을 가지고 있었다는 해설은 의아했다. "아프리카계 미국인들의 대중적 역사인식 부족"을 설명하는 듯하다(ibid., 93). 브라운이 무엇을 말하고자 했는지에 대한 나의 이해부족 역시 나의 부족한 문화적 상황화의 결과이다.

34 본회퍼가 산상수훈을 읽으며 회심한 것은 우연이 아니며 그가 독일의 반유대주의와 싸운 것도 그가 인종 간의 대립과 1930-31년에 있었던 뉴욕의 아프리카계 미국인들의 시민권 쟁취를 위한 일을 목도한 직접적

지금까지 살펴 본 비서구 비백인의 목소리를 종합하면 산상수훈의 모든 해석방식들이 (서구의 것을 포함해) 필연적으로 특정한 문화와 시대 그리고 세계관을 반영하고 있음을 볼 수 있다. 산상수훈이 어떻게 해석되어 왔는가에 대한 이 간단한 검토로 기독교인들이 산상수훈과 어떻게 씨름해왔고 그것이 어떻게 실현되어 왔는지에 대해 전부를 알 수는 없다. 그러나 큰 틀에서 일반적인 윤곽은 식별가능하다. 큰 틀에서 볼 때 가장 눈에 띄는 사실은 각각의 모든 견해들이 산상수훈의 복잡성에 대해 통찰을 제공한다는 것이고, 이 많은 견해 중 하나만 옳고 다른 것들은 다 틀렸다고 말할 수 없다는 것이다. 각각의 견해가 산상수훈을 이해하는데 도움을 준다.

산상수훈에 다양한 방식으로 접근 할 수 있고 접근 해야 하기 때문에 여러 유익한 해석들이 제시되어야 한다. 그러나 모든 해석방식들이 동등하게 유익하거나 통찰력이 있는 것도 아니다. 어떤 것이 실제로 다른 것보다 낫다. 나는 이 책에서 이미 제시된 방식들을 넘어서는 것과 때로는 완전히 대조적인 해석을 제시할 것이다. 그러나 여전히 가장 좋은 산상수훈 읽기 방식은 다른 사람들의 목소리와 관점에 민감한 것이다.

전체 산상수훈 읽기의 한 방법: 인간 번영

근본적으로 이 책의 목적은 앞선 해석사에서 제기된 질문인 산상수훈이 신학적이고 실천적으로 무엇을 말하는가?에 대한 답을 제시하는 것이다. 다양한 방식의 산상수훈 읽기에 여러 유익이 있다는 것을 인식하면서, 나는 이 책에서 산상수훈의 거의 모든 곳에서 의미가 통하고, 독

결과이다. Charles Marsh, *Strange Glory: A Life of Dietrich Bonhoeffer* (New York: Random House, 2014)를 보라.

자들의 유익이라는 가장 높은 목적을 성취하는 종합적 해석 방법을 제안한다.

서론인 이번과에서는 내가 생각하는 가장 좋은 전체 읽기 방식의 스케치를 제시한다. 1-5장은 그 비전을 논증과 설명으로 명확하게 표현하고, 12장은 그 토론을 완전하게 갈무리한다. 6-11장은 같은 질문을 요점으로 하는 본문 주해이다.

이 책의 주장은 인류가 항상 직면하는 가장 큰 형이상학적 질문인-어떻게 우리가 인간의 참된 번영(flourishing)을 경험할 수 있는가?-에 대한 기독교의 답이 산상수훈이라는 것이다. 행복, 축복, 샬롬이 무엇이고 어떻게 그것을 얻을 수 있고 유지할 수 있는가? 산상수훈만이 신약성경 혹은 전체성경에서 이 질문을 다루는 곳은 아니다. 이 형이상학적 질문은 성경 전체 메시지의 중심에 있다. 그리고 산상수훈이 이 메시지의 진원지요, 동시에 성경이 주는 답변의 최전선이다.

기독교 역사에서 몇몇 산상수훈의 해석들이 이 문제를 부분적으로 다룬다. 하지만, 이 관점으로 산상수훈 전체를 통합해 읽는 방식은 없었다. 내가 제안하는 전체 읽기 방식은 두 부분이다: (1) 산상수훈을 하나의 통합된 메시지로 이해하기 위한 주제 제시 방식; (2) 산상수훈을 읽는 목적에 대한 비전을 제시하는 방식이다.

첫째, 산상수훈은 진정한 인간의 번영은 오직 우리가 성령으로 힘입어 그의 계시된 아들 예수님을 통하여 아버지 하나님과의 교제할 때 가능하다고 말한다. 이 번영은 하나님의 공동체 혹은 하나님 나라안으로 제자들을 들어가게 하는 신실하며 마음 깊은 곳에 이르는 전체 인간의 제자됨(whole-person discipleship), 즉 전체 인간이 예수님의 가르침과 삶을 따르는 것으로 경험된다. 이 번영은 하나님께서 최종적으로 이 세상에 그의 통치를 확립하실 때, 즉 완성된 종말의 때에 완전히 경험할 수 있다. 예수님의 삶을 그들의 삶으로 따르는 자들은 이 세상에서 고통을 경험할 것이다. 하지만, 이 고통은 이 참된 번영을 현재도 누릴 수 있게 하시는 하나님의 섭리의 한 방식이다.

짧게 말해, 예수님께서 주시는 산상수훈은 예수 중심적, 번영 지향, 왕국 고대, 종말론적 지혜 명령이다. 이 책의 목적은 산상수훈을 미덕 혹은 인간 번영중심으로 읽도록 강요하는 것이 아니라, 오히려 이 주제들을-특별히 전체성(wholeness)을 통한 번영을-이해하는 것이 산상수훈의 신학을 가장 잘 이해하고 그 의미의 정상에 오르는 명확한 발판을 제공한다는 것을 보여주는 것이다.

인간의 번영/지혜 그리고 다가오는 하나님 나라에 대한 이중 강조는 우연이 아니다. 유대인과 그리스-로마 전통(더 광범위하게는 고대 세계)에서 왕은 지혜와 미덕의 전형이며, 그렇기 때문에 "살아있는 법," 의롭게 통치하는 가장 중요한 현자/철학자로 이해된다. 예를 들어, 유대인 전통에서 다윗과 "다윗의 아들" 솔로몬은 (근본적으로 결함이 있었지만) 지혜로 다스리고 통치했기 때문에 위대한 왕들로 그려진다. 그리스 전통은 (그리고 고대 전통은) 이 좋은 왕의 필요성을 더욱 분명하게 드러낸다. "고대의 이상적인 왕의 역할 중 하나는 법을 내적으로 구현하고, 국민들을 변화시키고, 법에 순종하도록 만드는 좋은 규범을 제정하는 것이다."[35] 이상적인 왕은 유덕한 존재로서 자신이 신들을 모방하고 생명 있는 혹은 살아 있는 법이 되어 그의 백성들의 총화를 이룩한다.[36]

인간을 번영으로 인도하는 미덕과 하나님의 나라는 상호적으로 영향을 미치며 깊이 연관된다. 산상수훈에서 우리는 동시에 둘을 성취하고 체화하는 한 사람을 만난다; 그는 완전하며 미덕한 사람이며 진정한 왕

---

35 Josh Jipp, *Christ Is King: Paul's Royal Ideology* (Minneapolis: Fortress, 2015), 45.
36 Ibid., 50-51

이다. 따라서, (명확히 왕국에 관한 것인) 산상수훈을 인간의 번영의 관점으로 읽는 것은 이질적 관점을 무리하게 주입하는 것이 아니라, 오히려 고대세계에서 사용되는 관점을 옳게 주입해 읽는 것이다.

둘째, 산상수훈을 읽는 가장 좋은 전체적 접근 방식은 첫번째와 유기적으로 연관된 아레테제닉과 프로스 오페리몬이다. 아레테제닉은 성품 혹은 미덕 형성을 목적으로 하는 읽기를 의미한다.[37] 교사들이 가르치고, 설교자들이 설교하고, 철학자들이 슬기를 말하는 것은 그들의 독자들이 사유, 감정, 방향 정립에서 성장하고, 그로 인해 자신과 주변 사람들이 더 좋아지게 하는 변화를 위함이다. 따라서, 세상에서 살아가는 하나의 방법에 초점을 두는 산상수훈 읽기 방식 또한 자연스럽고 적절하게 변화라는 목적에 초점을 두어야 한다. 산상수훈에 대한 역사적, 문예적, 교의적, 정치적, 탈식민지적, 문법적, 언어학적, 본문비평적 등의 다른 모든 읽기 방식은 개인의 변화를 위한 읽기라는 가장 높은 읽기 방식에 오르기 위한 단계들이다.[38]

프로스 오페리몬은 무엇이 가장 유용한가 혹은 유익 한가에 중점을 둔 읽기 방식을 의미한다. 이 헬라 어구는 마가렛 미첼이 초기 기독교의 성경 해석을 다룬 탁월한 책에서 비롯한다.[39] 미첼은 교부 시대와 그 이전 시대의 좋은 성경해석이란 "고대의 본문 해석의 세가지 주요한 가치

---

37 나의 책 복음서 읽기에 친숙한 독자라면 복음서 전체 목적을 드러내는 열쇠가 아레테제닉컬임을 기억할 것이다. 나는 이를 "미덕을 발전시키기 위한 목적"이라 정의한다. 여기에서의 제안도 같은 것이지만 더 적절한 용어인 엘렌 채리의 "아레테제닉"을 기쁘게 받아들여 사용한다. 이 용어는 받는 자의 미덕을 생성하거나 가르치는 독서와 연구를 묘사한다. Ellen T. Charry, *By the Renewing of Your Minds: The Pastoral Function of Christian Doctrine* (Oxford: Oxford University Press, 1999), 16-19.

38 마커스 보쿰멜은 신약성경의 "모범적 독자"의 특징들에 대한 유용한 스케치를 제시한다. 신약의 저자들이 모델로서 기대하던 모습을 추정할 수 있게 한다. 이 모범적인 독자는 본문의 진리 주장에 개인적인 지분을 가지며, 종교적, 도덕적, 지적 회심을 거치며, 신약성경을 권위있는 것으로 받아들여, 교회의 입장에 처하며, 성령에 충만함으로 영감된 것이라 가정한다(Bockmuehl, *Seeing the Word: Refocusing New Testament Study* [Grand Rapids: Baker Academic, 2006], 68-74). 이 스케치는 신약의 목소리와 잘 어울리며 내가 생각하기로는 개인의 변화라는 목적을 위한 읽기라는 이해로 잘 인도한다.

39 Margaret Mitchell, *Paul, the Corinthians, and the Birth of Christian Hermeneutics* (Cambridge: Cambridge University Press, 2012).

들이 신중하게 조정되어 균형을 이루는 것에 있다"고 주장한다. 이 세가지는 (1) 전체 본문과 부분이 말하는 것의 정밀 검토, 아크리베이아(정밀성, 날카로운 주의력); (2) 현재 독자를 위한 유익을 의식함, 오페레이아(유익); (3) 이 두 가지의 균형을 유지하기 위한 노력, 에피에케이아(관용)이다.[40] 이어지는 나의 산상수훈 주해도 이와 동일한 접근법을 추구한다: 크고 작은 본문의 세부사항들과 씨름하지만 항상 한발짝 뒤로 물러서 이 책의 큰 목적인 무엇이 가장 큰 유익을 주는 해석 인지에 대해 물을 것이다.

---

40 Ibid., 108.

오 리 엔 테 이 션

1부

1
산상수훈의
백과사전적 배경

THE SERMON ON THE MOUNT AND HUMAN FLOURISHING

베이스 캠프: 백과 사전적 배경 이해하기 (움베르토 에코)

현명한 산악인은 등반에 앞서 철저한 준비의 시간을 갖는다. 이 준비는 정신 및 신체 단련, 목표 분석, 장비 수집, 좋은 안내자 찾기 등 많은 요소들을 포함한다. 최종적으로 이 모든 것을 산아래 베이스 캠프에 준비한다.

이번 장은 산상 수훈을 오르기 위한 베이스 캠프이다. 이 베이스 캠프에서는 산상수훈을 사전 답사한다. 그리고 등반 하는 최선의 방법을 제시한다. 이 사전 답사는 산상수훈의 가장 높은 풍경에 도달하기 위해서 산상수훈의 백과 사전적인 문맥을 이해하는 실력 있는 독자가 되어야 한다는 것을 제안한다.

문맥에 모든 것이 달려 있다. 문장, 단락, 장, 책, 제목은 모두 문맥 안에 존재한다. 이것이 문학적 문맥이다. 또 다른 문맥도 있다. 일요일 아침

일찍, 집에 있는 다른 사람들이 깨어나기 전, 빨간 소파에 앉아 한 문장을 쓰고 있는 저자인 나의 원래 문맥이 있다. 그리고 이후에 다른 환경에서 문장을 수정하는 문맥도 있을 수 있다. 또 다른 문맥은 지금 이 책을 읽고 있는 독자로서의 당신의 문맥이다. 시간과 공간에 있어서 당신이 있는 곳은 이 글을 쓰는 저자인 나와 다른 문맥에 있다. 내 글은 이 시점까지 내 인생 전체의 복잡한 문맥 속에 존재하고; 당신 역시 당신의 삶이라는 문맥 속에서 이 글을 읽는다. 오늘은 이전의 모든 날들에 의해 모양이 만들어지고 형성된다. 당신이 미래의 어느 시점에서 이 글을 다시 읽게 된다면, 이 글의 내용과 의도는 바뀌지 않지만, 당신에게 생길 다른 많은 일들로 인해 또 다른 문맥에서 읽게 될 것이다.

이러한 다중 문맥의 중요성을 이해하는 데 도움을 주는 가장 통찰력 있는 사상가가 움베르토 에크이다. 특히 문화 백과 사전과 모델 리더라는 맥락에서 볼 때 매우 중요하다. 그는 베스트셀러 소설에서부터 번역 이론에 관한 작품에 이르기까지 방대한 영향력을 가진 작품들로 유명하다. 에코는 기호론자였다. 기호학은 인간의 의사 소통에서 기호와 상징이 어떻게 작용하는지를 살피는 문학 및 언어 연구의 한 분야이다.[1] 그의 연구는 문화적 신호와 문화적 현상을 통해 언어가 의미를 전달하는 방식을 다룬다.[2] 기호학은 산상수훈을 포함한 모든 종류의 텍스트를 읽고 해석하는데 문맥의 개념이 중요한 이유를 설명한다.

---

1 기호론에 대한 더 많은 연구를 위해서 Umberto Eco, *The Role of the Readr: Explorations in the Semiotics of Texts* (Bloomington: Indiana University Press, 1984);와 Eco, *Semiotics and the Philosophy of Language* (Bloomington: Indiana University Press, 1984)를 보라.

2 이어지는 요약은 Leroy Huizenga, *The New Isaac: Tradition and Intertextuality in the Gospel of Matthew* (Leiden: Brill, 2012)에 상당히 의존하고 있으며, Ross Wagner, *Reading the Sealed Book: Old Greek Isaiah and the Problem of Septuagint Hermeneutics* (Tübingen: Mohr Siebeck, 2013)에서 추가된 생각들을 포함한다. 조금 다르지만 Eco의 성경연구에 관한 평가를 Heath Thomas, *Poetry and Theology in Lamentations: The Aesthetics of an Open Text*, Hebrew Bible Monographs (Sheffield: Sheffield Phoenix, 2013)에서 찾아 볼 수 있다. Richard B. Hays, Stefan Alkier, 그리고 Leroy A. Huizenga, eds., *Reading the Bible Intertextually* (Waco: Baylor University Press, 2009)의 특히 1과와 14과에서 더 많은 연구들을 찾아 볼 수 있다.

에코는 문학 작품의 해석과 의미의 발생 방식에 대해 격렬하게 논쟁하는 이론가들 사이에서 가장 중요한 사상가이다. 이 싸움의 두 진영을 간단히 정리하면, 한 쪽의 사람들은 원본 텍스트를 만든 저자의 역할을 강조하고, 다른 한 쪽의 사람들은 독자가 의미 생산에 결정적인 역할을 한다고 제안한다. 이 두개의 범주를 텍스트의 해석에 적용하면 객관주의와 주관주의, 혹은 모더니즘과 포스트-모더니즘, 저자의 의도와 독자의 반응 사이의 차이라고 할 수 있다.

에코는 그의 오랜 경력을 통해 이 복잡한 논쟁에 상당히 명확하고 강력하며 독특하고 유익한 길을 제시한다. 에코는 독서 행위의 복잡성, 다양한 문화적 맥락, 그리고 다양한 전통들이 텍스트를 분별하고 해석하는 일에 영향을 미친다고 본다. 그러나 오늘날의 많은 문학 이론과는 대조적으로 텍스트를 작성하는 저자의 의도와 특정 시간과 장소에 존재하는 저자의 역사적 위치의 중요성을 강조한다. 이것이 에코를 후기구조주의자들과 심지어 다른 기호론자들을 포함한 많은 포스트모던 문학 이론들 사이에서 애매한 위치에 놓는다.[3] 저자가 단순히 한 텍스트를 사용하여 원하는 것을 말할 수는 없겠지만, 물론 원한다면 할 수도 있겠지만, 이것은 좋은 문학 이론이 아니며 텍스트를 해석하는 좋은 방식도 아니다. 저자가 의미를 결정하는데 아무런 역할을 하지 않는 것처럼 무시할 수 없다: "오히려 저자에 의해 사용된 단어는 [누군가 그것을 무시하려 시도한다면] 독자가 침묵하거나 혹은 시끄럽게 하며 무시할 수 없게 하는 상당한 물질적 증거이다."[4] 오히려 "텍스트를 해석하는 일은 텍스트의 본질, 텍스트의 의도, 통용되는 의미와 기능을 가진 단어들과 단어들의

---

3 Huizenga가 적고 있듯, "에코의 관점에서 후기구조주의자들은 틀렸고 비평적 해체주의자들도 틀렸다; 후기 [롤랜드] 바르트와 그의 동료들은 언어에 관한 문화적 관습의 실제 본질을 무시한다." (*New Isaac*, 54).

4 Eco, "Interpretation and History," in *Interpretation and Overinterpretation*, ed. Stefan Collini (Cambridge: Cambridge University Press, 1992), 24, Huizenga, *New Issac*, 55에서 인용.

배치를 식별하는 일을 수반한다."[5]

에코의 독특한 기여는 이 텍스트 중심의 읽기가 언어와 의사 소통의 독창적이고 복합적인 성격과 그것에 독자의 경험이 연관되는 방식에 대한 모델을 제공한다는 것이다. 에코의 말을 이해하는 열쇠는 "백과 사전적 능력"에 대한 개념이다. 에코는 단어와 구문의 의미를 단어의 뜻을 정의하는 사전에서 찾기 보다는 현실의 지식(문화, 역사, 신념)을 담고 있는 백과 사전에서 찾아야 한다고 주장한다. 에코는 우리가 결코 "언어를 문화적 위치와 기능이라는 틀에서 분리 할 수 없다"는 것을 보여준다. 언어는 사회 현상이므로 추상적이거나 이상적이지 않다.[6] 의사 소통과 글은 실제 사람들의 실생활에서 만들어지며 문화적 가정과 작용으로 완성된다. 의사소통은 이러한 역사적 현실 안에 존재한다. 언어에 대한 사전적 접근법은 사실들을 점 대 점 방식으로 두서 없이 연관시킨다. 그러나, "백과 사전적 접근법은 추론의 형태를 취하는 해석 과정을 시도한다."[7] 또는, 존 하이만의 말에 따르면 "사전은 단어를 다른 단어와 관련시킨다. 백과 사전은, 다소 날카롭게 대조 하자면, 단어를 언어 외적 사실들,"[8] 또는 문화적 현실과 관련시킨다. 예를 들어, 스테판 알키어는 로마 제국에 대한 문화 이해 백과 사전에서 현대 서구 문화에는 존재하지 않는 "사랑의 철자"에 대한 항목이 있었을 것이라고 지적한다.[9] 이 차이점은 우리의 독서가 단어 뿐만 아니라 우리의 문화와 우리 앞에 놓인 텍스트의 서로

---

5 Huizenga, *New Issac*, 55. Kevin Vanhoozer는 저자와 텍스트의 의도의 역할에 대한 문학적 그리고 언어적 본질에 관한 수준에서 큰 도움을 준다. *Vanhoozer, Is There a Meaning in This Text? The Bible, the Reader, and the Morality of Literary Knowledge*, 2nd ed. (Grand Rapids: Zondervan, 2009)를 참고하라.

6 Huizenga, *New Issac*, 26.

7 Umberto Eco, *A Theory of Semiotics* (Bloomington: Indiana University Press, 1976), 164.

8 John Haiman, "Dictionaries and Encyclopedias," *Lingua* 50 (1980): 332. 사전과 백과사전적 문맥의 구분에 대한 더 많은 논의를 다음에서 확인하라, Umberto Eco, *Kant and the Platypus: Essays on Language and Cognition* (New York: Harcourt, 1997), 224-79.

9 Stefan Alkier, "New Testament Studies on the Basis of Categorical Semiotics," in Hays, Alkier, and Huizenga, *Reading the Bible Intertextually*, 235.

다른 문화적 차이를 이해하는 것을 수반한다는 사실을 말한다.

따라서 언어와 텍스트는 설명 가능한 특정 문화 현상의 산물로 간주해야 한다. 이는 사전으로 접근하는 것보다는 백과사전으로 접근해야 이해할 수 있다. 에코에게, "백과 사전"은 텍스트가 생성되는 모든 가능한 문화적 해석과 현상들의 모음 전체이다.[10] 백과 사전은 "텍스트가 생성되고 텍스트의 틈이 채워지는 문화적 틀"이다.[11] 백과 사전은 결코 완성되지 않으며 정리된 생각으로 존재하지 않는다. 즉, 계속해서 발전하는 문화처럼 의미들의 가능한 조합들도 무한하다.

후기구조주의자와 에코를 구분하는 열쇠는 다음과 같다. 후기구조주의는 (그리고 현재 문학 이론의 많은 부분과 텍스트 간의 관련성에 대한 논의에서) 의미는 결코 실제로 발견되지 않으며, 텍스트 저자의 의도도 존재하지 않으며, 오히려 독서는 무한한 기호 현상의 과정을 탐구하는 것처럼 완전히 열려있다고 말한다. 대조적으로, 에코의 경우, 텍스트는 백과 사전 자료의 실제적 실현이며, 따라서 기호 현상의 무한한 역할이 가능하며 독자로서 참여할 수 있다.[12] 모든 텍스트는 단지 언어가 아니며, 그것이 만들어진 문화백과 사전의 일부 측면의 실현이기도 하다. 그리고 텍스트는 실제 상황에서 만들어지고 의도를 가지고 있기 때문에, 좋은 독자는 실제로 역사적, 문화적, 문학적 분석을 통해 "실제 이야기의 (그리고 텍스트의) 특정 부분을 해석하기 위해 유용한 것으로 보이는 사회적 백과 사전의 한 부분을 사용할 수 있다."[13] 더 간단하게 말하자면, 단어는 문화의 산물이고 (단순히 사전의 의미를 나타내는 것이 아닌) 문화적 공명을 불러 일

---

10 Huizenga, *New Issac*, 26.

11 Stefan Alkier, "Intertextuality and the Semiotics of Biblical Texts," in Hays, Alkier, and Huizenga, *Reading the Bible Intertextually*, 8.

12 Huizenga, *New Issac*, 56

13 Ibid., 28.

으키는 것이기에 우리는 텍스트를 해석함에 있어 문화적 인자들에 민감해야 한다.

에코에게 모델이 될만한 독자는 가능한 한 가장 일관되고 효과적인 방법으로 특정 텍스트를 그것과 관련된 문화 백과 사전에 연결하여 읽는 사람이다.[14] 텍스트를 가장 잘 읽는 것은 (필요함에도 불구하고 불완전할 수밖에 없는) 백과 사전적인 이해에 대한 충분한 역량을 갖는 것이다. 이 모델 독자는 텍스트를 공감하며 읽는 사람이고, 텍스트의 "결"을 읽는 사람이다.[15] 좋은 독서는 "적합한 백과 사전적 역량에 기반한 순차적 추론, 주제 제시, 독서 방법들, 그리고 일관성에 대한 가설을 통한" "해석적 협력"을 수반한다.[16] 독서는 우리 앞에 있는 단어나 구문을 인식하는 것보다 훨씬 더 복잡하다. 오히려, "독서 (또는 듣기)는 문화 백과 사전적 지식의 활성화 혹은 마비를 요구한다. 이것이 읽히거나 들려진 것 전체가 의미를 갖게 한다."[17] 텍스트는 의도를 가지고 있고, 좋은 독자는 이것을 이해하려고 노력 한다. 텍스트의 내적 일관성은 어떤 해석이 범위를 벗어난 것이며 무엇이 최선인지를 식별하도록 인도한다.[18] 예를 들어, 토마스 아켐피스의 『그리스도를 본받아』를 프랑스 소설가 셀린이 쓴 소설처럼 읽을 수 있다. 몇몇 구절들은 흥미롭게 읽을 수도 있고 어느 정도의 지적 열매를 얻을 수 있겠지만, 본문이 전반적으로 말하는 일관된 흐름과는 반대되는 것을 말 할 것이다. 오히려, 기독교 중세 백과 사전에 따라 그리

---

14 Ibid., 23.

15 위에 언급하였듯이 Markus Bockmuehl은 이 관점을 취하며 신약성경을 읽는 독자들의 성격과 인물에 대한 통찰력 있는 생각을 제공한다. Bockmuel, *Seeing the Word: Refocusing New Testament Study* (Grand Rapids: Baker Academic, 2006), 68-74를 보라.

16 Umberto Eco, "Two problems in Textual Interpretation," in *Reading Eco: An Anthology*, ed. Rocco Capozzi (Bloomington: Indiana University Press, 1997), 44.

17 Stefan Alkier, "New Testament Studies on the Basis of Categorical Semiotics," 235.

18 Huizenga, *New Isaac*, 29n42를 보라.

스도를 본받아를 읽을 때, 모든 부분이 일관되게 나타날 것이다.[19]

산상수훈에 에코 접목하기

움베르토 에코의 이해에 대한 요점은 다음과 같다: 산상수훈을 읽는 가장 좋은 방법은 백과 사전적 문맥에 민감하고 동시에 모델 리더의 경험에 근접하는 것이다.

구체적으로 산상수훈의 형태, 재료, 그리고 표현은 제2성전 유대 전통과 그레코-로만의 미덕 전통의 연결점에 위치하고 있다. 이 두 전통은 외관상으로는 서로 반대되어 보이지만 실질적으로 조화를 이루고 있다. 어떤 신약성경이라도 백과 사전적인 맥락에서 이해하고 읽으려면 헬라와 유대적 기원에 관심을 기울여야한다.[20] 폴 요한네스 두 플레시스가 말하듯이 "신약 성경의 헬라 또는 유대적 배경을 무시하는 것은 한 줄만 있는 바이올린을 연주하는 것처럼 소용없는 일이다."[21]

더욱이, 이 두 문맥은 궁극적으로 인간 번영이라는 동일한 큰 주제를 지향한다. 모델 리더로서 산상수훈을 읽는 가장 좋고 유익한 방법은 이 중첩되는 백과 사전적 문맥과 인간의 번영에 대한 그들의 공통된 강조가 산상수훈을 형성하고 있음을 인지하는 것이다.

이 책의 목적이 산상수훈의 역사적, 문화적 배경과, 1세기 그리스도인들의 "세계관"등을 다루는 방법을 제안하는 것은 아니다. 이러한 종류의 역사적, 문화적, 사회 과학적, 개념적 배경 작업은 매우 유익하며 이어지

---

19 Umberto Eco, "Overinterpreting Texts," in *Interpretation and Overinterpretation*, 65, Wagner, *Reading the Sealed Book*, 43에서 논의 됨.

20 Huizenga는 마태복음의 정경적 맥락과 전통의 본질적인 중요성을 인식하면서도, 마태복음을 (그의 경우 이삭과 아케다의 인물에 관해 다루며) 구약을 넘어서 제 2성전시대 유대인 텍스트라는 광범위한 문화 백과 사전에서 읽는다.

21 Paul Johannes Du Plessis, *Teleios: The Idea of Perfection in the New Testament* (Kampen: Kok, 1959), 35.

는 나의 논지들에서 실제로 언급될 것이다. 그러나 이것들보다 더 필요한 접근방식을 에코를 통해 제안한다. 이 접근방식은 텍스트의 의사 소통 방식과 단순 외적 표기성을 넘어서는 언어의 연상성 또는 함축성의 수준에서의 소통 방식을 민감하게 살피는 것이다. 산상수훈이 가르쳐진 사회적이고 언어학적 백과 사전 문맥을 이해할 필요가 있다.[22] 이제 (신약의 백과 사전 문맥을 구성하는) 이 문맥들을 살펴보자.

제 1문맥: 이스라엘 역사와 제2성전 유대 지혜 문헌

산상수훈의 문맥에 대한 연구는 성경 자체 만큼인 큰 주제이다. 다양하고 복잡한 하천, 강, 지류 등을 포함하고 있기 때문에 간결한 요약이 필수적이다. 산상수훈을 백과 사전적인 문맥에서 잘 이해하기 위해서는 가장 근본적인 관찰, 즉 이스라엘의 역사와 산상수훈의 역사적, 문학적, 그리고 신학적 문맥을 먼저 다루어야 한다. 산상수훈의 의미를 이해하고자 할 때는 예수님, 기독교, 그리고 신약 성경이 유대교에서 직접적으로 나온 것이라는 사실에 근거해야 한다. 이 사실을 무시한 해석은 탈-문맥적 해석이며, 어느 정도의 열매를 얻을 수는 있겠지만 본문의 의도를 온전히 알 수는 없다.

특히, 예수님과 신약 저자들은 그들 자신을 하나님의 창조와 구속이라는 웅장한 이야기의 일부로 보았다. 이 이야기의 근원은 창세기 1-11장이

---

22 Kavin Rowe의 최근 출판된 중요한 논문인 *One True Life: The Stoic and Early Christian as Rival Traditions* (New Haven: Yale University Press, 2016)은 기독교가 어떻게 그레코-로만 세계에 접목되어 있는지 잘 보여준다. 그는 진실된 삶과 그 방식에 대한 풍부한 철학적 반추를 세네카, 에픽테투스, 그리고 마쿠스 아우렐리우스와 함께 바울, 누가, 그리고 저스틴 마터를 연구하며 설명한다. 로우의 프로젝트는 이 책의 나의 주장과는 다르다. 로우는 (매킨타이어를 따라서) 다양한 전통/생활방식의 상대성/번역 불가능성을 강조하므로 텍스트와 개념의 간단한 비교는 불가능하다. 나는 "백과 사전적" 텍스트 비교연구에 관한 모더니스트의 위험성을 인정하지만 (로우7 장 참조), 헬라 전통과 유대 전통이 서로 중첩되는 방식, 서로에게 정보를 제공하는 것, 그리고 기독교가 이 두가지 개념적세계로부터 대체물을 제공하는 방식에 대해 이해하는 것이 여전히 중요하다고 생각한다.

다. 창세기 1-11장에서 하나님은 그의 인류를 향한 특별한 사랑의 정점으로 만물을 창조하셨다. 그러나 인류는 삶을 풍요롭게 하는 것이 아니라 하나님을 사랑하고 서로를 사랑하는 것에서 실패하고 마음과 가슴을 어둡게 하여 궁극적으로 죽음을 초래했다. 하나님께서는 아브라함을 시작으로 그의 후손을 통하여 이 상태를 뒤바꿀 수 있는 신비하고도 힘든 장기 계획을 세운다.

구약의 신학은 이 구속과 회복이 이루어지는 다양한 성경적 이야기이다. 이 긴 이야기가 일관되게 말하는 것은 하나님은 신실함과 사랑의 성품을 가지신 분이라는 것과 그에 반해 인류는 끊임없이 주기적으로 믿음과 사랑 없는 행위를 해왔다는 것이다. 역사서와 예언서의 큰 소망은 하나님께서 최종적으로 하나님과 인류를 옳은 관계로 회복하시며 에덴동산을 회복하여 잃어버렸던 번영의 삶을 경험하게 하는 것이다.[23] 첫 창조 때에 하나님과의 관계 안에서 존재했던 샬롬 또는 평화를 하나님께서 회복하실 것이다.[24] 이를 창조물이 마지막 안식의 쉼에 들어가는 것이라 묘사 할 수 있다.[25] 이와 같은 세상에 대한 해석과 미래의 소망은 예수님, 기독교, 신약 성경의 이야기가 펼쳐지는 무대의 배경이자 내용이다.

더 구체적으로 말하자면 예수님, 기독교, 그리고 신약 성경은 제2성전 시대라고 불리우는 기원전 6세기, 즉 망명에서 돌아온 이스라엘이 성전을 재건하고 그것이 기원후 70년에 다시 무너지기까지 이어지는 시대에 쓰여진 문서이다. 이 기간 동안 유대인들이 쓴 여러 문헌들에는 초기 기독교의 모습과 내용에 영향을 주는 특징과 발전들이 나타나기 때문에 이 시기를 되돌아 보는 것은 유익한 일이다.

---

23 출 15:1-18; 이사야 51:3; 65:17-25; 에스겔 36:35을 보라.
24 이사야 51:11; 52:7; 54:10; 55:12-13; 66:12; 에스겔 34:25; 37:26을 보라.
25 Gordon Wenham, *Rethinking Genesis 1-11: Gateway to the Bible* (Eugene, OR: Cascade, 2013)을 보라.

많은 다른 연구들이 이 영향들을 고민하고 문서화해 왔다.[26] 산상수훈에 대한 이해와 특히 관련 있는 것은 제2성전 시대 지혜 문헌과 그것이 종말론적 및 계시록적 글들과 상호 작용하는 방식에 관한 것이다. 지혜-종말론적 유대 문헌은 산상수훈을 이해하는 데 특히 중요한 백과 사전 문맥을 제공한다. 넓은 차원에서 이해할 때 구약 성경은 이 구속 이야기가 역사 속에서 잘 진행되어 왔다고 말한다. 그러나 그 안에는 실제 삶과 인간 경험을 깊이 있게 다루고 드러내는 심오한 실천적 사상도 있다. 실제로 성경은 추상적인 이상과 보편적 진리의 집합으로 세상을 이해하기보다는 오히려 실제 사람들이 세상의 혼란스러움 속에서 넘어지며 불완전하게 살아간다는 것을 보여준다. 결과적으로, 성경의 많은 부분이 평화와 행복을 가져 오는 삶의 방식을 자세히 다룬다. 그리고 물질을 다루는 방법에 관한 지침, 젊은 여성들에 대한 남성의 접근 방식, 사회에서 어리석은 사람들을 다루는 방법들까지도 다룬다. 이 모든 것들과 그 이상의 내용이 성경의 지혜서라고 부르는 곳에서 발견된다.[27]

지혜 문헌은 잠언, 경구, 비유, 이야기, 그리고 윤리적인 가르침으로 구성된다. 또한 존재, 신적 정의로움, 그리고 삶의 의미에 대한 고민, 특히 계획대로 일이 되어지지 않을 때 인간 경험의 혼란스러움과 복잡성도 다룬다.[28] 이런 점에서 성경은 인간의 지혜, 그리고 미덕과 번영의 삶을 이

<hr/>

26 Martin Hengel, *Judaism and Hellenism: Studies in Their Encounter in Palestine during the Early Hellenistic Period*, trans. John Bowden (1974; repr., Minneapolis: Fortress, 1981)를 보라. 또한 N. T. Wright, *The New Testament and the People of God* (Minneapolis: Fortress, 1992); John M. G. Barclay, *Jews in the Mediterranean Diaspora: From Alexander to Trajan (323 BCE-117 CE)* (Berkeley: University of California Press, 1999); John J. Collins, *Between Athens and Jerusalem: Jewish Identity in the Hellenistic Diaspora* (Grand Rapids: Eerdmans, 1999)를 보라. 최근 Robert S. Kinney has argued persuasively in *Hellenistic Dimensions of the Gospel of Matthew* (Tübingen: Mohr Siebeck, 2016)은 마태복음의 헬라적측면들이 유대적 배경과 함께 다루어질 필요가 있다고 설득력 있게 주장한다.

27 성경의 다른 여러 부분들에 많은 지혜문학의 형태와 주제들이 존재한다(예를 들어 시편 37, 49, 73편등과 같은 "지혜시"). 지혜서는 일반적으로 잠언과 히브리성경의 전도서와 제 2성전 시대에 쓰여진 시락과 솔로몬의 지혜서가 인정된다.

28 "Wisdom Literature," in *Dictionary of Judaism in the Biblical Period*, ed. Jacob Neusner and William S. Green, vol. 2 (Peabody, MA: Hendrickson, 1999), 672.

루기 위해 씨름하는 다른 고대 문헌과 일치한다.

성경의 지혜 문학이 다른 고대 문헌들과 구별 되는 점은 급진적 일신론, "종교적 헌신과 주님에 대한 두려움이 모든 지식에 선행한다는 사실, 그리고 그것이 실제로 최종 목적지라는 점이다."[29] 더욱이 구약의 윤리와 미덕은 인간을 미덕의 이상으로 여기지 않는다. 오히려 미덕의 모델로서의 하나님의 본성이 그 근본임을 말한다. 이것은 아담과 하와와 하나님과의 관계라는 문맥에서 출발한다. 성경의 미덕은 하나님과 인간 사이 그리고 인간과 인간 사이의 관계 문제를 다루는 문맥에 있다. 그러므로, 제이콥 누스너가 관찰 한 바와 같이 구약 성경에서 "모든 미덕의 특징은 아담과 하와 그리고 에덴 동산의 창조 이야기 안에서 우리가 누구인지를 설명하는 포괄적인 그림 속에 위치한다." 미덕의 의미는 토라가 말하는 "창조, 시내산, 그리고 세상 끝에서 구속에 이르는 인류의 삶, 그리고 탄생에서부터 무덤과 최종적인 부활에 이르는 인류의 삶에 관한 이야기"라는 문맥에서 발견된다.[30]

구속과 미덕에 대한 이야기가 펼쳐지는 동시에 중대한 위기들도 지속적으로 발생한다. 이 위기들은 샬롬 가득한 에덴의 번영 상태의 회복이 종말 때 혹은 인간 시대의 마지막에 이르러서야 완전히 이루어 질 것을 분명히 한다. 선지자들은 다가오는 미덕으로 가득한 시대를 지속적으로 약속하고 그려준다. 동시에 이 최종 상태의 미덕 넘치는 삶을 살 것을 명령한다. 이 종말론적 선지서들은 그 형태와 세계관이 계시적이다. 이는 미래에 대한 비전과 종말론적 상태가 신적 계시에 의해 제한된 수의 사람들에게만, 즉 하나님에 대해 무지하고 반대하는 세계의 한가운데서 하

---

29 Ibid., 672

30 Jacob Neusner, "Virtue in Formative Judaism," in *The Encyclopedia of Judaism*, ed. Jacob Neusner, Alan J. Avery-Peck, and William S. Green, vol. 3 (London: Continuum, 1999), 1466.

나님에게 충실한 사람들에게만 주어진다는 것을 의미한다. 이 비전은 하나님에 의해 계시된 것으로 계시론적 ("계시된"이라는 의미) 본질을 갖는다. 영향력 있는 제2성전 유대 문헌 들은 종말론적 계시 이해의 형식과 세계관을 드러낸다.

이 부분이 매우 흥미로운 곳이다. 이 종말론적 계시 문헌의 대부분이 지혜 문헌과 깊이 연결된다. 언뜻 보기에 이 둘이 반대되는 상호 무관한 주제와 관점으로 보일지 모르겠지만, 더 깊이 보면 이 둘은 자연스럽고 필연적으로 중요한 상호 관계를 갖는다. 성경 미덕 혹은 성경 윤리는 구속과 인류와 하나님의 관계와 불가분하다. 그렇기 때문에, 마지막 회복의 때를 기대하는 이 문헌들도 번영을 경험하는 실제적인 방법을 설명하는 지혜와 실천적 미덕에 중점을 둔다. 이것이 실제로 제2성전 문헌의 많은 부분에서 발견되는 내용이다.

R. H. 찰스가 발견한 것처럼 "계시(묵시) [문학]은 본질적으로 윤리적이다."[31] 윤리적 지혜 문학과 묵시적 종말론 사이의 이러한 연결은 그랜트 맥카스쿨이 설명하는 시작된 종말론의 핵심에서 명백히 드러난다. "지혜의 계시는-신실하지 않은 이스라엘이 아닌-특정한 선택된 그룹에게만 주어 진다."[32] 제1에녹서, 쿰란의 여러 가지 문서들, 그리고 신약 성서를 포함하는 많은 제2성전 문헌이 이런 종류의 지혜를 가르치고 시작된 종말론을 다룬다.

실제로 신약 성경은 이를 여러가지 방식으로 드러낸다. 신약성경은 유대인의 도덕성을 강조하는 동시에 구별된 종말론과 기독교적인 방식으로 이 도덕성을 수정해 제시한다. 데일 알리슨이 지적하듯, (예수님께서도

---

31 R. H. Charles, *The Apocrypha and Pseudepigrapha of the Old Testament in English* (Oxford: Clarendon, 1913), 2:ix.

32 Grant Macaskill, *Revealed Wisdom and Inaugurated Eschatology in Ancient Judaism and Early Christianity*, JSJSup 115 (Leiden: Brill, 2007), 297.

강조하신) 종말론적 심판이 임박했다는 것에 대한 믿음이 도덕 전통을 강화시키기도 하고 어떤 요소들을 수정하기도 한다. 그 이유는 다음과 같다:

> 새로운 세상에 대한 소망은 현재 세상과 현재 세상의 전통적 관습과 사회 질서의 종말을 포함한다; 그리고 만약 그 관습과 질서가 사라지면, 현재의 삶의 방식은 더이상 지속될 수 없다. 그렇기 때문에 오히려 현재 이 세상의 상태에 묶여 있지 않는 것이 강력하게 권장된다.[33]

이것이 정확히 신약성경의 임박한 계시적 종말론의 관점이다. 임박한 하나님 나라의 도래에 기반하여 세례 요한은 사람들에게 회개를 촉구한다(마 3:2, 막 1:5); 예수님은 제자들에게 그들의 삶을 버려두고 그를 따르라고 권고한다(막 1:16-20); 그리고 신약성경 전체의 도덕적 교훈은 돈, 재산, 독신, 선교에 대해 이 시대의 종말을 기반으로 한 급진적인 견해로 가득하다(마 6:24, 19:16-26, 28:18-20; 눅 12:33, 고전 7:8, 딤전 3:3; 6:10; 히 13:5).

이 모든 논의가 산상수훈이 놓인 백과 사전적인 문맥을 이해하는 열쇠를 제공한다. 예수님이 산상 수훈을 가르치기 전에 시작되었고 이미 진행중이었던 역사와 세계관을 이해하면 산상수훈 가르침들의 형태와 특징에 대한 큰 통찰을 얻을 수 있다. 앞으로 살펴 볼 것이지만, 산상수훈은 이 제2성전의 계시적 지혜 (혹은 시작된 계시적 종말론)과 유전적으로 연결되어 있다. 산상수훈은 회복되는 하나님의 나라를 지향하는 미덕의 비전을 제공한다. 그리고 이 비전은 들을 귀가 있는 이들과 예수님의 가르침 위에 자신의 삶을 지어가는 지혜로운 자들에게만 주어진다(마 7:24-

---

33 Dale C. Allison Jr., "Apocalyptic Ethics and Behavior," in *The Oxford Handbook of Apocalyptic Literature*, ed. John J. Collins (Oxford: Oxford University Press, 2014), 297.

27). 이 지혜와 미덕에 관한 이야기는 산상수훈의 또 다른 주요 맥락(문맥)인 그레코-로만 미덕 전통에 대한 논의로 우리를 인도한다.

제 2 문맥/맥락: 그레코-로만 미덕 전통

유대인의 역사를 몇 페이지로 요약하는 것은 어려운 일이다. 그레코-로만 미덕 전통의 역사를 조사하는 것도 쉬운 일이 아니다. 모든 고대 철학은 주로 도덕 철학 이었고, 미덕은 모든 것을 하나로 묶는 가장 큰 문맥이었다. 그러므로 그레코-로만 미덕 전통을 말하는 것은 고대 서양 철학사의 전반을 말하는 것이다. 여기에서 간략히 다루려고 한다.

이 단락의 목표는 산상수훈의 백과 사전적 문맥의 한 측면인 그리스 철학의 미덕에 대한 간략한 개요를 제시하는 것이다. 이 문맥이 중요한 이유는 산상수훈의 언어와 개념의 많은 부분이 그리스 도덕 철학과 연관되어 있고 중첩되는 개념도 존재하기 때문이다. 마태복음의 고등 기독론에 따르면 예수님은 지혜자 혹은 철학자 이상이다. 하지만 예수님은 지혜자이며 철학자이기도 하다.[34] 실제로 예수님은 복음서에서 여러측면으로 고대 철학자나 지혜자로 묘사된다.[35] 찰스 탈버트는 고대 세계 여러

---

34 마태가 예수님을 선생으로 묘사하는 방식에 대한 연구를 다음에서 보라. John P. Meier, *The Vision of Matthew: Christ, Church, and Morality in the First Gospel* (New York: Paulist Press, 1979); Samuel Byrskog, *Jesus the Only Teacher: Didactic Authority and Transmission in Ancient Israel, Ancient Judaism, and the Matthean Community* (Stockholm: Almqvist & Wiksell, 1994); John Yueh-Han Yieh, *One Teacher: Jesus' Teaching Role in Matthew's Gospel Report* (Berlin: de Gruyter, 2004); Chris Keith, *Jesus' Literacy: Scribal Culture and the Teacher from Galilee* (London: T&T Clark, 2013); *Jesus against the Scribal Elite: The Origins of the Conflict* (Grand Rapids: Baker, 2014). 예수님을 지혜자나 지혜 교사로 묘사한 다음의 연구물들을 보라. Ben Witherington III, *Jesus the Sage: The Pilgrimage of Wisdom* (1994; repr., Minneapolis: Fortress, 2000); Macaskill, *Revealed Wisdom and Inaugurated Eschatology*; James D. G. Dunn, *Christology in the Making: A New Testament Inquiry into the Origins of the Doctrine of the Incarnation* (Grand Rapids: Eerdmans, 1996); M. J. Suggs, *Wisdom, Christology, and Law in Matthew's Gospel* (Cambridge, MA: Harvard University Press, 1970); Celia Deutsch, *Hidden Wisdom and the Easy Yoke: Wisdom, Torah and Discipleship in Matthew 11:25-30* (Sheffield: JSOT Press, 1987).

35 Yieh의 *One Teacher*는 마태가 어떻게 예수님을 동시대 유대교(쿰란의 의의 교사)와 그리스 철학 선생의 개념과 비교되는지를 잘 보여준다. 또한, Keith, *Jesus against the Scribal Elite*, 15-66, Kinney, *Hellenistic*

부류의 선생들을 조사하고 이를 기본으로 마태복음 독자들이 마태가 그리는 예수님을 어떻게 이해하였을지 질문한다. 그는 "이 복음서를 읽는 지중해의 독자들에게 가장 비슷한 은유는 철학자와 그의 제자들이었을 것"이라고 결론 내린다.[36] 마찬가지로 한스 디터 베츠는 역사적 예수, 마태복음, 산상수훈을 다소 구별되는 것으로 여긴다. 하지만, 산상수훈은 그 모양과 기능에서 에픽테투스와 플루타크과 같은 전형적인 헬레니즘 도덕 철학 사상의 형태와 가장 가깝다고 결론 내린다.[37] 웨인 믹스 또한 신약 성경을 고대 세계의 윤리적 맥락에 집어넣어 기독교가 이스라엘, 그리스, 그리고 로마 문법에서 많은 영향을 받았음을 보여준다. 여기에는 기독교 공동체의 도덕성, 믿음, 그리고 태도 형성에 도움을 주는 "메시아적 전기"를 제공하는 마태복음도 포함된다.[38] 따라서, 복음서의 예수님의 가르침이 당시의 철학과 어느 정도의 연관성을 가지고 있었는지 고려할 수 있는 역사적인 기반을 발견한다.

그리스 철학에 대한 개관을 다루려면 모든 고대 도덕 철학의 큰 질문이자 중심 개념인 행복에 대한 연구를 해야한다. 스토익주의, 에피쿠로

Dimensions of the Gospel of Matthew, especially chap. 7.를 보라.

36 탈버트는 버논 로빈스를 인용하여 마태복음에서 예수와 그를 따르는 자들이 고대 철학자처럼 보였을 4 가지 모습을 제시한다. (1) 철학자들은 제자들을 불러 모았다. (2) 철학자의 제자들이 그를 따라 갔다. (3) 제자들은 그와 함께하고 그의 가르침을 외운다. (4) 제자들은 철학자와 함께함으로 유익을 얻는다. (Talbert, *Matthew*, Paideia: Commentary on the New Testament [Grand Rapids: Baker Academic, 2010], 20-21).

37 Hans Dieter Betz, "The Sermon on the Mount (Matt. 5:3-7:27): Its Literary Genre and Function," in *Essays on the Sermon on the Mount* (1985; Minneapolis: Fortress, 2009), 1-16. 그는 간략히, "산상수훈의 문학적장르는 체계적인 방식으로 예수님의 신학을 제시하는 전형적인 예이며" 제자가 "예수님 신학자"가 될 수 있게 했다고 말한다(15). 이것은 유용한 통찰이다. 그러나 산상수훈이 마태복음의 나머지 부분과는 독립적이고 실제로 충돌한다는 주장에는 동의 하지 않는다. 이와 관련해 베츠에 대한 강한 비판을Graham Stanton, *A Gospel for a New People: Studies in Mat-thew* (Edinburgh: T&T Clark, 1992), 310-25에서 확인하라. 로버트 키니 역시 산상수훈은 전형적인 예라고 주장하면서 동시에 베츠의 잠재적 비판에 주목한다. 하지만 텍스트의 출처에 관한 베츠의 결론에 동의하지 않으며 산상수훈의 문학적 기능에 대한 이 해석을 채택 할 수 있음을 보여준다. Kinney, Hellenistic Dimensions of the Gospel of Matthew, 172를 보라.

38 Wayne Meeks, *The Moral World of the First Christians* (Philadelphia: Westminster, 1986). Meeks는 1세기 기독교의 사회적 환경과 그리스와 로마의 전통에 대해 이스라엘과 비교하며 논의한다. 마태복음에 대한 그의 토론은 136-143쪽에 있다.

스주의, 아리스토텔레스주의, 쾌락주의 등의 그레코-로만 전통의 철학자들은 의식적이고 노골적으로 무엇이 사람을 진정으로 행복하게 하는가라는 질문에 답하려 했다.[39] 이런 의미에서 그레코-로만 철학은 한 때 실용적이고 도덕적이었다. 특히, 오늘날의 행복에 대한 개념이 일시적이고 주관적인 마음 상태를 의미하는 것과는 달리 고대 도덕 철학적 행복의 개념은 만족과 의미가 있는 전반적인 삶이었다. 이 개념은 그리스어 유다이모니아로 종종 요약되며, "인간 번영(human flourishing)"이라는 단어로 가장 잘 번역될 수 있다.[40]

다음 장에서 우리는 이 아이디어가 의미하는 바가 무엇인지, 그리고 성경의 주요 단어인 마카리오스와 어떤 관계를 갖는지 더 살필 것이다. 현재의 요점은 그레코-로만 미덕 전통의 목표가 인간 번영이었다는 점에 여러 증거들이 존재한다는 것이다. 쾌락주의는 순전한 쾌락과 유다이모니아를 갖는 것으로 충분하다고 말하지만, 고대 철학자들은 이와는 대조적으로 평생 의도적으로 미덕을 추구하는 것(도덕적 성품을 실행하는 것)으로 진정한 번영을 찾을 수 있다고 청중들을 설득한다. 이런 다양한 철학들은 행운, 환경, 감정 등이 인간 번영에 어떤 역할을 하는가에 대한 논의 등 많은 주제들을 다룬다. 그러나, 모든 인간들이 소망하는 번영을 가능하게 하는 유일한 희망은 미덕-실천하고 발전하는 지혜-를 추구하

---

39 이것은 비 서구의 철학적 및 종교적 접근도 마찬가지이다. 예를 들어, Susan A. David, Ilona Boniwell, and Amanda Conley Ayers, eds., *The Oxford Handbook of Happiness* (Oxford: Oxford University Press, 2013)의 불교에 대한 논의를 보라. 동시에 찰스 테일러는 불교의 행복/인간 번영 추구는 서구 전통 (특히 기독교)의 그것과 실질적으로 다르다는 점을 지적하며, 불교의 행복 조건은 "매우 수정주의적"이라고 지적한다. 우리가 일반적으로 인간의 번영으로 이해하는 것과는 다른 출발점을 가진다(Charles Taylor, *A Secular Age* [Cambridge, MA: Harvard University Press, 2007], 17). 나의 초점은 산상수훈의 역사적, 언어학적, 신학적 맥락과 직접적으로 관련이 있는 그레코-로마 전통에 있다.

40 이 중요한 단어를 "행복"으로 번역 한 옛 영어 번역은 1958 년 G. E. M. 안콤비의 철학 토론에서 "인간 번영 (human flourishing)"으로 바뀌었다. 존M. 쿠퍼는 "인간 번영"은 아리스토텔레스의 유다이모니아의 더 나은 번역이라 말한다. 왜냐하면, 유다이모니아의 의미는 짧은 기간 동안의 주관적인 정신 상태가 아닌 "성숙한 힘의 소유와 사용", 밝게 보이는 미래와 "인류의 본성적 가능성을 성취하는" 경험을 온전히 반영하기 때문이다. (*Reason and Human Good in Aristotle* [Cambridge, MA: Harvard University Press, 1975; repr., Indianapolis: Hackett, 1986], 89n1).

는 것임에 모두 동의한다.[41]

이 철학들 모두에서 일관되게 발견되는 사실은 참 윤리나 "선"은 단순한 행동이나 선택이 아니라 도덕 행위자 자신이라는 개념이다. 윤리란 인간으로서 우리가 누구이며, 누구일 수 있으며, 누구여야 하는지에 관한 것이다. 다니엘 해링턴과 제임스 키난이 관찰한 것처럼 미덕-윤리(virtue-ethics) 접근법은 칸트주의 윤리 접근법과는 대조적으로 다음의 세 가지 기본 질문을 고려한다: 우리는 누구인가? 우리는 누가 되어야 하는가? 우리는 어떻게 거기에 이를 수 있는가?[42] 사람의 미덕 (또는 악덕)은 "특정한 방식으로 행동하게 하고 그 특정한 방식대로-특유의 성격대로-오랜 시간 동안 신뢰할 만하게 행동하게 하는 성품"이다.[43] 스테판 포울은 미덕이란 "적절한 목표를 인식하고 그것을 성취할 가능성을 향상시키는 올바른 방법과 올바른 시간에 이루어진 보고, 느끼고, 생각하고, 행동하는 평소 습관들"[44]이라고 묘사한다. 윤리가 행위 이전에 행위자에게 초점을 맞추어야 하는 이유는 다음의 오래된 속담이 요약한다, "행위는 본성에 따른다." 우리의 도덕 행위는 우리가 누구인지에 따른 열매이다. 이것이 미덕-윤리 이해의 진수이며, 그레코-로만이 말하는 철학이다.

아리스토텔레스는(BC 382-322) 삶을 "미덕 윤리"로 이해하는 전통의 정점에 있다; 그는 여전히 가장 큰 살아있는 영향력을 발휘한다. 아리스토

---

41 Darrin McMahon, "The Pursuit of Happiness in History," in David, Boniwell, and Ayers, *Oxford Handbook of Happiness*, 254. 또한 McMahon's fuller treatment, *Happiness: A History* (New York: Grove, 2006)를 보라. 현대 도덕 철학의 미덕에 관한 논의를 소개하는 고전인 Alisdair MacIntyre, *After Virtue: A Study in Moral Theory*, 3rd ed. (Notre Dame, IN: University of Notre Dame Press, 2007)을 보라.

42 Daniel Harrington and James F. Keenan, *Jesus and Virtue Ethics: Building Bridges between New Testament Studies and Moral Theology* (London: Sheed & Ward, 2005), 207. 글렌 스타센과 데이빗 거쉬 역시 산상수훈을 미덕으로 읽는 것을 기반으로 한 기독교 윤리적 관점을 세우는 훌륭한 자료를 제공한다—Stassen and Gushee, *Kingdom Ethics: Following Jesus in Contemporary Context* (Downers Grove, IL: IVP Academic, 2003).

43 Daniel J. Treier, *Introducing Theological Interpretation of Scripture: Recovering a Chris- tian Practice* (Grand Rapids: Baker Academic, 2008), 92.

44 Ibid., 92, quoting Fowl in *DTIB*, 838.

텔레스의 견해는 그의 책 니코마코스 윤리학에서 분명하게 발견된다(잠언 1-9장 참조). 그는 이 책에서 그의 아들에게 좋은 삶으로 인도하는 단계를 설명한다. "좋은 삶"(인간 번영)은 도덕적이고, 현명하고, 지적인 선모두를 포함한다. 앞서 언급했듯이, 아리스토텔레스에게 미덕은 유다이모니아로 이끄는 삶의 방향이다.[45] 현대의 윤리학이 말하듯 이 미덕은 도덕적 선택일 뿐만 아니라 실천적 지혜이다. 실천적인 지혜는 도덕 행위자가 어떤 상황에서도 선한 행동을 할 수 있는 방법을 찾아내게 한다. "실천적 지혜를 가진 사람은 신중히 생각하는 능력이 있는 사람이다… 실천적 지혜는 인간의 선과 악의 문제에 있어 이치에 맞게 행동하는 진실한 성품이다."[46]

또한, 아리스토텔레스에게 미덕 있는 사람이란 "중용적" 혹은 균형 잡힌 상태에서 기능하는 사람이며, 자신의 느낌과 감정을 통제하고 조절할 수 있을 뿐만 아니라 올바로 행동 할 수 있는 사람이다. "아리스토텔레스에게 미덕 있는 사람이란 조화로운 기능을 하는 사람이다-그의 욕망과 감정은 그가 옳다고 여기는 것과 충돌하지 않는다. 그들은 함께 간다. … 훌륭한 인간은 갈등을 겪지 않는다. 그는 내부의 혼란과 이성과 열정 사이의 싸움을 겪지 않는다."[47] 또는 파울라 고트리에브가 말했듯이, "아리스토텔레스 철학의 좋은 인간은 미덕 있게 행동하는 것을 즐긴다. 그의 사고와 감정은 일치한다."[48]

아리스토텔레스는 미덕 있는 사람은 조화로운 심리적 기능을 발휘하는 사람이라고 가르친다. 즉, 영혼의 욕망과 판단 모두가 조화를 이루어

---

45 Julia Driver, *Ethics: The Fundamentals* (Malden, MA: Blackwell, 2006), 138.

46 Aristotle, *Nicomachean Ethics*, trans. Martin Ostwald (Indianapolis: Bobbs-Merrill, 1962), 152-53. Driver, *Ethics*, 138에서 인용.

47 Driver, *Ethics*, 141.

48 Paula Gottlieb, "Aristotle's Ethics," in *The Oxford Handbook of the History of Ethics*, ed. Roger Crisp (Oxford: Oxford University Press, 2013), 54.

야 한다. 만일 우리가 옳은 일을 바라지 않은 상태에서 지식으로만 행한다면, 그것은 옳은 일을 바라고 행하는 것보다는 덜 미덕적이다.[49]

아리스토텔레스는 참된 미덕은 우연히 혹은 직감으로 선을 행하는 것이 아니라, 무엇이 선한 것인지 사유하고 배워 그것을 바라고 행동하는 것이라고 한다. 궁술의 목표는 실제적인 기술을 배워 늘 성공할 수 있게 하는 것이다. 이것이 우리가 시간을 들여 추구해야하는 훈련된 비전과 행동이 모두를 포함하는 지혜, 또는 실천적인 지혜이다. 미덕은 의도된 인간의 전체성을 포함하거나 요구한다. 우리는 우연히 또는 부분적으로 미덕 있는 사람이 될 수 없다. 미덕 행위란 우리가 인간으로서 존재하는 모든 것-합리적 사고, 애정, 구체화된 행동-즉 우리의 전체 인격을 포함하는 것이다.

이러한 인간의 전체성의 필요성과 미덕의 최종 목표인 인간 번영의 개념들은 산상수훈에도 상당히 중첩되어 나타난다. 이 개념 중첩이 나타나는 강한 역사적-문맥적 이유가 있다. 그 이유는 제2성전 시대의 유대교가 예수님의 시대에 이르기까지 수세기에 걸쳐 그리스의 사상과 문화의 영향에 의해 깊이 헬라화되었기 때문이다. 이 헬라화 혹은 헬라(그리고 그레코-로만)의 영향은 완전한 수용에서 거부에 이르기까지 다양했지만, 두 가지 모든 경우에서 제2성전 시대 유대인의 이해는 그리스와 로마 문화와의 상호 작용에 의해 완전히 바뀌었다.[50] 1세기 유대교의 한 분파

---

49 Driver, *Ethics*, 83-84. 플라톤은 또한 인간을 이성, 그리고 감정과 욕망이라는 두 마리의 말을 동시에 통제해야 하는 마부로 비유하며 행복에 대한 장애물로서의 심리적 부조화에 대해서도 논의했다. 이들이 제대로 훈련되고 서로 화합하지 않는 한 사람은 결코 행복 할 수 없다. 플라톤의 *Phaedrus*, 246a-254e를 보라.

50 다음을 보라. Hengel, *Judaism and Hellenism*; Collins, *Between Athens and Jerusalem*; Luke Timothy Johnson, *Among the Gentiles: Greco-Roman Religion and Christianity* (New Haven: Yale University Press, 2009). Kinney, *Hellenistic Dimensions of the Gospel of Matthew*. Kinney는 마태복음에 대한 유대 배경이 분명히 중요하지만 최근 수십 년 동안 마태복음 학자들은 마태복음의 문화적 맥락에 대해 이 측면만을 불균형적으로 고려하였으며, 제 2성전 유대교에 깊이 뿌리내린 헬라적 본질을 고려하지 않았다고 지적한다. 잘 알려진 데이빗 다우비 교수는 그의 글 "Rabbinic Methods of Interpretation and Hellenistic Rhetoric" (Hebrew Union College Annual 22 [1949]: 239-64)에서 고대 랍비 해석 방법 조차도 헬라적 수사 기법의 영향 받았음을 추적 할 수 있다고 주장한다.

에서 출발한 정통 기독교는 유대인도 그리스인도 아닌 새로운 인류로 자신들을 정의하고, 히브리어나 아람어가 아닌 그리스어로 그들의 성경을 썼다. 기독교는 그레코-로만 문화 안에서 태어나 그 문화와 소통한다.[51] 베츠는 헬라 철학과 산상수훈 사이의 유사점을 인정하면서 다음과 같이 말한다: "사실 산상수훈이 쓰여진 고대 세계의 대부분은 이런 다양한 개념과 방법들을 공유한 것처럼 보인다. 차이점은 각 철학 학파의 용어와 문화적이고 종교적인 환경 뿐이다."[52] 키니 역시 산상수훈과 동시대 헬라 철학의 비슷한 수사학적 스타일, 유사한 토론의 주제, 그리고 플라톤의 국가의 직접적인 영향의 가능성에 주목한다.[53]

제2성전 유대교와 헬라 도덕 철학은 여러 방면에서 중첩된다. 이는 여러 헬라 사상의 큰 영향력을 보여주며, 또한 산상수훈이 놓여진 문맥에 대한 통찰을 준다. 루크 티모시 존슨은 제2성전 시대에 유대인으로 남는 한가지 방법은 유대교의 믿음을 헬라 도덕 철학의 노선인 도덕적 변화라는 주제로 이해하는 것이었다고 말한다.[54] 예를 들어, 1세기 유대인 분파를 "학파"로 묘사한 요세푸스는 그리스 철학에 익숙한 용어로 그들의 신념과 관행을 묘사한다. 그는 에세네 학파의 모습을 피타고라스주의로, 바리새파를 스토아주의로, 사두개인을 에피쿠로스주의로 묘사한다.[55] 유대인의 지혜 문헌 중 코헬렛은 에피쿠로스주의와 연관 가능성이 있다. 더 확실한 것은 플라톤주의가 솔로몬의 지혜서에 부인할 수 없는 영향을 미쳤다는 것이다. 다른 예로는 지혜와 묵시록을 하나로 모은 열두 족

---

51 최근 수십 년의 신약 연구는 초기 기독교와 로마 제국이 상호 작용하는 방식에 대한 것이 많았다. 이 연구들이 과장된 것일 수 있고 로마 제국의 배경이 실수로 신약을 읽는 유일한 렌즈가 되었을 수도 있다. 균형잡힌 관점은 Scot McKnight and Joseph A. Modica, eds., *Jesus Is Lord, Caesar Is Not: Evaluating Empire Studies Today* (Downers Grove, IL: InterVarsity, 2013)에서 확인하라.

52 Betz, "Sermon on the Mount (Matt. 5:3-7:27)," 9.

53 Kinney, *Hellenistic Dimensions of the Gospel of Matthew*, 214-15.

54 Johnson, *Among the Gentiles*, 123-25.

55 Ibid., 123.

장의 언약서가 있다. 각각의 열두 가지 언약 문서는 아리스토텔레스주의 자들의 표준 미덕과 악을 다루며 용기의 미덕을 칭송하는 역할을 하는 제4 마카비를 다룬다. 무엇보다 "그리스 철학, 특히 그리스의 도덕 담화, 헬라 철학의 법, 그리고 성경의 이야기를 해석하는" 알렉산드리아의 파일로의 광범위하고 복잡한 저서가 있다.[56] 파일로는 유대교와 그 문헌들을 야만적이거나 이상한 것이 아닌 미덕과 도덕적 변화를 길러내는 정교한 도덕적 교훈과 법으로 제시한다.[57] 요약하자면, 존슨은 제2성전 기간 동안 수많은 신실한 유대인들은 그들의 선조의 종교나 관습을 떠나지 않고 미덕이나 도덕적 변화라는 관점에서 그것을 이해하고 설명하기를 원했다는 것을 관찰한다. "그들은 또한 내적 성품과 감정을 다루는 수준에서 하나님의 뜻에 따른 인격 형성을 추구하였고, 이 목표를 이루기 위해 그레코-로만 철학의 언어와 통찰을 사용했다."[58]

인간 번영(human flourishing)과 전체성(Wholeness): 마태복음의 문화 백과 사전에서 이 두 가지 문맥의 결합

앞선 연구의 요점은 산상수훈이 탄생한 가장 크고 가장 영향력 있는 두 문화 배경인 제2성전 유대 지혜 전통과 그레코-로만 미덕 전통에 대한 통찰이었다. 산상수훈은 이미 제2성전 시대에 결합되어 존재하던 이 두 부모 사이에서 탄생했다. 산상수훈을 읽고 삶에 적용하고자 하는 사람에게 이 두 문맥에 대한 철저한 이해가 요구되는 것은 아니다. 그럼에도 불구하고 산상수훈의 본문이 어떻게 이 두 문화 백과 사전적 배경에

---

56 Ibid., 124.
57 Ibid.
58 Ibid., 125.

서 탄생하였고, 산상수훈이 어떻게 두 배경을 활성화하는지를 살피는 것은 반드시 필요하다. 이 문화 백과 사전 연구는 가장 좋은 해석을 가능하게 한다. 최고의 해석은 산상수훈의 말씀을 통해 활성화되는 당시 문화의 측면을 인식하는 근사치의 모델 리더를 찾는 것이다.

제2성전 시대의 문맥을 그레코-로만식으로 이해하는 것이 산상수훈의 여러 내용에 대한 해석적 통찰을 준다. 그 중에 가장 중요하게 관련된 내용은 이것이다: 이 두 문맥이 모두 전체성과 인간 번영이라는 큰 주제를 다루고 있다는 점에서 상당히 의미심장한 개념적 중첩을 갖는다. 다시 말해, 전혀 관련 없고 오히려 서로 상반되는 것처럼 보이는 초기 기독교의 출생지인 제2성전 유대교와 그레코-로만 미덕 전통에 이 두 가지 개념의 상호 중첩 혹은 두터운 결합이 존재한다. 산상수훈의 주요 요점이 발견되는 곳이 바로 이 두 개념이 결합되는 곳이다. 바꾸어 말하면, 산상수훈은 예수님을 진정한 철학자-왕으로 제시하고, 유대인의 지혜서와 그레코-로만 미덕 개념의 핵심 주제인 인간 번영이라는 중요한 질문에 예수님의 답을 제시한다. 이것을 이해하면 산상수훈을 읽고 해석 하는데 필요한 강력한 틀 또는 해석 모범을 얻을 수 있다.

부부가 여러 사항에 관해 같은 관점을 가질 수 있고, 또 서로 다른 개인적인 관점을 가질 수 있듯이, 이 두 전통 역시 중첩되기도 하고 구별되기도 한다. 두 전통 모두 "진정한 행복이나 번영은 어떻게 찾을 수 있습니까?"라는 질문을 공유한다. 그리고 기본적으로 모두 인간 번영은 개인적으로나 공동체적으로 경험되는 사람의 미덕 혹은 전체성을 통해서만 실현될 것이라고 답한다. 두 전통 모두 사람이나 행위자가 도덕과 번영을 위한 가장 중요한 부분이라고 강조한다; 환경이나 행운은 결정적인 것이 아니다, 오히려 행위자가 자신의 인생을 미덕 있게 인도해 가는지의 여부가 결정적이다. 이것이 번영과 행복이라는 목적을 결과로 가져오는 세상에 존재하는 한 방식인 좋음에 집중하는 미덕 윤리이다.

이 두 전통의 문맥은 그 자녀인 산상수훈에 유전적으로 영향을 끼친다. 그레코-로만 전통은 미덕의 모습과 성취 방법에 대한 철학적 논의와 토론이 가능한 영역이다. 이 문제에 대한 철학적 전통을 넓게 살펴보면 충분한 통찰을 얻을 수 있다. 산상수훈의 최종 형태와 초기 기독교를 형성하고 구성하는 개념들은 매우 헬라적인 언어들이다. 미덕 전통은 번영을 목표로 세상에서 살아가는 방식과 윤리에 중점을 두는 모든 사람들에게 교육을 통해 얻을 수 있는 사회 번영의 비전을 깨우친다. 사회가 번영하기 위해서는 지도자들이 미덕을 개발하는 프로그램이나 전체성-인간(whole-person) 교육을 반드시 해야 한다. 교육과 교훈에 대한 이 접근 방식은 사람들을 아름다운 이상향으로 만들려는 목표를 갖는다. 번영의 비전과 미덕 모범을 통해 개인을 형성하는 것은 그레코-로만 전통이 초기 기독교에 준 가장 큰 선물 중 하나이다.[59]

그레코-로만 미덕 전통이 산상수훈에서 발견되는 중요한 방식 중 하나는 마태복음이 1세기 헬라화된 유대교가 사용하는 몇 가지 핵심 헬라어를 사용하는 것이다. 마카리오스(번영), 텔레이오스(전체, 완성), 프로니모스(지혜로움), 모로스(어리석음), 디카이오수네(의, 정의), 미스쏘스(보상),[60] 및 타아가타(선)등과 같은 용어들은 모두 중요한 마태복음의 용어들로 그레코-로만 백과사전 밖에서는 온전히 인식 될 수 없는 것들이다.[61] 또한, 전

---

59 유용한 다음의 논의를 보라. Jason A. Whitlark, "Cosmology and the Perfection of Humanity in Hebrews," in *Interpretation and the Claims of the Text: Resourcing New Testament Theology; Essays in Honor of Charles H. Talbert*, ed. Jason A. Whitlark, Bruce W. Longenecker, Lidija Novakovic, and Mikeal C. Parsons (Waco: Baylor University Press, 2014), 117-28.

60 아리스토텔레스주의자들의 디카이오수네(의, 정의)와 미스쏘스(보상)에 대한 배경지식을 Johan C. Thom, "Justice in the Sermon on the Mount: An Aristotelian Reading," *NovT* 51 (2009): 319-26에서 확인하라.

61 그레코-로만 전통과 초기 기독교의 미덕 개념에 관한 개념 중첩과 세계관의 차이를 인식하는 훌륭한 예로 Kyriakoula Papademetriou, "From the *Arete* of the Ancient World to the *Arete* of the New Testament: A Semantic Investigation," in *Septuagint Vocabulary: Pre-History, Usage, Reception*, ed. Jan Joosten and Eberhard Bons (Atlanta: Society of Biblical Literature, 2011), 45-63를 보라. Papademetriou는 플라톤과 아리스토텔레스에게 아레테는 지혜, 용기, 절제 및 정의로 구성된 것이며, 지혜와 의가 중심 특징으로 간

체 산상수훈과 마태복음은 교육 어휘, 수사학적 형식, 심지어 플라톤과 호머를 사용하여 헬라 전통과의 깊은 연관성을 보여준다.[62]

제2성전 지혜 문헌 전통은 이스라엘의 넓은 역사적 배경에서 탄생했고, 그레코-로만과 동일한 전체성-인간의 번영의 비전을 산상수훈에 전달한다. 하지만, 구별되는 특징도 가지고 있다. 특히, 산상수훈 지혜 전통의 DNA는 "주님을 두려워함"과 유일무이하신 창조주 하나님과의 언약적 관계안에서만 진정한 번영을 찾을 수 있다는 이해를 담고 있다. 이 전통이 뿌리내리고 있는 급진적 하나님 중심사상은 그들의 번영의 이해에 영향을 미치고 이를 바르게 수정한다. 인간 번영이라는 엄청난 질문에 대한 이들의 답은 우주의 참 하나님과의 언약적 관계가 필요하다는 것, 그리고 하나님과 일치하게 미덕적으로 사는 사람들이 다가오는 회복의 시대에 실제로 번영하게 될 것이라는 미래 지향성이다.[63] 이 회복될 시간과 공간은 하나님의 통치/나라로 묘사 될 수 있다. 이 전통이 말하는 거룩함은 전체성이다. 이 전체성은 철학이 말하는 문화 번영, 신적 계시, 신적 명령과 일치한다. 또한, 이 전통은 개인과 공동체의 번영보다 더 거대한 하나님이 그의 모든 창조물을 번영케 하실 시대를 바라본다; 이 시대는 하나님을 전적으로 대적하는 현재의 세상을 샬롬으로 변화시키는 시대이다. 전체 창조 세상이 샬롬이 가득 찬 마지막 안식의 쉼을 기다리고 있다. 현재와 그 시대의 사이에서 인간 번영은 가능한 것이지만 온전하거나 완성된 것은 결코 아니다. 미덕에 대한 제2성전의 유신론적이고 종말론적인 이해는 유대적 측면에서 발현한 것으로 절대적이며 오해의 여지

주되었다고 적는다(48).

62 이 모든 것들이 Kinney, *Hellenistic Dimensions of the Gospel of Matthew*에서 설득력 있게 주장된다.

63 찰스 테일러는 *A Secular Age*에서 기독교가 (그리고 하나님 자신이) 인간의 번영에 확실히 긍정적이지만, "당신의 뜻이 이루어지이다"는 "인간을 번영하게 하소서"를 의미하는 것이 아니며, 오히려 하나님을 사랑하고 경배하는 것이 궁극적인 목적임을 밝히는 것이라고 말한다.

가 없다. 실제로 산상수훈은 유대와 그레코-로만의 결합 속에서 유대적 측면을 절대적으로 선호한다.

결론적으로, 이 이중 문맥에 대한 토론의 요점은 이 두 문맥이 모두 전체성-인간과 인간 번영에 중점을 두고 그것을 목표로 삼고 있다는 것과, 그럼에도 산상수훈은 첫번째로 그리고 가장 중요하게 이스라엘의 종말론적 이야기, 즉 예수님이 왕이신 하나님의 통치/나라의 도래를 기본 지향점으로 갖고 있다는 점이다. 이 구속-역사적 관점은 산상수훈의 미덕의 비전을 형성하며 그와 유사한 그레코-로만 철학의 미덕의 비전을 수정한다.

산상수훈은 정확히 이 두 전통이 교차하는 곳에 놓여 있다. 그렇기 때문에 둘 모두를 이해하는 것은 산상수훈이 말하는 방식과 제시하는 비전에 대한 큰 통찰을 준다. 이 교차 관계는 기독교가 탄생하는 시점에 있던 이스라엘의 역사에 그레코-로만 전통이 주입 된 것으로 묘사할 수 있다. 두 전통의 교차는 이 역사적 시점에서 발생하였고, 그레코-로만 전통의 범주와 개념을 사용하는 인간 번영의 비전을 제시한다. 그러나 더 넓고 깊은 하나님 중심적, 종말론적 지향성을 가진 유대 전통으로 틀을 구성하며 그것을 목표로 설정한다.

도덕 이론과 윤리의 문맥안에서의 산상수훈

산상수훈에 대한 베이스 캠프 오리엔테이션을 마무리하며 마지막으로 산상수훈을 다른 한 문맥에서 살펴야 한다. 텍스트의 근원을 다루는 문맥이 아니라, 해석 역사라는 중요한 문맥, 즉 다양한 도덕 이론들의 맥락이다.

산상수훈의 가르침은 독자로 하여금 항상 그 안의 도덕적이고 윤리적인 명령과 씨름할 것을 요구한다. 참으로 산상수훈의 높은 윤리 기준과 주제는 교회뿐만 아니라 기독교를 이해하려 했던 교회 밖의 사람들에게도 그 해석과 관련해 긴 시간 이목을 집중시킨 주요한 이유였다. 성경 그 어디에도 산상수훈처럼 응축된 권면이나 윤리적 명령이 나열된 곳은 없다.

이점은 이전 장에서 간략히 살펴본 산상수훈의 해석 역사에서 볼 수 있다. 산상수훈 해석 역사는 산상수훈의 교리 해석이나 신학적 적용의 역사일 뿐만 아니라, 산상수훈에서 파생되거나 산상수훈에 기반한 도덕 이론들의 역사이기도 하다. 따라서, 산상수훈이 여러 신학적 견해들에 대해 리트머스 시험지 기능을 한 것처럼, 여러 철학자와 종교 지도자들이 끊임없이 논쟁해 온 도덕과 윤리에 대한 다양한 이론들에 대해서도 시험지 기능을 한다.

스캇 맥나이트는 산상수훈에 대한 그의 짧은 주석에서 간략하고 유익한 산상수훈의 도덕적 혹은 윤리적 해석 역사를 정리한다.[64] 그는 시간대별로 산상수훈의 해석 역사를 추적하는 일반적인 방식보다는 산상수훈을 윤리적으로 읽은 다양한 방법을 소개한다. 그는 의무론적, 실용주의적, 미덕-윤리적 접근법을 조사하고 각각이 진리를 가지고 있지

---

64 Scot McKnight, *The Sermon on the Mount*, The Story of God Bible Commentary (Grand Rapids: Zondervan, 2013), 1-17.

만 어느 것도 예수의 가르침과 완전히 일치하지 않는다는 점에 주목한다. 맥나이트는 여러 도덕 이론들을 성경의 통찰에 따라 세 가지 분류로 나눈다.

- 위로부터의 윤리-율법에서 볼 수 있는 명령에 기반한 도덕성
- 미래로부터의 윤리-선지서들에서 볼 수 있는 종말론에 기반한 도덕성
- 아래로부터의 윤리-지혜에서 볼 수 있는 지혜에 기반한 도덕성

맥나이트는 이러한 모든 접근법이 유익하며 성경적 근거에 기반한 것이라고 설명한다. 산상수훈의 윤리에 대한 웅대한 비전을 이해하려면 세 가지 모두 필요하다.

이러한 범주와 분석은 매우 유용하고 통찰력 있다. 그는 대부분의 역사적인 산상수훈 해석은 위로부터, 아래부터, 또는 미래로부터; 즉 의무적, 실용적, 혹은 미덕 윤리 중 단 하나의 접근에만 초점을 맞추고 있기 때문에 결국 예수의 가르침을 오해하게 하였다고 옳게 지적한다. 이 책에서는 이 세가지 범주들 중 어떤 하나에만 속한 것이 아닌, 세가지 모두가 혼합된 방식으로 도덕성에 대한 이해에 바탕을 둔 윤리적인 독서 방식을 제시 할 것이다.

나는 맥나이트에 동의하지만 이같은 자료들이 다르게 분류되어야 한다고 제안한다. 특히, 미덕-윤리 접근법은 세 가지 유익한 접근법 중 하나가 아니라, 성경의 핵심이며 인간에게 이상적인 것이다. 미덕-윤리 접근법 (맥나이트에 따르면 아래로부터의 윤리)은 실천적인 지혜를 배우는 것, 번영을 결과로 가져오는 세상에 존재하는 방법을 배우는 것, 어떤 특정한 종류의 사람(존재)이 되는 것에 중점을 둔다. 이 접근법은 내적-인간(인격)

에 대한 초점이 성경 전체 일관된 주제로 나타나는 이유와 철학과 문화의 많은 부분에 투영되어 발견되는 이유를 설명한다. 윤리/도덕성은 근본적으로 그리고 궁극적으로 우리가 한 특정한 종류의 사람이 되는 것에 관한 것이다.

그러므로 "예수님은 이 세 가지 접근 방식을 모두 다룬다"라고 말하며 이 세 가지 범주-위, 내세, 아래-를 평면적으로 표현하는 것은 성경 자체가 어떤 방식으로 도덕성을 제시하는지에 대한 충분한 설명을 하지 못한다. 또한, 사람들이 어떤 방식으로 변화하고 성장하는지에 대해서도 충분히 설명하지 못한다. 맥나이트는 성경이 세 가지 모두를 가르친다는 것에 대해 옳게 인식하지만, 나는 미덕 윤리가 제일 아래 기반이고 그 위에 다른 둘이 세워지는 상하관계로 이해해야 한다고 강력하게 제안한다. 다시 말하자면, 윤리에 대한 이러한 다양한 접근법들은 유기적으로 관련된 것들이며, 미덕-윤리 접근법이 그 중심 기둥이다.

성경적 미덕-윤리가 성경 밖의 미덕-윤리의 접근법들과 다른 점은 성경적 미덕 윤리는 "위로부터"(신적계시에 기반) 그리고 "미래로부터"(다가오는 종말의 희망에 기반) 오는 것이라는 점이다. 맥나이트의 3중 이해가 필수적이지만, 성경의 도덕적 가르침의 이 세 가지 측면이 어떻게 서로 어울리는지도 이해해야 한다. 이후로는 위와 같은 서로 다른 성경적 범주들에 의해 구조화되고 수정된 미덕-윤리 접근법이 산상수훈의 예수님의 가르침을 이해하는 열쇠임을 보일 것이다.

2

마카리오스:
비아티튜드를 지배하는 마카리즘

THE SERMON ON THE MOUNT AND HUMAN FLOURISHING

개요: 두 개념의 선로

이전 장에서 나는 산상수훈을 가장 잘 읽고 해석하는 방식은 제2성전 유대교와 그레코-로만 미덕 전통의 교차로에 위치하고 있음을 인지하는 것이라고 주장했다. 이번 장과 다음 장에서는 산상수훈을 읽고 해석하는 것이 이 두 개념의 선로 위를 걷는 것과 같음을 설명 할 것이다. 이 두 개념을 참고하는 것은 산상수훈에 대한 이 책의 이해와 해석이 옳은 것임을 보여주며, 산상수훈 전체 메시지를 이해하기 위한 개념적 틀을 제공한다. 이 두 사상은 과거로부터 산상수훈으로 들어오고 산상수훈을 통과하여 산상수훈을 전체적으로 해석하게 한다.

이 두 개념은 헬라어 단어 마카리오스와 텔레이오스로 요약된다. 두 단어를 번역하지 않고 음역한 이유는 이 단어들이 갖는 무게감, 복잡성, 아름다움, 그리고 미묘함을 적절히 전달할 수 있는 단어를 찾을 수 없었기 때문이다. "트럭"이나 "바나나"와 같은 구체적 실체가 있는 단어는 그 배경에 다양한 문화적-백과사전적 구체적 정보들이 존재하지만, 행복(≈마카리오스)과 전체성(≈텔레이오스) 같은 크고 추상적인 개념을 가진 단어는 그 복잡성과 미묘함이 훨씬 더 커지기 때문에 번역이 쉽지 않다. 이 장과 다음 장에서는 헬라화된 제2성전 유대교의 이 두 단어 사용과 그 백과 사전적인 맥락을 구석 구석을 살펴 볼 것이다.

이 두 가지 중요한 개념은 산상수훈을 설명하는 데 많은 역할을 한다. 전체 산상수훈의 주제는 종말론적 미덕-윤리 개념인 마카리오스 (일반적으로 "복 있는 (blessed)" 이라 번역되지만 좋은 번역은 아님)와 텔레이오스 (일반적으로 "완벽하게(perfect)"라 번역되지만 역시 좋은 번역은 아님) 두 가지이다. 이 두 기둥은 각각 유대인 성경과 그레코-로만 미덕 전통의 중심에 있으며 둘의 교차점이 신약성경에서 발견된다.

마카리오스: 번역의 딜레마

산상수훈을 시작하는 마카리오스가 가장 중요하다. 산상수훈은 예수님이 산으로 올라가 가르치는 자의 모습으로 앉으시는 마태복음 5:1-2 이후, 헬라어 단어 마카리오스로 시작되는 아홉 개의 중요한 선언인 비아티튜드(팔 복)으로 시작된다. 영어권 전통에서는 마카리오스의 라틴어 번역인 "행복, 더 없이 행복한, 다행한, 번영하는"의 의미를 가진 베아투스를 음역하여 "비아티튜드"라 불러 왔다. "비아티튜드"보다 더 전문적인 문학적 용어는 마카리즘(역시 음역을 통해 만들어짐)이다. 마카리즘은 행복이나 번영이 특정 인물이나 국가에게 있다는 마카리오스의 선언이다. 마카리즘은 세상에 존재하는 한 특정한 방식이 인간의 번영과 더할 나위 없는 행복을 준다는 선언이다. 마카리즘은 유대교와 그 밖의 고대 세계

전역에도 널리 퍼져 있으며[1] 산상수훈 역시 강력한 마카리즘 시리즈로
시작된다.

마카리오스를 우리말로 표현하는 것은 어려운 일이다. 이는 단순한 번
역의 문제를 넘어서는 비아티튜드(팔 복)의 전반적 해석과 관련된 매우
중대한 일이다. 불행히도 많은 주석가들은 이 복잡한 문제에 대해 거의
언급하지 않는다. 예외적으로 스캇 맥나이트는 이 단어의 유대교와 헬라
철학 배경을 설명하고 영어로 번역하는 문제의 어려움을 지적한다. 맥나
이트가 잘 관찰하듯 "이 한 단어에 전체 절이 세워져 있고, 이 한 단어에
전체 목록이 걸려있기 때문에 피해 갈 수 없는 문제이다. 이 단어를 올바
르게 이해하면, 나머지가 분명히 이해 될 것이고, 이 단어를 잘못 이해하
면, 모든 것이 무너질 것이다."[2]

번역성경에서 흔히 볼 수 있듯이 비아티튜드는 "~한 자는 복이 있나
니"(Blessed are…)라 번역된다: "심령이 가난한 자는 복이 있나니," "온유
한 자는 복이 있나니" 등. 이 전통적 번역에서 벗어나 "행복하다"라는 표
현을 사용하기도 하지만, 드문 경우이고 출판사의 입장에서 볼 때도 어
느정도 위험을 감수해야하는 일이다.[3] 앞으로 마태복음 주석가들이 이
단어를 더 깊이 연구하여 "복이 있나니" 이외의 번역을 제안하겠지만, 지
배적인 것이 아니라 예외적인 것으로 받아들여 질 것이다.

예를 들어, 비아티튜드를 "심령이 가난한 자는 복이 있나니"로 번역하
는 것과 "행복/번영한 자는 심령이 가난한 자이니"라 번역하는 것은 굉

---

1 Raymond Collins, "Beatitudes," in *Anchor Bible Dictionary*, ed. David Noel Freed- man, 6 vols. (New York: Doubleday, 1992), 1:629-31를 보라.

2 Scot McKnight, *The Sermon on the Mount*, The Story of God Bible Commentary (Grand Rapids: Zondervan, 2013), 32.

3 거의 대부분의 영어 번역본은 킹제임스 버전의 영향으로 인해 "blessed (축)복받은"을 사용하는 것으로 나타난다. 그러나 Basic Bible in English (1949,1964), the Common English Bible, Today's English, J. B. Phillips의 의역등을 포함한 몇몇 번역은 "행복(Happy)"이라 번역한다. N. T. 라이트의 번역본 (*The Kingdom New Testament* [New York: Harper Collins, 2012])은 다소 모호한 "(축)복이…위에 있는 자"라 번역한다.

장히 큰 차이점이 있다. 첫번째 번역은 능동적이고 신적인 호의를 나타내는 선언이며; 두 번째는 마카리즘, 즉 세상에 존재하는 한 방식에 대한 설명이다. 이 두 번역의 차이와 그로부터 오는 혼란을 이해하려면 히브리어 성경과 그 헬라어 번역본인 칠십인역(LXX)으로 돌아가 살펴야 한다.

히브리어 성경과 칠십인역의 아슈레와 마카리오스[4]

구약성경은 여러 가지 방법과 개념으로 인간 번영에 관심을 갖는다. 그 중 가장 주요한 개념이 샬롬이다.[5] 샬롬과 함께 아슈레 역시 히브리어 성경에서 인간의 번영을 말하는 중요한 단어이며 비아티튜드(팔 복)의 배경으로 매우 중요하게 여겨진다. 히브리어 아슈레는 추상명사로서 항상 강조 구조에서 나타난다. 다시 말해, 아슈레로 묘사된 사람이 반복 등장한다: "아슈레는 …한 사람이다." 히브리어 성경에 45번 사용된 이 단어는 26번이 시편에서 발견되며, 잠언에서 8번, 그리고 다른 곳에서 17번 사용된다.[6] 이 단어의 어원은 논쟁이 있지만, "번영, 행운, 행복"을 의미하는 고전 셈어와 이집트어의 뿌리에서 유래한 것일 가능성이 매우 높다.[7] 아슈레는 전형적으로 "아슈레 + 서술문 + 부차적인 서술문의 강화 또는 확장"이라는 반복되는 형태로 사용된다.[8] 주목할 만 한 점은 이 형태가 비아티튜드에 동일하게 나타난다는 것이다.

---

4 이어지는 부분은 나의 에세이 "A Biblical Theology of Human Flourishing," Institute for Faith, Work, and Economics, March 4, 2015, https://tifwe.org/resource/a-biblical-theology-of-human-flourishing-2/를 수정한 것이다.

5 다음 신학 사전의 **샬롬**을 보라, 특히Nicholas Wolterstorff, *Educating for Shalom: Essays on Christian Higher Education*, ed. Clarence W. Joldersma and Gloria Goris Stronks (Grand Rapids: Eerdmans, 2004)를 보라. Wolterstorff와 **샬롬**을 세상에 가져오는 주제에 관해서 12장에서 살펴 볼 것이다.

6 또한 9번 사용되는 파생동사 셰르 "행복을 선언하다, 축복받은 자라 부르다"라는 의미의 단어도 있다. Waldemar Janzen, "ASRE in the Old Testament," *HTR* 58, no. 2 (1965): 215를 보라.

7 Ibid., 216.

8 Ibid., 218.

시적표현이자 지혜와 관련된 단어인 아슈레는 특히 시편과 잠언에서 많이 발견된다. 아슈레는 지혜롭게 사는 사람의 행복한 상태를 묘사하며 이런 점에서 샬롬과 밀접한 관련이 있다.

시편 1, 2편에 사용되는 아슈레가 시편 전체에 사용되는 이 단어의 의미를 설정한다: "복 있는/행복한/번영하는 사람은"(1:1); "여호와께 피하는 모든 사람은 복이 있다/행복하다/번영한다"(2:12b). "이 구절들은 아슈레의 시편 용례의 전형이며(23번), 이 단어의 지혜와 경건의 두 측면, 즉 율법에 대한 순종(1:1-3)과 주님만을 숭배하는 예배(2:10-12)의 측면을 결합한다."[9] 시편에서 진정으로 행복한 사람은 여호와가 그의 하나님이신 자이며(시 33:12), 그에게서 받으며 그에게 영광을 돌리는 사람이다.[10] 엘렌 채리는 여러 시편들이 아슈레한 삶을 묘사하는 방식을 정리하며 시편에는 모세오경의 법과 관련한 어떠한 내용도 없다고 결론 내린다. 모세오경은 토라로 간단히 요약되며, 신적 명령과 순종은 "경건함, 계명을 지킴, 주님께 피함, 겸손, 그의 길을 걷는 등의 경건한 삶의 방식"으로 묘사된다.[11]

그러므로, 아슈레는 하나님께서 주신 은혜로운 언약 안에서의 진정한 행복과 번영을 의미한다. 시편은 예언서와 마찬가지로 주님께 신실한 자들에게 번영과 행복(다산, 번영, 안전)을 약속한다. 이스라엘은 어떻게 살아야 하는지 씨름하고 있었고, 시편은 진정한 번영으로 가는 유일한 길에 대한 비전을 세운다. "언약적 순종은 삶이라는 항해의 방향타, 나침반, 지도, 그리고 양식이다."[12]

아슈레가 정기적으로 사용되는 또 다른 곳은 잠언이다. 잠언 또한 지

---

9 Michael L. Brown, *ašrê* NIDOTTE 1:571.

10 Ibid.

11 Ellen T. Charry, *God and the Art of Happiness* (Grand Rapids: Eerdmans, 2010), 214.

12 Ibid., 215.

혜로운 삶을 통한 완전한 인간 번영을 찾을 것을 호소한다. 잠언의 아슈레한 사람은 주로 지혜를 발견한 자이며 지혜롭게 사는 자이다(참조, 잠 3:13a, 8:32, 34, 14:21, 29:18). 이 사람은 자연스럽게 "행복한 자" 또는 "번영하는 자"라고 높여진다. 행복/번영은 주님을 두려워하는 지혜로 복을 받는 의미를 포함한다(잠언 16:20; 28:14). 주님을 경외하는 것은 잠언이 말하는 지혜와 아슈레의 중심이다. 지혜 있는 자들은 "건강한 공동체를 건설하는 행동과 성품을 배양하는 실천적 지혜"로 경건을 설명하고 해석한다.[13] 이러한 의미에서 지혜는 명백히 아슈레한 것이다. 즉, 잠언은 개인 및 공동체의 번영을 가져오는 세상에서 존재하는 한 방식을 강조한다.

바라크가 주로 사용되는 모세오경이나 예언서에는 아슈레가 거의 사용되지 않는다(아래 참조). 아슈레의 예언적 사용은 이사야에 제한된다.[14] 그마저도 시편과 비슷한 방식으로 두 번 사용된다: 첫째, 이사야 30:18은 고난 중에도 주님을 기다리고 의뢰하는 사람의 행복한 상태를 선포한다; 둘째, 이사야 32:20은 의로 통치하실 오실 왕 아래에서 살고 번영할 자들의 행복한 상태를 묘사한다(32:1-8). 두 경우 모두 샬롬의 개념이 크게 반영되어 사용되는 문맥이다.

히브리어 성경 다음에 이어지는 랍비 전통의 아슈레 사용은 시편과 잠언의 패턴, "특히 율법을 지키는 삶이 진정으로 행복한 상태라는 지혜를 강조한다."[15] 이 개념은 하나님의 계시를 지향하는 인간의 번영을 계속해서 호소한다.

신약 성경에서는 히브리어 아슈레를 번역한 헬라어 단어가 같은 개념을 표현한다. 이 헬라어 단어에는 다른 단어들과 마찬가지로 두 개의 문

---

13 Ibid., 218.
14 히브리어 성경 선지서에서 **아슈레**가 사용되는 곳은 다니엘 12:12뿐이다.
15 Brown, "ašrê," 572.

맥이 존재한다: 1세기의 그레코-로만 시대의 용례와 오랜 시간 강한 영향
력을 끼친 히브리어 성경의 헬라어 번역서인 칠십인역이다. 신약 성경 헬
라어의 의미와 그 사용 방식을 이해하기 위해서는 일상적 용례 뿐만 아
니라 칠십인역 유대 전통의 깊은 영향을 고려해야 한다.[16]

신약 성경에 자주 등장하는 마카리오스의 이 이중 문맥은 인간 번영
을 의미하는 아슈레 전통이 신약성경에서 마카리오스로 이어짐을 보여
준다. 이 연속성은 두 가지 측면에서 두드러진다. 첫째, 아슈레와 마카
리오스의 번역상의 관계가 아주 확실하다. 히브리어 성경과 그 번역본
인 70인역은 단어와 개념의 완벽한 일대일 관계를 거의 찾을 수 없다. 일
반적으로 여러 단어들을 사용해 그 의미를 번역하지만 자연스럽게 의미
의 변형이 발생한다. 즉, 70인역은 히브리어 성경의 넓은 범위의 시간과
장르 안에 있는 히브리어 단어를 다양한 헬라어 단어로 표현한다. 일관
성 있는 일대일 번역은 기대하기 어렵고 흔치 않은 경우이다. 그러나 주
목 할만 하게도 70인역은 아슈레를 항상 마카리오스로 번역한다.[17] 이는
분명히 두 단어의 개념이 거의 같기 때문이다. 이 놀라운 일치는 헬라어
성경의 마카리오스가 아슈레라는 인간 번영과 잘 사는 삶(well-being)에
관한 동일한 생각을 전달한다고 확신하게 하는 큰 이유이다.

---

16 칠십인역의 영향에 대한 더 많은 정보를 Tessa Rajak, *Translation and Survival: The Greek Bible of the Ancient
Jewish Diaspora* (New York: Oxford University Press, 2009), 1-23에서 확인하라. 칠십인역의 신약성
경에 대한 다양한 영향에 대한 논의를 다음에서 보라, Karen H. Jobes and Moisés Silva, *Invitation to
the Septuagint* (Grand Rapids: Baker Academic, 2000), 19-26. 더 자세한 연구를 Natalio Fernàndez
Marcos, *The Septuagint in Context: Introduction to the Greek Versions of the Bible* (Leiden: Brill, 2000), 303-62
에서 확인하라.

17 Janzen, "AŜRÊ in the Old Testament," 216. K. C. Hanson도 동의한다: "**아슈레와 마카리오스**는 같은
의미이며 맛소라 텍스트와 칠십인역에서 일대일로 대응하는 단어이다("How Honorable! How Shameful!
A Cultural Analysis of Matthew's Makarisms and Reproach," *Semeia* 68 [1995]: 88). 잠언 14:21, 16:20
의 두 가지 예에서 번역자는 **마카리오스** 대신에 형용사 **마카리스토스**를 사용하지만 이것은 결코 **아슈레**
와 **마카리오스** 사이의 일반적이지 않은 강력한 일치성을 훼손하지 않는다. 칠십인역이 동사 형태를 처리하
는 방식은 단어 그룹 간의 개념적 중복을 더욱 강화한다. 칠십인역은 단 두 번 **마카제인**을 **아슈레**에 사용
하지 않는다. 잠언 3:18은 **아스파레스**, "강한, 견고한"을 사용하고 잠언31:28은 **플루티제인**, "재정적으로 번
영함"을 사용한다.

헬라어 마카리오스의 이중 문맥 중 한 부분인 그레코-로만 문맥 또한 다른 놀라운 점을 가지고 있다. 고전 헬라어에서 마카르는 신들의 상태를 나타내며 더불어 신들의 삶과 같은 보살핌과 노동과 죽음이 없는 인간의 행복한 삶을 나타낸다. 마카리오스는 그리스의 철학 용어인 유다이모니아(이전 장에서 언급되었듯이 아리스토텔레스에게 특히 중요한 개념)의 동의어로 종종 사용되며, 이는 내적 행복과 만족, 진정으로 좋은 삶의 상태 또는 인간의 번영을 의미한다.[18] 이는 히브리 성경의 아슈레의 사용법과 정확히 일치한다. 헬라어로 된 제2성전 유대 문헌에서 (칠십인역을 포함하여), 마카리오스는 분명히 인간의 번영 혹은 세상에서의 충만한 삶을 가리킨다. 마카리오스한 사람은 아내와(마 25:8, 26:1), 아이들과 (창 30:13, 시 127:5, 시락 25:7, 4 마카비 16:9, 18:9), 아름다움 (솔로몬의 시편 6:9), 세상적 잘 삶, 재물, 명예, 지혜(욥 29:10, 11; 참조, 사 32:20)를 소유한 사람이다.[19]

이 모든 것들이 산상수훈의 마카리오스를 이해하는데 필수적인 배경이다. 앞서 언급한 아슈레의 의미와 그것을 일대일로 번역한 헬라어 마카리오스와의 관계성에 비추어 볼 때, 산상수훈의 비아티튜드가 신성한 축복의 선언이라는 것 이외에 다른 뜻이 있다는 것이 명백해진다. 즉, 예수님은 아슈레 지혜 전통을 이어가며 진정한 하나님 중심의 인간 번영의 상태가 어떤 것인지 그려주며 그의 공생애 사역을 시작한다. 그는 시편, 잠언, 이사야서와 같이 영감을 주는 비전을 제시하며 다가오는 하나님의 나라에서 참으로 잘 사는 삶의 모습을 설명한다.[20] 동시에, 헬라 철학 전

---

18 Friedrich Hauck, "μακάριος, μακαρίζω, μακαρισμός," *TDNT* 4:362–63. 율리히 루츠는 코이네 헬라어에서 마카리오스와 유다이모니아를 거의 구별 할 수 없다고 말하면서, 둘 다 최종적인 의미에서 "행복하다"를 의미한다고 결론 내린다(Matthew 1-7: A Commentary, rev. ed., trans. James E. Crouch, Hermeneia [Minneapolis: Fortress, 2007], 190).

19 Georg Bertram, "μακάριος, μακαρίζω, μακαρισμός," *TDNT* 4:364–67.

20 칠십인역 잠언 3:13은 마카리즘이 지혜 문학의 주된 주제임을 보여주는 구절이다. 여기에서는 헬라어 지혜 용어인 **소피아**와 **프로네시스**와 함께 사용된다: **마카리오스 안쓰로포스 호스 휴렌 소피안 카이 쓰네토스 호스 에이덴 프로네신**(번영은 이해를 발견하고 실천적인 지혜를 보는/얻는 자이다).

통의 번역과 행복의 문맥에서도 비아티튜드를 이해할 수 있다. 스캇 맥나이트는 비아티튜드에 대한 그의 논의에서 "'…한 자는 복이 있나니'라는 말을 할 때에는 '잘 사는 삶'에 대한 과거 철학 이론과 현대의 '행복' 이론이 작용한다"고 말한다.[21]

바라크를 통하여 이루어지는 아슈레/마카리오스와 인간 번영

이 책이 아슈레와 마카리오스를 번역해 사용하지 않고 음역을 계속 사용하는 이유가 있다. 성경에 두 단어가 모두 영어로 "bless"(한글로는 "복")이라는 글자로 일관되게 번역되었지만, 이것은 "bless(복)"이라 번역된 다른 단어인 히브리어 바라크와 지속적으로 혼란을 야기한다. 이는 또한 아슈레와 마카리오스가 말하는 인간 번영의 개념을 이해하기 어렵게 한다.

다시 돌아가, 아슈레가 어떻게 헬라어 마카리오스로 일관되게 번역되는지에 알아 보자. 일반적으로 이 두 단어는 모두 "blessed"("복 있는")라 옮겨진다. 문제는 영어로 "bless"나 "blessed"("복"이나 "복 있는")으로 규칙적으로 번역되는 또 다른 히브리어와 헬라어 단어 쌍이 있다는 것이다. 그것은 자주 사용되는 히브리어 단어 바라크/베라카 와 이 단어의 칠십인역 헬라어 번역인 율로게오/율로게토스이다. 그 결과 두 단어 그룹 사이에 많은 혼란이 생긴다.

히브리어 어근 바라크는 히브리어 성경에서 동사로 327회, 명사로 71회 사용된다. 구약 전체에 퍼져 있지만 모세오경에 집중되어 있고 (특히

---

21 McKnight, *Sermon on the Mount*, 32. 이 관점의 확장된 논의를 비아티튜드를 "좋은 삶"이라 이름 짓고 논의하는 R. T. France, *The Gospel of Matthew*, NICNT (Grand Rapids: Eerdmans, 2007), 160-61에서 확인하라.

창세기와 신명기에 25 %가 사용된다),[22] 시편의 족장들과 나라들에 대한 신적 축복과 저주, 언약과 주님에 대한 예배를 다루는 곳에 사용된다.[23] 하나님께서는 바라크를 사용하시어 하나님의 말씀을 적극적으로 허락하시며 풍요와 권세와 평화와 휴식과 같은 유익을 얻을 수 있게 하신다.[24] 축복과 저주는 하나님이 직접 또는 공인된 중계자로부터 권위있는 사람인 왕, 제사장, 또는 족장들에 의해 공식적으로 선언된다.[25] 하나님의 축복은 관계의 문맥에서 수여 받게 되는데, 히브리어 성경에서 가장 중요한 것은 하나님과 아브라함의 관계 ("bless(복)"이 자주 사용됨)이다. 이 축복과 저주는 두 상징적인 산들인(신 11: 26-32) 에발산 (저주)과 그리심산 (축복)과도 연결된다.[26] 축복을 축복으로 만드는 것은 하나님과의 바른 관계와 사람이나 집단에 대한 호의적인 태도이며, 유익 (또는 "축복")은 이 관계에 부차적인 것이다.[27]

바라크와 아슈레를 비교하면 중요한 차이점이 발견된다. 바라크와 마찬가지로 아슈레는 종종 바라크와 동일하게 자손들, 들판과 양떼, 적으로부터의 보호 등을 설명하는데 사용된다. 이는 바라크와 아슈레 사이의 유기적인 관계를 보여준다. 즉, "축복[바라크]이 주어져야 만하는 사람이나 그룹이 아슈레라 불리어 질 수 있다."[28]

그러나 매우 중요한 사실 한가지는 두 단어가 같은 의미를 갖는다거

---

22 James McKeown, "Blessings and Cursings," in *Dictionary of the Old Testament: Pentateuch*, ed. T. D. Alexander and David W. Baker (Downers Grove, IL: InterVarsity, 2003), 83.

23 앞선 자료들은 Robert Gordon, "ברך," *NIDOTTE* 1:757-58에 근거한다.

24 McKeown, "Blessings and Cursings," 83-87.

25 Hanson, "How Honorable! How Shameful!," 85-86. 가장 분명한 제사장의 축복은 민수기 6:22-27의 아론의 축복이다. 1QS 2:1-10를 참고하라. 악한이들을 향한 레위기적 저주와 쌍을 이룬다.

26 McKeown, "Blessings and Cursings," 85.

27 Christopher Wright Mitchell, The Meaning of BRK "*To Bless*" *in the Old Testament*, SBLDS 95 (Atlanta: Society of Biblical Literature, 1987), 165-67.

28 Janzen, "AŠRÊ in the Old Testament," 223. Mitchell은 축복(바라크)의 소유는 **아슈레함**의 전제조건이라고 말한다(*Meaning of* BRK, 103). 시편 144:12-15은 이 두가지 개념이 중복되는 좋은 예이다.

나, 같은 의미로 해석되어야 한다는 것을 말하는 것은 아니다. 능동태 동사이며 일반적으로 하나님을 주어로 갖는 (동사) "축복하다"와 그 축복이나 번영을 받는 이의 상태를 묘사하는 아슈레한 사람이라는 개념은 기본적으로 철저히 구별된다. 예를 들어, 시편 1편에 "복 있는 사람은…")이라 불리워지는 아슈레즘 (혹은 마카리즘)은 타인에게 친절을 베풀거나 호의를 베풀거나 은혜를 끼치는 바라크의 개념에서 복주다라는 의미가 아니다. 오히려 아슈레는 복을 주거나 시작하는 사람이 아니라 다른 사람에 의해 행복, 특권, 또는 행운이 누군가에게 주어진 상태를 나타내는 감탄의 묘사이다. 아슈레즘/마카리즘은 "힘있는 말씀"이나 하나님이 적극적으로 누군가에게 호의를 베푸는 선언이 아니다. 이것은 의식 행위로 생겨나지 않으며, 누구도 아슈레즘/마카리즘을 위해 결코 기도하지 않으며, 스스로를 아슈레 라고 부르지 않는다.[29]

다시 말하지만, 아슈레 와 바라크는 같은 의미가 아니다. "아슈레 는 행복의 상태를 강조한다. 반면, 바라크는 행복한 상태를 배제하는 것은 아니지만, 수동 분사 형태 일 때 주님으로부터 복을 받아 힘을 얻은 상태 혹은 은혜를 얻은 상태, 그래서 '복을 받은'을 의미한다."[30] 하나님은 바라크이다라고 불려지지만, 아슈레하다고 불려지지는 않는다(신약에서도 하나님만이 홀로 율레게토스하신 분이다).[31]

아세리즘 또는 마카리즘을 선언하는 것은 공동체 구성원간의 행동과 헌신에 대한 가치 판단을 내리는 것이다. 아세리즘은 "공동체의 가치, 지

---

29 Hanson, "How Honorable! How Shameful!," 89.

30 Gordon, "ךרב"763.

31 오직 디모데전서에서 (2번) 헬라어에 대응하는 **마카리오스**가 하나님에게 사용되지만 이것은 분명한 예외이지 법칙은 아니며 후대의 사용례이다. *Pace* D. A. Carson ("Matthew," in *The Expositor's Bible Commentary*, rev. ed., 13 vols., ed. Tremper Longman III and David E. Garland [Grand Rapids: Zondervan, 2010], 1:161], 이 단 한번의 성경의 용례가 **아슈레/마카리오스**와 **바라크/율로게토스** 사이에 구분이 없다는 것을 증명하는 것은 아니다. 오히려 증거들은 반대방향을 완벽하게 제시한다.

혜자의 가치, 또는 교사의 가치를 표현하고 그 대상들을 '고귀한 것'이라 표명하는 것이다."[32] 더불어 함축된 권고의 기능을 가지고 있어서 "누구든 행복하길 원한다면 미덕한 행동이나 태도를 본받아야 한다"는 적용점을 제시한다.[33] 마카리즘은 일반적 행위를 묘사하는 것이 아니라 오히려 특정 상태의 사람들을 묘사한다.[34] 중요한 점을 다시 한번 말하자면 아슈레/마카리오스는 번영의 상태에 있는 한 사람을 묘사하는 핵심적인 성경 용어이며, 이는 하나님이 활발하게 인간의 번영을 일으키는 축복하다라는 신적 행위와 혼동되어서는 안된다. 아세리즘/마카리즘은 지혜 문학 용어이고, 축복은 언약 용어이다. 다음과 같은 방식으로 아슈레/마카리오스와바라크/율로게토스 사이의 중요한 관계를 설명 할 수 있다:

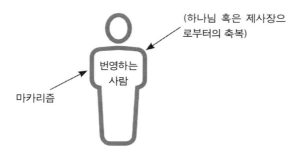

아슈레/마카리오스와바라크/율레게토스의 구별에 대한 혼란은 아슈레/마카리오스가 인간 번영과 잘 사는 삶에 대한 개념을 전달하고 있음

---

32 Hansen, "How Honorable! How Shameful!," 92.

33 David E. Garland, "Blessing and Woe," DJG, 78.

34 Ceslas Spicq, "makarios," TLNT 2:441. Spicq은 이 원리에 대해 설명한다—"복을 받은 것은 그와 같은 빈곤이 아니다, 그것은 가난이다: 그리고 빈곤은 모든 것에서 분리된 상태이지 아무도 소유하지 않는 것이 아니다."

을 알 수 없게 한다. 가장 큰 문제는 이 용어들을 모두 "복 받은 (복 있는)"으로 동일하게 번역하는 것이다. "복 받은 (복 있는)"이란 용어는 "하나님의 은혜"라는 좁은 의미로 과중하게 사용되어 인간의 번영이라는 의미를 거의 항상 잃어버린다.[35]

아슈레/마카리오스가 인간 번영에 관한 것이라는 사실이 번역 문제를 일으키는 원인이다. 간단한 해결책으로 두 단어군 사이의 차이를 드러내도록 번역하면 되겠지만, 문제는 두 개념이 구별되는 것이면서도 밀접히 연관된다는 것이다: 인간은 창조주 하나님과의 언약적 관계에 있을 때에만 인간으로서 완전히 번영 할 수 있으며, 이는 고대의 번영이라는 개념과 하나님의 계시를 지향해야 할 필요성을 포함한다.

따라서, 시편이 토라(하나님의 언약적 가르침)를 묵상하는 사람의 아슈레한 상태를 말할 때, 예를 들어 시119편처럼, 이는 하나님을 지향하는 이 사람이 하나님이 백성들에게 은혜를 나타내기 위해 허락하신 가장 직접적인 은혜의 수단인 하나님의 자기 계시를 묵상하기 때문에 혹은 하나님을 아는 것을 경험하고 있기 때문에 번영하는 상태에 있다고 말한다. 그러므로, 인간 번영과 하나님의 은혜 혹은 축복 사이에는 필연적인 유기적 관계가 존재한다.

그러나, 이 유기적인 관계에도 불구하고 중요한 차이점이 존재함을 이해해야 한다. 아슈레가 일반적으로 (가장 풍성히 그러나 하나님과의 배타적이지 않은 관계에서) 인간의 번영 상태를 가리키는 반면, 바라크는 창조물에 대한 하나님의 효력 있는 은혜를 말한다. 이 서로 다른 두 개념을 "(축)복" 또는 "(축)복 받은"으로 번역하면 이 구별을 붕괴시키고 융합하며 혼

---

35 이른 시기 영어 사용자들이 "bléssed"와 "blesséd"를 구별 할 수 있었는지 여부는 명확하지 않다. 후자는 하나님의 축복에 대한 행동 (그리고 결과)보다는 "축복"의 상태를 나타내는 형용사이다. 현대 영어에서 동사 또는 형용사로서 "blessed (축복받은)"의 음운론적 모호성은 극소수를 제외하고는 그 구분을 거의 잃어버렸다. 그 구별을 유지할 수 있는 단어로 -t로 끝나는 동사형 ("blest")이 있었지만, 일부 시적인 사용을 제외하고 이 형태는 미국 영어에서 사라졌다.

란스럽게 한다.

이는 많은 경우에 중요한 문제를 야기한다. 아슈레시의 기본이 되는 시편 1편이 중요하고 좋은 예이다. 이 기본이 되는 지혜시는 무엇을 말하는가? 영어(한글) 번역은 (그리고 아슈레와 바라크의 차이를 구별하지 않는 히브리어 읽기 역시) "복 있는 자는…"로 시작하며 그는 "오직 여호와의 율법을 즐거워하여 그의 율법을 주야로 묵상하는 자로다"라고 설명한다.

불행하게도 대부분의 사람들은 이 본문을 "이것을 하면 (성경을 읽으면), 하나님이 축복해 주실 것이다"라고 해석 할 것이다. 신학적으로 세심한 독자는 지나치게 기계론적인 해석의 문제를 즉시 인식하고 "우리가 하나님께 무엇을 하면 하나님이 응답하고 축복해 주는 것이 아니라, 오히려 하나님께서 우리에게 그분의 말씀을 읽으려는 열망을 주시는 은혜를 베푸시며, 그런 후에 그가 이미 주신 그 은혜 위에 더하여 더 많은 은혜와 호의로 우리를 축복해 주신다라는 등의 중요한 해석상의 수정을 제시할 것이다. 축복 받기를 바라는 욕망과 축복은 모두 하나님에게서 온다." (비슷한 주장이 이후에 살펴 볼 비아티튜드에서도 언급될 것이다.)

나는 이러한 신중한 신학적 읽기의 근본적이고 포괄적인 방향에 대해서 반대하지 않는다. 성경은 모든 번영이 하나님의 선물이며, 하나님은 그의 피조물에게 은혜에 은혜를 더하여 주신다는 것을 분명하게 가르친다. 그러나, 신학적으로 옳은 진술일지라도 이는 시편 1이 실제로 말하는 것을 근본적으로 오해하는 것이며, 이런 잘못된 이해는 복잡하고 난해한 설명을 요구하게 한다. 이는 자초한 딜레마로서 독자들이 실제로 선포된 말씀을 알지 못하게 한다.

시편 1편은 하나님의 호의 ("축복" 또는 바라크)을 말하지 않는다. 오히려 모든 인간이 바라는 인간의 번영을 결과로 가져 오는 세상에서 존재하는 영감된 지혜로운 방식을 말한다. 이 세상에 존재하는 가장 좋은 방식이 무엇인지 생각하게 하고 그것을 추구하도록 만드는 시적 초대이다. 시편 1편은 오랫동안 정경에서 핵심적인 역할을 해 온 지혜시이다.[36] 잠언과 같은 모든 지혜 문학과 마찬가지로 사람들의 삶을 좋은 쪽으로 변화시키도록 영감을 주고 유익을 얻을 수 있는 특정한 방식으로 살아가게 하는 인간 번영에 대한 비전이다. 시편 1편은 다음과 같은 강력한 비전을 던진다, "아슈레 /마카리오스는…인 사람이다," 즉 "번영한 자, 행운 있는 자, 행복한 자"는 악한 자의 길을 따라 가지 않고 (잠언 참조) 오히려 그(그녀)를 인도하도록 하나님의 계시에 초점을 맞추는 자이다(1-2절).

이 비전은 여기서 멈추지 않는다. 한 사람이 어떤 삶을 선택해 살아가느냐에 따라 달라지는 삶의 질 (그리고 양)에 대한 매우 선명하고 미래 지향적인 정신적 비전을 준다. 사악한 자의 길이 아니라 하나님의 계시를 자신의 삶의 지침으로 선택하는 지혜로운 자(이 지혜의 이미지를 기억하라)는 물가에 우거진 나무처럼 번영 할 것이다(열매 맺는 나무보다 더 좋은 번영하는 인간에 대한 이미지는 없을 것이다). 반면, 사악한 사람들은 심판과 버려짐에 직면하게 될 것이며, 나무처럼 뿌리를 내리고 열매를 맺기보다는 바람에 날리는 작은 겨(3-6절)가 될 것이다. (산상수훈과 놀라운 연관성들이 발견된다.)

이는 세상에서 한 특정한 방식으로 살아가라는 하나님의 강력한 부르심이다. 이는 단순한 하나님이 요구가 아니며,[37] 칸트주의의 이타주의에

---

36 시편이 의도적으로 이것을 머리로 사용하는 것 외에도, 가장 초기의 기독교는 시편1편을 중심으로 보았다. 예를 들어, 제롬은 시편이라는 대저택의 출입구는 시편1편이며 닛사의 그레고리는 시편은 시편1편을 시작으로 미덕의 논리에 따라 순차적으로 배열되어 있다고 썼다. 이 내용들을 Stephen J. Harris, "Happiness and the Psalms," in *Old English Literature and the Old Testament*, ed. Michael Fox and Manish Sharma (Toronto: University of Toronto Press, 2012), 301에서 출처하였다.

37 *God and the Art of Happiness*에서 앨런 체리는 하나님의 명령을 바라보는 "자원주의"와 "행복주의"의 차이점에 대해 훌륭한 토론을 제공한다. 전자는 "순종을 시험하는 단일 사건 또는 거의 발생하지 않는 명령"이며, 후자는 "지속되는 삶의 방식을 제안하는 지침"이다. 성경에서 특별한 경우 하나님에 대한 자원함의 명령이 있지만 비교적 드물다. 오히려, 대부분의 하나님의 명령은 명백히 개인적이고 공동체적인 잘 사는 삶을 결과로 가져 올 것들을 권면한다(170). 대부분의 성경적 명령은 우리의 번영을 가져올 결과에 대한 지혜의 호소에 근거한다.

서 파생된 것도 아니며 (그것은 옳은 일이며 충분하다), 혹은 기계론적인 인과응보사상(성경을 읽고 악한 사람들과 어울리지 않는다면 하나님은 당신을 축복하실 것이다)에 기인 한 것도 아니다. 오히려, 이것은 우리를 위한 인간 번영에 대한 호소이다.[38] 당신은 열매 맺는 나무가 되기보다 버려지는 가라지가 되겠습니까? 당신은 번영(행복, 즉 아슈레) 하기보다 심판 당하겠습니까? 대답은 명백하다. 지혜로운 사람은 사악하고 거짓된 사람들을 피하고 대신에 하나님의 계시를 중심으로 삶의 방향을 잡을 것이다. 이것이 성경과 성경 외의 모든 지혜 문학이 가르치는 것이다. 그리고, 모든 사람이 갖고 있고 자연스럽고 좋은 본능인 행복 추구에 호소하는 것이다. 우리는 결국 이것을 "축복"이라고 부르겠지만, "축복받은 자 (복 있는 자)"라는 번역은 이 호소와 주장의 근본이 무엇인지에 대해 혼동을 일으킬 것이다.

따라서, 아슈레/마카리오스가 인간 번영의 전망을 제시한다는 사실을 인식하는 것도 중요하고, 동시에 이 인간 번영은 창조주 하나님과의 바른 관계를 떠나서는 결코 완전히 일어날 수 없다는 것을 아는 것도 중요하다. 현재와 오는 시대의 인간 번영에 관한 성경의 모든 비전은 이 사실을 가정하거나 명시적으로 진술한다. 다시 한번, 아슈레 /마카리오와 바라크/율레게토스 사이의 관계를 설명하는 다이어그램을 보자.

---

38 조셉 버틀러의 이것이 자기-사랑의 옳은 개념이라는 주장에 대한 체리의 토론을 보라. 부분적으로 이것은 "기독교의 기쁨주의 (Christian Hedonism)" 혹은 그 무엇보다 하나님을 갈망함으로 자기의 가장 큰 욕망을 이루는 것이라는 개념을 강조하는 존 파이퍼의 주장과 같다(John Piper, *Desiring God: Meditations of a Christian Hedonist* [Portland, OR: Multnomah, 1986]).

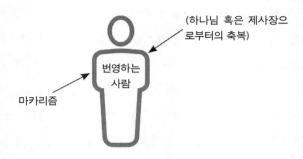

（하나님 혹은 제사장으
로부터의 축복）

번영하는
사람

마카리즘

축복 (그리고 그에 부정적으로 상응하는 개념인 저주(curse))는 실효성 있는 신적 선언이다.[39] 마카리즘 (그리고 그에 부정적으로 상응하는 개념인 화 있음 (woes))은[40] 인간의 서술적인 말이다. 언약적, 신학적 맥락에서 이들이 관련되어 있음에도 불구하고, 그 구별을 인식하는 것이 중요하다. 우리가 마카리즘과 화 있음을 축복과 저주, 약속과 금지와 같은 것으로 다루는 것은 하나님의 경륜의 방식이 아니기 때문에 문제가 된다. 마카리즘과 화 있음은 보상과 저주라는 신적 선언이 아닌, 지혜로운 사유에 기반한 삶으로의 초대이다. 이는 어떤 의미에서는 장르에 관한 문제이다.[41] 우리가 잠언을 약속으로 받아들여서는 안되는 것처럼 마카리즘의 지혜적 본질을 반드시 인식해야 한다. 마카리즘은 번영을 경험하게 하는 지혜로운 삶으로의 초대이다. 이 지혜가 하나님의 율법과 언약에 의해 알려지는 만큼 더욱 풍성하게 현실에서 이루어질 것이다. 그러나 마카리즘의 지혜

---

39 고대근동의 저주에 대한 종합적인 연구를 Anne Marie Kitz, *Cursed Are You! The Phenomenology of Cursing in Cuneiform and Hebrew Texts* (Winona Lake, IN: Eisenbrauns, 2014) 에서 찾을 수 있다. 키츠는 저주는 축복과 같이 마술이나 미신이 아니며 단순한 호기심이나 하찮은 것도 아니며 "사실이었고 실제였다"고 말한다(3).

40 신학 사전들의 "화 있음(woe)"에 관한 정의 외에도 다소 오래되었지만 여전히 도움이 되는 David Garland, *The Intention of Matthew 23*, SNTSMS 52 (Leiden : Brill, 1979), 64-90의 논쟁을 살펴도 좋을 것이다. 불행히도, 갈랜드는 마카리즘과 화 사이의 연관성을 보지 못했다. 화는 저주가 아니라 슬픔과 동정을 그리고 회개의 초대를 암시하는 선언이다.

41 쎄슬라스 스픽은 마카리즘은 미덕 명령의 틀이며, 특히 구약의 습관이라고 지적한다. 그는 계속해서 "성경적 beatitude는 지혜 장르에 들어 맞는다"고 말한다. 그는 또한 화는 저주 또는 정죄가 아니라, 불행의 선언임을 관찰한다(TLNT 2 : 435n14).

문학적 장르를 약속이나 축복의 장르와 혼동해서는 안된다.

　지금까지 바라크와 아슈레의 개념과 번역의 구별을 분명하게 갖는 것이 중요하다고 주장했다. 바라크의 경우 특히 세상에서의 하나님의 활동을 묘사할 때 "축복하다"로 번역하는 것은 여전히 좋은 번역으로 보인다.[42] 마찬가지로, 부정적으로 상응하는 개념인 "저주" 역시 그 의미가 충분히 명료하다. 다른 한편으로, "화"도 마카리즘에 부정적으로 상응하는 개념으로서 충분히 그 의미를 전달하는 듯하다. 물론 오늘날의 몇몇 독자들에게는 그렇지 않을 수도 있다. 그러나 논의의 주제인 마카리오스는 완벽하게 번역하기가 어렵다.

　구약학자들에게 이 문제는 중요하게 여겨지지 않는 것처럼 보인다. 시편 1편과 같은 본문에서 대부분의 번역은 아슈레를 "복 있는 자는"으로 바라크는 "(축)복"으로 번역하는 혼동을 보인다. 신약 성경에서는 비아티튜드의 중요성 때문에 이 문제가 조금 더 자주 언급된다. 일부 학자들이 마카리오스에 대한 번역을 두고 씨름하는 것을 볼 수 있다. "행복", "운 좋은", "얼마나 존경 할 만한가", "축하", "훌륭한 소식", "특권이 있는", "오, 행복!"등의 제안들이 있다. 비록 불완전함을 전제할지라도 나는 "번영 (flourishing)"을 선택한다. 모든 번역 선택에는 장단점이 존재한다. 각각의 번역들이 어떤 면은 강조하는 반면 다른 면은 중요하지 않은 것으로 만들기도한다.

마태복음과 산상수훈의 마카리오스

　성경적 마카리즘의 개념에 대한 연구는 산상수훈의 비아티튜드를 해

---

42 인간이 하나님을 "축복하다"이라는 의미로 사용되면 대부분은 이상하고 불분명하게 느끼며 당황하게 될 것이다.

석함에 여러 통찰력을 준다. 비아티튜드로 알려진 산상수훈의 아홉 가지 마카리즘은 예수께서 행복과 인간 번영을 결과로 가져 오는 참된 삶의 방식을 그의 권위로 선언하신 것이다. 어떻게 하면 행복해 질 수 있는가라는 보편 철학과 종교의 질문에 대한 예수님의 답이다. 마태복음 5:3-12 주해에서 다시 살펴 볼 것이다.

마카리오스에 대한 논의를 마무리하기 위해 전체 마태복음의 사용 예와 이해를 검토하고 이 아이디어가 어떻게 전체 산상수훈의 틀을 구성하고 의미를 드러내 주는지 살펴볼 것이다.

마태복음의 마카리오스

마카리오스는 신약성경에 총 50번 사용되고 그중 마태복음에 13번 사용된다.[43] 마카르 어근의 다른 형태가 마태복음에 나타나진 않지만 신약 성경에서 동사 형태 두 번, 명사 형태가 세 번 나타난다.[44] 또한 "축복하다"라는 구별된 단어가 (헬라어 율로게오; 히브리어 바라크 참고) "찬양하다", "감사하다", 또는 "명예를 주다"등의 의미로 5번 마태복음에 나타난다.[45] 마카리즘에 부정적으로 상응하는 단어인 "화"(우아이)는 마태복음에서 13번 발견되며, 대부분이 비아티튜드와 대비를 이루는 마태복음 23장의 일곱 가지 화에 나타난다.[46]

마태복음의 마카리오스 사용에 관해서 제일 먼저 주목해야 할 점은 마카리즘이 축복이 아니라는 점과 마카리즘과 대비되는 개념 역시 축복

---

43 마태복음 5:3, 4, 5, 6, 7, 8, 9, 10, 11; 11:6; 13:16; 16:17; 24:46. 신약성경에서 누가복음만 이 단어를 계속해서 사용한다(15번).

44 동사 **마카리조**는 "누군가를 행복한 또는 번영하는 사람으로 여기는 것"을 의미하며 누가복음1:48과 야고보서5:11에서만 발견된다. 행복의 상태를 묘사하는 명사 **마카리스모스**는 롬 4:6, 9과 갈 4:15에 사용된다.

45 마 14:19; 21:9; 23:39; 25:34; 26:26.

46 마 11:21(2x); 18:7(2x); 23:13, 15, 16, 23, 25, 27, 29; 24:19; 26:24.

과 대비되는 저주가 아니라 화라는 것이다. 화는[47] 번영이 아닌 손실, 슬픔, 파괴 등을 결과로 가져오는 세상에 존재하는 한 방식을 묘사한다는 점에서 마카리즘과 대비된다. 누가복음 6:20-26의 비아티튜드는 마카리즘과 그와 대비되는 화에 대한 가르침이 연결되어 나타난다(눅 6:24-26). 마태복음 또한 마카리즘과 대비되는 일련의 화를 선포하지만, 산상수훈 내에서가 아닌 바리새인들과 예수님의 갈등이 극에 달하는 장면에 나타난다(마 23:1-36).[48] 이러한 분리는 (문학적, 신학적 이유에 관계없이) 마태복음의 마카리즘과 화의 극적인 대조를 덜하게 하지 않는다. 마태복음의 비아티튜드는 예수님의 가르침 사역을 시작하며, 화는 예수의 가르침 사역의 마지막에 그의 반대자들(산상수훈에서 가르치는 것과 반대되는 삶의 살아있는 증인들)에게 선포된다. 그러므로, 마태복음에서 마카리즘과 화는 마태복음의 예수님의 가르침을 열고 닫는다.[49]

산상수훈의 마카리즘외에 마태복음에 네 가지 다른 마카리즘의 용례들이 있다. 산상수훈 다음으로 마태복음11:6에서 예수님은 자신으로 인해 실족하지 않는 자가 마카리오스하다라고 말한다. 근접 문맥은 세례 요한의 투옥에 대한 보고와 요한의 제자들의 예수님에 대한 질문이다 (11:2-6). 예수님께서는 그가 하고 있는 모든 사역을 정리해 말씀하신 후 마카리즘을 말씀하신다. 이 단어가 일관되게 사용되는 방식을 고려하면, 이 마카리즘 역시 번영하게 될 사람의 종류에 대한 한 설명이며, 하나님

---

47 이 단어는 헬라어 성경외에서는 거의 발견되지 않는다. 히브리어 'ôy, hôy, 일종의 의성어이자 고통이나 고통의 외침, 또는 불행의 선언을 의미하는 단어의 음역이다. 가장 좋은 영어 번역본은 "Alas," "Ah" 또는 "Woe(화)"이다. Spicq, TLNT 2:442-44를 참조하라.

48 K. C. 한슨은 비아티튜드의 마카리즘과 마태복음 23장의 화 사이의 병렬을 보여주는 유용한 도표를 제공한다. "하늘 나라가 저희 것임이니라"(5:3, 10)/"하늘 나라의 문을 닫느니라"(23:13); "긍휼이 여기는 자는 … 긍휼히 여김을 받을 것이요"(5:7)/"긍휼을 버렸도다"(23:23); "하나님의 아들들"(5:9)/"지옥 자식"(23:15); "선지자들도 이같이 핍박하였느니라"(5:12)/"선지자를 죽인 자의 자손임을"(23:31) ("How Honorable! How Shameful!," 102).

49 마태복음의 다섯 번째 주요 가르침의 단락이 마 23장 혹은 24장에서 시작되는지에 대한 토론은 산상수훈의 구조를 다루는 이 책의 5과를 보라.

께서 (능동적으로) 구하는 자에게 복을 주겠다고 약속하는 것이 아님을 알 수 있다. 마카리오스한 자는 이 땅에 오신 예수님과 그의 행동에 적대적이지 않는 사람이다. 주목해 볼 점 한가지는, 마태복음 11장의 시작 부분에 등장하는 마카리오스하다 선언된 자와 11장 후반부에서 화 있다 선언된 예수님의 기적에 긍정적으로 반응하지 않는 자가 대조된다는 것이다. 11:21에서 예수님은 (11:5에 설명된) 그의 엄청난 역사를 보고도 믿음으로 반응하지 않는 고라신과 벳새다에 화를 선포한다.

다음 용례는 13:16이다. 예수님께서 이사야서를 인용하며 비유로 가르치시는 이유를 설명하는 장면에 등장한다(13:10-17). 예수님은 불신자들을 신자들과 대조한다. 눈과 귀와 마음이 어리석고 닫힌 사람과 하나님의 계시에 열려있는 두 종류의 사람을 비유로 대조한다. 열린 귀와 밝은 눈을 가진 사람에게 축복의 약속이 주어진다는 말씀이 아니라, 오히려 어떤 이는 이것을 받았고 다른 이는 그렇지 않다는 선택을 말한다(참조, 11:25-30). 예수님께서는 보고 듣고 그에 순종하는 사람을 마카리오스한 자라 진술한다. 그는 예수님의 가르침에 일치하는 사람이기 때문에 진실되고 온전한 삶을 경험하는 마카리오스한 자라고 설명한다.

16:17의 용례도 이에 밀접하게 연관된다. 마태복음 13장의 비유들과 마찬가지로 16:17의 문맥은 하나님의 신비한 실체를 이해하고도 받아들이지 않는 사람들과 그들이 이해할 수 있도록 자신을 계시하시는 하나님을 설명한다(참조, 고전 2:6-16, 역시 이사야를 인용한다). 예수님은 시몬 베드로가 하나님의 계시를 받는 자이기 때문에 마카리오스하다고 선포한다. "번영하는 자는 너희이니 …"라는 번역은 약간 투박할 수 있지만, 적어도 축복(함)이라는 의미가 아닌 마카리오스의 기능을 바르게 묘사한다. 예수님은 베드로가 계시를 가지고 있다는 이유로 축복을 빌어 주시는 것이 아니다. 그는 베드로의 볼 수 있는 능력이 번영의 상태 혹은 "축복 받았음"이

라고 말하는 것이다. 이것은 진술이지, 약속이나 복을 비는 것이 아니다. 이 본문은 마카리오스/율로게토스 관계를 이해하는데 필요한 대표적인 구절이다. 예수님은 베드로에게 복을 선포하거나 복을 주시는 것이 아니다, 오히려 하나님의 궁극적인 축복, 즉 그의 계시를 받는 사람들이 번영의 상태에 있다고 선포한다.

마지막으로, 24:46에서 예수님은 주님이 돌아 오실 때 충성된 종이라 일컬어질 선하고 지혜로운 종을 마카리오스라고 묘사한다. 충성되게 예수님을 따르는 자는 그 지혜의 결과로 삶의 충만함과 번영을 경험하게 될 것이다. 흥미롭게도 이런 종류의 마카리오스한 사람은 그리스 미덕 전통에서 자주 등장한다. 이 충성스러운 마카리오스한 사람은 프로니모스 또는 지혜로운 자라고 불린다.[50] 프로니모스는 참 행복을 결과로 가져오는 미덕을 통해 오랜 시간 지혜를 배우고 실천한 사람을 묘사하는 헬라어 용어이다. 이 단어는 미덕과 인간 번영의 개념을 나타내는 또 다른 주요한 표시이다. 마태복음은 프로니모스와 대조적 개념으로 모로스 어리석은 자라는 개념을 사용한다. 이 용어는 신약성경에 12번 사용되고 그 중 6번이 마태복음에 등장하며 일반적으로 프로니모스와 함께 짝을 이루어 나타난다.[51] 특히 산상수훈을 결론짓는 지혜로운 자와 어리석은 자의 대조는(7:24-27)[52] 산상수훈의 초반부에 등장하는 마카리즘(5:3-12)과 함께 산상수훈을 둘러싸며 그 개념의 중요성을 배가 시킨다.

지금까지 살펴본 마태복음의 용례들은 마카리오스의 의미와 개념에

---

50 그리스 도덕 철학에서 중요한 이 용어는 신약에 많이 등장하는 것은 아니지만 (14번), 분명히 마태복음이 가장 좋아하는 것이다. 마태복음에만 일곱번 사용된다(7:24, 10:16, 24:45, 25:2, 4, 8, 9).

51 마 5:22; 7:26; 23:17; 25:2, 3, 8. 특히, 다른 신약의 용례들은 강한 그리스 문화적 맥락에서 발견된다. 이 언어는 일반적으로 미덕 토론에 자주 사용된다(특히 고전 1:25, 27, 3:18, 4:10).

52 이 부분의 헬라적 문맥에 관한 논의를 Hans Dieter Betz, "The Sermon on the Mount (Matt. 5:3-7:27): Its Literary Genre and Function," in *Essays on the Sermon on the Mount* (1985; Minneapolis: Fortress, 2009), 6-7에서 보라.

관해 알아야 할 미묘한 뉘앙스를 발견하기에 아주 좋은 예들이다. 주된 요점은 마카리오스 진술들은 하나님의 은총을 누리기 위해 무엇을 하거나 무엇이 되라는 말이 아니라 번영한 상태의 선언이라는 점이다.[53] 그러나 성경적 관점에서 (그리고 하나님의 경륜 내에서) 궁극적으로는 하나님의 축복을 떠나서는 마카리오스는 불가능하다. 그럼에도 불구하고, 마카리오스를 하나님의 은혜로 축소시킨다면 우리는 구속이 무엇에 관한 것인지에 대한 중요하고 깊은 이해를 잃어 버린다.

비아티튜드의 마카리즘에 대한 현대의 해석들

마카리오스를 정의하는 방법이 중요한 문제이긴 하지만, 더 중요한 것은 이 표현의 의미를 예수님의 가르침, 산상수훈, 마태복음, 그리고 성경 전체의 문맥 속에서 해석하고 읽어내는 방법이다.

다양한 해석들이 어떻게 비아티튜드의 의미에 대해 정의하고 설명하는지를 살피고, 그것들이 내가 주장하는 인간의 번영이라는 개념에 얼마나 민감한지 살펴보는 것이 큰 도움이 될 것이다. 중요한 원리는 우리가 선택하는 해석이 우리가 어떻게 비아티튜드, 산상수훈, 그리고 하나님과 창조물의 관계를 이해하는지를 보여주며 그에 영향을 미친다는 것이다. 각각의 해석 방식은 본문에 대한 해석학적 프레임을 제공하고 우리가 무엇을 묻고 어떤 답을 찾아야 하는지를 안내한다.

일반적으로 비아티튜드에 대한 세가지 주된 현대의 해석이 있다. 각각의 입장에 따라 마카리오스에 대한 관심을 보이기도하고 그렇지 않기도 하다.

---

53 W. J. 덤브렐은 마태복음의 모든 **마카리오스**용례는 **바라크**와 **아셰르**를 구별하는 "구약성경의 배경과 완전히 일치한다"고 말한다(W. J. Dumbrell, "The Logic of the Role of the Law in Matthew 5:1-20," *NovT* 23, no. 1 [1981]: 8n25).

1. 하나님의 호의/은총
2. 종말의 역전되는 축복
3. 지혜 또는 미덕-윤리 읽기

"복이 있는": 하나님의 호의/은총

많은 주석가들이 산상수훈의 마카리즘의 의미에 관해 잘 설명하고 있음에도 불구하고 여전히 "…자는 복이 있나니(Blessed be…)"라고 번역한다. 로버트 건드리, 더글라스 해어, 찰스 퀄스, 스캇 맥나이트, D. A. 카슨, 데이비드 터너, 프레드릭 브루너, 마이클 윌킨스, 그랜트 오스본,[54] J. 낙스 챔버린 등의 주석가들과 대부분의 영어 번역들이 이에 해당한다. 비아티튜드라는 단어는 "축복이 있는"이라는 의미가 아니라 "행복 혹은 더할 나위 없는 행복"이라는 의미의 라틴어 베아투스에서 유래한다. 몇몇 주석가들이 베아투스를 언급하며 설명하지만 그들 역시 "복이 있는"이라는 단어로 번역한다.

위의 학자들 모두가 마카리오스를 하나님의 은총/호의라고 생각하는 것은 아니지만 대부분 그렇다. 이 해석은 앞서 설명한 바라크와 아슈레 사이의 중요한 구별을 이해하지 못한 결과물이다. 이 주석가들 대부분, 특히 개신교 주석가들에게 이 해석은 부가적인 설명을 요구한다. 앞서 시편 1편을 주해하며 설명하였듯이, 이들은 비아티튜드가 하나님의 호의 혹은 축복에 대해 말하고 있지만, 하나님의 은혜를 율법주의적으로 얻는 방법을 말하는 것이 아니며, 하나님께서 은혜나 성령으로 이러한 일을 우리 안에서 행하시는 것이라고 설명한다.

---

54 오스본은 "하나님이…축복하신다"라고 약간 다르게 번역하지만 "…자는 복이 있다"라는 번역과 크게 다르지 않다. 후자는 본능적으로 신적 수동태로 이해된다. 실제로, 이것은 잘못된 이해를 가장 명백하게 보여준다. 동시에, Osborne는 Beatitudes가 도덕적인 의무와 약속된 보상이기 때문에 비아티튜드를 윤리로 읽는 것과 종말론적 축복으로 읽는 것을 (로버트 율리히처럼) 구분한다는 것은 너무나 분리적인 것이라고 지적한다(Osborne, *Matthew*, ZECNT 1 [Grand Rapids: Zondervan, 2012], 162n16).

찰스 퀄스의 주석이 좋은 예이다. 그는 비아티튜드가 천국에 들어가기 위한 필요조건 아니라, "하나님께서 이미 자신의 자녀로 선언하신 사람들의 성품과 행위를 정의하는 것이며, 진정한 구원에서 비롯한 필수적인 거룩한 삶을 묘사하는 것"이라고 설명한다. 비아티튜드는 하나님의 축복의 선언이며 "하나님의 호의를 받아 특권을 누리는 자들에 대한 예수님의 묘사"이다.[55] 요점은 선물/복으로서 구원이 이러한 성품들로 결과되어진다는 것이다.

데이비드 터너는 마카리오스를 하나님의 은총으로 읽는 접근법을 취한다. "비아티튜드는 하나님께서 그의 백성들에게 허락하신 주요한 성품적 특성을 드러낸다. 이러한 성품적 특성은 하나님의 승인을 나타내는 은혜로운 선물이지 하나님의 승인에 요구되는 공로적 행위가 아니다. 회개하는 사람들은 원칙적으로 이 성품적 특성을 받으며 제자 훈련의 과정을 통해 이를 발달시켜야 한다."[56]

이제 우리는 마카리즘이 선포되는 절들의 전제절과 귀결절사이의 구문론적 문제와 씨름해야 한다.[57] 모든 주석가들이 이러한 세부 사항이나 함의들을 다루는 것은 아니지만, 이 두 마카리즘의 측면들이 어떻게 조화를 이루는지에 대해 반드시 답해야 한다. 마카리즘 구절을 구성하는 두 부분인 "…한 자는 복이 있나니"와 "천국이 그들의 것임이요" 혹은 "그들이 위로를 받을 것임이요"는 어떤 관계인가?[58] 하나님의 호의/축복이라는 해석적 관점은 은혜 해석의 딜레마를 만든다. 즉, 전제절의 마카리즘

---

55 Charles L. Quarles, *Sermon on the Mount: Restoring Christ's Message to the Modern Church* (Nashville: B&H, 2011), 40-42.

56 David Turner, *Matthew*, BECNT (Grand Rapids: Baker Academic, 2008), 147.

57 마카리즘의 두 부분을 기술하기 위해 전제절과 귀결절이라는 용어를 사용하겠지만, 일반적으로 이것은 "만약 ~한다면"이라는 조건문이다. 전제절은 (마카리오스로 시작하는) 상반절이고, 귀결절은 (가르로 시작하는) 후반절이다.

58 이 문제와 관련해서 비아티튜드를 주석하는 5장에서 다시 다룰 것이다.

("…한 자는 복 있나니" 혹은 "하나님이 축복하시는 자는")을 하나님의 은총을 나타내는 진술로 이해한다면, 귀결절은 자연스럽게 그 이유 또는 근거를 제공한다. 그러나, 이 구문론적 관계를 고려하면, 이 해석은 앞뒤가 맞지 않으며 오히려 문제를 야기한다. 의역하면 – "하나님은 영혼이 가난한 자를 복 준다, 왜냐하면 그들이 하늘나라에 속하기 때문이다", 혹은 "만약 너희 영혼이 가난하면 복을 받은자이다, 왜냐하면 너희가 하늘나라에 속하기 때문이다", 혹은 "애통하는 자는 복이 있나니, 왜냐하면 저들이 위로를 받을 것이기 때문이다", 또는 "만약 너희가 애통하면 복을 받은 자이다, 왜냐하면 너희가 위로를 받을 것이기 때문이다"가 된다. 우리는 이런 방식으로 읽는 것에 익숙하며 그 의미를 어느 정도는 이해한다. 그러나, 만약 이러한 번역이 실제로 무엇을 말하는지를 설명해 보라고 한다면 잘 모르겠다고 답할 것이다. 이는 "만약 당신이 X 이면/한다면, 하나님이 당신에게 은총을 베풀고 무언가도 주실 것이다"라는 식의 기계적 보응 사상의 율법주의로 이해될 수 있다. 혹은, "만약 너희가 애통하면, 마음이 청결하면, 혹은 의에 주리고 목마르다면, 용기를 내라, 너희 필요가 채워질 것이다라는 단순한 사실 선언이 될 것이다. 따라서, 최악의 경우에는 기계적 방법으로 읽어야하며 (대부분 피하는 방법이다), 또는 어떤 일들이 이루어질 것이라는 용기를 주는 말이 될 뿐이다. 둘 모두 마카리즘의 본질과 기능을 이해하지 못한다.

종말의 역전되는 축복

학자들 사이에서 훨씬 더 일반적인 해석은 비아티튜드는 예수님이 약속하신 종말의 때에 가져오실 운명의 역전이라는 복에 대한 그림이라는 이해이다. 많은 사람들이 비아티튜드의 주요 배경은 이 마카리즘들에 대해 많은 정보를 주고, 모양을 만들고, 색을 입혀주는 이사야 61장 (또한 여러 시편의 영향을 받음)이라고 바르게 말한다.[59] 비아티튜드의 종말론적 성격과 맥락은 부인할 수 없다. "땅을 기업으로 얻는다"는 것과 "배부를 것이다"라는 약속과 함께 나타나는 "애통함과"과 "의에 굶주리고 목 마름"이라는 마카리오스 언어는 이사야의 종말론적 비전의 예들이다. 이 비전에 마태복음을 포함한 모든 신약성경이 그 이해의 기초를 두고 있다.

그러나 베네딕트 비비아노는 제4 쿰란 동굴의 마카리즘 모음집과 마태복음의 비아티튜드를 비교하여 이 접근법을 올바로 이해하는데 큰 도움을 준다.[60] 비비아노는 아슈레 와 바라크의 구별에 대한 올바른 이해를 설명하며, 쿰란의 마카리즘은 지혜를 가르치며 계시적/종말론적이지 않음을 관찰한다. 쿰란의 마카리즘은 일반적 지혜를 추구하며, 귀결절에 종말론적인 반전은 없다.[61] 마태복음의 비아티튜드를 쿰란의 예들과 (시락의 예들을 포함해) 구별 하는 것은 "하나님 나라를 위해 싸우는 계시적 차원의" 정의가 존재하는 종말론적 하나님 나라에 대한 초점일 뿐이다.[62]

이 접근법은 여러 측면에서 좋다. "하나님의 은혜" 방식의 읽기를 넘어서는 방대한 발전을 이룬다. 다양한 주석가들이 비아티튜드의 종말론적 배경에 대한 이러한 이해를 드러낸다. 이 주석가들이 마카리오스의 의미를 구별하는 방법은 다양하지만, 아마도 대부분은 이 단어를 "복 있는"이라고 번역할 것이다, 왜냐하면 하나님의 보상, 혹은 은총에 강조점을 두

---

59 로버트 율리히는 제일 먼저 이 연결점을 강조한 사람 중 하나이다. 그의 책 Bobert Guelich, *The Sermon on the Mount: A Foundation for Understanding* (Dallas: Word, 1982)를 보라. 이 연결점을 주장하는 여러 주석들 중 특별히 W. D. Davies and Dale C. Allison Jr., *A Critical and Exegetical Commentary on the Gospel according to Saint Matthew, vol. 1, Introduction and Commentary on Matthew 1-7*, ICC (Edinburgh: T&T Clark, 2004), 436-37를 보라.

60 Benedict Viviano, "Eight Beatitudes at Qumran and in Matthew? A New Publication from Cave Four," *Svensk exegetisk årsbok* 58 (1993): 71-84.

61 Ibid., 76. 4Q525/4QBeat의 이러한 마카리즘의 예는 "행복복한 자는 진리를 순수한 마음으로 말하고 그의 혀로 비방하지 않는 사람이다"; "행복한 자는 그의 법을 지키고 사악한 길을 걷지 않는 사람이다"; "행복한 자들은 깨끗한 손으로 추구하고 거짓된 마음으로 쫓아가지 않는 사람들이다."

62 Ibid., 81. 83쪽에서는 하나님의 나라가 "예수님과 복음 전도자들의 비아티튜드를 쿰란과 벤 시라에서 발견되는 것으로부터 구별하는" 가장 분명한 주제라고 말한다.

기 때문이다.

지혜 혹은 미덕-윤리적 읽기

또 다른 중요하고 통찰력 있는 방법은 마카리즘을 지혜 전통, 특히 어거스틴에서 시작되어 아퀴나스에서 정점을 맞는 아리스토텔레스의 미덕 전통의 일환으로 읽는 것이다.[63] 이 미덕적 읽기는 교회 역사상 가장 일반적인 읽기이며, 로마 카톨릭 전통에서 (거기에 국한된 것은 아니지만) 가장 자주 발견되고 분명하게 표현된다.

많은 예들 중 하나가 베네딕트 신학자인 세르바이스 핀캐어스이다.[64] 그의 산상 수훈 묵상 주해서는 어거스틴 전통을 계승하며 비아티튜드를 행복함이라는 인류의 가장 중요한 질문에 대한 예수님의 답으로 이해한다. 결과적으로 이런 방식으로 읽는 대부분의 사람들은 마카리오스를 "행복한" 또는 "다행한"이라는 의미의 형태로 정의하기를 두려워하지 않으며, 행복함이 단순한 감정에 불과한 것도 아님을 지적한다.[65] 이런 변형된 미덕적 읽기는 산상수훈의 해석 역사 전반에서 발견되며 비아티튜드를 하나님께 이르는 영혼의 여정과 안내자, 혹은 사다리로 읽는다.[66] 비아티튜드를 이런 방식으로 읽고 적용하는 것은 미덕적 읽기와 공존할 수 없지만, 많은 중첩과 공유된 세계관 혹은 이해의 동력을 가진다.

---

63 번영하는 상태에 관한 성경 윤리의 초점을 위해 다음을 보라 Charry, *God and the Art of Happiness*; Brent Strawn, ed., *The Bible and the Pursuit of Happiness: What the Old and New Testaments Teach Us about the Good Life* (Oxford: Oxford University Press, 2012); Paul Wadell, *Happiness and the Christian Moral Life: An Introduction to Christian Ethics* (Lanham, MD: Rowman & Littlefield, 2012).

64 Servais Pinckaers, *The Pursuit of Happiness—God's Way: Living the Beatitudes* (Staten Island: Alba House, 1988).

65 스킥의 대담한 관찰을 참고하라: "예수님은 행복에 호소하고 있다. 이 **마카리오스**의 의미를 아주 강하게 주장하기 위해 (마태복음에서) 열 번 반복하고, 현재 명령형으로 '기뻐하고 즐거워하라 하늘에서 너희 상급이 크니라'라는 말로 강화한다(TLNT 2:437-38).

66 존 크리소스톰에 대한 에세이인 Hugh of St. Victor, Dante and Chaucer, and C. H. Spurgeon in Jeffrey P. Greenman, Timothy Larsen, and Stephen R. Spencer, eds., *The Sermon on the Mount through the Centuries: From the Early Church to John Paul II* (Grand Rapids: Brazos, 2007)를 보라.

나는 이 책에서 비아티튜드와 산상수훈 전체를 이 관점으로 읽는 방식을 수용하는 것이 아주 중요하다고 제안한다. 여러 다른 주장들이 있을 수 있지만, 이 읽기 방식은 "하나님의 은혜" 관점과는 달리 아슈레와 마카리오스의 연관성에 대해 훨씬 더 적절한 이해에 기반한다.

네 번째 방법과 구원의 조건인지 혹은 종말론적 축복인지에 대한 토론

비아티튜드를 해석함에 있어 지속적으로 발생하는 문제는 비아티튜드를 구원의 조건으로 읽어야 하는지 혹은 종말적 축복으로 읽어야하는지에 대한 여부이다. 전통적-역사적 관점에서 보았을 때, 이 두 가지 선택은 일반적으로 비아티튜드가 유대의 지혜 전통에서 유래 된 것인지 혹은 유대의 종말론적 전통에서 유래된 것인지에 기인한다. 전자의 경우, 비아티튜드는 윤리적이며 따라서 구원의 조건으로 읽힌다. 후자의 경우, 듣는 자에게 아무런 의무도 지우지 않는 종말적 축복으로 읽힌다.[67]

이 두 범주가 예수님의 말씀을 해석하고 그 의미를 나타내는 기본 방법이다. 주석가들은 둘 중 한쪽을 선택하지만 일반적으로 종말론적 축복의 입장에 선다. 마카리즘을 읽는 방법에 대한 방향타 역할을 하는 이러한 범주는 불행히도 대부분의 이분법과 마찬가지로 잘못된 이분법적 구분을 만든다.

예를 들어, 로버트 율리히는 비아티튜드는 잘사는 삶에 대한 이상적인 지혜가 아니라 오히려 예언적이라고 말한다.[68] 데이비드 갈랜드는 그의 탁월한 소논문 "축복과 화"에서 마카리즘의 종말론적 맥락을 인식하며 "행복하지 않은 자가 행복한 자이다, 왜냐하면 하나님이 그들을 행복

---

67 Guelich, *Sermon on the Mount*, 63-65, 109-11가 이 문제를 명확하게 설명한다.

68 Ibid., 110-11. 또한 Guelich, "The Matthean Beatitudes: 'Entrance-Requirements' or Eschatological Blessings?," *JBL* 95 (1976): 417를 보라. Glen Stassen, "Beatitudes," in *Dictionary of Scripture and Ethics*, ed. Joel B. Green (Grand Rapids: Baker Academic, 2011), 94재인용.

하게 만들 것이기 때문이다"라고 말한다. 그는 계속해서 이렇게 말한다. "[비아티튜드를 받는 자들이 그 자신들을 그 안에서 발견하는] 이 상황은 행복의 추구나 행운이 가득한 외적 상황과는 아무런 관련이 없다. 오직 그의 백성을 구원하는 하나님의 은혜로운 역사의 개방성과 관련 있다."[69]

다시 말하지만, 이는 불필요하고 도움이 되지 않는 이분법이다. 비아티튜드(실제로는 마태복음 전체)가 이사야의 하나님 나라의 회복이라는 종말론적 배경을 가지고 있지만, 이 배경이 비아티튜드가 이야기하는 인간 번영의 비전을 훼손하는 것은 아니다. 둘 중 하나를 선택하거나 제2성전 유대교의 영향을 무조건 부인할 필요는 없다.

그랜트 맥카스쿨의 연구와 관련하여 이전 장에서 논의 된 것을 잠시 돌아보자.[70] 최근의 연구는 (마태복음의 배경인) 제2성전 시대에 지혜 전통과 계시적 및 종말론적 전통이 첨예하게 얽혀 있음을 보여준다. 즉, 마태복음의 개념적, 문화적 백과 사전에는 지혜 문헌, 인간 번영의 비전, 미래 지향적인 종말론적 희망 사이의 중요한 (벤 다이어그램과 같은) 중첩이 있다. 제1에녹서, 제2 에녹서, 제4쿰란 문서에서 보여주듯이 제2성전 계시 문헌과 지혜 문헌들 사이에는 자유로운 교환과 섞임이 이미 발생하고 있었다.[71] 맥카스쿨이 주장 하듯이, 마태복음은 종말의 때에 하나님이 선택된 그룹에게 그의 지혜를 계시할 것이라는 생각을 따른다. 그리고 특히, 마태복음에서 예수님은 종말론적 지혜 계시자로 묘사된다. 이러한 통찰

---

69 David Garland, "Blessings and Woes," *DJG*, 79.

70 Grant Macaskill, *Revealed Wisdom and Inaugurated Eschatology in Ancient Judaism and Early Christianity*, JSJSup 115 (Leiden: Brill, 2007).

71 맥카스불은 **마카리오스**에 대한 개념을 언급하진 않았다. 하지만, 콜라우스 콕은 이전에 마카리오스가 지혜 문학에서 결론적인 진술로서 자주 등장하고, 묵시문학에서는 최후 심판 때에 구원 받는 이들을 마카리즘으로 규명한다(예: 2 *Enoch* 52). Koch는 이러한 현상을 연결되어있는 것이 아니라 구별되는 것으로 본다. Macaskill의 연구는 이 이중적인 등장이 단순한 우연이나 의외가 아니라는 것을 보여준다. Dumbrell, "Logic," 6에 언급된 Klaus Koch, *The Growth of the Biblical Tradition* (New York: Scribner, 1969), 8을 보라.

은 비아티튜드에 대한 이해를 위해 매우 중요한 것이다.

정확히 말해, 종말의 때에 궁극적인 인간 번영이 나타날 것이다. 하나님이 그의 정의로운 다스림과 평화와 안식을 회복할 때에만 인간 번영이 올 것이기 때문이다. 이 성경의 중심 비전과 사상이 정확한 비아티튜드의 배경이며 그 요지를 아주 분명하게 한다: 하나님이 궁극적으로 세상을 의롭게 바꾸실 것이라는 앞을 내다보는 믿음의 문맥에서 예수님은 참된 번영을 결과로 가져 올 세상에 존재하는 한 방법에 대한 비전을 주신다.

이 논의에 비추어 우리는 조건절과 귀결절의 문제를 다시 살펴볼 수 있다: 만약 마카리즘을 인간 번영의 지혜에 관한 선언으로 이해한다면, 각 구절의 논리는 선명해지고 분명해진다―번영한 자는 역설적으로 이 낮은 상태에 있는 (그리고 그런 방식으로 살아가는) 자이다, 왜냐하면 그들은 실제로 현재와 종말에 큰 축복을 받는 자이기 때문이다. 그러므로, 비아티튜드를 읽는 여러 가지 방법 중―하나님의 은혜, 종말론적 반전의 축복, 지혜/미덕 읽기―가장 좋은 읽기는 두번째와 세번째의 통찰을 결합하고, 그 중에서도 인간 번영의 측면을 강조하는 것이다.

탁월하고 통찰력 있는 여러 주석가들은 예수님의 가르침에는 심오한 종말론적인 본질이 있으며, 아슈레 /마카리오스를 뒷받침하는 분명한 지혜 문헌 배경이 있다고 말한다. 종말론적 초점은 예수님의 가르침 중 하늘 나라라는 개념에서 가장 분명히 드러난다. 나라라는 개념은 인간의 번영을 위한 공간적인 은유 또는 환유이다.

율리히 루츠가 이 관점에 있다. 그는 비아티튜드를 포함하고 있는 유대교 지혜 전통에서 마카리즘/아시리즘은 지혜 교훈이라고 구분한다. 그러나 제2성전 문헌, 특히 계시 문헌에서 비아티튜드는 종말론적 의미를 가진 귀결절을 구성한다.[72] 따라서 루츠는 "예수님의 비아티튜드는 지혜 장르에서 계시 신앙으로 변화하는 과정의 일부이며," 예상치 않은 자들이 마카리즘을 받는다는 점에서 다소 구별되는 것이었다고 주장한다.[73]

또 다른 좋은 예는 벤 위더링턴이다. 그는 복음서에서 예수님은 구약성경을 지혜로 사용하고, 동시에 하나님으로부터 지혜를 계시하는 예언자적 지혜자로 나타난다고 본다. 위더링턴은 잠언1-8장이나 시락과 비교하면 볼 수 있듯이 산상수훈은 "지혜로운 자들이 토론했을 법한 일반적인 주제들에 대한 가상 목록"이라고 본다. "차이점은 예수님은 전통적인 것과 그에 반대되는 지혜까지 모두 제공한다는 것, 모든 가르침이 하나님의 종말론적 통치가 시작되었다는 이해와 함께 제공된다는 것, 그래서 새로운 결과물이 새로운 의무를 가르치고 동시에 이전 것의 일부를 재확인한다는 것이다."[74]

스캇 맥나이트의 산상수훈 주석도 같은 위치에 있다. 맥나이트는 비아티튜드에 이사야의 종말론적 배경이 있음을 확인하며, 이 가르침들이 어떻게 세상의 가치를 뒤집는지 확인한다. 또한, 그는 마카리오스의 의미와 번역에 상당한 시간을 할애하여 좋은 삶이나 행복이 참으로 그 배경임을 보여준다.

"좋은 삶"에 대한 철학 역사와 "행복"에 대한 근대 이론은 "… 한 자는 복 있나니"라고 말할 때 나타난다. 그러므로, 이 다양한 연결고리들은 행복이나 인간 번영을 의미하는 아리스토텔레스의 헬라어 용어인 유다이모니아를 생각나게 한다. 더불어 무엇이 사람을 행복하게 하지에 대한 현대의 연구도 살펴

---

72 Luz, *Matthew 1-7*, 187.

73 Ibid., 188.

74 Ben Witherington III, *Matthew*, SHBC (Macon, GA: Smyth & Helwys, 2006), 114. 또한 Witherington, *Jesus the Sage: The Pilgrimage of Wisdom*, rev. ed. (Minneapolis: Fortress, 2000)을 보라.

도록 자극한다.[75]

나는 이것이 정확한 지적이라고 생각한다. 그러나 모든 면을 동시에 유지하고자하는 맥나이트의 접근법은 다소 혼란 스럽다. 맥나이트는 비아티튜드를 읽는 다양한 방식들을 다루면서 그 다양한 방식 모두를 수용하려는 무리한 접근을 시도한다.[76] 게다가 그는 모든 논의를 마친 후에도 여전히 "하나님의 은총이 …에게 있다"라는 의미로 마카리오스를 표현한다. 그리고 "복 받은" 사람은 "하나님을 향한 마음으로 인해 약속을 받은 자이며, 그 사람의 지위 또는 문화적 조건에 관계없이 하나님의 은총을 즐거워하는 자이다"라고 말한다.[77] 이것은 아슈레 /마카리오스를 혼동하는 것이다.

마지막으로 R. T. 프란스의 탁월한 마태복음 주석서를 보자. 프란스는 마태복음 5:3-10을 "좋은 삶 (The Good Life): 하늘나라의 역설적인 가치"라고 제목을 달고 비아티튜드를 "…한자는 행복하다"라고 번역한다. 그는 바라크가 아닌 아슈레가 마카리즘에 대한 배경임을 이해하며, "행복"이란 단어가 충분하지는 않지만, "…자는 복이 있나니"보다는 나음을 인정한다. "…자는 복이 있나니"라는 표현은 "하나님에 의해 축복을 받았다"라는 의미를 전달하며, 필요 이상의 신학적 함축을 갖는다고 말한다.[78] 동시에 종말론적 배경과 "이미와 아직"의 측면이 프란스의 이해에 분명히 나타난다. 따라서, 나는 프란스의 주석에서 가장 사려 깊고 균형 잡힌 해결법을 찾는다.

프란스의 주석은 마카리오스의 번역의 큰 딜레마를 아주 자세히 다루

---

75 McKnight, *Sermon on the Mount*, 32.

76 참고로 1장에 서술한 맥나이트의 유익한 범주들에 대한 나의 비판을 보라.

77 McKnight, *Sermon on the Mount*, 36.

78 France, *Gospel of Matthew*, 160-61.

며 새롭고 흥미로운 번역을 제안한다. 프란스는 호주식 영어에서 "너에게 잘됐다(Good on ya/yer)"라는 독특한 표현이 일반적으로 사용된다는 것을 관찰한다. 이 일반적인 문구를 쉽게 정의 할 수 없지만, 많은 맥락에서 그것은 비아티튜드가 전달하는─타인의 좋고 행복한 상태에 대한 진실된 행복한 축하와 인정─이라는 아주 가까운 의미를 전달한다.[79] 불행히도 "너에게 잘됐다"라는 표현은 호주 이외의 다른 문화권에서는 사용하기 어렵다.[80] 프란스는 또한 자신이 좋아하는 비아티튜드의 전통적인 웨일스어 표현인 Gwyn eu byd을 제시한다. 직역하면, "흰색이 그들의 세계다"이지만 "그 사람에게 모든 것이 잘 되었다"라는 의미를 갖는다.[81] 아름답고 좋은 번역이지만 이것 역시 현대 영어 번역으로는 적절하지 않다.

산상수훈을 읽는 가장 좋은 방법은 예수님의 마카리즘의 백과 사전적 배경인 (유대교와 그레코-로만) 지혜 전통과 번영의 종말론적 반전에 대한 제2성전 유대교의 계시적 강조를 결합하고 균형을 유지하는 것이다. 몇몇 학자들이 이러한 두 가지 배경의 중요성을 보았지만 불행히도 번역이나 일반적 이해로 이어지지 않았다. 이것이 옳은 방법인 이유는 산상수훈이 여러가지 방식으로 스스로를 종말론적 지혜 가르침으로 제시하기 때문이다. 마카리오스 선언으로 시작하여 다양한 지혜/윤리 주제에 대한 토론들, 지혜 격언(황금률과 같은), 두 가지 길(좁은 길과 넓은 길, 참 선지자와 거짓 선지자)에 대한 가르침, 그리고 어리석은 자가 아닌 지혜로운 삶의

---

79 비 오스트레일리아 영어에서 가장 가까운 표현은 아마도 "Good for you (당신에게 좋은 일이다)"일 것이다. 그러나 이것은 현대의 어법에서 헐뜯는 내용도 나타낼 수 있기 때문에 불완전하다.

80 프레드릭 브루너의 비아티튜드의 번역인 "가난한 자에게 축복이 있다"등은 프란스의 호주 영어 제안과 유사하다. 브루너는 "행복하다"가 진부한 것처럼 보일 수 있지만, "축복받은"은 초자연적인 것처럼 보일 수 있다고 지적한다. 그는 "축복이…에게 있다."라는 표현을 더 좋아한다. 그는 "내가 너와 함께 있다": "나는 네 편에 있다"라는 축약된 의미로 이 번역을 사용한다(*Matthew: A Commentary*, vol. 1, *The Christbook: Matthew 1-12* [Grand Rapids: Eerdmans, 2006], 158).

81 개인적인 대화에서 웨일스 신학자인 데렉 토마스는 이 전통적 잠언의 더 나은 번역은 아마도 "저들의 세상이 조금 더 밝아 지기를 빈다"일 것이라고 알려주었다.

건축자라는 절정의 부름에 이르기까지 산상수훈은 미덕에 대한 종말론적 지혜를 드러낸다.

그리고 이는 이 논의의 시작점이었던 하나님의 구속 사역의 목표이자 성경의 큰 주제인 인간 번영으로 다시 돌아가게 한다. 인간 번영은 미덕/실천적 지혜를 추구하고 실천하는 것의 목표와 결과이다. 그레코-로만의 미덕 개념의 영향을 받고 그것과 교류하고 그것을 수정하기도 하는 이 제2성전 유대교 문맥은 산상수훈의 문화백과사전적 배경이며 그것을 지혜롭고 가장 잘 해석할 수 있는 열쇠이다.

이제 아직 언급하지 않은 산상수훈 가르침의 기둥같이 중요한 다른 한 개념을 살펴볼 것이다. 이 개념은 산상수훈이 어떻게 인간 번영의 그림이 될 수 있는지를 설명하고 돕고 지지한다. 그것은 다음 장에서 살펴볼 텔레이오스함이다.

3

텔레이오스:
산상수훈 전반에 걸친 전체성

THE SERMON ON THE MOUNT AND HUMAN FLOURISHING

개요: 두 개념의 선로

1과에서는 산상수훈을 가장 잘 읽고 해석하는 일은 제2성전 유대교와 그리스 미덕 전통의 교차점에 있는 산상수훈의 문화적 상황을 인지하는 것이라고 주장하였다. 2과에서는 두개의 헬라어 단어 마카리오스와 텔레이오스가 이 두가지 초기 기독교 문화 백과 사전의 크고 중요한 두 개념의 선로를 요약하는 단어라고 주장했다. 첫 번째 선로 혹은 산상수훈을 세우는 첫 번째 기둥은 예수님을 통한 진정한 인간 번영의 비전인 마카리오스이다. 두번째 선로이자 이 장에서 살펴 볼 것은 텔레이오스라는 단어로 표현된 산상수훈의 또 다른 뼈대인 전체성(wholeness) 혹은 신앙의 단일성(텔레이오스-함)이다. 이 두 개념들(마카리오스와 텔레이오스)은 서로 깊은 연관성을 가지며 인간 번영에 대한 비전의 근간을 이룬다. 두 개념은 분리되지 않는 개념으로 고대 인간 번영의 비전의 중심에 위치하며 산상수훈을 미덕/번영의 개념을 중심으로 읽도록 뒷받침한다.

텔레이오스: 번역의 문제

지난과에서논의 하였듯이 그레코-로만과 유대교 문맥에서 사용되는 마카리오스를 한 단어로 번역하는 것은 불가능하다. 마카리오스는 산상수훈의 근간이 되는 개념이기 때문에 이 번역상의 딜레마는 모델 리더로 산상수훈을 해석하는데 큰 어려움을 야기한다.

텔레이오스도 산상수훈에 동일하게 중요한 개념이며 동일한 번역상의 딜레마를 가지고 있다. 사실 이 단어의 번역은 딜레마의 수준을 넘어서 산상수훈의 독자들에게 큰 오해를 불러일으킨다. 텔레이오스를 (그리고 텔-어근의 용어들을) 번역 할 수 있는 몇몇 단어들이 있지만, 대부분 잘못된 단어들이 사용되었다. 이는 예수님의 가르침에 대해 많은 혼란을 주었다. 특히, 텔레이오스는 일반적으로 "완전한(perfect)"이라 번역된다(마 5:48, 19:21). 그러나 이보다 훨씬 더 좋은 단어는 "전체적(whole)", "완성된(complete)" 또는 "미덕적인(virtuous)"이다.

문제는 "완전한"이라는 단어가 현대의 독자들에게 도덕적 완전성, 절대 순수성, 심지어 죄 없음이라는 개념을 전달한다는 것이다. 그러나 이것은 제2성전 시대와 신약성경의 텔레이오스의 개념이 아니다. 심지어 구약성경의 텔레이오스에 상응하는 히브리어 단어의 개념도 아니다. 또한, 산상수훈에 사용된 어휘들에 대한 기본 개념을 제공하는 그레코-로만 미덕과 유대교 지혜 전통에서 기능하는 텔레이오스의 의미도 분명히 아니다. 텔레이오스의 번역 문제는 산상수훈에 대한 전반적인 읽기와 신약 윤리의 신학적 구성과 성화 개념에 실질적인 영향을 미치기 때문에 아주

중요한 사안이다.[1]

마카리오스의 경우와 마찬가지로 이 단어의 번역 문제의 일부는 현대의 세계관과 1세기 유대교와 기독교 세계관의 개념적 분리에 기인한다. 일반적인 원리에 따르면 세계관이 겹치지 않는 한 특정 개념의 번역은 더 어렵다.[2] 예를 들어, 현대 시대의 어려운 문제 중 하나는 다양한 경제 시스템 아래에서 개발되고, 문화적 가치가 크게 다른 여러 지역에서 국제 비즈니스를 수행 방법이다. 사회구조와 문화가 거의 겹치지 않기 때문에 일부 용어는 정말 번역이 불가능하다. 현대 독자가 텔레이오스를 이해하려고 할 때도 똑같은 일이 일어난다. 현대 전통의 "완전한"이라는 단어는 현대 독자에게 혼란을 더할 뿐이고 전체성이라는 산상수훈의 주요 주제를 분별할 수 없게 한다.[3] 마카리오스와 마찬가지로 마태복음과 산상수훈에서 텔레이오스의 기능 방식을 이해하려면 이 단어의 유대교와 그리스 전통에서의 역할을 검토해야 한다.

구약성경과 칠십인역에서의 텔레이오스

텔레이오스를 포함하는 텔-단어 그룹과 이와 개념적으로 관련된 용어들은 신약성경 이전 문서들인 칠십인역과 제2성전 유대 문헌에서 자

---

1 "하늘에 계신 너희 아버지의 온전(perfect)하심과 같이 너희도 온전(perfect)하라"(마 5:48)라는 오역은 오랜 세월 동안 수없이 많은 그리스도인들에게 부정적인 영향을 주어 많은 사람들을 절망에 빠지게 하였고, 어떤 다른 사람들에게는 죄 없는 삶 즉 "더 높은 차원의 삶"을 영위할 수 있다는 거짓된 자기긍정을 갖도록 하였다.

2 이 이슈와 관련한 흥미로운 논의를 John Blenkinsopp and Maryam Shademan Pajouh, "Lost in Translation? Culture, Language and the Role of the Translator in International Business," *Critical Perspectives on International Business* 6, no. 1 (2010): 38-52 에서 발견할 수 있다.

3 필자의 제자인 데이빗 블랙웰은 그의 출판되지 않은 소논문에서 이 번역에 문제가 있다는 전반적인 학자들의 견해에도 불구하고 영어 번역이 **텔레이오스**를 "완벽(perfect)"이라 번역하는 이유의 근원이 무엇인지 밝힌다. 많은 영어 번역본은 이른 시기의 라틴어 영역본인 위클리프, 틴데일, 커버 데일, 제네바 성경 등의 보수적인 전통에서 유래한다. Vulgate는 마태복음 5:48에 사용된 **텔레이오스**의 적절한 단어군인 **퍼펙투스**사용한다. 두 단어 모두 전체성과 완성성을 의미한다. 이것이 초기의 영어 번역본에 "parfit", "prefecte", "perfite"으로 나타났고 공인된 번역본들에 최종적으로 "perfect"으로 번역된다. 이 라틴어 번역은 영어가 발전함에 따라 더 좁은 의미를 가지게 되었고 오늘날 우리는 여전히 이 유익하지 않은 단어를 사용하고 있다.

주 등장한다. 헬라어 마카리오스와 히브리어 아슈레 사이에 주목할만한 일대일 대응이 있었던 경우와 달리, 텔레이오스는 칠십인역에서 다양한 히브리어 단어를 번역하는데 사용된다. 이것이 텔레이오스의 의미를 이해하기 어렵게 만든다. 그러나, 관련된 여러 용어들 사이에 중요한 개념적 중첩이 있으며, 이는 이 중요한 개념의 윤곽을 그리는데 도움을 준다. Tel-단어군에는 "전체성"[4]이라는 지배적이고 분명한 개념이 있으며, 이는 히브리어 타밈과 샬롬을 포함하는 여러 단어 번역에 적절히 반영된다. 텔레이오스의 성경적 개념을 이해하는 첫 번째 단계는 히브리어 성경에 함축된 전체성라는 주제를 고찰하는 것이다.

히브리어 성경에는 인간 번영과 같은 구원의 주제가 반복적으로 나타난다. 아슈레(행복; 번영), 타밈(전체성), 그리고 특별히 샬롬(평화; 번영)과 같은 몇 가지 중대한 개념 등의 여러 가지 방법으로 나타난다. 아슈레 에 대하여는 이미 논의하였기에 나머지 두 개를 간단히 다룰 것이다.

샬롬

인간 번영에 관련된 주된 개념은 히브리어 단어 샬롬과 그에 상응하는 헬라어 단어 에이레네로 표현된다. 둘 다 일반적으로 "평화"로 번역된다. 히브리어 성경에서 샬롬의 상태는 다양한 의미로 자주 등장한다. 샬롬은 일관적으로 그 중심에 전체성 개념이 있으며, 잘 사는 삶(well-being) 또는 번영(flourishing)이 자연스러운 결과로 나타난다. 예를 들어, 샬롬은 다른 사람의 번영을 기원하는 친절한 인사이다; 반목이 없는 상태나 관계를 샬롬이라고 부른다; 그리고 가장 일반적으로 삶의 모든 부분

---

4 F. M. 원더스는 이 단어에 관한 그의 방대한 연구에서 "모든 가능한 증거들이 **텔레이오스의** 가장 빈번한 의미는 'complete (완성하다)'임을 믿도록 인도한다"라고 결론 내린다(F. M. Waanders, *The History of TELOS and TELEO in Ancient Greek* [Amsterdam: Gruner, 1983], 237; 다음에서 인용 Patrick Hartin, *A Spirituality of Perfection: Faith in Action in the Letter of James* [Collegeville, MN: Liturgical Press, 1999], 22n21).

이-건강, 경제, 인간 관계-조화롭고 완성된 기능을 하는 번영의 상태를 샬롬으로 묘사 한다. 이 모든 것들이 구약에서는 샬롬(예: 창 26:29, 34:21, 시 122:6, 렘 6:13)이라는 단어로 전달된다.

불행하게도, "평화"라는 단어는 성경적 의미의 샬롬을 전달하기에는 그 의미의 폭이 너무 좁다. "평화"라는 단어는 갈등이 (특히 군사적 개념에서) 없거나, 내면의 평온함 또는 고요함을 의미한다. 이러한 개념들이 샬롬에 없는 것은 결코 아니지만, 너무 제한적이고 드문 경우이다; 갈등의 부재와 개인적인 평온함은 샬롬의 자연스러운 유익이지만, 샬롬과 동일한 것은 아니다. 우리가 사용하는 "평화"라는 단어의 제한된 의미 때문에, 우리는 샬롬의 성경적 메시지를 놓치는 경우가 잦다. 샬롬은 전체성을 본질로 갖는 번영을 의미한다.

사실, 샬롬의 포괄적인 성격과 여러 중요한 성경적 개념과의 관계를 통해 알 수 있듯이, 샬롬은 성경이 하나님의 전체 구속 사역을 묘사하는 주된 방법이다: 하나님이 그의 샬롬을 이 땅에 가져 오셨다. 구약 성경의 종말의 때에 대한 그림을 즉시 생각 할 수 있다. 하나님의 통치가 지상에서 회복되고, 도움이 필요한 자들이 보호되고, 늑대가 어린 양과 눕고, 젖소가 곰을 먹이고, 어린 아이가 뱀과 함께 뛰놀고(사 11:1-8), 가난한 자들에게 정의가 세워지고, 절름발이가 걷게 되는 때이다. 이 모든 것이 샬롬이다. 즉, 하나님이 이 세상을 그 가장 풍성한 번영의 상태로 복원하는 것이다. 니콜라스 월터스트로프가 말한 것처럼 성경은 하나님이 자신의 피조물을 위해 원하는 분명한 비전을 가지고 있다, 즉 "인간의 번영과 우리의 약속된 운명을 구성하는 비전"을 가지고 있다. "이 비전은 실체가 없는 개인적인 하나님에 대한 묵상의 비전이 아니다 … 그것은 샬롬의 비전이다."[5]

---

5 Nicholas Wolterstorff, *Educating for Shalom: Essays on Christian Higher Education*, ed. Clarence W. Joldersma

타밈

다음으로 살펴볼 관련 단어는 타밈이다.[6] 히브리어 타마므/타밈/톰과 이와 관련된 단어 형태는 구약에서 전체성, 무결성, 단일성의 개념을 전달하며 200번 이상 나타난다. 매우 광범위하고 중요한 개념이기 때문에 문맥에 따라 그 의미가 매우 다양 하게 나타날 수 있다. 완성됨, 흠 없음, 정의, 정직, 완전함 및 평화로움을 전달한다. 이들 모두에 연관된 핵심 개념은 진정성과 신뢰성이다. 형용사 형태의 타밈은 주로 희생 제물과 제사 규정과 관련하여 "전체적, 완전함, 혹은 흠이 없음"을 의미한다. 종종 야 싸르(옳게 서다)과 차디크(의인)와 동의어로 사용되는 타밈은 의인과 지혜로운 사람들의 올바른 정신을 요약한다(참조, 잠 2:21). 또한, 타밈하다라는 것은 주님 앞에서 신앙심이 깊고 강직하다는 것을 의미한다. 명사형 톰(완전함)은 행동의 본질과 방식 또는 그것을 수행하는 사람의 자세를 묘사한다. 그래서 "양이 가득히 넘치는" 또는 "마음의 순수함"(왕상 9:4)을 의미한다.[7] 종종 톰은 순수하고 죄가 없는 양심을 가진 마음의 상태를 묘사한다(예, 창 20:5, 6, 열상 9:4, 시 78:72).[8] 신명기 18:13에서 주님 앞에 "흠이 없다"는 것은 우상 숭배 없이 전심으로 주님께 속하다라는 의미이다(신 18:9-12). 이 완전한 항복은 변함없는 것이어야 한다(수 24:14). "이방의 생각과 욕망에서 순수하고 흠 없는 전심을 주다: 이것이 독립용법의 타마므가 표현하는 것이며, 우리는 "순결함, 단일함"으로 번역 할 수 있다."[9]

---

and Gloria Goris Stronks (Grand Rapids: Eerdmans, 2004), 22-23.

6 이어지는 단락의 내용은 나의 글 "A Biblical Theology of Human Flourishing," Institute for Faith, Work, and Economics 웹사이트, March 4, 2015, https://tifwe.org/resource/a-biblical-theology-of-human-flourishing-2/에 기인한다.

7 J. P. J. Olivier, "סם" *NIDOTTE* 4:306-8.

8 Francis Brown, S. R. Driver, and Charles A. Briggs, *A Hebrew and English Lexicon of the Old Testament*, reprinted with corrections (Oxford: Clarendon, 1968), s.v סם.

9 Rudolf Schnackenburg, *Christian Existence in the New Testament*, vol. 1, trans. F. Wieck (Notre Dame, IN:

"완성됨"과 "전체성"으로 이해되는 타마프/타밈/톰은 구약의 도덕 명령을 요약 하는 큰 개념이다. 이와 같은 이해는 열두 족장의 언약서 등과 같은 구약에서 이어지는 제2성전 유대 문헌에서도 "마음의 전체성"(톰, "나누이지 않은" 또는 "전체"라는 헬라어 단어에 해당)이라는 개념으로 발견된다.[10] 쿰란 공동체는 자신들 스스로를 "길이 완벽한 자들", "완벽히 길을 걷는 자들", "이스라엘내의 완벽함과 진리의 집"으로 보았다. 이 "완벽한 자들"은 (이 단어는 정기적으로 "길"과 "걸음"으로 나란히 사용됨) 그들 스스로를 마지막 시대의 성도인 거룩한 남은 자로 간주한다.[11]

타마프 어근은 매우 중요하다; 그러나 이 개념 역시 홀로 존재하지는 않는다. 오히려, 의로움, 잘사는 삶(샬롬), 거룩함을 포함하는 여러 가지 다른 관련 있는 중요한 개념에 의해 색이 입혀 진다. 특히, 흥미롭고 중요한 것은 전체성, 단일성, 거룩함 사이의 관계이다. 피터 젠트리는 이 문제에 대해 사려 깊은 연구를 펼친다. 그는 "거룩함"을 일반적으로 "분리성, 타자성, 도덕적 순결성"으로 이해하는 것은 히브리어 또는 헬라어 (히. 카도쉬; 헬하기오스)의 "거룩"의 의미와는 일치하지 않는다고 설득력 있게 주장한다. 젠트리는 출애굽기 3장, 9장과 이사야 6장에 근거하여 - 인간과 하나님의 - "거룩"의 기본 의미는 "헌신(devotedness)"이라고 주장한다. "이 단어의 기본적인 의미는 '성별된(consecrated)' 또는 '헌신된'이다. 성경에서 이 단어는 언약 관계의 맥락 내에서 작용하며 '전념(commitment)'을 표

University of Notre Dame Press, 1968), 162.

10 함W. 홀랜더와 마리누스 데 용은 그들의 주석에서 이사카의 중심적인 미덕은 **하프로테스**(ἀπλότης) 또는 "나뉘지 않음"이라고 적는다. 반복적으로 *ἐν ἁπλότητι καρδίας/ψυχῆς* ([T. Reu.] 4:1; [T. Sim.] 4:5; cf. [T. Iss.] 3:8; 4:1)은 분명히 다음을 의미한다: '우리의 주님을 당신의 온(전체) 마음으로 두려워하라; 그리고 그의 법에 따르는 단순한 삶을 살라 ([T. Levi] 13:1)." **하프로테스**(ἀπλότης)는 "순결성, 전체성, 전심으로 하나님의 계명에 순종함"을 의미하며, "이중성"의 반대개념이다. Harm W. Hollander and Marinus de Jonge, *The Testaments of the Twelve Patriarchs: A Commentary* (Leiden: Brill, 1985), 44를 보라.

11 Franz Mussner, "Perfection," in Johannes B. Bauer, ed., *Bauer Encyclopedia of Biblical Theology*, 3 vols. (London: Sheed & Ward, 1970), 2:663.

현한다." 젠트리는 "거룩"이 도덕적 순결함과 전혀 관련이 없는 것은 아니지만, 그렇다고 "거룩함이 도덕적 순결로 정의되어서는 안되며 오히려 순결은 언약에 정의된 대로 하나님께 전적으로 헌신된 상태의 결과이다"라고 말한다.[12] 다른 학자는 "~로 부터의 분리"와 "~를 향한 분리"를 말하며 오히려 전자보다 후자가 거룩함에 대한 개념이라고 논한다.[13]

우리는 젠트리보다 한단계 더 나아간 논리적인 결과물을 도출할 수 있다. 그의 주장은 거룩함의 개념(헌신으로 묘사됨)이 전체성 혹은 완성성과 상당한 의미의 중첩을 갖으며 서로 정보를 주는 관계를 갖고 있음을 알게 한다. 이 모든 것은 이스라엘의 이해에서 쉐마의 유일한 중심 장소인 하나님께 근거를 둔다. 실제로, 이러한 연결을 매우 명백하게 한 학자는 메리 더글라스이다. 구약의 순결에 관한 그녀의 통찰력 있는 연구에서, 그녀는 "거룩하게 되는 것은 전체가 되는 것이고, 단일하게 되는 것이다; 거룩함은 개인과 종류의 일치성, 순결성, 완전성"이라고 주장한다.[14]

텔레이오스

히브리어 성경의 헬라어 번역본인 칠십인역도 이 거룩함/의/경건에 대한 핵심 개념이 전체성임을 확증한다. 아슈레/마카리오스의 상황과는 달리 타밈과 텔레이오스는 일대일로 완벽히 상응하여 번역되지 않는다; 그럼에도 불구하고 개념적 연결성은 매우 강하다. 헬라어 텔레이오스가 히브리어 타밈에 상응하는 유일한 단어는 아니다, 이것은 후자가 "흠 없는"이라는 좁은 의미로 희생 제물을 묘사하는 맥락에서 가장 빈번하게

---

12 Peter J. Gentry, "The Meaning of 'Holy' in the Old Testament," *Bibliotheca Sacra* 170 (2013): 400-417.

13 Paul Johannes Du Plessis, *Teleios: The Idea of Perfection in the New Testament* (Kampen: Kok, 1959), 100.

14 Mary Douglas, *Purity and Danger: An Analysis of Concepts of Pollution and Taboo* (London: Routledge, 1966), 55, Jason Hood, *Imitating God in Christ: Recapturing a Biblical Pattern* (Downers Grove, IL: InterVarsity, 2013), 46에서 재인용. 또한 Gordon Wenham, *Story as Torah: Reading Old Testament Narrative Ethically* (Edinburgh: T&T Clark, 2004)를 보라.

사용되기 때문이다.[15] 전체성이라는 특정한 개념을 나타내는 더 나은 상응하는 헬라어가 있다(보통 아몹포스), 하지만 타밈과 텔레이오스 이면에 존재하는 핵심 개념은 동일하다. 종종 그렇듯이 우리는 개별적인 단어들과 그들의 상호 관계들 뿐만 아니라, 중복되는 의미와 개념적 이해의 범위까지도 고려해야 한다.

이 중첩은 앞서 논의된 텔레이오스와 관련된 광범위한 성경적 의미인 타밈, 야싸르, 챠디크, 카도쉬를 검토함으로써 알 수 있다. 앞서 증명하였듯이 이들은 모두 하나님께 전심으로 헌신하다라는 의미에서 전체성, 완성성, 완전성이라는 같은 개념을 나타낸다. 듀 플레시스가 관찰하듯이 텔레이오스는 "타밈의 본질적 의미를 전제한다."[16] 실제로, 구약의 도덕적, 종교적 부르심은 "반복되는 원리인 타밈 /텔레이오스 개념을 중심으로 회전하는 밀접하게 짜여진 네트워크"라고 말할 수 있다.[17] 구약 성경에서 텔레이오스한 사람은, 즉 이상적인 사람은 하나님께 전적으로 복종하는 사람이며, 야훼와 가로막힌 것이 없는 관계를 갖는 사람이다. 그러한 사람은 노아, 아브라함, 다윗과 같이 텔레이오스 혹은 샬렘이라고 묘사된다.[18]

칠십인역에 사용되는 모든 텔레이오스는 "흠 없는, 나뉘지 않은, 완성, 전체"를 의미한다. 히브리어 표현 레브 (아브) 샬렘은 "전체 마음 혹은 완전한 마음"-하나님께 대한 인류의 목적-을 의미하며 샬렘은 텔레이오스로 번역된다.[19] 예를 들어, 열왕기상 8:61에서 솔로몬은 성전을 봉헌하며 그의 백성들에게 하나님 앞에서 살아가고 그의 계명을 지키며 "완전

---

15 **텔레이오스**는 **타밈**을 7번 **샬롬**을 5번 번역한다.

16 Du Plessis, *Teleios*, 97.

17 Ibid., 101.

18 Ibid., 241.

19 Hartin, *Spirituality of Perfection*, 24.

하라(텔레이오스)" 혹은 더 나은 표현으로 하나님께 "단일한 헌신(singular in devotion)"을 드리라고 말한다; 이것이 거룩함이다. 이와는 대조적으로 열왕기상 11장에서 솔로몬의 마음은 "그의 조상 다윗의 마음과 같이 그의 주 하나님께 온전(텔레이오스)하지 않았다"(11:4).[20] 또한 시편 12:2은 둘로 나뉜 마음을 표현하는 "두 마음"이라는 히브리어 관용구를 사용한다. 이는 이웃에게 거짓말을 하고 순결하지 않으며 그의 입술이 그의 마음과 다르다는 의미이다.

패트릭 하틴은 구약의 텔레이오스 사용에 관한 그의 연구에서 그것의 세 가지 본질적인 측면을 요약한다.

1. 전체성 또는 완성성의 개념
2. 전심으로 하나님께 자신을 드림, 챠디크 (의로움)와 유사함;
3. 하나님의 뜻에 순종함으로 드러나는 전심을 다한 헌신, 하나님과 함께 걷다라는 개념.[21]

켄트 브라워스는 의와 전체성(타밈; 텔레이오스)의 관계를 상고하며 죄 없음(전체성)과 흠 없음을 구분한다: "죄 없는 삶은 창조주의 목적을 따르는 삶이며, 순결성, 개방성, 하나님에 대한 순종, 그리고 동료 피조물과 조화를 이루는 삶이다. 타밈/텔레이오스의 개념은 죄 없음을 암시하는 것이지 흠 없음을 암시하는 것은 아니다. 그러므로 구약의 인간의 의로움은 실천을 목적으로 하는 것으로 이해 되어야 한다."[22] 이 유익한 구분은 텔레이오스의 개념에 대한 그레코-로만 문맥에 대한 단서를 제

---

20 같은 내용이 여러 번 반복된다: 왕상 15:3, 14:1; 대상 28:9.

21 Hartin, *Spirituality of Perfection*, 26.

22 Kent Browers, "Righteousness," *Dictionary of Scripture and Ethics*, ed. Joel B. Green (Grand Rapids: Baker Academic, 2011), 685-87를 보라.

공한다.

미덕, 인간 번영, 그리고 텔레이오스

앞선 논의는 유대인의 전통에서 사용된 텔레이오스에 관한 것이었다. 제2성전 시대의 (칠십인역의 번역을 포함하여) 언어, 문화 및 개념은 그레코-로만 전통과 겹쳐진다. 1장에서 언급했듯이 텔로스와 텔레이오스는 그리스-미덕 전통의 중요한 부분이다. 산상수훈의 텔레이오스를 이해하기 위해 이 주제를 다시 간략히 이야기 할 것이다.

플라톤은 물질적 존재에서 개념의 세계로 이동 한 사람을 텔레이오스라 간주한다. 텔레이오스한 사람은 몸과 연합되기 전에 가지고 있던 진실하고 변하지 않는 생각의 기억을 다시 찾는 사람이다. 플라톤에게 있어서 선의 개념은 가장 높은 개념이다. 따라서 철학자의 목적은 선의 본질을 고려하는 것이었다. "그들은 선의 본질에 자신을 도덕적으로 일치시킴으로써 자신을 완벽하게 한다."[23] 모든 사람들은 영혼의 미덕이나 내적 조화를 추구하여 이 완벽성이나 전체성을 성취해야 한다, 그래서 하나님과 같이 되어야 한다.[24]

아리스토텔레스에 따르면, "완벽한 미덕"은 실천적 이성과 선을 향한 자연스러운 성향을 포함한다. "완벽함"의 개념은 목표, 즉 무언가가 존재하는 이유의 결국이 이루어졌을 때이다. 아리스토텔레스는 언제나 텔레이오스의 성취를 추구하는 인간의 본성에 존재하는 목적론적 원리를 보았다.[25] 명상적인 미덕의 삶은 텔레이오스성을 추구하고 그에 가까워지

---

23 Hartin, *Spirituality of Perfection*, 20.

24 Ibid., 20n14, Hans K. LaRondelle, *Perfection and Perfectionism* (Berrien Springs, MI: Andrews University Press, 1971)를 참고함.

25 Hartin, *Spirituality of Perfection*, 21.

는 방식이다. 그 결과는 유다이모니아 또는 마카리오테스(궁극의 번영)이
다. 아리스토텔레스가 추론한 것처럼, 이 미덕은 인간의 의도적인 전체성
을 수반하거나 필요로 한다. 우리는 우연히 또는 부분적으로 미덕해 질
수 없다. 미덕 있는 행동이란 인간으로서 우리의 존재-사유, 애정, 구체
화된 행동- 즉 우리의 전체 인간을 포함하는 것이다.

이 사고 방식의 영향은 그리스 철학 전반에 걸쳐 다양한 형태로 나타
나며 파일로와 같은 헬라화된 유대인에게서도 발견된다. 파일로에게 완
벽한 선은 모든 개인적인 미덕이 실천되는 윤리적인 삶의 가장 높은 형
태이다. 파일로에게 텔레이테스(궁극의 전체성)는 "하나님의 비전과 가장
미덕적인 삶의 방식이 연합되는 곳, 존재 전체가 하나님을 섬기고 형제들
을 섬기는 것으로 표현되는 곳, 모든 경험이 하나님의 선물로 받아들여
지고, 모든 행위가 하나님을 본받는 것으로 열매 맺는 삶의 최고봉이다.
이것이 구약, 그리스 스토아 철학, 그리고 유대교가 갖는 완전성에 대한
이상적인 모습의 종합이다."[26]

산상수훈과 마태복음의 텔레이오스

앞선 모든 논의는 마태복음의 독자들에게 (그리고 현재의 모델 독자들에
게) 산상수훈의 백과 사전적 배경을 제공한다. 이전 장들에서는 산상수
훈이 유대 지혜 문헌과 그레코-로만 미덕 전통의 핵심인 인간의 번영이
라는 거대한 질문에 대한 예수님의 답이라고 주장했다. 앞에서 언급했듯
이 산상수훈은 여러방식으로 스스로를 종말론적 지혜 문헌으로 분명히
드러내고, 다가오는 하나님의 나라에 일치하는 세상에 존재하는 한 방식
에 대한 비전을 제시한다. 마카리즘은 이 비전의 큰 부분이다. 전체성 또

---

26 Mussner, "Perfection," 2:663.

는 단일한 헌신에 대한 개념도 마찬가지이다. 앞서 언급했듯이 아리스토텔레스의 용어에서 이 조화로운 심리적 기능과 그 결과는 유다이모니아, 즉 인간의 잘 사는 삶 또는 번영이다. 이것은 학습되고 의도된 전체성, 추론, 애정, 행위의 일관성을 요구한다.[27]

텔레이오스의 배경에 대한 이 연구가 중요한 이유는 텔레이오스 개념이 산상수훈의 구조와 비전의 중심에 있기 때문이다. 이는 산상수훈에서 중요한 역할을 하는 마태복음 5:48과 산상수훈의 전체에 걸쳐 등장하는 전체성-인간 미덕이라는 주제에서 나타난다.

마태복음 5:48의 잘 알려진 예수님의 선포가 논의의 중심이다. 예수님은 제자들에게 "하늘에 계신 너희 아버지의 텔레이오스하심과 같이 텔레이오스해야 한다"고 선포한다. 이 구절은 산상수훈의 중심 단락(5:17-7:12)의 첫 번째 부분(5:17-48) 말미에 나온다. 도입부(5:17-20)에서 제기된 더 큰 의라는 주제가 모든 단락을 지배한다. 예수님께서는 하늘 나라에 들어가기 위해서 이 더 큰 의(더 나은 의)가 요구된다고 말씀하신다. 도입부 혹은 머리말(5장 참고) 이후에 율법과 관련된 더 큰 의의 6가지 예들이 뒤따르며(5:21-47), 이는 원수를 사랑하라는 가장 충격적인 예에서 그 절정에 이른다(5:47). 마태복음 5:48은 도입부인 5:17-20에 대응하는 마침부이며, 더 큰 의에 대한 하나님의 요구를 다른 말로 표현한 것이다. 그리고, 마태복음 5:48은 이 더 큰 의가 어떤 것인지에 대한 궁극적인 정의를 내린다: 더 큰 의는 전체적이시고 그의 원수까지 사랑하시는 하나님 아버지처럼 존재하는 것이다(5:45).[28]

---

27 예를 들어 Julia Driver, *Ethics: The Fundamentals* (Malden, MA: Blackwell, 2006), 136-47의 아리스토텔레스에 관한 논의를 보라.

28 마태복음과 개념적으로 또는 문자적으로 많이 중첩되고 마태복음에 의존하거나 혹은 마태복음과 원자료를 공유하는 1세기 후반의 문서인 **디다케**에서는 **텔레이오스**라는 단어가 두 번 발견된다. 첫 번째 사례 (*Did.* 1.4)에서는 마태복음 5:39-42과 일치하는 방식으로 행동하는 사람을 묘사한다. 두 번째 사례 (*Did* 6.2a)에서는 "주님의 모든 멍에"를 질 수 있는 사람으로 묘사된다. Huub van de Sandt, "Essentials of Ethics in Matthew and the *Didache*: A Comparison at a Conceptual and Practical Level," in *Early*

"하늘에 계신 너희 아버지의 텔레이오스하심과 같이 너희도 텔레이오스하라"는 말씀은 레위기 19:2과 20:26절 그리고 신명기 18:13절의 하나님을 닮음으로 거룩함에 이르라는 부르심을 강하게 암시한다.[29] 거룩을 말하는데 자주 사용되는 하기오스가 아닌 드물게 사용되는 텔레이오스를 사용하신 이유를 파악하는 것이 매우 중요하다.[30] 마태복음 5:48과 산상수훈 전체에 나타나는 텔레이오스로의 부르심은 구약 (그리고 신약의 나머지 부분)에서 볼 수 있는 "거룩함-도덕적 완전성이 아니라 하나님을 향한 단일한 지향성-으로의 부름과 같다. 바리새인들의 세계에서 "거룩함"은 주로 순결함과 외적 행위의 문제를 의미하기 때문에 예수님은 레위기 19:2과 20:26의 거룩하라는 명령을 텔레이오스를 사용해 영리하고 도발적으로 다시 선언한다.[31] "거룩"이라는 단어는 상당히 함축된 의미를 가지고 있기에 예수님은 단순히 레위기 20:26를 직접적으로 인용하기를 거부한다. 바리새인들에게 "거룩함"은 외적 순종과 외적 정결함으로 너무나도 간단히 정의된다. 그러나, 예수님은 5:17-47에서 율법을 다시 해석하시면서 율법의 참된 의도인 마음의 문제를 강조하시고, 인간 내면 전체가 외적 행동과 일치 해야 하며, 만약 그렇지 않다면 그것은 참된 의나 미덕이 아니라고 하신다. 예수님은 레위기 19:2과 20:26의 "거룩함"에 대한 부르심을 "전체성" 또는 하나님을 향한 미덕이라는 그 참된 의도대로 적절하게 설명하신다. 예수님의 제자들이 거룩하고 의롭게 보일 것이

Christian Ethics in Interaction with Jewish and Greco-Roman Contexts, ed. Jan Willem van Henten and Joseph Verheyden (Leiden: Brill, 2013), 243-61를 보라.

29 **텔레이오스**하라는 명령은 신18:13에서 발견되지만 "하나님이 ~하심과 같이 너희도 ~하라"라는 형식은 레 19:2과 20:26에서 더 직접적으로 기인한다.

30 누가복음은 이와는 다르게 표현한다: "너희 아버지의 자비로우심 같이 너희도 자비로운 자가 되라" (6:36).

31 참고로 엘런 채리는 타나틱 유대교의 경향에 대한 그의 통찰력있는 설명에서 그들은 적어도 부분적으로 제2성전 유대주의를 반영하여 순결을 내적인 문제보다 외적 문제로 거의 "배종설(germ theory)"과 같이 본다고 말한다(*By Renewing of Your Minds: The Pastoral Function of Christian Doctrine* [Oxford : Oxford University Press, 1999], 62).

지만, 이는 단순한 외적인 행동만이 아닌 내면의 청결함을 포함한다(마 15:7-11 참고).

대조적으로 예수님은 바리새인들을 외식적이라고 계속해서 공격하신 다.[32] 바리새인들이 외식하는 자라고 묘사되었지만 일반적인 의미로 사용하시는 것은 아니다. 일반적으로 외식하는 자라는 용어는 무엇인가를 말하지만 그것과는 다른 방식으로 사는 사람을 가리킨다. 예를 들어, 목사가 신실한 결혼관계를 설교하지만 간통죄를 연속적으로 범하는 것과 같은 경우이다. 이것도 한 종류의 외식이지만, 예수님이 산상수훈에서 바리새인들에게 말씀하시는 종류는 아니다. 그들은 마음과 행위가 하나로 연합되지 않았기 때문에 외식하는 자이다; 그들은 실제로 옳은 일을 하지만, 마음은 옳지 않기에 올바른 류의 사람이 아니다.[33] 그들의 행동은 의롭지만 내면은 그렇지 않다; 그들은 하나님이 중요하게 여기는 미덕이 없다-아리스토텔레스도 이에 동의 할 것이다. 그들은 "마음이 청결"하지 않으므로 하나님을 볼 수 없다(마 5:8). 전반적으로, 이 하나님을 향한 미덕 지향은 급진적인 종말론적 비전이다-하나님은 지금 그리스도 예수 안에 계시며 예수님은 그의 구속 사역을 완성하신다. 이런 점에서 예수님은 구약의 선지자들 같다. 예수님은 하나님의 백성들을 더 많은 외적 순종이 아니라 참된 의로움, 즉 마음에서 우러나오는 순종으로 부르신다. 이사야 29:13은 하나님의 백성이 입술로는 그를 찬양하지만 마음은 그에게서 멀다고 말한다. 호세아 6:6에서 하나님은 그가 주신 외적인 명령들을 준수하는 것보다 다른 사람들을 향한 자비의 마음과 긍

---

32 이것은 전체 신약에서 17번 사용되며 그중 13번이 마태복음에 사용되는 마태복음 용어이다. 주로 산상수훈(6 : 2, 5, 16, 7 : 5)과 23장의 화에 대한 선포(23:13, 15, 23, 25, 27, 29)에 집중된다. 또한 마태복음15:7; 22:18; 24:51에 사용된다. 이 책의 4과의 논의를 참조하라.

33 마이클 조셉 브라운은 마음이나 미덕의 범주를 사용하지 않지만 외식/위선을 비슷한 방식으로 이해한다: 외식/위선자는 "도덕적으로 부정직한 사람이나 '사기꾼'이 아니라 기도하고 금식하며 계산하지 않고 베푸는 '전형적인' 종교인이다" (Michael Jeseph Brown, "Matthew," in *True to Our Native Land: An African American New Testament Commentary*, ed. Brian K. Blount [Minneapolis: Fortress, 2007], 92)

홀에 더욱 관심이 있다고 선언하신다. 온 마음(전심)을 다하는 순종에 대한 이러한 강조는 예언서의 일반적인 내용이다. 예수님의 예언자적 역할을[34] 지속적으로 강조하는 마태복음이 이사야 29:13(마 15:1-11)과 호세아 6:6(마 9:13, 12:7)을 중시하는 것은 우연이 아니다.

헌신의 전체성이나 단일성에 대한 이 강조는 그 용어가 사용된 마태복음 5:48에서 두드러지지만, 그 중요성은 산상수훈 전체에서 강조된다. 오히려 이 핵심 개념은 산상수훈을 "전체성", "완성성", 또는 "단일한 헌신"이라는 주제로 하나로 묶는다. 마가렛 파먼트가 관찰 한 바와 같이 마태복음에서 "제자는 하나님께 대한 그의 헌신이 전체적이고 단일한 사람이다."[35]

산상수훈전체에 등장하는 텔레이오스와 전체성

단일함 혹은 온 마음을 다한 헌신에 대한 강조는 산상수훈의 거의 모든 부분에서 볼 수 있다. 마카리오스에 대한 논의에서 보았듯이(6장 참조) 비아티튜드(마 5:3-12)는 외적 행위에 반대되는 내적 인간의 미덕에 초점을 맞추고 있다. 심령의 가난함, 애통함, 온유함, 의에 굶주리고 목마름, 자비, 화평, 박해 속에서의 기쁨−이것은 외적 순종이 절대로 대체할 수 없는 전체성−인간 미덕이다. 이는 마태복음 5:8의 "청결한 마음"의 마카리즘에서 가장 분명하게 볼 수 있다. H. 베네딕트 그린이 말하듯이 이 개념이 있는 구약 성경의 여러 시편들은 타밈, 텔레이오스 및 기타 관련 용어를 사용한다.[36] 뒤이어 따라오는 5:21-47의 예수님의 여섯 개의 율법

---

34 구약의 선지자처럼 예수께서는 진리와 거짓, 그리고 축복과 심판에 대해 많은 선언을 한다(마 5:3-11; 11:21-24; 12:31-32; 13:16-17; 23:13-29). 그리고 자신을 선지자로 정의한다(12:38-41; 13:57; 16:14; 22:34-40). 5:17의 "율법과 선지자"는 율법에 대한 예언적 읽기를 가리키는 것이라는 이 책의 주석 부분을 보라.

35 Margaret Pamment, "Singleness and Matthew's Attitude to the Torah," *JSNT* 17 (1983): 73-86, 74.

36 그린은 마 5:8을 여러 구약성경과 연결한다: 시 23:3-4; 119:1-2, 9-10. 이 구약성경들 또한 전체-사람을

해석의 일관된 요지는 외적 순종뿐만 아니라 내적인 의가 필요하다는 것이다. 5:21-47이 다루는 분노, 욕망, 맹세, 미움은 마음과 관련된 문제들이다. 예수님께서는 외적인 것에만 치중하는 외식하는 종교인들의 순종 이상으로 텔레이오스의 기준을 높인다.

산상수훈의 다음 부분인 6:1-21도 내적, 전체성-인간에 대한 주제를 이어간다. 예수님은 내적인 삶이 없는 외적인 삶을 외식이라고 부르시며 작은 의라고 정의한다. 인간의 전체성 또는 순수성의 결핍은 하나님의 은밀한 인정이 아닌 사람들의 찬양을 목적으로 하는 삶으로 묘사된다(6:1-18). 그리고 결론적으로 전체성 또는 순수성의 결핍은 영원하고 썩지 않는 보화를 하늘에 쌓는 삶과 반대되는, 어리석고 파괴되는 보화를 땅에 쌓는 삶과 같다는 은유로 마무리된다(6:19-21). 이 모든 것은 단일한 헌신의 필요성을 말한다. 네 보물이 있는 곳에 네 마음도 있다(6:21)라는 마지막 절정의 말씀도 이를 말한다.

땅과 하늘의 보화에 대한 은유는 이 땅에 사는 하늘 나라 백성의 삶이라는 주제로 이어진다(6:19-34). 이 단락은 인간의 단일성을 상당히 중요한 것으로 말하고 실제 필요한 것으로 표현한다. 마음은 인간의 중심이자 인격의 자리이다. 그렇기 때문에 누군가에게 헌신한다고 할 때 나눌 수 있는 것이 아니다. "아무도 두 주인을 섬길 수 없나니, 그가 하나는 미워하고 다른 하나는 사랑할 것이며, 혹은 하나에게 헌신하고 다른 하나는 경히 여길 것이기 때문이니라. 너희가 돈과 하나님을 섬기는 것은 할 수 없느니라(6:24)." 마태복음 6:22-24은 빛과 연결되어있는 전체성 있는 사람(하플루스)과[37] 어둠과 연결되어 있는 악한 사람(포네로스)을 대

강조하는 쉐마(신 6:5)와 연결되어 있다(Green, *Matthew, Poet of the Beatitudes* [Edinburgh: T&T Clark, 2001], 235-38).

37 이 단어는 제2성전 문헌의 **텔레이오스**와 가깝게 연결된다. Mussner, "Perfection," 2:663. See also Hollander and de Jonge, *Testaments of the Twelve Patriarchs*, 44를 보라.

조한다. 전체성이 있는 사람은 하나님만을 단일하게 섬기지만; 악한 사람은 하나님과 이 세상의 것들을 동시에 섬기려 한다. 그 결과는 사람의 마음이 나뉨(분열), 즉 순결을 잃는 것이다.[38] 이어지는 6:25-34은 이 바람직하지 않은 사람의 분열의 문제를 다룬다. 하나님의 나라를 찾는 것(6:33)보다 하나님과 돈(6:24)을 섬기기를 추구하는 사람은 이러한 분열을 불안으로 경험한다. 이것이 불안한 삶의 유일한 원인은 아니지만 예수님은 전체성의 부족은 필연적으로 불안을 초래한다고 가르친다. 해결책은 하늘에 계신 아버지를 신뢰하고(6:8을 다시 보라) 먼저 하나님의 나라를 구하는 것이다. 즉, 하나님의 통치가 전체 삶의 초점이 되도록 하는 것이다. 이는 쉐마의 전체성-인간 강조를 연상케한다.[39]

마태복음 7:1-12에는 전체성의 주제가 하나님 아버지의 형상으로 주로 나타난다. 하나님 아버지는 일관되고 신실하게 베푸는 분이다. 그렇기에 신뢰할 수 있으며 좋은 분이시기에 좋은 선물들만 주신다. 이 주제를 받아들여 사용하는 야고보서 1:16-17은 하나님은 변하는 그림자처럼 변덕스러운 분이 아니시기 때문에 모든 선과 완벽한 선물의 근원으로 묘사한다. 다른 사람을 대우할 때 자신을 대하는 것처럼 하라는 마태복음 7:12도 전체성과 순수성이라는 개념에 종속된다.

산상수훈의 마지막 단락은 이중성 대 단일성/전체성을 주제로 삼는다 (7:13-27). 일련 되는 3중 이미지가 두 가지 방식을 대조하며 하나님께 순종하든 그렇지 않든 인간의 삶은 필수적으로 단일해야 함을 다시 강조한다(6:22-24 참고). 두번째 이미지가 이 내포된 주제를 가장 명확하게 설명한다(7:15-23). 먼저, 거짓 선지자와 참된 선지자를 대조한다. 그리고 양

---

38 그린은 마음의 청결함이라는 비아티튜드의 중심 개념을 마6:21-24과 연결한다. 이는 19:16-22의 **텔레이오스**하지 않은 청년을 떠올리게 하는 반복된 주제이다(Green, *Matthew, Poet*, 252).

39 또한 마태복음 13:1-9, 18-23의 씨 뿌리는 자의 비유의 관련된 가르침을 보라.

의 옷을 입은 늑대, 좋은 나무와 나쁜 나무, 좋은 열매와 나쁜 열매 은유들이 내면적 의와 외면적 의의 주제를 반복해서 다룬다. 두 은유 모두 내적 실제와 외적 실제를 대조하며 중요한 것은 외적 모습과 내적 실제 사이의 일관성 또는 전체성임에 주목한다. 이 산상수훈의 마지막 부분에서 예수님은 이 주제에 다가오는 심판을 접목시켜 부담을 높인다. 나쁜 열매를 맺는 나쁜 나무와 예언을 하는 듯한 늑대는 순결함(integrity)이 없기 때문에 심판에 직면하게 될 것이다. 산상수훈의 절정에 위치한 두 건축자 이미지도 마찬가지이다. 어리석은 자가 지은 집과 지혜로운 건축자가 지은 집 모두 겉으로는 강하고 아름다워 보인다. 하지만, 결국엔 홍수가 그 집이 단단한 기반 위에 서 있는지 드러낸다. 즉, 하나님의 종말론적 심판이 한 사람의 내적 기반이 단단한지 혹은 그의 의가 실체가 있는 것인지 아니면 허울 뿐인지 드러낸다(7:24-27).

산상수훈에 대한 이 간략한 개요를 통해 말하고자 하는 바는 산상수훈 전체에 걸쳐 예수님이 일관되게 강조하는 것이 전체-인간의 (마음 속, 즉 내적 사람으로부터 나오는) 의가 진짜 의, 경건(하나님을 닮음), 거룩함의 모습이라는 것이다.

마태복음 전체에 등장하는 텔레이오스와 전체성

산상수훈내의 전체성의 주제가 중요하다는 것은 마태복음 전체에 나타나는 전체성의 개념을 살펴 확인 할 수 있다. 가장 먼저 시작해야 할 곳은 영생에 관해 묻는 너무나 잘 알려진 부자 청년에 대한 이야기이다(19:16-22). 이 흥미롭고 중요한 이야기를 완전히 주해 할 공간은 없지만 반드시 살펴야 하는 이유는 텔레이오스가 사용되는 사복음서내의 유일한 곳이기 때문이다(마 5:48제외). 텔레이오스는 부자 청년 이야기와 산상수훈을 연결한다. 본문의 내용 역시 이 연결성을 확증한다. 부유함 때문에 예수님을 따르지 않는 이 청년은 산상수훈의 가르침을 돋보이게 한다. 그는 예수님께서 천국에 들어가기 위해 필요하다고 말씀하시는 더 큰 의, 즉 텔레이오스 상태를 갖는데 실패한 사람이다. 이 청년이 거짓말을 하는 것이 아니라면 그는 경건하고 신실한 유대인으로서 영원한 생명/하늘나라에 들어가려면 무엇이 필요한지 진지하게 질문한다.[40] 그는 신실한 유대인으로서 모든 계명을 지켰지만, 예수님에 의하면 여전히 무언가가 부족하다. 그는 텔레이오스하지 않다(19:21). 이 텔레이오스함을 얻으려면 자기 소유물을 팔아 가난한 사람에게 주어야한다. 불행히도, 그는 이 일에 실패 한다. 산상수훈과 연결해 읽을 때 이 이야기에서 명백한 것은 청년의 문제는 마음, 즉 내면의 문제라는 것이다. 그는 경건하고 순종적이지만, 참된 사랑을 요구하는 필수적인 전체성이 부족하다. 그의 마음과 사랑은 천국에 들어가는 것보다 그의 재물에 절대적 가치를 두고 있고 하늘에 있는 보화보다 이 땅에 있는 보화를 중요시한다는 점에서 잘못되어 있다(19:21; 참조, 6:19-21 참조). 흥미롭게도 마태복음 13:44-46의 두 비유는 정반대의 장면을 보여준다. 여기에는 숨겨진 나라의 위대한 가치(밭에 있는 보물, 값진 진주)를 올바르게 인식하고 19:16-22의 청년과 달리 천국을 얻기 위해 모든 것을 파는 두 사람이 있다. 이 모든 이야기의 주제는 돈이 아니다. 오히려 예수님의 제자가 되기 위해 요구되는 마음에까지 이르는 전체성을 막을 가능성이 있는 부유함이다.[41] 이 모든

---

40 이 이야기는 마태가 "영원한 생명"과 "하나님/하늘 나라"사이의 관계를 이해하는 중요한 방법을 보여준다. 이 용어는 모두 교차적으로 사용되어 서로 중복되는 의미를 보여준다. 19:16에서 청년은 "영생을 얻는 것"에 대해 질문한다. 19:17에서 예수님은 이것을 "들어가는 삶"으로 부르셨고, 19:23에서는 "천국에 들어가다" 19:24에서는 "하나님의 나라에 들어가다"로 말씀한다. "하늘에 보화를 두다"(19:21, 6:19-21을 연상시킴)라는 것이 동의어로 간주되는지 아니면 그것이 다른 것을 의미하는 지에 대한 여부는 완전히 분명하지 않다.

41 이 본문과 제자들이 그들의 모든 소유물을 팔아야 하는지에 대한 해석 역사 연구를 위해 Jonathan T. Pennington, "'Sell Your Possessions and Give to the Poor': A Theological Reflection on Jesus' Teaching regarding Personal Wealth and Charity," the website for the Institute for Faith, Work, and Economics, July 9, 2015, https://tifwe.org/resource/sell-your-possessions-and-give-to-the-poor-a-theological-reflection-on-jesus-teaching-regarding-personal-wealth-and-charity/를 보라.

것이 산상수훈의 큰 주제와 직접적으로 일치한다. 또한 이 이야기에는 "선", "영원한 생명", "보화" 또는 "보상", 그리고 텔레이오스등의 중요한 미덕 전통 용어들이 등장한다. 이들 각각은 유대교 문맥에서 함축적인 의미를 지닐 뿐만 아니라 미덕 전통에 관련된 헬라어 용어들이기도 하다.

텔레이오스함이 없는 부유한 청년 이야기는 산상수훈의 마음/전체성이라는 주제가 표현되는 가장 분명한 곳이지만 유일한 곳은 아니다. 이 주제 대해 말할 때, 주목할 곳들이 더 있다. 예를 들어, 단일성/전체성의 개념은 12:33-37 예수님의 말씀의 논리를 제공한다. 예수님은 나무와 열매의 은유를 다시 사용하여(참조, 7:16-20; 세례 요한의 사용3:8-10) 인간에게 필연적인 전체성이 있음을 주장한다 — 입으로 나오는 것은 그것이 좋은 것이든 나쁜 것이든 마음속에 있는 것이다(12:34-35). 이 주제를 강조하는 또 다른 이야기는 15:1-20에 있다. 매우 중요하면서도 상대적으로 긴 광야에서의 먹이심과 물위를 걸으시는 장면 사이에 있다(14:13-33; 15:32-39). 이사야서의 저주 선포를 인용하며 마무리되는 이 갈등 이야기의 요지는 외부와 내부의 다름 즉, 전체성-인간의 의에 대한 것이다. 바리새인과 서기관은 의를 매우 중요하게 생각한다. 예수님께서 이를 정죄하는 것은 아니지만 오히려 하나님의 명령 보다 인간의 전통을 존중하는 것은 반대한다. 후자는 자기 목적을 위해 조작 될 수 있기 때문이다. 예수님에 따르면 (이사야 인용) 이것은 마음과 동기는 다른 곳을 향하여 있으면서 하나님께 외적으로만 영광을 돌리는 외식이다(15:8-9). 예수님은 외적이고 내적인 용어로 이 문제를 설명한다. 나무와 열매 은유가 먹는 것으로 바뀌지만 요점은 같다: 의롭든지 더럽든지 내적 사람이 진짜이다(15:10-11, 17-20). 밀접하게 관련된 내용이 마태복음 23장에 등장하는 바리새인들에 대한 긴 저주의 선포이다. 전반적으로 23장의 비판들은 이미 마태복음에서 순수한 마음 없는 외적인 의라고 정의된 외식이라는 렌즈를 통해 가장 잘 설명된다. 외식이 23:1-36 전체를 특징짓는 역할을 하지만 네 번째, 다섯 번째, 여섯 번째 화의 선포가 표면적으로 가장 분명하게 드러낸다. 네 번째 화는(23:23-24) 율법의 중대하고 심오한 문제, 즉 마음과 행위가 일치하는 문제를 강조한다. 서기관들과 바리새인들의 문제는 (근채의 십일조)의 율법의 요구를 수행하지만, 참된 정의와 긍휼과 믿음은 부인한다는 것이다. 다섯 번째와 여섯 번째의 화의 선언은 두 가지의 은유를 통해 내면과 외면의 문제를 더욱 분명하게 드러낸다. 마태복음 23:25-26은 잔이나 접시의 바깥쪽 뿐만 아니라 안쪽이 깨끗한 것이 중요함을 말한다. 23:27은 겉은 아름답게 보이지만 내부에는 죽음과 더러운 것으로 가득한 회칠한 무덤으로 외식하는 자들을 묘사한다. 이 모든 것은 23:28의 "너희도 겉으로는 사람에게 옳게 보이되 안으로는 외식과 불법이 가득하도다"라는 말씀으로 요약된다.[42]

결론

이번 과와 이전 과의 내용을 종합한 요점은 마카리오스와 텔레이오스 모두 산상수훈을 가장 잘 읽기 위한 핵심 개념이라는 것이다. 이 두 개념의 선로의 중요성을 인식하는 것에는 두가지 목적이 있다. 먼저는 헬라화된 유대교를 통해 소개된 그리스-로마 미덕 사상이 산상수훈에 존재한다는 것을 확증한다. 동시에 이 두 개념은 산상수훈을 일관되고 보편적인 내부 논리를 가지고 전체적으로 해석하기 위한 틀을 제공한다. 우

---

42 신약성경에 70번 이상 사용되는 **텔레이오스/테레오/텔로스**단어 그룹의 용례는 이와 동일한 이해를 증거한다. 가장 명백한 예는 야고보서이다. 여러가지 **텔레이오스**형태의 용례는 산상수훈과 직접적인 관계가 있음을 나타낸다(야고보서 1:4, 17, 25; 2:8, 22, 3:2). 마찬가지로 완성, 성숙, 전체성에 대한 개념이 히브리서 (2:10, 5:9, 14, 6:1, 7:28, 9:9, 10:1, 14, 12:23)에 반복적으로 발견된다. 이것은 또한 바울 서신에서도 볼 수 있다. 모든 그리스도인의 목표는 구약에서 이미 확립된 개념들과 정확하게 일치하는 완성성과 전체성이 존재하는 그리스도 안의 성숙함에 도달하는 것이다(예: 고전 2:6, 14:20, 엡 4:13, 빌 3:12, 15, 골 1:28, 4:12).

리는 2장과 3장에서 마카리오스와 텔레이오스라는 큰 개념을 이해하기 위한 토대를 마련했다. 이어지는 산상수훈의 주석 부분에서 이 개념들이 맺는 열매를 더 풍성히 확인 할 것이다.

산상수훈의 일곱 가지
주요 용어와 개념들

THE SERMON ON THE MOUNT AND HUMAN FLOURISHING

개요

이 책의 처음 다섯 장의 목적은 산상수훈 주해에 앞서 산상수훈을 가장 잘 읽기 위한 기본 방향을 제시하는 것이다. 앞의 두 장은 마카리오스와 텔레이오스에 대해서 길고 자세하게 다루었다. 이 두 가지 중첩되는 개념은 산상수훈을 이해하는데 가장 중요한 요소이고 동시에 가장 오해되고 있는 요소들이기 때문에 상세한 연구의 가치가 있다.

이외에도 산상수훈의 좋은 읽기를 위해 살펴야 할 필수적인 몇 가지 다른 개념들이 있다. 일반적으로 이 개념들은 학자들의 논의에서 더 잘 이해되고 인식된다. 이번과의 요점은 산상수훈의 문화적이고 개념적인 백과사전을 이해하는 데 중요한 산상수훈의 7가지 핵심 개념을 간략하게 설명하는 것이다. 산상수훈 주해에 들어가기에 앞서 이 핵심 개념들을 미리 살펴 본문을 주해 할 때 불필요한 반복을 피하려 한다. 논의 되어질 일곱 가지 주제 혹은 개념은 다음과 같다: 의, 외식, 마음, 이방인/이교도, 하늘에 계신 아버지, 하나님/하늘 나라, 보상/배상/보물.

의

산상수훈에서 가장 중요한 개념 중 하나는 디카이오수네, 즉 의이다. 이 개념은 마태복음 전체의 큰 주제이지만, 특히 산상수훈에서 강조된다. 헬라어 다카이-어근은 마태복음에 26번 사용된다.[1] 일반적으로 마태복음에 나오는 사람들을 분류하는 중요한 개념인 "의로운 자들"을 일컫는다. 이 의로운 자들 또는 제자들은 종종 불의한 자(아디쿠스, 5:45), 죄인들(하마르톨루스, 9:13), 악한 자들(포네루스, 13:49), 위선자와 무법한 자(휘포크리세오스, 아노미아스, 23:28), 그리고 가장 흥미롭게도 "유명한 자들"(유니몬, 25:41)과 대조된다.[2]

산상수훈에 디카이-어근은 여섯번 사용되며 (5:6, 10, 20, 45, 6:1, 33)[3] 예수님의 마카리즘 중 두 가지가 이에 해당한다: 의에 굶주리고 목 마른 자들(5:6), 의를 위해 핍박을 받는 자들(5:10).[4] 산상수훈내의 이 어근의 잦은 빈도와 그 중요성은 예수님께서 그의 제자들이 하늘 나라에 들어

---

1 디카이- 어근은 다음과 같은 형태로 마태복음에 사용된다: 형용사 **디카이오스** (17번); 명사 **디카이오수니** (7번); 동사 **디카이오** (2번).

2 "의로운 자"와 대조되는 다른 단어들을 예상할 수 있지만, 이 마지막 단어는 예상하지 못한 것이다. 즉, 의로운 사람들이(양과 염소의 비유에서 오른쪽에 있는 양들 [25:31-46]) "유명한/평판이 좋은 자들"(왼쪽에 있는 염소들)과 대조하는 것은 외식/위선자가 사회에서는 의인처럼 보이고 타인들로부터 칭찬을 받지만 그들은 진실로 의롭고 하나님을 기쁘게 하는 자들이 아니라는 마태복음의 주제와 연결된다. 그러므로 (일반적으로 번역된 것처럼) "왼쪽"에 있는 자들을 설명하는 "유명한/평판이 좋은 자들"이라는 표현은 단순 완곡 어법이 아니라 의롭게 보이는 자(바리새인적인)와 참으로 의로운 자를 대조하는 마태복음의 강한 수사법이다.

3 마태복음에 7번 등장하는 명사 **디카이오수네**중 5번이 산상수훈에 있다(5:6, 10, 20, 6:1, 33). 나머지는 3:15과 21:32에 있다. 마태복음 5:45에는 "의로운 자들"을 의미하는 동일한 어근의 형용사 형태가 있다.

4 비아티튜드를 각각 네 개씩 두 부분으로 나누는 관점은 각 부분 마지막에 반복되는 **디카이오수네**가 중요한 구조적 지표이다. 양식비평과 관련해 J. Dupont, *Les Béatitudes*, 3 vols. (Paris: Gabalda, 1973), 3:309-12 를 보라. 그리고 이 구조분석과 관련해 H. Benedict Green, *Matthew, Poet of the Beatitudes* (Edinburgh: T&T Clark, 2001), 26를 보라.

가기 위해 기대하시는 모든 것을 덮는 우산과 같다.[5]

많은 학자들은 의가 (하늘 나라와 함께) 산상수훈의 두 가지 주요 개념 중 하나라고 본다.[6] 율리히 루츠는 산상수훈 전체에 알맞은 제목은 "천국의 의에 대한 담론"이라고 말한다.[7] 요한 D. 톰의 고대 연설 형식에 기초한 산상수훈 구조에 대한 통찰력 있는 분석은 "초월적 의"를 프로포시티오 또는 주요 주제로 이해한다(5:17-20).[8] 구조적으로 산상수훈의 중심 부분은(5:17-7:12) 더 나은(큰) 의 ─ 토라와 관련한 의(5:21-48), 개인 경건의 의(6:1-21), 세상과 관련한 의(6:19-7:11) ─ 라는 주제 위에 세워진다. 이 책의 산상수훈 해석과 구조를 분석하는 다음 과에서 더 큰 의라는 개념이 전체 산상수훈을 이해하는 주요한 범주이며, 마카리오스와 텔레이오스 모두와 밀접하게 연결된다는 것을 확인할 수 있을 것이다. 진실로 텔레이오스한 모습의 의는 마카리오스함을 결과로 가져 올 것이다. 산상수훈은 여러 면에서 의가 무엇인지에 대한 도덕 철학의 완벽한 본보기가 된다.

마태복음의 "의"가 무엇을 의미하는지에 대해서 적지 않은 논란이 있어 왔다.[9] 종교개혁시대 이래로 많은 사람들은 바울 서신의 법정적 전가

---

5 Kari Syreeni, *The Making of the Sermon on the Mount: A Procedural Analysis of Matthew's Redactoral Activity* (Helsinki: Suomalainen Tiedeakatemia, 1987), 207를 보라.

6 Glen H. Stassen, "The Beatitudes as Eschatological Peacemaking Virtues," in *Character Ethics and the New Testament: Moral Dimensions of Scripture*, ed. Robert L. Brawley (Louisville: Westminster John Knox, 2007), 251. 로버트 율리히는 "더 큰 의"를 산상수훈 5:17-7:12의 심장과 같은 주제라고 본다(Robert Guelich, *The Sermon on the Mount: A Foundation for Understanding* [Waco: Word, 1982]).

7 Ulrich Luz, *Matthew 1-7: A Commentary*, rev. ed., trans. James E. Crouch, Hermeneia (Minneapolis: Fortress, 2007), 177.

8 Johan C. Thom, "Justice in the Sermon on the Mount: An Aristotelian Reading," *NovT* 51 (2009): 315. 로버트 키니는 조지 캐네디에 동의하며 5:17-20을 Quintilian의 용어인 서술 (narration)을 사용해 주요 주제로 이해한다. 다음을 보라, Robert Kinney, *Hellenistic Dimensions of the Gospel of Matthew* (Tübingen: Mohr Siebeck, 2016), 198, 그리고 George Kennedy, *New Testament Interpretation through Rhetorical Criticism* (Chapel Hill: University of North Carolina Press, 1984), 50-51.

9 Benno Przyblyski, *Righteousness in Matthew and His World of Thought* (Cambridge: Cambridge University Press, 1980)는 마태복음 학자들에게 큰 영향을 주고 있다.

된 의라는 개신교의 이해가 마태복음의 이해라고 여겨 왔다. 따라서 예를 들어 "의에 주리고 목마름"은 종종 하나님께 전가 받은 의 또는 그가 주시는 구원에 대한 갈망으로 해석된다.[10] 그러나 자세히 살펴보면 이 의에 대한 개념의 구약의 뿌리는 단순한 법정적 전가보다 더 크고 다양한 의미를 가진다. 구약에서 차디크/체다크는 종종 하나님의 언약이라는 문맥 안에서 회복된 의(justice)의 개념을 갖는다.[11] 이 언약적 의는 궁극적으로 하나님이 세상을 의롭게 하는 구원 역사이다. 우리는 이에 참여하도록 부름 받으며 그것의 수혜자이다. 또한, -하나님과 인류 모두의- 의는 명예에 관한 문제이기도 하다.[12]

타나임 문헌에서 의는 "하나님의 뜻을 따르는 사람의 행위를 나타내는 통일된 용어"이다.[13] 이것은 전가된 의의 신학적 구조를 부정하는 것이 아니다. 오히려, 이 특정한 교리와 의라는 용어에 더 많은 것이 들어 있음을 지적하는 것이다. 게다가 전가된 의라는 신학적 개념은 마태복음의 관점이 아니다.

학자들은 마태복음에서의 "의"가 하나님의 구원 역사를 말하는 것인지 아니면 예수님의 제자들에게 요구되는 윤리적 행위를 말하는 것인지

---

10 예를 들어 다음을 보라. Daniel M. Doriani, *The Sermon on the Mount: The Character of a Disciple* (Phillipsburg, NJ: P&R, 2006).

11 Stassen, "Beatitudes," 25

12 다음을 보라. Jackson Wu, *Saving God's Face: A Chinese Contextualization of Salvation through Honor and Shame*, EMSDS (Pasadena, CA: William Carey International University Press, 2013); Jerome H. Neyrey, *Honor and Shame in the Gospel of Matthew* (Louisville: Westminster John Knox, 1998); David A. deSilva, *Honor, Patronage, Kinship Purity: Unlocking New Testament Culture* (Downers Grove, IL: IVP Academic, 2000); Leland White, "Grid and Group in Matthew's Community: The Righteousness/Honor Code in the Sermon on the Mount," *Semeia* 35 (1986): 61-89. 화이트는 예수님의 제자들과 마태복음의 청중들은 그들의 사회에서 "명예로운"사람으로 간주되지 않는다고 말한다. 왜냐하면 "그들의 공동체는 십자가에 못박히신 예수님을 지도자로 선포하기 때문이다. 공동체의 일원들은 십자가 처형에 대한 공공의 존경심이나 책임을 공유한다"(80). 비아티튜드(그리고 산상수훈의 나머지 부분)는 주변의 사회가 말하고 있는 이러한 것들에도 불구하고 제자들이 진정으로 의롭고 명예로운 사람들로 보일 수 있는 준 공개 토론이다. 5:11-12을 참조하라.

13 Syreeni, *Making of the Sermon*, 207, Przyblyski, *Righteousness in Matthew*, 13-76를 참조한다.

에 대해 논의해왔다.[14] 마태복음의 전반적인 이해와 인간 번영에 대한 산상수훈의 강조에 비추어 볼 때, 마태복음의 디카이오수네는 전가된 것이나 하나님만이 하시는 어떤 것이 아니라 예수님의 제자들에게 자연스럽게 기대되는 윤리적 가르침으로 해석하는 것이 가장 타당하다. 요컨대, 하늘 나라에 들어가기 위해 요구되는(5:19-20; 7:21) "하나님의 뜻을 행하는 것"이다(7:21, 24, 12:50, 참조 6:10, 7:12, 18:14, 26:39, 42).[15] 산상수훈 밖에서도 "의"는 같은 방식으로 기능한다. 예를 들어, 마태복음 21:28-32에서 같은 용어인 "아버지의 뜻을 행함", "하나님의 나라에 들어감", "의의 길"(이 경우는 침례 요한이 전한 메시지와 같음)이 연속되어 등장한다.[16]

리 아이론스 또한 마태복음이 바울의 칭의에 관해 말하고 있는 것은 아니라고 말한다. 오히려 마태복음의 "의"에 대한 윤리적 구조는 "구속-역사적 의이며, 예수님안에 임한 나라라는 종말론적 실재에 기반하는 의이다. 이것이 서기관들과 바리새인들의 의를 훨씬 능가하는 더 높은 의를 이루는 것이다. 롤랜드 데인스의 표현을 빌려 말하자면 이것은 '예수님-의'이다."[17]

이와 같은 이해는 마태복음의 강한 윤리적 제자도 개념의 "의", 이사야서 영향 아래 있는 종말론적 지향성, 그리고 예수님이 자신의 죽음과 부

---

14 Charles Lee Irons, *The Righteousness of God: A Lexical Examination of the Covenant-Faithfulness Interpretation* (Tübingen: Mohr Siebeck, 2015), 263-67에서 관련된 연구와 논의를 찾아 볼 수 있다.

15 마태복음 7:12과 관련한 초기 기독교의 역사적 읽기인 **제2클레멘트** 4.2은 "의"를 "하나님의 뜻을 행하다"라는 것으로 말한다-"그는 '나더러 '주여, 주여'하는 자마다 구원받는 것이 아니라, 오직 의를 행하는 자라야 한다' 말씀하신다."

16 데일 알리슨은 마태복음의 "의"를 "예수께서 요구하는 그리스도인의 성품과 행동-옳은 의도, 옳은 말, 옳은 행동-에 일치하는 것"이라 정의한다(W. D. Davies and Dale A. Allison Jr., *A Critical and Exegetical Commentary on the Gospel according to Saint Matthew*, vol. 1, *Introduction and Commentary on Matthew 1-7*, ICC [Edinburgh: T&T Clark, 2004], 499). 알리슨은 서기관과 바리새인의 의와 대조되기 때문에 이 문제가 바울의 경우에서처럼 하나님의 의에 대한 법정적 또는 종말론적 선물이 아니라고 지적한다. 그들은 진짜 의를 가지고 있지만 부족하다. 문제는 그들이 선물로서의 의를 가지고 있는지에 대한 것이 아니라, 그 의의 본질과 형태 (그리고 마음)이 무엇이냐는 것이다.

17 Irons, *Righteousness of God*, 265-66, referencing Roland Deines, *Die Gerechtigkeit der Tora im Reich des Messias: Mt 5,13-20 als Schlüsseltext der matthäischen Theologie*, WUNT 177 (Tübingen: Mohr Siebeck, 2004).

활로 "자기 백성을 그들의 죄에서 구원하러" 오셨다는(마 1:21) 마태복음의 신학적 틀을 포괄한다. 이러한 폭넓은 이해는 베노 프르지빌스키의 윤리적 개념의 "의"와 일치한다. 그러나 프르지빌스키는 마태복음의 "의"는 "천국 들어가기"와는 아무런 관련이 없는 "머물기"에만 관련된 언약적 신율주의적 의라고 잘못 주장한다. 마태에게 "더 나은 의"는 정확하게 "하늘 나라에 들어가기 위해" 필요한 것이다(5:20; 참조, 5:6, 10; 6:1-21, 7:13-14). 마태 (그리고 바울)의 제자의 의를 하나님의 구속 역사와 대조되는 것으로 이해하면 안된다.

마태복음에서 예수님은 의로운 분이시다(27:19). 그는 의의 완전한 성취를 (3:15, "이룸"라는 말을 사용함) 위해 오셨다. 그리고 사람들에게 의롭다고 묘사될 수 있는 삶을 명령하고 촉구한다(1:19, 10:41, 13:43, 49, 25:37, 46). 무엇보다 예수님은 참된 의를 예리하고 강력하게 재정의한다 – 참된 의는 단지 외적인 경건만이 아니라 내적 사람, 즉 마음의 신실한 순수함과 순결함이다(23:27-28은 바리새인들의 의는 표면적 의일 뿐이라고 묘사한다).

요약하면, 마태복음의 "의"는 하나님의 본성, 뜻, 그리고 오는 나라에 일치하는 전체성-인간의 행위이다. 마태복음에 따르면 "의로운" 사람은 세상에 존재하는 방식에 있어 예수님을 따르는 사람이다. 의로운 사람은 전체성/텔레이오스 인간이다(5:48), 그는 외적으로 하나님의 뜻을 행할 뿐만 아니라 무엇보다 중요한 마음으로부터 행하는 자이다. 이는 유대인 성경의 윤리와 철저히 연속되며 예수님을 적대했던 바리새인들과 철저히 충돌된다.[18]

---

18 제자도-의라는 개념이 어떻게 은혜와 믿음과 적합하게 어울릴 수 있는 지에 대한 논의를 12과에서 확인하라.

외식

이 기능적인 의에 대한 정의는 외식이라는 마태복음의 중요한 주제를 밝게 드러낸다. 헬라어 히포크리시스 및 히포크리스테는 원래 "배우"라는 중립적인 의미를 갖는다. 하지만, 70인역과 마태복음에서는 특별히 부정적인 의미(악한 사람)로 사용된다.[19]

마태는 특별히 이 이름으로 예수님의 대적들을 표현한다.[20] 산상수훈 내에서 서기관들과 바리새인들이 외식하는 자로 불리지는 않는다. 하지만, 그들을 "외식하는 자"라 부르는 마태복음 23장과 마태복음 6:1-21과 사이에는 강한 개념 중첩이 있고, 이 평행은 바리새인들이 외식하는 자임을 분명히 드러낸다.

마태복음이 이 용어를 자주 사용한다는 점과 이 첫번째 복음서의 기독교에 대한 지대한 영향의 결과로, "외식하는 자"는 우리가 다음으로 살펴 볼 문화 백과 사전의 중요한 항목이 되었다. 마태복음이 사용하는 의미와 오늘날 이 용어의 기능에 차이점이 있기 때문에 마태복음을 읽을 때 작은 문제를 일으킨다. 일반적으로 오늘날 이 단어는 무엇인가를 말하지만 그 반대를 행하는 사람을 지칭한다. 일반적으로 외식하는 자는 부패에 반대하는 정치인이 동시에 뇌물을 받는 것과 같은 말과 행동이 다른 이중적 삶을 살아가는 사람이다. 그러나 이것이 마태복음이 말하는 "외식하는 자"의 개념은 아니다. 이중성이 마태복음의 외식을 묘사하는 좋은 방식이지만 마태복음은 말과 행동의 이중성을 말하는 것이 아니라, 내면의 사람 혹은 마음과 행동의 이중성을 말한다. 이전 장에서 논

---

19 *EDNT*와3:403.

20 신약에서 총 17번 사용되는 명사 **히포크리테스**는 마태복음에서 13번 (6:2, 5, 16, 7:5, 15:7, 22:18, 23:13, 15, 23, 25, 27, 29, 24:51) 사용된다. 추상 명사 **후포크리시스**, "외식/위선"은 한 번 사용된다(23:28). 대조적으로 마가복음은 **후포크리테스**를 한 번 사용하며, 누가복음은 세 번 사용한다. 이것은 마태복음이 좋아하는 것이다. 칠십인역에 단 두 번 사용된 점을 볼 때 (욥 34:30, 36:13), 마태가 **후포크리테스**를 유대 전통보다는 헬레니즘의 영향에서 사용한 것으로 보인다.

의한 것처럼 이것은 텔레이오스한 상태와 반대의 경우이다. 따라서 위선은 전체성-인간 행위로 정의된 참된 의의 가장 큰 적이다. 그렇기 때문에 마태복음에 있어 매우 중요한 개념이다. 예수님의 청중들과 (교회 안과 밖의) 마태복음의 청중들은 행위 도덕이나 외적 의의 문제에 관해서 듣는 것이 아니다. 오히려 마음이나 내적 인간의 문제에 관해 듣는다. 의는 전체 인간의 미덕한 삶이다. 때문에 종교 공동체에게 가장 심각한 잠재적인 대적은 뻔뻔한 부도덕이 아니라 진실된 전체성과 반대되는 외피상의 의이다.[21] 마태복음의 이 두 가지 주요 주제는 마태복음의 비전의 기반으로써 상호 영향을 미치고 함께 기능한다.

마음

마태복음의 또 하나의 매우 중요한 개념은 "마음"이다. 헬라어 단어 카르디아의 여러 형태는 칠십인역에서 900회 이상 나타난다. 특히 시편(약 135번), 시락서(약 85번), 잠언(약 75번), 그리고 대부분의 선지서에 등장한다. 신약에도 중요한 개념으로 이어지는 이 개념은 누가복음, 사도행전, 로마서와 마태복음(16번)에서 150번 이상 발견된다.[22] 이 단어는 칠십인역과 신약성경 전반에서 일관된 의미를 갖는다. 일반적으로 "마음"을 감정의 자리로 이해하는 것과는 달리, 성경적 용법에서의 카르디아는 "인간의 전체 삶"을 광범위하게 지칭한다.[23] 월터 아히로트는 이 단어를 "전체 인격과 그 전인격의 내적 삶과 성품을 포괄하는 용어"라고 묘사하며,

---

21 알리슨은 플라톤의 문구를 인용한다, "가장 큰 불의는 의롭게 보이지만 의롭지 않은 것이다" (저자의 번역) (Davies and Allison, *Matthew 1-7*, 581).

22 Walther Eichrodt, "*kardia*," *NIDNTT* 2:623, 2:625.

23 Ibid., 624.

마음에서 나오는 전체 속 사람의 질을 드러내는 것이라고 한다.[24] 비르거 게하르드손이 말한 것처럼 마음의 성경적 개념은 "인간의 내적 본성에 대한 포괄적인 용어이며, 동물적 본능의 '자리'뿐만 아니라 신앙과 지식의 '자리'를 포괄한다."[25] 성경적 의미의 카르디아는 "영혼", "추론", "정신"과 중첩을 가지며 단순한 감정보다 훨씬 더 넓고 깊은 정신적 능력의 자리와 확실히 밀접하게 관련되어있다.[26]

이 중요한 헬라어 단어와 성경의 개념은 마태복음과 산상수훈을 잘 읽어내는데 중요한 것이다. 시편, 잠언, 이사야(34번)와 함께 마태복음은 진정한 내적 사람인 마음을 크게 강조한다. 특히 내적 사람을 지칭하는 마음에서 모든 것이 흘러나온다는 예수의 가르침에서 보여진다(마 12:34; 15:18-19). 마음이 둔하게 되면 하나님을 듣거나 볼 수 없고 입술로는 하나님께 영광을 돌리나 내면의 사람/마음은 하나님과 거리가 멀다(15:8, 사 29:13 인용). 반면에 제자는 "마음으로부터" 다른 이들을 용서하고(마 18:35) 궁극적으로 "온 마음을 다하고 성품을 다하고 뜻을 다하여 주 하나님을 사랑하라"고 부름 받는다(22:37; 신 6:5 참조).

산상수훈에서 카르디아는 세 번 사용된다(5:8, 28, 6:21). "마음이 청결한 자"는 "하나님을 볼 것"이라는 놀라운 약속을 받는다(5:8). 하나님을 볼 수 있는 능력보다 더 큰 보상은 상상할 수 없다. 그것은 통일된 (참조. 텔레이오스) 또는 순수하고 나뉘지 않은 마음이다. 밝거나 어두운 자신의 내면의 모습을 분명하게 볼 수 있는 능력을 가진 눈은 몸의 등불이다

24 Ibid., 624.

25 Birger Gerhardsson, *The Testing of God's Son (Matthew 4:1-11 & PAR): An Analysis of an Early Christian Midrash*, trans. John Toy (Lund: Gleerup, 1966; Eugene, OR: Wipf & Stock, 2009), 48. Green, *Matthew, Poet*, 238에서도 논의된다.

26 성경적 마음의 개념과 기독교 심리학의 연결방식에 대한 설명 Robert C. Roberts, "Situationism and the New Testament Psychology of the Heart," in *The Bible and the University*, ed. David Lyle Jeffrey and C. Stephen Evans (Grand Rapids: Zondervan, 2007), 139-59에서 보라.

(6:22-23). 예수님의 제자가 되기 위해 필요한 더 큰 의를 묘사하는 5:21-47의 대표적인 예인 여인을 "마음 속에/으로부터"(5:28) 정욕을 품고 바라보는 것이 간음이라는 해석은 단지 외부적으로 복종하는 것이 아니라 전체 사람이 복종하는 것이 요구됨을 보여준다. 마지막으로 산상수훈이 절정에 이르는 6:21에서 예수님은 내적 사람과 보화 또는 보상을 연결시켜 교훈 하신다: "네 보물이 있는 그 곳에는 네 마음도 있느니라." 이것은 "네가 중요하게 생각하는 것이 네가 사랑하는 것이다"라는 말을 달리 표현한 것이 아니다. 오히려 네가 소중히 여기고 사랑하는 것이 바로 네가 누구인지 말하는 것이며, 네가 쌓는 보물이 네 내면의 사람이 정말로 누구인지 드러낸다는 강력한 도전의 말씀이다.

따라서 이 마음의 개념은 마태복음이 만드는 성경적 인간론의 한 조각이다. 외식하는 자는 내적 사람, 즉 마음에 순결이나 전체성이 없기 때문에 참으로 의로운 자가 아니다.

이방인/이교도

유대인들의 자기 이해의 근본은 그들이 선택된 사람들이라는 것과 하나님께 속한 자들이라는 것이었다. 그들 주변의 모든 다양한 민족들은 흔히 부정적 의미를 지닌 "민족들" 또는 "열방들"이라는 일반 용어로 기술된다. 히브리어 고이 는 칠십인역에서 에쓰노스라고 번역되며 거의 천 번에 걸쳐 사용되는 중요한 단어이다. 특히 이사야와 에스겔에서 자주 발견된다. 이 단어는 신약 성경에서 160번이나 유대인이 아닌 사람들을 나타내는데 사용되며 특히 사도행전과 바울서신에서 많이 사용된다.[27] 한 어휘 사전은 이 단어를 "이스라엘의 하나님을 믿는다고 공언하는 사

---

27 Hans Bietenhard, *"ethnos," NIDNTT* 2:89.

람들에 속하지 않은 나라들, 이방인들, 불신자들"이라 정의한다.[28]

에쓰노스는 마태복음에서 중요한 단어이다. 마태복음에 이 단어는 열 다섯 번 사용되며, 밀접한 관련을 가진 형용사 에쓰니코스가 추가로 세 번 사용된다.[29] 대부분의 경우 에쓰노스는 유대인이 아닌 다른 민족을 가리키는 역할을 한다(10:5, 18; 24:7, 25:32). 때로는 부정적인 의미를 담아낸다(6:32, 20:19, 25, 24:9, 세번의 에쓰니코스 용례가 여기에 포함됨: 5:47, 6:7, 18:17). 나머지 경우들에서 유대인 성경과는 달리 긍정적으로 예수님의 사역의 목표와 초점으로 등장한다(4:15, 12:18, 21, 21:43, 24:14, 28:19). 마태복음의 이방인을 향한 이 비판적이고 긍정적인 두 시선은, 특히 이방인을 포함시키는 지상 명령(28:18-20)을 고려할 때, 학자들에게 많은 혼란과 어려움을 주었다.

이 문제에 대한 해결책은 인종이 아닌 예수님에 대한 믿음에 기초하여 하나님의 백성을 재정의하는 첫 번째 복음서의 주요 신학적 강조점을 인식하는 더 폭넓은 마태복음 읽기에서 찾을 수 있다. 이방인이 포함된 족보로 시작한다는 점(1:1-17), 신앙 없는 예루살렘인들과(2:1-12) 신앙 있는 이교도 박사들의 대조(2:1-12), 아브라함의 민족 후손들이 신실하지 못하고 멸망 당할 위험에 처해 있고 하나님께서 돌들로도 아브라함의 자손을 일으키실 수 있다는 세례 요한의 주장(3:7-12) 등에서 이 주제가 풀려진다. 이 요소들은 마태복음의 전체적인 분위기를 설정한다. 예를 들어 백부장은 예수님이 이스라엘 아무데서도 찾지 못한 믿음을 가지고 있었고, "또 너희에게 이르노니 동 서로부터 많은 사람이 이르러 아브라함과 이삭과 야곱과 함께 천국에 앉으려니와 그 나라의 본 자손들은 바깥 어

---

28 BDAG, 276.

29 마태복음에서 **에쓰노스**는 4:15; 6:32; 10:5, 18; 12:18, 21; 20:19, 25; 21:43; 24:7 (2x), 9, 14; 25:32; 28:19 에서 사용되며, **에쓰니코스**는 5:47; 6:7; 18:17에서 사용된다.

두운 데 쫓겨나 거기서 울며 이를 갈게 되리라"(8:10-12)고 말씀하신다. 두로, 시돈, 고라신보다 나은 소돔, 벳새다, 가버나움(11:20-24)이라는 표현 등에서 드러나듯 종종 악명 높은 이방인과 죄 많은 사람들이 의도적으로 유대인들과 대조되는 관계로 설정된다. 예루살렘의 바리새인과 서기관들은 믿음(치유/구원)있는 가나안 여인과 대조된다(15:1-28).[30] 더 많은 예들을 언급할 수 있지만, 요점은 마태복음의 새 언약의 하나님의 백성들은 다른 모든 신약성경의 저자들과 같이 반유대적이지 않고, 더 이상 민족성에 기반하지 않으며, 그리스도의 가르침, 죽음, 부활에 대한 믿음으로 정의된다는 것이다. "너희는 유대인이나 헬라인이나 … 그리스도 예수 안에서 하나이니라"(갈 3:28)라는 말씀은 하나님의 백성과 그 나라 밖의 백성 사이에 아무런 차이점이 없다는 것이 아니라 이 구별이 더 이상 인종에 있지 않다는 것이다.

이와 같은 이해는 그레엄 스탠튼이 말한 바와 비슷하다. 스탠튼은 그의 책 새 백성을 위한 복음서: 마태복음 연구에서 마태복음은 문학적이고 사회 역사적인 배경에서 의도적으로 유대인과 이방인이 섞인 갓 태생한 교회를 독려하려는 목적으로 썼다고 주장한다. 스탠튼은 "새 이스라엘" 혹은 "참 이스라엘" 이라는 용어보다는 "새 백성"을 선호한다. 왜냐하면 이것이 마태복음이 보는 교회와 이스라엘의 연속성을 더 잘 나타내기 때문이다. 스탠튼이 생각하는 마태복음의 강조점은 유대인과 이방인 모두로 새 백성이 창조되었다는 것이다. 하나님의 나라가 불충한 종에게서 빼앗겨져 열매 맺는 사람(에쓰노스)에게 주어질 것이라는 마태복음 21:43이 이 이해를 드러내는 주요 구절로서 유대인과 이방인으로 구성된

---

30 마태는 이 두로-시돈의 여성을 (막 7:26) 출애굽 당시 이스라엘의 큰 대적들을 분명히 암시하는 가나안 사람으로 묘사하여 이 대조의 날카로움과 수사학적인 힘을 강조한다.

제 3의 인종을 창조한다.[31]

이러한 이해에 대한 마태복음의 표현은 미묘하지만 강력하며 에쓰노스와 에쓰니코스의 용례에서 잘 드러난다. 언급했듯이 에쓰노스는 때로는 세상 사람들을 중립적으로 지칭한다. 하지만 부정적으로 사용될 때는 하나님의 백성이 누구인지를 재정의하는 것에 의도적으로 사용된다. 교회가 세워지고 하나님의 백성에 대한 이러한 이해가 만들어 진지 몇 십 년 후에 이 복음서를 쓰고 있는 마태는 인종에 관계없이 하나님의 백성(구약에 출처를 둔 또 다른 용어로에클레시아가 있다) 밖의 어떤 사람들을 가리키는 것으로 "이방인"을 부정적으로 사용한다. 즉, "이방인"은 미묘하지만 강력한 방식으로 그리스도를 따르지 않는 유대인이나 (인종적) 이방인을 의미하게 되었다. 유대인과 이방인의 구별은 여전히 존재하지만, 인종이 아니라 예수님에 대한 믿음에 근거한 종말론적인 구별이다.[32] 교회 밖의 모든 사람들은 전도와 제자 훈련을 필요로 하는 이방인이라고 말할 수 있다.

바리새인들과 다른 유대 지도자들은 마태복음에 나오는 이 용어를 통해 비판 당한다. 그들은 시편2편에 등장하는 메시아를 대적하는 이방인들로 묘사된다. 유대인 지도자들은 마태복음에서 다섯 번의 모임을 갖고 어떻게 예수님을 죽일지 의논한다.[33] 이 장면은 놀랍게도 잘 알려진 시편 2편의 주님의 기름 부음 받은 자를 파멸시키려는 모임과 논의를 연상케 한다. 유대인 지도자들이 이방인이라고 불리는 역전의 상황이 펼쳐진다. 동일한 기술이 사도행전 4:23-28에도 나타난다.

이는 이전 주제와 마찬가지로 마태복음의 전반적인 요점과 긴밀하게

---

31 Graham Stanton, *A Gospel for a New People: Studies in Matthew* (Edinburgh: T&T Clark, 1992), 11-12.

32 마태는 바울이 교회를 "이스라엘"이라고 부르는 것과 같은 언어학적 논리 단계를 취하지 않는다. 이는 그가 "이방인"을 다시 정의하는 것에 수반된다. 참조, 갈 6:16; 롬 2:29; 4:12; 9:6-8; 빌 3:3.

33 마태복음 12:14; 22:15; 26:3-4; 27:1; 28:12.

연결되기 때문에 중요하다. 하나님의 새로운 백성, 진실로 의로운 자들, 외식하는 자가 아닌 자들은 인종이나 유대인의 정결법을 지키는 것에 의해 식별될 수 없다. 오히려 그들은 내면의 사람, 즉 마음으로부터 예수님을 따르는 사람으로 정의된다. 예수님께서는 "내 어머니와 내 형제가 누구냐?"라고 물으시며 "누구든지 하늘에 계신 내 아버지의 뜻대로 하는 자가 내 형제요 자매요 어머니이니라"고 답하신다(12:48-50). 그러므로 마태복음의 독자들에게 산상수훈의 "이방인"이라는 네 번의 용례는 교회 밖의 사람들을 가리키는 것이라고 이해될 수 있다.[34]

하늘에 계신 아버지

마태복음 전체와 산상수훈의 또 다른 매우 중요한 신학적 개념은 아버지로서의 하나님, 특히 "하늘에 계신 아버지"에 대한 강조이다.[35] 아버지로서의 하나님이라는 개념이 고대 이스라엘에는 드물지만, 완전히 없는 것은 아니다. 제2성전 시대에는 더 일반적으로 나타나며, 이것이 예수님의 용례의 배경이 되었다. 이는 예수님이 하나님을 아버지로 언급한 것이 당시에는 독특한 것이었다는 오래된 주장은 과장된 것임을 드러낸다. 그러나 초기 기독교가 하나님을 아버지로 이해하고 이 방법으로 그

---

34 최근의 많이 받아 들여지는 해석은 Matthias Konradt, *Israel, Church, and the Gentiles in the Gospel of Matthew*, trans. Kathleen Ess (Waco: Baylor University Press, 2014)이다. 콘라드는 마태복음의 이야기를 주의 깊게 탐구하고 마태복음의 유대인에 대한 강력한 비판은 일반 사람들이 아닌 유대인 지도자들을 대상으로 한 것이라고 결론을 내린다. 더욱이 콘라드는 마태복음에서 이스라엘은 에클레시아(교회)와 구별되어 하나님의 백성(라오스)으로 남아 있다고 주장한다. 이 두 그룹 사이에는 반목이 존재하지 않으며, 현재 이스라엘은 에클레시아의 일부로서 예수의 죽음과 부활로 인해 구원을 발견 할 수 있다. 그러나 교회가 이스라엘을 대신하거나 대체하지 않으며, 오히려 교회는 이방인들과 함께 이스라엘에 대한 지속적인 선교적 책임이 있다. 나는 이 견해에 공감하며 많은 장점을 가지고 있음을 발견한다. 동시에, 나는 이스라엘 민족에 대한 특이성, 구원-역사적 우선 순위, 그리고 인종적 이스라엘에 계속되는 선교를 여전히 존중하는 방식으로 마태복음이 하나님의 백성을 재정의하고 있다고 이해할 수 있다고 생각한다.

35 하나님을 아버지라 부르는 유대적 배경과 마태복음의 용례에 대한 더 많은 논의를 Jonathan T. Pennington, *Heaven and Earth in the Gospel of Matthew* (Leiden: Brill, 2007; repr., Grand Rapids: Baker Academic, 2009), chaps. 9-10에서 보라. 이어지는 논의는 이 책의 대략적 요약이며 추가 내용을 포함한다.

분을 더 많이 불렀고 이것이 예수님과 초기 기독교의 특징이었던 것도 사실이다.

사복음서는 하나님을 아버지(파테르)로 170번 이상 부르며, 대부분은 요한복음 (109번)에 나온다. 마태복음은 하나님을 아버지로 44번 부르며 이는 다른 공관복음보다 훨씬 많은 수이다(막 4번, 눅 17번). 이는 (교회에 가장 영향력 있는 것으로 입증 된) 첫 번째와 네 번째 복음서에서 아버지로서의 하나님이 중요한 주제라는 것을 보여준다. 하나님의 부성은 기독교의 기반적개념이 되었다. 가장 중요한 곳이 주기도문을 시작하는 "우리 아버지"이다. 바울 또한 그리스도인이 하나님의 공동체에 입양되어 하나님의 자녀와 아버지 나라의 상속자가 된다는 개념을 많이 말한다(롬 8:14-17, 갈 4:4-7). H. F. D. 스파크스는 마태복음이 하나님 아버지라는 개념을 자주 사용하여 "신적 부성에 특별한 관심을 가지고 있었다"고 결론 내린다. 아르민 우터스는 "아버지의 뜻"이 마태복음 전체 선포의 핵심 개념이라고 주장한다.[36]

특히 마태복음이 구별된 점은 하나님을 "하늘에 계신 아버지" 혹은 "하늘 아버지"라 부르는 것이다.[37] 이것 역시 삼위일체의 첫 위격을 이해하고 부르는 일반적인 방식이 되었다. 마태복음은 "하늘" 과 "땅"이라는 은유를 사용해 하나님과 인류의 대조를 강조한다. "하늘 아버지"는 "하늘"과 "땅"이라는 더 넓은 신학적이고 문학적인 주제의 한 부분이다.[38]

예수님이 계시하신 하나님의 부성은 1세기에는 "존경할 만한 의존

---

36 H. F. D. Sparks, "The Doctrine of Divine Fatherhood in the Gospels," in *Studies in the Gospels: Essays in Memory of R. H. Lightfoot*, ed. D. E. Nineham (Oxford: Blackwell, 1967), 251; Armin Wouters, "⋯ *wer den Willen meines Vaters Tut": Eine Untersuchung zum Verständnis vom Handeln in Matthäusevangelium* (Regensburg: Pustet, 1992).

37 마태복음에 "하늘에 계신 아버지" (**호 파테르 엔 토이스 우라노이스**)는 열 세번 사용되며, "하늘 아버지" (**호 파테르 호 우라노이스**)도 7번 사용된다. 제 2성전 문헌이나 신약에 앞서 하나님을 이러한 방식으로 언급하는 곳은 마태복음 6:14과 병렬되는 마가복음 11:25이 유일하다.

38 나의 책 *Heaven and Earth*를 보라.

의 대상과 애정과 순종의 친밀한 관계"를 나타내는 것으로 이해되어졌다.[39] 고대의 아버지 개념은 현대 서구 관념인 친밀감과 경외심, 그리고 가족적 안락함과 공경심의 개념을 제외한다. 도날드 해그너는 마태복음의 "하늘에 계신 아버지"는 특히 "아버지의 성품적 또는 내재적 요소와 하나님만이 가질 수 있는 초월적 요소인 "하늘"을 결합시킨다"고 설명한다.[40]

예수님께서는 그를 따르는 이들에게 "땅에 있는 자를 아버지라 하지 말라 너희의 아버지는 한 분이시니 곧 하늘에 계신 이시니라"(마 23:9)라고 명령하신다. 또한 제자들의 생물학적 관계를 재정의 하신다. 필요하다면 가족을 떠나라고 말씀하시며(8:21-22; 10:34-37; 19:29), 새로운 가족 정체성을 그를 통한 하나님과의 관계에 기초해 주신다(12:46-50, 참조, 4:18-22).[41]

아버지로서의 하나님은 마태복음 전체에 반복되는 주제이긴 하지만, 특별히 산상수훈의 중요한 주제이다. 하나님을 아버지로 부르는 용례는 산상수훈에서 집중되며(17번) 마태복음 5:16이 그 시작이다.[42] 놀랍게도, 예수님은 많은 용례 중 단 한번 제자들에게 "하늘에 계신 너희의 아버지"라고 하나님을 부르신다.[43] 루츠는 "의"와 "아버지"라는 단어가 함께 산

---

39 Craig S. Keener, *The Gospel of Matthew: A Socio-Rhetorical Commentary* (Grand Rapids: Eerdmans, 2009), 216.

40 Donald Hagner, *Matthew 1-13*, WBC 33A (Nashville: Nelson, 1993), 101.

41 윌리암 윌리몬과 스탠리 하우어스는 다음과 같이 말한다. "이와 같이 기도를 배운 사람들에게, 우리 첫번째 가족은 우리의 생물학적 가족이 아니라 우리에게 기도를 가르쳐준 사람들이다, '우리 아버지'" (William Willimon and Stanley Hauerwas, *Lord, Teach Us: The Lord's Prayer and the Christian Life* [Nashville: Abingdon, 1996], 32). 또한, 다음을 보라, Jonathan T. Pennington, "Christian Psychology and the Gospel of Matthew," *Edification: The Journal of the Society of Christian Psychology* 3, no. 2 (2009): 39-48.

42 산상수훈에서 하나님을 아버지라 부르는 17번의 용례는 다음과 같다, 5:16, 45, 48; 6:1, 4, 6 (2번), 8, 9, 14, 15, 18 (2번), 26, 32; 7:11, 21.

43 유일한 예외는 7:21이다. 예수님은 "하늘에 계신 내 아버지의 뜻"을 행하는 사람들만이 천국에 들어갈 것이라고 말씀하신다. 6:9에서 예수님은 제자들에게 "하늘에 계신 우리 아버지여"라고 기도할 때 그들의 하늘 아버지를 부르라고 말씀한다. 나는 이것을 가르침의 맥락에서 사용된 7:21의 복수적 표현과 동일하게 취급한다.

상수훈 전체 주제를 나타낸다고 말한다. 마찬가지로 그는 "하늘에 계신 아버지"가 전체 산상수훈을 "안내하는 단어"임을 관찰한다.[44] 마찬가지로 R. T. 프란스는 산상수훈은 "하나님을 하늘에 계신 아버지로 인정하는" 예수님을 따르는 사람들의 삶과 가치에 관한 것이라고 말한다.[45]

아버지로서의 하나님에 대한 언급은 산상수훈에서 자주 나타날 뿐만 아니라, 중요한 시점에서 나타난다. 예를 들어, 마 5:16의 첫 번째 용례는 산상수훈의 첫 부분 (5:1-16)에 대한 결론을 내리면서 제자의 삶을 통해 다른 사람들이 하늘에 계신 그들의 아버지를 영화롭게 하라고 명령한다. 산상수훈의 중앙 부분(5:17-7:12)에 등장하는 또 다른 중요한 구절인 5:48은 "하늘 아버지"라는 언어를 사용해 "텔레이오스하라"고 명령한다. 산상수훈의 마지막 결론부(7:13-8:1)의 7:21은 "하늘에 계신 내 아버지의 뜻"을 행하는 것이 천국에 들어가기 위한 필수 요건임을 분명히 한다.

이 중요한 구절들 이외에도 산상수훈의 중앙 부분(5:17-7:12)의 중심에 "아버지"라는 언어가 가장 집중적으로 사용됨을 발견할 수 있다. 여기에서 하나님은 12번에 걸쳐 "아버지"라고 불리운다. 산상수훈의 이 중간 지점(6:1-21)에는 하늘에 계신 아버지, 하늘에 보물을 쌓는 것, 인간들이 땅에 보물을 쌓는 것이 대조된다.[46] 이 중간 부분 전반에 걸쳐 계속 반복되는 말씀은 제자들이 다른 사람들의 칭찬을 얻기 위해 경건의 행위를 해서는 안된다는 것이다, 왜냐하면 그들에게는 하늘에서 보고 그들에게 상을 주시는 하늘 아버지가 있기 때문이다. 이 중간 부분의 중심에는 그 유명한 주기도문이 있다(6:9-15). 주기도문은 하나님을 "우리 아버지"라 부르도록 초대하는 것으로 시작하며 전체 산상수훈의 가장 핵심부에 이

---

44 Luz, *Matthew 1-7*, 352.

45 R. T. France, *Matthew: Evangelist and Teacher* (Eugene, OR: Wipf & Stock, 2004), 254.

46 이 구절들을 해석한 8과를 보라.

개념을 위치시킨다. 이 중심부는 그의 자녀들의 필요에 대한 하늘 아버지의 앎과 그의 풍성한 베품을 강조함으로 마친다(6:26, 32).

따라서 산상수훈 전체 가르침의 중요한 한 측면은 예수님의 제자들이 하나님을 하늘에 계신 아버지로서 소유하고 있다는 것이다. 산상수훈에서 이 "아버지"라는 언어는 제자들이 이스라엘의 하나님의 참된 자녀라는 명확하고 구별된 정체성을 부여하는 기능을 한다. 이는 앞서 논의한 하나님의 백성에 대한 재정의와 무관하지 않다.

하나님 나라/하늘 나라

예수님에 관한 학자들의 논쟁 중 의견 일치를 이루는 몇몇 아주 중요한 것들이 있다. 그중 가장 큰 일치를 이루는 것이 역사적인 예수가 하나님의 나라에 관해 설교하고 가르쳤다는 것이다. 그가 자신을 어떻게 생각했는지, 그를 따르던 자들이 진정으로 그를 따랐는지, 그리고 그가 왜 죽었는지에 대한 모든 것들이 논쟁의 대상이다. 그러나 예수님께서 하나님의 통치 또는 나라에 관해 정기적으로 가르치고 설교하셨다는 것을 의심하는 사람은 아무도 없다. 공관 복음서 모두 이 사실을 분명히 밝힌다.

첫 번째 복음서인 마태복음은 예수님의 사역, 행동, 가르침의 내용을 하나님 나라에 대한 것으로 매우 잘 묘사한다.[47] 해그너가 밝히는 것처럼 마태복음의 지배적인 주제는 나라이다. 프랑스는 하늘 나라는 마태복음에서 "예수님의 사역의 전체 범위를 포괄하는 슬로건"으로 기능한다고 말한다.[48] 특히 나라 개념에 대한 마태복음의 독특한 공헌은 "하나님

---

47 마태복음의 나라에 대한 주제에 대한 더 많은 논의를 Pennington, *Heaven and Earth*, 12과에서 확인하라.
48 Hagner, *Matthew 1-13*, lx; France, *Matthew: Evangelist and Teacher*, 262.

나라"와는 내포적 의미가 조금 다른 동의어 "하늘 나라"(32번 사용)를 유일하게 사용한다는 것이다.[49]

산상수훈은 이 나라를 강조하는 주요 부분이다. 많은 학자들은 나라를 산상수훈의 "주요 신학적 개념"으로 본다.[50] 산상수훈에서 이 나라에 대한 언급을 접하는 것은 놀랄 일이 아니다. 산상수훈의 시작 부분인 비아트튜드에서부터 이 언어를 즉시 발견한다. 사실 "하늘 나라(천국)이 저희 것임이니라"라는 구절은 첫 번째와 여덟째 비아티튜드에 사용되어(5:3, 10) 인클루지오를 구성하며 예수님의 마카리즘을 감싸는 틀이 된다.[51] "나라"라는 용어는 산상수훈의 중대한 시점에 여섯 번 이상 등장한다. 5:19-20에 세번 등장하는 것이 특히 중요하다, 왜냐하면 이 구절이 전체 산상수훈의 핵심 진술이기 때문이다. 하늘 나라에 대해 언급하는 이 구절은 어떤 사람이 그 나라에 들어가고 하나님 백성의 일부인지 아닌지에 대한 문제를 분명하게 설명한다. 동일한 개념이 산상수훈의 마지막인 7:21에서도 강조된다. 더불어 중요한 것이 6:33의 "너희는 먼저 그의 나라와 그의 의를 구하라"라는 명령이다. 이것들 보다 더 핵심적인 내용은 나라를 언급하는 주기도문의 첫 세가지 기도이다(6:9-10). 뜻이 하늘에서 이루어 진 것 같이 땅에서도 이루어 지이다라는 기도에서 보여지듯 나라는 하나님의 이름과 하나님의 뜻과 서로 중복되는 관계에 있다.

나라에 대한 이 모든 언급들은 예수님이 산상수훈에서 가르치시는 내

---

49 내가 *Heaven and Earth*에서 논한 것처럼, "하늘 나라"라는 마태복음의 독특한 표현은 인간의 세속적인 방식과 하나님의 하늘의 방식을 대조하는 마태복음의 큰 주제를 강하게 드러낸다.

50 이것은 한스 디터 베츠가 사용한 표현이다. Hans Dieter Betz, "Cosmogony and Ethics in the Sermon on the Mount," in *Cosmogony and Ethical Order*, ed. Robin Lovin and Frank Reynolds (Chicago: Chicago University Press, 1985), 120.

51 산상수훈 구조에 대한 5과의 논의에서 주장하겠지만 아홉 개의 비아티튜드가 존재한다. 일부 주석가는 5:3-11에서 8개의 비아티튜드가 존재한다고 주장하며 전근대기에는 일반적으로 7개가 존재한다고 주장했다. 그러나 아홉 번째는 여덟 번째 내용과 독립되며 반복 강조하며 첫 번째부터 여덟 번째 비아티튜드에 대한 추가 기능의 일환으로 인클루지오를 만든다.

용이 "회개하라 하늘 나라가 가까 왔다"(4:17)라는 그의 사역의 첫 명령과 직접적으로 묶여 있음을 알게 한다. 또한, 산상수훈과 이어지는 이야기 단락(마 8-9장)은 예수님이 "하늘 나라 복음"에 관해 설교하고 가르쳤다는 4:23과 9:35의 말씀으로 틀 지어진다.[52] 이 두드러지는 나라 개념은 산상수훈의 지혜자 예수님이 가르치시는 마카리즘과 지혜의 내용들이 보편적이고 우주적인 인간의 지혜 이상이라는 것을 알게 한다. 하늘 나라에 대한 이러한 언급은 하나님의 통치에 관한 유대인의 이야기와 특히 하늘이 땅에 임하는 유대인의 종말론적 완성의 기대라는 문맥 속으로 예수님의 가르침을 위치시킨다.[53] 하늘 나라로 비아티튜드의 틀을 만들고 산상수훈을 시작하는 것은 메가폰을 들고 예수님의 사역이 종말을 고대하고 있음을 알리는 것과 같다. 앞선 마태복음 1-4장도 같은 것을 말한다.

가장 중요한 것은 산상수훈 (그리고 마태복음)에서 하나님 나라/하늘 나라에 대한 강조가 미덕과 인간 번영의 비전과 깊이 섞여 있다는 것이다. 앞서 논한 것처럼 유대인과 헬라 전통을 포함하여 고대 세계에서 이상적인 왕은 미덕한 철학자였다. 이상적인 왕은 그 자신이 신이 되어 살아 움직이는 법 혹은 살아있는 법이 되어 그의 일을 조화롭게 성취하는 왕이다.[54] 마태복음은 "지혜자"와 "왕"이 언어학적으로 연합된 문화 백과사전에 뿌리를 두고있다. 마태복음은 예수님이 지혜와 왕의 현현 임을 함축적으로 주장한다. 하나님의 나라와 인간 번영의 주제는 산상수훈에서 우연히 연결되는 것이 아니라 유기적으로 얽혀 있다.

---

52 루츠는 "장래에 약속 된 천국이 산상 수훈 전체에 걸쳐 있음"을 관찰한다(Luz, *Matthew 1-7*, 172).

53 한스 디터 베츠는 "천국이 저희 것임이라" (5:3, 10)는 구절을 마지막 심판의 기술에 속하는 "예언적 종말적 판결"이라 묘사 한다(참조, 25:31-46, 특히 34절) (Hans Dieter Betz, *Essays on the Sermon on the Mount* [1985; Minneapolis: Fortress, 2009], 26).

54 Josh Jipp, *Christ Is King: Paul's Royal Ideology* (Minneapolis: Fortress, 2015), 50-51.

상, 보상, 보물

산상수훈과 관련된 마태복음의 마지막 주제는 상, 보상, 보물이다. 마태복음은 이 중첩되는 개념들을 특별히 강조하며 헬라어 명사 미스쏘스, "상, 보상,"을 10번 사용한다. 이 단어는 다른 복음서들 전체에서 다섯 번밖에 사용되지 않았다. 미스쏘스는 때로는 약속의 관점에서 긍정적으로 기능하며(5:12, 46, 10:41-42, 20:8), 때로는 부정적인 기능에서 보답/상을 잃을 것을 경고한다(6:1, 2, 5, 16). 밀접한 관련이 있는 단어는 "보물" 쎄사우로스이며 마태복음에 일곱 번 사용된다(6:19, 20, 21, 12:35, 13:44, 52, 19:21). 또한 하나님 아버지는 선하거나 악한 이들에게 보상하거나 대가(아포디도미)를 치르게 하시는 분으로 묘사된다(6:4, 6, 18; 16:27; 의미가 함축된 구절들 18:35; 20:8; 21:41).[55] 하나님은 의롭게 갚아 주시는 분이며, 동시에 사람들은 서로에게 그리고 하나님에게 적절한 보상을 치뤄야 한다.[56] 이와 관련한 많은 성경 참고 구절들이 산상수훈에서 발견되며, 특히 산상수훈 중앙부의 중심부에서 발견된다(6:1-21). 이 중심부의 표제와 결론은 (5장 참조) 참되고 영원한 상/보물이라는 주제를 강조한다. 키니는 산상수훈에서 의의 요구는 종말론적 보상의 약속과 연관된 쌍을 이루며, 실제로 "이 두 가지 개념 -의와 보상- 이 산상수훈의 모든 구절을 설명한다"고 말한다.[57]

---

55 **아포디도미**는 마태복음에 18번 사용된다. 마가복음에 1번, 누가복음에 8번 사용되는 것과 비교된다.

56 스테판 바턴은 마태복음에서 부는 도덕적인 삶/의에 대한 중요한 상징임을 관찰한다: "도덕적 생활의 본질, 또는 '의'를 구성하는 것이 마태복음에서 경제적인 용어로 표시되는 점도 주목할 가치가 있다. 이것은 마태복음이 강조하는 마음을 옳게 세우려는 바램-특히 전체성의 요구, 즉 하나님과 이웃에 대한 나뉘지 않은 사랑-과 일치한다(참조, 마5:43-48; 19 : 19b; 22:35-39)." Stephen Barton, "Money Matters: Economic Relations and the Transformation of Value in Early Christianity," in *Engaging Economics: New Testament Scenarios and Early Christian Reception*, ed. Bruce Longenecker and Kelly Liebengood (Grand Rapids: Eerdmans, 2009), 41을 보라.

57 Kinney, *Hellenistic Dimensions of the Gospel of Matthew*, 199.

산상수훈 해석과 관련해 이 주제가 말하는 두 가지 주요 요점은 다음과 같다. 첫째로, 임금, 상, 또는 보물을 받는다는 개념은 이 책이 주장하는 산상수훈의 지혜/미덕 배경의 또 다른 조각이다. 선하고 미덕 있는 사람은 돈을 목적으로 하거나 자기를 부하게 하려는 의미에서가 아니라 정의와 하나님이 정의롭게 계획한 경험 세계의 자연스런 결과물로서 적절한 보상을 기대한다. 산상수훈이 사람들을 진정한 인간 번영에 초대하는 종말론적 지혜/미덕 문학 작품이라는 많은 강력한 다른 단서들에 비추어 볼 때, 이 상과 보상의 주제는 그 의미를 갖는다. 그러나 개신교 전통에서 특히 "행위-의"에 대한 위험성에 대한 염려가 있기 때문에 종종 미스쏘스 를 원어의 의미를 더 잘 전달하는 "임금", "대가" 혹은 "보수"라는 단어가 아니라 영적으로 "상"이라고 번역한다. 이것은 거의 확실히 미덕에 대한 정의로운 보상의 실체와 대가 없는 선물인 하나님의 은혜 사이의 균형을 유지하려는 개신교 전통이 가지고 있는 난제의 결과이다.[58]

둘째로, 기독교 윤리의 일부로서 존재하는 칸트의 이타주의의 개념은 산상수훈에 지배적으로 등장하는 이 보상의 주제에 의해 무너진다. 즉, 산상수훈이 그 안의 명령을 수행하게 하는 중요한 방식은 중 하나는 사람들이 진실되고 지속적인 보상을 받는 것, 즉 그들이 원하는 번영을 경험하는 것을 약속하는 것이다. 이것은 신적-명령에 순종을 자원하는 윤리가 아니다. 그뿐만 아니라 고난을 받게 하기 위해 고난을 높이 평가하는 것도 아니다. 예수님은 계속해서 하늘은 큰 상을 주며(마 5:12), 하늘 아버지는 축복을 풍성하게 베푸는 분으로 묘사한다(6:33, 7:7-11). 그리고 영원한 보물을 얻지 못하는 어리석음에 대해 경고한다(6:1-21). 6:1-21을 주해하는 8장의 결론부에서 이와 관련한 추가적인 논의를 할 것이다.

---

58 이 배상의 개념이 로마서에 나타나는 방식에 대한 사려 깊은 연구를 Jeff de Waal Dryden, "Immortality in Romans 2:6-11," *Journal of Theological Interpretation* 7.2 (2013): 295-310에서 보라.

결론

이번 장의 요점은 이 책의 1부의 목적에 맞는 산상수훈의 주요 주제
와 개념을 이해하기 위한 틀을 제공하는 것이다. 산상수훈의 가장 덜 이
해된 측면인 마카리오스와 텔레이오스 개념에 더하여 산상수훈의 문화
백과 사전에 자주 등장하는 다른 일곱 가지 뼈대가 되는 개념들을 설명
하였다. 산상수훈의 여러 가르침의 세부 사항을 이해할 때 이 큰 개념들
을 지속적으로 염두 하면 유익할 것이다.

5

산상수훈의 구조와
마태복음 내에서의 위치

THE SERMON ON THE MOUNT AND HUMAN FLOURISHING

개요

로버트 건드리 마태복음 주석의 부제는 "그(마태)의 문예적이고 신학적인 작품에 대한 주석"이다.[1] 건드리만이 이 첫 번째 복음서의 높은 문예적 성격과 복합적인 예술성을 인식하는 것은 아니다. 일반 독자들과 학자들 모두 마태복음의 문예적 우수성에 대해 오랫동안 인정해 왔다 -한편으로는 이것이 마태복음을 이해하기 어렵게 만들었다. 제임스 에드워즈가 말하듯이, 마태복음은 구조에 관한 한 "끝판왕" 복음서이다. "마태복음은 다른 세 복음서보다 더 훌륭한 설계, 균형, 비율 및 질서를 보여준다."[2]

---

1 Robert H. Gundry, *Matthew: A Commentary on His Literary and Theological Art* (Grand Rapids: Eerdmans, 1982). 이 책의 두번째 판인 *A Commentary on His Handbook for a Mixed Church under Persecution* (Grand Rapids: Eerdmans, 1995)은 상당히 다른 부제목을 달고 출판되었다. 이는 1990년대 마태복음 연구에서 가장 뜨거운 토론 주제였던 사회 과학적이고 집단 정체성이라는 이슈들이 반영된 결과이다.

2 James R. Edwards, *The Hebrew Gospel and Its Development of the Synoptic Tradition* (Grand Rapids: Eerdmans,

마태복음의 문예적 기술은 장편 서사나 다양한 이야기를 나열하는 수준이 아니다; 다른 공관복음서들과 비교했을 때 마태복음 이야기 단락들은 훨씬 짧고 덜 구체적이다. 또한, 모든 복음서의 장르는 장편 서사가 아니라 주로 전기적 작품이다.[3] 마태복음은 다양한 독립된 이야기들에 중점을 두지 않는다. 오히려 예수님의 다섯 주요 가르침 단락들을 다양한 이야기들로 연결하여 하나의 큰 이야기를 말하는 것에 중점을 둔다. 마태복음의 문예적 기술은 전부 구조에 관한 것이다. 마태복음의 가장 중요한 관점들은 개별 이야기보다는 다양한 이야기들이 구조를 이루는 방식, 즉 복음서의 전체 구조와 큰 주제들에 주목함으로써 발견 할 수 있다.

그러므로, 마태복음을 반복해 읽다 보면 처음에 보았던 것보다 더 많은 것들을 보게 되고, 여러 이야기들을 그룹과 패턴들로 배열하고 정교하게 구성한 것을 알게 된다. 하나님이 밭에 그려진 미스터리 서클과 같은 서클을 마태복음에 그려 넣으신 것 같다. 이 서클의 패턴, 이미지, 메시지를 보려면 더 높은 고도, 즉 더 큰 패턴을 볼 수 있는 높은 곳에 올라가야 한다.[4] 마태복음 독자는 이 이야기 밭을 예수님과 함께 걸어 가면서 예수님이 만나는 사람들을 보고, 그가 가르치는 것을 들으며, 또한 예수님의 가르침과 행동에 놀라기도한다. 이것만으로도 예수님을 이해하는데 충분할 수 있다. 그러나 마태복음 여러 이야기들을 정리해 정보를 주는 것 이상을 한다. 마태는 예술가이자 신학자, 즉 신학 예술가이자

2009), 246.

3 나의 책 *Reading the Gospels Wisely: A Narrative and Theological Introduction* (Grand Rapids: Baker Academic, 2012)를 보라.

4 아르헨티나 사람인 베키 에반스가 그의 부인을 추모하며 기타모양으로 심은 나무들을 참고하라: Becky Evans, "Widow's Tribute to His Beautiful Wife: Stunning Forest Planted in Shape of a Guitar That He Has Never Seen because He Fears Flying," *Daily Mail*, March 12, 2013, http:// www.dailymail.co.uk/ news/article-2292155/Guitar-forest-Argentinian-widow-creates-tribute -wife-planting-wood- seen-fears-flying.html. 모양은 하늘에서만 정확히 볼 수 있다.

예술 신학자이다. -마태복음 안에 있는-[5] 저자 마태의 소리는 그가 각각의 독립된 이야기들을 재전달하는 방식에 집중하면 들을 수 있다. 하지만 그가 다양한 이야기와 가르침들을 신학적 작품으로 형성하고 구조화하는 방식에 주의를 기울이면 더 많은 것을 들을 수 있다.전체 마태복음은 복합적이고 아름다운 구조를 통해 의미를 전달한다. 단순히 여러 이야기들을 모아 놓은 것 이상이다.

산상 수훈 역시 마태복음의 이 구조적 특징을 갖는다. 실제로 산상수훈은 마태복음과 그 전체 메시지의 중심은 아니지만 마태복음의 다섯 가지 주요 예수님의 가르침 단락들 중 첫 번째로서 그 중요성을 갖는다. 또한, 참된 의라는 가장 주요한 신학적 진리에 관한 예수님의 가르침을 전달한다. 아래에 논의 될 다섯 가지 주요 가르침 단락들 중에서 산상수훈은 아마도 가장 복합적이고 체계적인 구조를 가지고 있을 것이다. 산상수훈을 잘 읽으려면 부분과 전체가 어떻게 어울리는지 주의 깊게 살펴야 한다. 그러나 그 전에 마태복음의 전반적인 구조와 산상수훈의 위치에 관해 몇 가지 살펴보는 것이 도움이 될 것이다. 그런 다음 산상수훈에 관한 여러 가지 구조적 관찰과 제언을 할 것이다.[6]

---

5 첫 번째 장에서 언급했듯이 역사 설정과 배경 정보는 좋은 독서에 매우 가치 있고 유용한 도구이다. 반면, 우리의 목표는 역사적인 마태의 마음 속에 들어가는 (불가능한 것) 보다는 마태에 의해 쓰여진 복음서 본문의 모델 독자를 근사화 하려는 것이다.

6 나는 이 모든 것들에서 복음 전도자 마태는 산상수훈의 최종 형태를 포함하여 첫 번째 복음서 전체에 많은 구조적 요소를 만들었다고 가정한다. 이를 역사적 예수 연구에 적용해서는 안된다. 이는 동일한 전통적 자료가 누가복음에서는 다른 장소, 다른 형태, 다른 위치로 취해지는 것에 기초한 합리적인 가정이며, 용어와 주제에 관한 마태의 편집 활동의 분명한 증거이다. 이것은 역사적인 예수가 이와 같은 구조화를 할 수 없다거나 산상수훈 중 어느 것도 형식상 주님께서 하신 것이 없다는 것을 의미하지는 않는다. 또한 이것은 역사적인 예수님이 산상에서 이와 같은 내용들을 설교하신 적이 없다는 것을 의미하지도 않는다. 이것은 지난 두 세대 동안의 복음서 학자들이 가졌던 "전통적/편집적"이라는 의미는 "주님에 의한 것이 아니다"라는 전형적인 잘못된 이분법이다. 우리가 지금 해석해야 할 것은 마태가 우리에게 제시한 산상수훈이다. 토론의 나머지 부분에서 나는 예수님이 말하신다 혹은 의도하신다라는 것을 종종 언급 할 것이다. 이것은 마태가 그가 활용 가능했던 예수 전통을 편집했다는 의미로 이해되어야 한다.

마태복음의 구조

앞서 언급했듯이 산상수훈의 구조에 대한 연구는 매우 오래되었고 마태복음의 문예적 형태와 기술들이 그것을 요구하였다. 첫 천년의 교회 역사 동안 문예-구조적 접근 해석 방식은 많은 관심을 받지 못하였고 그것은 근대에도 마찬가지였다.[7]

20세기 후반에 이르러서야 이 첫 번째 복음서의 이야기 분석과 문예적 분석이 성숙함에 이르렀다.[8] 그러나 마태복음 학자들 내에서 이 흥미로운 주제에 대한 합의는 이루어지지 않았다. 마태복음을 단순한 연대기적 구조로 이해하는 관점을 뛰어 넘은 최초의 학자 중 한 사람은 B. W. 베이컨이다.[9] 그는 마태복음의 중요한 구조적 단서인 "예수께서 이 말씀을 마치시매"(7:28, 11:1, 13:53, 19:1, 26:1)라는 문장이 반복되는 것을 발견하고 이를 강조하였다. 그 이후 많은 학자들이 관찰 하였듯이 이 문장은 마태복음의 의도적이고 두드러지 줄거리의 중요한 전환점을 역할을 한다. 이 형식은 5번 반복 될 뿐만 아니라 매번 예수님의 가르침의 주요 단락을 혹은 강화를 끝낸다. 그 결과 마태복음이 다섯 가지 주요한 가르침 단락들 혹은 강화들로 쓰여졌다는 중요한 통찰을 얻게 되었다. 이들 각각의 가르침 단락은 예수 전통에서 수집된 자료들을 교리 문답으로 쉽게 사용할 수 도록 주제별로 모아놓은 것이다. 마태복음의 다섯 가지 주요 가르침 단락은 산상수훈(5-7 장), 선교/파송 강화(10장), 천국 비유(13

---

7 예를 들어 중세의 매우 중요한 주석가인 리라의 니콜라스는 그의 14세기 주석에서 마태복음의 개요를 제공한다. Kevin Madigan, "Lyra on the Gospel of Matthew," in *Nicholas of Lyra: The Senses of Scripture*, ed. Philip Krey and Leslie Smith (Leiden: Brill, 2000), 204-5를 보라.

8 이 이슈에 관한 간략하고 통찰력 있는 분석을 위해 Dale C. Allison Jr., "Structure, Biographical Impulse, and the *Imitatio Christi*," in *Studies in Matthew: Interpretation Past and Present* (Grand Rapids: Baker Academic, 2005), 135-55를 보라.

9 B. W. Bacon, "The Five Books of Matthew against the Jews," *The Expositor* 15 (1918): 55-66. 또한, B. W. Bacon, *Studies in Matthew* (London: Constable, 1930)를 보라.

장), 교회/공동체 강화(18장), 심판 강화(23-25장)이다.[10] 마태는 그보다 앞서 쓰여진 순전히 전기적 이야기인 마가복음에 이 강화들을 더하였고, 누가복음이나 요한복음보다 훨씬 더 가르침과 교리 문답에 적합하게 만든다.

1970년대부터 일부 학자들은 (별다른 상관 관계 없어 보이는) 다섯 개의 가르침 단락들을 느슨하게 묶어놓은 강화 중심 구조는 마태복음이 줄거리가 있는 이야기 서술임을 경시한다고 지적한다. 잭 딘 킹스버리는 이야기 중심 읽기의 선구자로서 4:17과 16:21에 반복되는 "이 때(로)부터 예수 그리스도께서 …비로소… 하시니"라는 구문이 마태복음을 구성하는 또 다른 단서임을 발견 한다. 킹스버리에 따르는 마태복음의 구조는 "예수님의 준비"(1:1-4:16), "예수 선포"(4:17-16:20), 그리고 "예수의 수난과 부활"(16:21-28:20)의 세가지 중심 줄거리로 구성된다.[11] 이 구조가 어느정도 유용하고 유익하지만, 다섯 가지 강화의 역할과 중요성을 설명하지는 못한다. 베이컨의 강화 중심 구조는 마태복음 줄거리의 흐름을 설명하지 못하는 반면 킹스버리의 줄거리 분석 접근법은 강화 구조를 설명하지 못한다.[12]

여러 주석가들의 마태복음 구조에 대한 제안들 중[13] 가장 중요한 것이

---

10 다섯 번째 강화가 마23장 또는 24장에서 시작되는지에 대한 토론이 작지 않다. 나는 최근에 23-25장을 마지막 강화의 범위로 보는 주장이 설득력 있다고 확신하게 되었다. 마카리즘과 화의 선포 사이의 평행을 인식하는 것이 중요하다. 다섯 번째 강화의 길이에 대한 토론을 Jason B. Hood, "Matthew 23-25: The Extent of Jesus' Fifth Discourse," *JBL* 128 (2009): 527-43에서 볼 수 있다.

11 J. D. Kingsbury, *Matthew: Structure, Christology, Kingdom* (London: Augsburg, 1991), 16-25.

12 문예적 접근으로 마태복음을 다루는 여러 다른 작업들이 있다. Richard A. Edwards, *Matthew's Story of Jesus* (Philadelphia: Fortress, 1985); David B. Howell, *Matthew's Inclusive Story: A Study in the Narrative Rhetoric of the First Gospel* (Sheffield: JSOT Press, 1990). David M. Rhoads, Joanna Dewey, and Donald Michie, *Mark as Story: An Introduction to the Narrative of a Gospel*, 2nd ed. (Minneapolis: Fortress, 1982)를 보라. 또한 R. Alan Culpepper, *Anatomy of the Fourth Gospel: A Study in Literary Design* (Philadelphia: Fortress, 1983)는 마가복음과 요한복음에 대한 문예적 분석으로 유명하다. 더불어 Graham Stanton, *A Gospel for a New People: Studies in Matthew* (Edinburgh: T&T Clark, 1992), 54-58을 보라.

13 다른 유용한 구조분석들은 다음과 같다. Warren Carter, *Matthew: Storyteller, Interpreter, Evangelist* (Grand Rapids: Baker Academic, 2004), 132-51 (narrative blocks); J. Edwards, *Hebrew Gospel*, 246n4; Wim J.

데일 C. 알리슨이다. 알리슨은 그의 주요 주석인 인터내셔널 크리티컬 주석 시리즈와 기타 에세이에서 마태복음의 이야기 흐름과 마태복음의 주요 강화를 통합하는 이야기-강화 접근법을 제안한다.[14] 알리슨은 상호 연결된 이야기와 강화가 번갈아 나타나는 의도적인 패턴을 제안한다. 강화가 줄거리와 자연스럽게 연결되고 이야기의 흐름을 이어준다. 이 분석은 극단적인 강화 위주의 구조나 또는 줄거리 위주의 접근법이 주는 폐해를 최소화 한다.[15]

마태복음의 구조에 대한 나의 해석은 알리슨의 영향을 받았다. 하지만 중요한 수정사항을 포함한다. 나는 알리슨이 말하는 이야기-강화 블록 구조의 앞뒤를 바꾸어 다섯 개의 구별된 강화-이야기 블럭 구조로 본다.[16] 이 강화-이야기 블록은 모두 상호 연결되어 있으며 복음서의 줄거리를 따라 자연스럽게 흘러간다. 이러한 식별 가능한 강화-이야기 블록은 (알리슨이 동의하는 것처럼) 줄거리의 흐름을 막는 것이 아니라, 앞선 것과 뒤에 오는 것 모두를 묶어주며 이야기를 능숙하게 결합하여 전달한다.[17] 마지막 블록은[18] 다섯 번째 강화의 결론을 내리기 위해 순서가 뒤

C. Weren, "The Macrostructure of Matthew's Gospel: A New Proposal," in *Studies in Matthew's Gospel: Literary Design, Intertextuality, and Social Setting* (Leiden: Brill, 2014), 13-41.

14 알리슨이 대부분 작성한 W. D. Davies and Dale C. Allison Jr., *A Critical and Exegetical Commentary on the Gospel according to Saint Matthew*, vol. 1, *Introduction and Commentary on Matthew 1-7*, ICC (Edinburgh: T&T Clark, 1998), 58-72를 보라. 그리고 Allison, *Studies in Matthew*, chap. 7를 보라.

15 카리 시리니는 5 가지 주요 강화와 킹스버리의 줄거리 분석 모두에 대해 매우 유익하고 신중한 분석을 제공하며, 마태는 강화의 마무리 표현과 ("이 모든 말씀을 마치신") 이야기 줄거리를 표식으로 ("이 때(로)부터 예수 그리스도께서 …비로소 …하시니") 모두 사용해 강화-줄거리 구조를 성공적으로 엮어 정리했다고 주장한다(Kari Syreeni, *The Making of the Sermon on the Mount: A Procedural Analysis of Matthew's Redactional Activity*, part 1, *Methodology and Compositional Analysis* [Helsinki: Suomalainen Tiedeakatemia, 1987]).

16 Philippe Roland, "From Genesis to the End of the World: The Plan of Matthew's Gospel," *Biblical Theology Bulletin* 2 (1972): 155-76에서 암시되었다. 다음의 논의를 보라 Weren, "Macrostructure," 16-18.

17 이와 같은 주장에 도움을 주는 Philippe Roland, "From Genesis to the End of the World: The Plan of Matthew's Gospel," *Biblical Theology Bulletin* 2 (1972): 155-76. See the discussion in Weren, "Macrostructure," 16-18를 보라.

18 다섯 가지 강화-이야기 단위는 4:17-9:38; 10:1-12:50; 13:1-17:27; 18:1-20:34; 그리고 이야기-강화 순으로 전환된 21:1-25:46이다.

집힌다. 이 강화-이야기 집합이 마태복음의 몸체를 구성한다(4:23-25:46).
이 몸체는 서론(1:1-4:16)과 결론(26:17-28:20)부분으로 감싸이며 서론-본
론-결론 사이에는 두개의 교각 역할을 하는 구절이 있다(4:17-22 그리고
26:1-16).[19]

  나의 마태복음 구조의 또 다른 중요한 차이점은 5가지 강화 모두를 묶
는 일관된 주제가 있다는 것이다. 그것은 계시와 분리라는 이중 주제이
다. 다섯 가지 주요 강화는 각각의 고유 한 가르침의 초점(의, 증인, 천국 비
유, 교회 공동체, 종말론)을 가지고 있지만, 이들 각각은 하나님께서 그리스
도 안에서 자신을 계시하는 내용과 예수님에 대한 믿음-응답에 기초하
여 사람들이 내부자와 외부자의 두 그룹으로 분리되는 큰 주제로 연결
되어 있다. 이 주제는 산상수훈을 포함하여 각 강화들 전체에서 발견되
지만, 그 중에서도 가운데에 위치한 세번째 강화에서 가장 명백하고 두
드러지게 보여진다. 마태복음 13장은 마태복음의 교차 대구법 구조에서
중심적인 역할을 하며[20] 하나님의 계시가 사람들을 분리한다는 핵심 개
념을 전달한다. 특히, 이사야 6장을 인용하는(13:14-15) 씨 뿌리는 비유,
알곡과 가라지 비유, 그리고 그물 비유가 이것을 보여준다.

  산상수훈 연구에 대한 이번 논의의 요점은 네 가지이다. 첫째, 간단
히 말해서 마태는 분명히 숙련된 문예 예술가이다. 그는 종종 말하고자
하는 바(의미)를 책의 구조에 담는다. 산상수훈을 포함하여 마태복음을
잘 읽으려면 전체와 부분이 어떻게 구성되어 있는지 주의 깊게 살펴야
한다.

---

19 내 구조는 위런과 약간의 겹침을 가지고 있지만 약간의 차이점도 가지고 있다. 주된 차이점은 그가 4:12-17
  을 첫번째 주축 연결점 혹은 다리로 보는 것에 비해 4:17-22로 본다는 것이다.

20 마태복음이 13장을 중심으로 한 교차 대구법 구조라는 것은 Charles H. Lohr, "Oral Techniques in the
  Gospel of Matthew," *CBQ* 23 (1961): 403-35에 의해 주장되었다. 더불어 다음을 보라, J. C. Fenton,
  "Inclusio and Chiasmus in Matthew," in *Studia Evangelica I: Papers Presented to the International Congress on
  "The Four Gospels in 1957" Held at Christ Church, Oxford*, ed. Kurt Aland et al. (Berlin: Akademie, 1959),
  174-79; Stanton, *Gospel for a New People*, 324.

둘째, 마태복음의 다섯 가지 강화 구조는 마태복음 13장을 교차 대구법 구조의 중심으로 보는 것 이외에도, 첫번째와 다섯 번째 강화가 상호 평행하게 해석가능함을 보여준다. 예를 들어, 두 강화는 모두 악 혹은 미덕, 그리고 어리석음과 신실함을 묘사하는 짤막한 비유들로 끝맺는다. 산상수훈은 두 가지 서로 다른 존재방식을 대조하는 세가지 이야기들로 끝나고(7:13-27), 다섯 번째이자 마지막 강화 역시 현명하고 악한 종, 현명하고 어리석은 처녀, 착하고 악한 종들에 대한 유사한 대조를 포함하며, 마지막 양과 염소의 비유로 요약된다(24:45-25:46). 흥미롭게도 이러한 반복되는 대조들은 "번영", "지혜로움", "어리석음", "선", "악", "충성스러움"등의 두 강화를 엮는 핵심 단어들이다.[21] 더욱 놀라운 것은 23:13-33의 일곱 가지 화에 대한 선포가 5:3-12의 마카리즘과 분명히 평행을 이룬다는 것이다.

셋째, 산상수훈은 마태복음의 다섯 가지 주요 강화 중 하나에 불과하다는 것이다. 산상수훈은 마태복음내의 하나의 독립된 공부대상이면서 동시에 마태가 전달하기로 선택한 가르침의 5분의 1이다. 산상수훈은 신약 성서의 첫 번째 가르침이라는 매우 강력하고 영향력 있고 두드러진 장소에 위치하지만, 이 역시 마태가 제시하고 있는 전반적인 가르침(즉, 예수님의 신학적 전기라는 더 큰 주제)의 일부이다. 산상수훈은 특별히 의를 주제로 지혜자 예수님의 가르침을 전달한다(1, 4장의 논의 참조); 이것이 예수님의 가르침의 전부는 아니며, 마태복음이 전달하는 유일한 것도 아니다. 마태복음은 그리스도를 통한 하나님의 구원 역사도 전달한다. 산상수훈을 가장 중요한 단락으로 취급해야 한다는 주장이 있을 수 있지만,

---

21 산상수훈에서 사용된 용례를 따르지 않고 24:45-25:46에서 **마카리오스** "번영"은 24:46, **피스토스** "믿음"은 24:45; 25:21 (2번); 25:23 (2번), **프로니모스** "지혜"는 24:45; 25:2, 4, 8, 9, **아가쏘스** "좋은/선한"은 25:21, 23, 그리고 **포네로스** "악"은 25:26에서 사용된다. 또한, 이 강화들을 연결시키는것과 더불어 제2성전 유대와 그레코-로만의 지혜 문맥을 기억해야한다. 1장을 보라.

적절한 강조의 선을 넘지 않도록 주의 해야 한다. 마태는 다섯 강화들을 교차 대구법으로 묶어 그 중심인 마태복음 13장에 가장 큰 무게중심을 두는 것 뿐만 아니라, 26:1의 최종 선언문에서 "다"라는 단어를 사용하여-"예수께서 이 말씀을 다 마치시고"- 이 다섯 가지 강화가 다섯 개의 단위로 이루어진 하나의 강화라는 것을 강조한다.[22] 그레엄 스탠튼이 적고 있는 것처럼 "마태복음의 나머지 부분을 무시하는 산상수훈의 해석은 전도자(마태)의 의도를 오해하고 전도자의 신학적 비전의 폭을 정당하게 다루지 못하는 것이다."[23]

네 번째이자 마지막으로, 산상수훈은 그 전체가 "천국 복음" 메시지라는 기치 아래 있는 첫번째 강화-이야기 단락(4:23-9:38)의 일부이다. 이 단락은 아래에서 더 다루어 질 것이다. 요점은 산상수훈은 홀로 서 있지 않고 마태복음의 더 넓은 구조에 포함되어 있다는 것이다. 산상수훈은 4:23-9:38에서 묘사되는 "천국 복음"이라는 더 넓은 메시지의 가르침에 해당하는 부분이다.

산상수훈의 구조(들)

위에서 언급했듯이 산상수훈은 고도로 구조화된 마태복음의 한 부분이다. 산상수훈이 의에 관한 예수님의 가르침의 정수라고 말할 수 있듯이, 마태의 구조 기술의 전형이라고도 할 수 있다.[24] 그러나 산상수훈의 전체 구조가 모든 사람에게 즉시 명백하게 보여지는 것은 아니다. 산상수훈의 여러 가르침들을 최선의 방법으로 구조화 하려는 여러 가지 주

---

22 Stanton, *Gospel for a New People*, 323-24 도 같은 것을 주장한다.

23 Ibid., 324.

24 카리 시리니는 산상수훈이 다른 4 개 강화보다 더 신중하게 계획된 것임을 제안한다. 이것은 마태가 다른 강화들이 산상수훈의 구조를 따라 읽도록 설정한 것으로 설명할 수 있다(Kari Syreeni, *Making of the Sermon*, 101-2).

장들이 있다. 데일 알리슨은 산상수훈에 대한 여러 가지 접근 방식을 검토한 후 "논의는 아직 끝나지 않았다, 몇몇 흥미롭고 중요한 관찰이 빠졌다"고 말하며 자신의 구조분석을 제안한다.[25] 알리슨의 구조분석을 따라 나의 구조분석을 제안할 것이다.

많은 사람들이 학자들 제시한 상당히 많은 산상수훈 구조 분석을 통해 유익을 얻었다. 모든 학자들이 여러 유익한 통찰력을 제공하고 있기 때문에 반드시 하나의 입장만을 선택해야할 필요는 없다. 다양한 가능성을 인정하는 것은 산상수훈 자체의 아름다움과 복합성을 인정하는 것이기도하다. 산상수훈 해석에 중요한 영향을 미치는 몇 가지 결정적인 구조 분석을 제안하겠지만, 동시에 답할 수 없는 질문들이 있다는 점과 대립되는 구조 분석들도 통찰력을 얻기 위해 모두 받아들일 가치가 있음을 인정하는 것이 중요하다.

또한, 구조 결정은 단순한 학술적 논의를 넘어서는 매우 실용적인 것이다. 마태가 만든 구조, 질서, 대칭성을 고려하지 않으면 주된 강조점을 놓칠 수 있다. 산상수훈의 각 부분은 더 큰 전체의 일부라는 사실을 인식 해야한다. 산상수훈의 각 부분은 그 고유한 순수성, 아름다움, 주제의 일관성, 설교 가능성을 가지고 있지만 가장 좋고 유익한 산상수훈 읽기는 산상수훈 전체를 보는 것이다. 동시에 산상수훈의 각 부분이 무엇을 말하는지 예리하게 관찰하는 것도 필요하고 유익하다.

가장 중요한 첫 번째 요점은 산상수훈은 마태가 예수님의 말씀들을 무작위로 모아 놓은 것이 아니라는 것이다. 오히려 산상수훈은 영감 받은 신학자의 예술적 작품으로, 그가 받은 주님의 다양한 가르침을 수사학적으로 강력하고 효과적인 방법으로 제시하는 것이다. 산상수훈은 의도적인 구조가 없는 단순한 연설문이 아니다. 예수님이 그 날 그 산상에

---

25 Allison, "The Configuration of the Sermon on the Mount and Its Meaning," in *Studies in Matthew*, 173.

서 말씀하신 것을 단순히 역사적으로 기록한 것도 아니다.[26]

산상수훈을 구조적으로 분석 할 때는 산상수훈의 역사적 사건을 영화화 하거나 정신적으로 재창조하는 것 이상을 생각해야한다. 이러한 재창조에 고유한 장점이 있는 반면, 모델 리더는 역사적인 사실의 재구성이라는 측면과 마태의 의도가 녹아 있는 지혜-적용 접근을 분리 할 수 있어야 한다. 역사적 사실을 재구성하는 읽기 방식과 미덕 실천적 (미덕 형성) 읽기 방식은 다른 질문에서 시작된 다른 접근법이다. 모든 문예-역사적 재진술은 양식화가 필요하다. 수집된 대화와 수집된 교육적 강화들은 더욱 그러하다. 그러므로 가장 훌륭하고 가장 유익한 산상수훈 읽기는 수사학적 구조와 미덕적 이해에 집중하는 것이다. 예를 들어, 다양한 읽기 방식들이 마태복음 5:48과 이와 연결된 5:17-48을 분석하는데 영향을 끼친다. "내 마음속에서 이것들을 말씀하시는 예수님을 그리는" (역사적 재구성) 읽기 방식은 48 절의 "그러므로"를 5:43-47의 문단에 이어 등장하는 단순한 결론적인 발언으로 여긴다. 그러나 더 높은 고도에서, 신성한 미스터리-서클 읽기 방식에서, 5:48의 "그러므로(운)"는 단순히 5:43-47단락의 끝을 표시하는 것이 아니라 5:17-20의 서론에 대응하는 갈무리 역할을 한다는 것을 알 수 있다. 이어서 산상수훈의 몇가지 구조 분석과 그들이 산상수훈 해석 전반에 어떤 영향을 미치는지 살펴볼 것이다.

---

26 이 견해는 근대 비평적 연구의 기능 일뿐 아니라 전근대의 해석에서도 찾아 볼 수 있다. 예를 들어, 존 칼빈은 마태복음 이야기의 이 시점에서 단지 4 명의 제자가 부름을 받았음에도 불구하고 분명히 모든 제자들이 설교를 듣고 있음을 분명히 했다. 그는 이렇게 쓴다.
여기에 관련되어있는 그리스도의 설교가 누가복음 6 장에 담긴 설교와 다른 것으로 생각하는 사람들은 매우 가볍고 경솔한 주장을 하는 것이다.…그리스도가 열두 제자를 택하기 전까지 이 강화가 전달되지 않았을 가능성이 높다; 그러나 하나님의 성령이 무시하는 시간 순서의 정확성을 따지는 일에 불필요한 낭비를 하지 않기를 바란다. 경건하고 겸손한 독자는 **그의 많은 다양한 강화에 수집된** 우리의 눈 앞에 놓인 그리스도의 교리에 대한 간략한 요약에 만족해야 한다(*Commentary on a Harmony of the Evangelists: Matthew, Mark, and Luke*, trans. William Pringle [Edinburgh: The Edinburgh Printing Company, 1859], 259 [나의 강조]).

산상수훈의 외부 구조: 두 동심원

앞서 언급했듯이 산상수훈은 마태복음의 첫 번째 강화-이야기 블록 (4:17-9:38)의 일부이다. 이 시작 단락은 예수님을 통한 하나님의 하늘의 통치의 임함에 따른 회개의 부름과(4:17), 뒤따르는 첫번째 제자들을 부르심으로 시작된다(4:18-22). 이 구절들(4:17-22)은 더 큰 단락인 4:17-9:38 의 서문이다.

서문 이후에 이 단락은 4:23-25과 9:35-38에 중복되는 어휘로 구성된 명확한 수미쌍관 (인클루지오) 구조를 가지고 있다. 이 의도적 중복 구절들은 예수님의 권능 있는 사역과 "천국 복음"(4:23; 9:35)을 언급하며 예수님의 사역을 가르침과 설교, 치유와 회복, 제자를 부르심의 세가지로 설명한다. 이 첫 번째 강화-이야기 단락의 수미쌍관 구조는 마태복음 5-9 장의 내용들이 사려 깊게 구성되어 있다는 것을 증명한다. 5~7 장은 예수의 가르침과 설교를 요약하고, 8~9장은 치유와 제자를 부르심에 관한 이야기를 담고 있다. 분명한 반복적 틀인 마태복음 4:23-25와 9:35-38은 이 단락을 하나의 단위로 읽어야 한다는 강한 문예적 청각적 표시이다. 주제는 하늘나라의 도래로 인한 (회개를 통한) 제자로의 부르심이다.[27]

이것은 산상수훈의 일차적 이해를 위한 중요한 요점이다. 산상수훈은 도래하는 하나님의 나라에서 생활한다는 것이 무엇인지에 대한 설명으로 읽혀져야 한다. 산상수훈은 하나님을 향한 회개, 그의 부성적 통치 (4:17), 그리고 제자도의 삶이 어떤 모습인지에 대한 전형적 해설이다. 산상수훈을 예수님의 종말론적 천국 메시지나 삶의 진정한 변화를 요구하는 가르침으로 읽지 않는다면, 그것은 마태복음에서 산상수훈을 무리하

---

27 스캇 맥나이트는 또한 4:23과 9:35이 평행을 이루며 마 5-9장은 "예수의 선교와 사역에 대한 스케치이다.… 산상수훈은 예수님의 가르침과 설교에 관한 포괄적인 스케치이다. 마태복음 이야기의 맥락에서 산상수훈은 **예수님의 도덕적 비전, 그의 윤리에 대한 제시이다**"라고 주장한다(Scot McKnight, *The Sermon on the Mount*, The Story of God Bible Commentary [Grand Rapids: Zondervan, 2013], 20, 저자의 강조)

게 떼어내는 것이다. 현대의 자유주의적 읽기는 종종 전자에 해당하고 개신교 전통은 종종 후자에 해당한다.

또 다른 동심원의 차원이 있다. 산상수훈의 본격적 내용이 시작되기 이전과(5:3), 마침 이후에(7:27) 존재하는 다른 하나의 외부 구조 층이다 (5:1-2과 7:28-8:1).[28] 이 산상수훈의 외부 구조 층은 분명한 지리적 이동과 등장인물인 예수님과 그를 따르는 자들(군중과 제자들)이 산을 오르고 (5:1) 산을 내려오는(8:1) 것으로 표시된다. 또한, 두 구절에는 예수님이 입을 여시는 것(5:2)과 "이 모든 말씀을 마치시매"(7:28)라는 시작점과 끝점을 포함한다. 이후에 5:1-2과 7:28-8:1을 주해할 것이지만 여기서 약간의 설명을 더하자면, 가장 중요한 점은 마태복음이 예수님을 모세와 모형론적으로 연결한 것이(5:1-2) 그 당시 (모세의 자리에 앉아 있는, 23:2) 유대인 선생들과 대조된다는 점이다(7:29).

내부구조: 세가지 주요 부분

산상수훈의 내부 구조는 더욱 복잡하며 그렇기에 더 많은 논쟁이 있다. 대부분은 산상수훈이 기본적으로 서론(5:3-16), 본론(5:17-7:12), 결론(7:13-27)의 아주 단순한 삼중 구조로 구성되어 있다는 것에 동의한다. 5:13-16을 어디에 둘 것인지에 대한 의견의 차이와 혼란이 있지만,[29] 이 세 가지 기본 구조는 분명해 보인다. 이것에 대한 약간의 변형 -그러나 여전히 그것을 확인하는 것- 이 요한 톰의 통찰력 있는 구조 해석이다. 그는 산상수훈을 디카이오수네(의)를 중심으로 하는 고대 연설문 장르에

---

28 이와 같은 서문의 위치는 마태복음의 각 강화와 평행한다: 9:35-10:4; 13:1-3; 13:36-37 (세번째 강화의 중간 지점에 장면의 변화가 있다): 18:1-3; 24:3-4. Davies and Allison, Matthew 1-7, 411의 표를 보라.

29 알리슨은 5:13-16이 본론(5:17-7:12)의 서론이며 "이 강화의 의도된 목적의 종합 이자 5:17-7:12에 따르는 순종하는 자들의 성품이다"라고 주장한다(Allison, *Studies in Matthew*, 181).

기초한 것이라 해석한다.[30] 톰은 수사학적으로 구조화된 4개의 부분을 나눈다:

- 엑소디움 (서론; 5:3-16)
- 프로포지티오 (주제 요약; 5:17-20)
- 프로바티오 (논지; 5:21-7:12)
- 페로라티오 (결론; 7:13-27)

이 구조 분석은 유익하며 더 큰 의가 산상수훈의 주요 주제라는 것을 확인해준다(4과 참조). 톰의 네 부분 구조는 앞서 언급한 기본적 세 부분 구조에 부합하며 모순되지 않는다. 그는 본론(5:17-7:12)에 앞선 서론(5:17-20)이 구별된 프로포지티오 혹은 주제 요약문으로 특징적으로 독립 될 수 있다는 것을 강조한다.

서론의 구조 (마태복음 5:3-16)

일반적으로 수세기 동안 모든 교회에서 비아트튜드는 이사야11:2의 7가지 성령의 은사들과 연결되어 일곱 개로 이루어진 한 그룹으로 이해되었다.[31] 이런 류의 정경적 읽기가 풍성하고 유익한 것이 사실이지만, 문예적 관점에서 볼 때 장인 마태의 정신을 충분히 강조하지 못한다.

현대 학자들의 상당수는 비아티튜드의 개수를 여덟 개로 보며 5:3-10

---

30 Johan C. Thom, "Justice in the Sermon on the Mount: An Aristotelian Reading," NovT 51, no. 4 (2009): 314-38. 이것은 George A. Kennedy, *New Testament Interpretation through Rhetorical Criticism* (Chapel Hill: University of North Carolina Press, 1984), 49-62에서 볼 수 있는 앞선 산상수훈의 수사학적 적용에 대한 발전된 작품이다. Charles Talbert, *Reading the Sermon on the Mount: Character Formation and Decision Making in Matthew 5-7* (Grand Rapids: Baker Academic, 2006), 23의 비판을 보라.

31 Robert Louis Wilken, "Augustine," in *The Sermon on the Mount through the Centuries: From the Early Church to John Paul II*, ed. Jeffrey P. Greenman, Timothy Larsen, and Stephen R. Spencer (Grand Rapids: Brazos, 2007), 43-58에서 어거스틴의 읽기 방식에 대한 논의를 보라.

에 국한시킨다. 이 해석은 여러 요인들에 기반을 두고 있지만, 몇몇 요인들은 분명하지 않다. 비아티튜드를 여덟 개로 보는 가장 확실하고 강력한 논증은 5:3과 5:10에 나오는 수미쌍관구조(인클루지오)이다: 두 경우 모두 "천국이 그들의 것이다"라는 귀결절을 갖는다. 이것은 비아티튜드의 틀이 되며 그 내용과 관련해서 확실히 중요하다—비아티튜드는 (4:17에서 시작되는) 예수님의 천국 메시지의 종말론적 문맥 안에 설정된다.

비아티튜드의 수를 여덟 개로 보는 또 다른 주된 논거는 5:11-12에서 일어나는 형태의 변화이다. 5:3-10의 여덟 개의 비아티튜드는 모두 마카리오이에 남성 복수 관사와 형용사 혹은 분사(가난한 자, 긍휼히 여기는 자, 핍박 받는 자 등)가 이어지는 동일한 구조로 시작된다.[32] 반복되는 리듬이 만들어진다. 이 형태는 5:11-12에서 두 가지 방법으로 깨진다. "마카리오이는 X 이다"가 5:11에서 "마카리오이는 너희이다"로 변화한다. 또한, 5:11은 다른 비아티튜드보다 설명이 훨씬 길고, 5:12은 간결한 귀결절이 뒤따르지 않는다. 대신에 제자들에게 "기뻐하고 즐거워하라" 저들의 보상이 하늘에서 클 것이다라고 힘을 북돋아 준다.

이 두 가지 관찰은 학자들에게 공통적으로 나타난다. 비아티튜드를 더 깊이 연구 한 학자들은 더욱 세심한 통찰력을 준다. 예를 들어, 의라는 단어를 중심으로 (5:6, 8) 네 가지 비아티튜드를 상호 보완적인 두 쌍으로 나누는 구조에 대한 의견도 있다.

이 모든 관찰들이 비아티튜드를 해석하는데 도움을 주지만 구조 문제에 관해서 가장 좋은 의견은 여덟 개의 비아티튜드가 아니라 아홉 개의 비아티튜드가 있다는 견해이다. 이 견해를 가장 분명하게 지지하는 사람은 데일 알리슨이다. 그는 산상수훈에 삼중 쌍이 많다는 것을 관찰한다. 또한 고대 문학이 주요 주제를 그 마지막에 되풀이하여 강조하는 절정

---

32 여덟 개중 다섯 개는 독립적 용법의 형용사이며 나머지 세 개는 독립적 용법의 분사이고 모두 관사를 가진다.

의 구절을 추가하는 방법을 산상수훈도 사용하고 있다고 주장한다.[33] 즉,
알리슨이 지적한 것처럼, 아홉 번째 비아티튜드는 형태와 길이 면에서 완
전히 다르며 여러 고대 문학의 관습처럼 8번째 비아티튜드를 확장해 강
조한다. 잠언 6:16은 여호와께서 경멸하는 여섯 가지 일이 있고 싫어하
는 일곱 가지가 있다고 말하지만, 열 세가지가 아닌 일곱 가지 목록만
나열한다. 모든 관심이 목록의 마지막 절정 구절에 기울여진다는 점에서
수사학적인 힘이 나온다. 같은 일이 비아티튜드에서 일어난다. 아홉 번째
비아티튜드는 여덟 번째를 확장하고 이 변화와 확장으로 모든 비아티튜
드에 전체적인 그림자를 드리운다. 동시에, 5:13-16의 소금과 빛에 대한
진술로 흐름을 단절 없이 연결한다. 여덟 번째와 아홉 번째 비아티튜드
의 박해 주제의 반복은 이 메시지를 강조하고 마태복음의 나머지 부분
을 미리 보여준다.

실제로 여덟 개의 비아티튜드 구조를 지지하는 몇몇 사람들도 8+1구
조의 존재에 주목한다. 예를 들어, 잭 룬드봄은 데이빗 노엘 프리드먼과
데이빗 더비의 연구에 더하여 다음을 밝힌다, 히브리 시의 "마지막 절은
다양한 반복 구절이고 다른 절보다 길며 직접 진술로 변화한다. 이 직접
진술로의 변화는 더 무게감 있는 '중심 진술'을 만든다. 그리고 이것은 강
화를 극적 결론으로 이끄는 히브리 시의 수사학적 특징이다."[34]

그런데도 학자들이 계속해서 아홉 개가 아닌 여덟 개의 비아티튜드를
주장하는 것은 이상하다. 이것은 비아티튜드의 개수와 구조화 방법에
혼동을 일으킨다. 다시 말해서, 몇개의 비아티튜드가 있는가라는 질문
에 앞서 몇개의 마카리즘이 있는지 질문해야 한다. 마태는 연속해서 아

---

33 비아티튜드의 숫자에 관련해 Allison, *Studies in Matthew*, 174-80를 보라. 198-205쪽은 일반적인 삼중 구조
를 다룬다.

34 Jack Lundbom, *Jesus' Sermon on the Mount: Mandating a Better Righteousness* (Minneapolis: Fortress, 2015),
19.

홉 개의 마카리오이 를 쓴다. 분명히 여덟이 아닌 아홉 개의 비아티튜드가 있다. 아홉 번째가 여덟 번째에 내용적으로 연결되어 여덟 번째를 확장하는지는 아닌지는 부가적인 해석적 질문일 뿐이며, 이것이 명백한 아홉 개의 마카리즘/마카리오이가 있다는 것을 혼동하게 해서는 안된다. 아홉 번째 비아티튜드는 다른 형태를 가지며, 5:3-10의 "하늘 나라"로 이루어지는 인클루지오 뒤에 온다. 그러나, 이것은 (5:10에서 시작된) 박해의 주제를 강조하고 반복하기 위함이며, 구조적으로 5:13-16의 소금과 빛의 말씀에 연결시키기 위함이다(아래 참조).

실제로 아홉 개의 비아티튜드가 있다는 것을 인식하면, 서로에 대한 관계뿐만 아니라 그 구조에 관해서도 의문을 가질 수 있다. 아홉 개의 마카리즘을 상정하는 경우 가장 좋은 두 가지 구조적 가능성은 세 개로 이루어진 세 쌍 구조, 혹은 네 개로 이루어진 두 쌍과 최종 결론의 구조이다. 두 구조 모두에 장점이 있으며 각각의 구조를 지지하는 학자들이 있다. 산상 수훈을 상호 보충적인 네 개의 비아티튜드로 이루어진 두 쌍 구조로 읽는 마크 알란 포웰은 첫 네 개의 비아티튜드는 불행한 자들에게 반전을 약속하고, 두번째 네 개의 비아티튜드는 미덕한 자에게 종말론적인 보상을 약속하고, 11-12절은 결론 진술이다.[35] 데이빗 갈랜드는 처음 네 가지는 하나님과 관련이 있고, 두 번째 네 개는 다른 사람들과의 관계에 해당하는 내용임을 관찰한다.[36] 윌리엄 덤브렐은 두 쌍을 결론짓는 "의"라는 단어에 주목한다. 첫 번째 쌍은 태도에 관한 것이고 두 번째는 보여지는 행동에 관한 것이다.[37] 이 경우 5:11-12이 결론 진술이다.

---

35 Mark Allan Powell, *God with Us: A Pastoral Theology of Matthew's Gospel* (Minneapolis: Fortress, 1995), 119-40.

36 David Garland, *Reading Matthew: A Literary and Theological Commentary* (Macon, GA: Smyth & Helwys, 2013), 54.

37 Dumbrell ("The Logic of the Role of the Law in Matthew 5:1-20," *NovT* 23, no. 1 [1981]: 4)은 Howard A. Hatton and David J. Clark, "From the Harp to the Sitar," *Bible Translator* 26 (1975): 132-

반면, 아홉 개의 비아티튜드를 세가지로 구성된 세 쌍으로 보는 것도 유익하다. 스캇 맥나이트는 가난한 사람들의 겸손에 관한 세가지 요소(심령이 가난함, 애통함, 온유함); 정의를 추구하는 사람들에 관한 세가지 요소(의에 주리고 목마름, 긍휼히 여김, 마음이 청결함); 화평케 하는 자들에 관한 세가지 요소(화평케 함, 핍박 받음, 모욕 받음)의 삼중 구조를 제안한다. 따라서 산상수훈의 세 가지 중심 도덕적 주제는 (가난한 자의) 겸손, 정의, 화평이다.[38]

이러한 다양한 해석 가운데 H. 베네딕트 그린은 비아티튜드, 산상수훈, 마태복음 전체의 구조와 내용에 대해 정교하고 확장된 설명을 제안한다. 그린은 모든 비아티튜드가 복잡한 관계 안에서 서로 얽혀 있다고 주장한다. 그는 첫번째 "심령이 가난함"이라는 마카리즘에 표현되며(5:3), 여섯 번째 "마음이 청결한 자"(5:8)라는 마카리즘에 가장 명시적으로 표현된 마음의 청결함이라는 주제가 전체 구성의 진정한 절정이라고 말한다. 헬라어로 된 이 두 표현은 시편의 핵심 아이디어이며;[39] 6:21과 6:24, 그리고 19:16-22에 등장하는 텔레이오스하지 않은 통치자에 대한 이야기의 배경 개념으로 다시 등장한다. 그린은 이들을 비아티튜드 구조의 강세 및 지배적 코드들이라고 묘사한다.[40] 비아티튜드의 또 다른 가능한 구조는 안드레이 코작의 것이다. 그는 첫번째 "심령이 가난함"(5:3)과 여덟 번째 "의를 위해 박해 받음"(5:10)을 내적 외적 가난함으로 보며, 비아티튜드의 틀로 제시한다. 그리고 아홉 번째는 여덟 번째를 확장하는 것으로

38에서 이것을 가져온다. 네 개씩 이중 구조는 Klaus Koch, *The Growth of the Biblical Tradition* (New York: Scribner, 1969), 8의 견해이기도 한다.

38 McKnight, *Sermon on the Mount*, 38.

39 헬라어로 마 5:3은 **호이 프토코이 토 프뉴마티**로 5:8은 **호이 카싸로이 테 카르디아**라고 읽는다. 그린은 이러한 비아티튜드 각각의 배후에 있는 중심 개념이 70인역 시편에서 이중비아티튜드로 표현 된 것은 우연이 아니라고 주장한다-시31:1-2과 118:1-2. 그리고 각 시편은 하나를 닫고 그것이 다른 하나를 여는 생각으로 결론 맺는다(31:11; 118:176). (Green, *Matthew, Poet of the Beatitudes* [Edinburgh: T&T Clark, 2001], 252)

40 Ibid., 252-53.

본다.[41]

　산상수훈 서론부(5:3-16)의 또 다른 구조적 문제는 5:3-12과 5:13-16 사이의 관계이다. 많은 학자들이 이 두 단락을 연결하는 방법을 모른 채 산상수훈 구조를 해석하기 때문에 분석에 어려움을 겪는다. 종종 5:13-16은 비아티튜드와는 별개의 것으로 취급되지만 이것은 실수이다. 둘의 개념적 연결에 대한 더 자세한 설명은 아래 5:1-16의 주석에서 언급하겠지만, 지금의 단계에서 말할 수 있는 것은 구조적으로나 개념적으로 둘은 하나의 단위라는 것이다. 형태적으로 5:13-16은 5:3-12과 고정핀 방식으로 연결되어 있다. 즉, 5:11-12은 5:3-10과 5:13-16사이에 구조적 다리로서 놓여 있고, 양쪽의 특성을 공유하며 5:3-16이 하나의 단위임을 보여준다. 마태복음 5:11-12은 5:3-10의 푸른색과 5:13-16의 붉은색이 섞여 만들어진 보라색이다. 구체적으로, 아홉 번째 비아티튜드(5:11-12)는 첫 여덟 개의 패턴을 깨뜨리며 비아티튜드와 그에 뒤 따르는 소금과 빛의 말씀 사이에서 구조적으로 중첩되는 연결 역할을 한다. 5:11-12에는 앞선 마카리즘에서 발견되지 않은 강조 용법의 2인칭 대명사 "너희"(에스테)가 사용된다. 이것은 소금과 빛에 관한 말씀의 "너희는 ~이다"(휘메이스 에스테)를 준비하는 것이다. 개념적으로 5:3-16은 예수님께서 그의 나라에서 그의 제자로 존재하는 방식과 비전을 제시한다는 점에서 하나의 통일된 단위이다. 비아티튜드는 번영을 가져오는 존재 방식에 대한 초대이며, 소금과 빛에 관한 선언은 이 번영이 증거, 행위, 초대 등을 통해 세상에 퍼져 나가는 것이다. 마태복음 5:3-16은 산상수훈에 대한 적절하고

---

41 Andrej Kodjak, *A Structural Analysis of the Sermon on the Mount* (Berlin: de Gruyter, 1986), 48-51. 강한 구조적인 틀을 가지고 작업하면서, 코작은 산상수훈의 다양한 부분들이 다양한 수준에서 통찰력과 유익을 주며 상호 작용하는지에 대한 다양한 의견을 제시한다. 전형적인 구조주의의 강조처럼 텍스트가 전체 해석의 가치를 제한한다는 텍스트에 대한 무조건적인 초점은 텍스트의 생산과 수용의 사회적이고 역사적인 배경을 무시한다.

일관된 비전을 제시하는 서론이다.[42]

본론부의 구조 (마태복음 5:17-7:12)

산상수훈의 본론부는 5:17과 7:12에 나타나는 "율법과 선지자"가 만드는 수미쌍관구조(인클루지오)로 분명하게 표시된다.[43] 앞서 언급했듯이 산상수훈의 주요 논지 또는 주장은 5:21-7:12에서 발견되며, 5:17-20이 그 서문 혹은 주제문이다.[44] 이 서문이 명백하게 밝히는 것처럼 산상수훈 중심부는 하늘 나라에 들어가기 위해 필요한 "더 나은 의"에 대한 예수님의 가르침에 중점을 둔다(5:20).[45] 5:17-7:12안의 소주제들은 이 메세지를 세 가지 영역에 적용한다: 율법과 관련한 더 나은 의(5:21-48); 개인적인 경건의 더 나은 의(6:1-21); 세상에서의 매일의 삶과 관련한 더 나은 의(6:19-7:11).[46] 마태복음 5:20은 모든 내용의 머리말로 서 있고, 7:12의 황

---

42 이것은 알리슨의 구조에서 약간 벗어나는 부분이다. 그는 5:13-16을 5:13-7:12의 일부로 취급하면서 "그것이 5:3-12에서 약속된 축복받은 미래의 삶에서 5:17-7:12의 현재 삶의 요구로 옮겨가는 전환의 본문"이라고 인식한다(Allison, *Studies in Matthew*, 180-81). 이것은 이것이 5:3-12와 5:13-16 사이의 연결 고리를 만들지 못할 뿐만 아니라, 현재의 삶에 대한 비아티튜드의 관계를 보여주지 못하고 미래의 이상으로 취급한다.

43 거의 모든 학자들이 5:17-7:12를 구분 단위로 보고 있지만, 덤브렐은 하나의 단위로 5:13-20과 심지어 5:1-20 사이의 밀접한 연관성을 통찰력 있게 주장했다(Dumbrell, "Logic," 1-2). 그는 5:13-20에서 일관된 율법/언약의 주제를 옳게 드러낸다. (심지어 모세에 대한 암시로 5:1-2에서 시작한다.) 또한, 율리히 루츠와 로버트 율리히가 지적한 바와 같이, 5:16의 "선행"은 5:17-48의 등장 무대를 만들며, 심지어 앞으로 있을 일에 대한 잠재적 타이틀로 기능한다(Luz, *Matthew 1-7: A Commentary*, rev. ed., trans. James E. Crouch, Hermeneia [Minneapolis: Fortress, 2007], 203; Guelich, The Sermon on the Mount: A Foundation for Understanding [Dallas: Word, 1982], 38). 그럼에도 불구하고 5:17과 7:12의 강한 반복은 삼중 구조와 5:17-20의 명확한 주제문 역할에 대한 더 명확한 구조적 특징으로 드러난다. 이 걸작품에서 다양한 단락들 사이에 일관된 주제와 긴밀한 연관성이 있다는 것에 놀랄 필요가 없다. 일관된 주제와 연관성이 다른 명백한 단서에 의해 명시된 명확한 구조 단위가 없다는 것을 의미하지 않는다. 이것은 단락들의 중첩에 대한 마태의 경향에 비추어 볼 때 더 잘 이해할 수 있다. 아래를 참조하라.

44 이 구조적 패턴을 묘사하는 또 다른 방법은 표제와 그를 따르는 설명이다(케랄 우페랏, "일반적인 것에서 특정한 것으로"). 산상수훈의 구조에 대한 이 측면은 아래에서 더 논의 될 것이다.

45 잭 딘 킹스버리는 더 나아가서 5:3-16과 7:13-27를 포함하여 전체 산상수훈에 더 나은 의라는 주제가 일관된다는 것을 주장한다(Jack Dean Kingsbury, "The Place, Structure, and Meaning of the Sermon on the Mount within Matthew," *Int* 41 [1987]: 131-43). 더 나은 의를 주요 주제로 보는 사람들은 Guelich, *Sermon on the Mount*를 포함한다.

46 또다른 삼중 구조를 Joachim Jeremias, *The Sermon on the Mount*, trans. Norman Perrin (Philadelphia: Fortress, 1972), 182-83에서 확인 할 수 있다. 예레마이아스는 5:21-48은 서기관들의 의에 관한 성경해석을, 6:1-18은 바리새인들의 경건을, 6:19-7:27은 예수님의 제자들의 새로운 의를 다룬다고 주장한다. 나의 해석과는 다르지만 서기관, 바리새인, 예수의 제자들이라는 흥미로운 삼중 비교 그룹들의 존재를 드러낸다.

금률은 결론적 지혜 경구로 서있다. 7:12을 시작하는 "그러므로"라는 말은 7:12이 7:7-11에 대한 개념적 결론이 아니라 "산상수훈의 중앙 부분에 있는 모든 자료에 대한 요약과 결론이다"라는 마태의 구조적 표시이다.[47]

마태복음 5:21-48의 구조: 여섯 가지 성취된 토라의 해석. 산상수훈 중앙부의 첫 번째 부분은 일반적으로 "안티테제"(반정립)라 불리우는 내용으로 구성된다. "~하였다는 것을 너희가 들었으나 나는 너희에게 이르노니"라는 말씀으로 시작되어 소위 토라/모세와 예수님의 가르침 사이의 대조 또는 반립으로 이해되었기 때문에 "안티테제"(반정립)라 불리운다. 이 전통적인 제목이 당연할 법 하지만 적당한 것은 아니다. 이 여섯 가지는 예수님의 율법에 관한 더 나은 의의 가르침임에도 불구하고 예수께서 율법과 대조하거나 심지어는 그것을 폐기하는 것으로 오인하도록 만든다. 정확히 5:17-19에서 예수님은 율법을 폐하는 것이 아님을 강하게 말한다.[48] 예수님이 율법을 완성하려 오셨다는 것이 핵심이다. 따라서 5:21-48을 "안티테제"(반정립)이라고 생각하는 것보다 "주해들" 또는 "종말론적 주해들"이라고 부르는 편이 낫다.[49]

몇몇 사람들은 다섯 가지 예가 있다고 제안하지만, 가장 좋은 해석은 여섯 가지 예들을 두 개의 삼중 구조(5:21-32과 5:33-48)로 나누는 것이다. 5:31-32의 역할과 관련한 논의에서 몇몇은 두 번째 예인 5:27-30의 일부로 보아야 한다고 주장한다.[50] 하지만 알리슨이 지적한 것처럼 이는 5:31-

---

5:20에 서기관과 바리새인들이 언급되고 뒤따르는 내용들의 틀이 된다.

47 Stanton, *Gospel for a New People*, 303 (저자의 강조).

48 알리슨은 5:17-19이 5:21-48의 잘못된 해석을 예견하며 앞서 설명하는 프로카탈렙시스라고 알린다 (Allison, *Studies in Matthew*, 181).

49 이어지는 주석에서 더 많은 논의를 확인하라.

50 Bernard Brandon Scott and Margaret E. Dean, "A Sound Map of the Sermon on the Mount," in *Treasures Old and New: Recent Contributions to Matthean Studies*, ed. David R. Bauer and Mark A. Powell, SBL Symposium Series 1 (Atlanta: Scholars Press, 1996), 311, 378.

32과 5:21-48의 다른 예들의 광범위한 평행성을 간과한다. 또한, 마태가 여섯 가지 예들을 세 개씩 두 쌍으로 나눈 몇 가지 편집의 실마리도 있다. 첫째, 마태는 세 번째와 네 번째 주해 사이인 5:33에 표시로 팔린(다시)라는 단어를 사용하여 길이가 거의 동일한 두 쌍 사이의 "편집상의 분리 선"을 둔다. 둘째로, 마태는 각 삼중 예의 머리말인 5:21과 5:33에서만 "옛 사람에게 말한바"라는 구절을 사용한다.[51]

또한, 각 주석들은 토라 인용, 토라의 참 의도에 대한 예수님의 설명, 실제적인 적용이라는 세부분으로 구성된다. 각 부분들의 정확한 형태와 길이는 사례에 따라 다르지만 이것이 기본 패턴이다. 글렌 스타센도 유사하게 세 부분을 관찰한다. 하지만 약간 다르게 설명한다: 전통적인 가르침의 인용, 악순환의 진단, 구원 시작점의 변화.[52]

마지막으로, (3과에서 논의 된 바와 같이) 중심 구절인 5:48은 이 여섯 번째 주해(5:43-48)의 마침 그리고 전체 5:17-48의 결론 두가지 역할을 한다. 마태의 중첩 구절 또는 이중 의미 구절의 사용에 관해 이후에 논의할 것이다. 여기서 중요한 점은 5:48 의 텔레이오스함 혹은 전체성-인간의 의에 대한 명령이 5:17-20과 여섯 가지 예들(5:21-47)을 정리하는 적절한 결론이라는 것이다. 이 절을 주해하는 다음 장에서 이 부분의 전체적인 의미를 논의 할 것이다.

마태복음 6:1-21의 구조: 경건의 세 가지 영역. 전체 산상수훈이 정교하게 구성되었지만, 산상수훈 중앙부의 중심 부분인 6:1-21만큼 분명한 부분은 없다. 이 부분은 "진실로 너희에게 말하노니 그들은 자기 상을 이미 받았느니라"; "네 아버지께서 갚으시리라"; "은밀한 중에"라는 주요

---

51 Allison, *Studies in Matthew*, 182-83. 그는 5:21-32과 5:33-48에 각각 1,138단어와 1,133단어가 존재하며 이 단락의 대칭을 보여준다. 알리슨은 그의 주장을 뒷받침하는 두개의 삼중 구조를 만든다.

52 Glen H. Stassen, "The Fourteen Triads of the Sermon on the Mount (Matthew 5:21- 7:12)," *JBL* 122 (2003): 267-308; McKnight, *Sermon on the Mount*, 76n6.

구절이 각각 세 번씩 반복되는 잘 만들어진 견고한 구조를 갖는다(각 삼중 예에 두번씩 나타난다).[53]

6:1-21은 5:17-48과 유사하게 서론 격인 머리말과 그에 이어지는 실천적 예들로 구성된다. 마태복음 5:17-48과 6:19-7:12이 각각 여섯 가지 예들을 제시하는 반면 6:1-21은 세 가지 예를 제시한다. 5:17-7:12의 머리말인 5:17-20은 6:1-21에 대한 머리말로도 기능하며 6:1-21은 개인의 경건에 관련한 더 나은 의의 세 가지 예들, 즉 구제(6:2-4), 기도(6:5-15), 금식(6:16-18)을 자세히 설명한다. 잘 알려진 주기도문(6:7-15)이 완벽한 대칭구조를 만들기 위해 삽입된다.[54] 그러나 이 삽입부 역시 매우 유사한 형태를 갖는다.

이 중심부는 마태복음의 문예적 기술의 정점으로 매우 멋지고 세련되다. 이 경건의 세 가지 예는 각각 먼저 하지 말아야 할 행동 양식에 대해 부정적인 진술을 하고, 경건을 어떻게 수행해야하는지에 대해 말하는 형식을 따른다. 세 가지 예들은 각각 그 구조를 알아 보기 쉽게 헬라어 호탄(언제)에 동사가 따르는 식으로 시작된다(6:2, 5, 16). 반면 중간 부록은 (6:7-15) 이 형식을 깨고 분사와 데(그리고/그러나)의 합으로 시작한다.

또 다른 구조적 논의점은 6장내에서 이 중심부의 범위에 관한 것이다. 모든 마태복음 학자들이 이 부분의 삼중 구조를 인식하고 있지만, 특이하게도 아주 일부만 6:21을 그 끝으로 설명하며, 오히려 6:1-18과 6:19-34을 분리한다.[55] 나는 절대적으로 중요한 6:19-21을 두 부분 모두에 포

---

53 헬라어에서 세번째는 살짝 다른 단어를 사용해 강조점을 더하고 결말을 두드러지게 한다. 6:4과 6:6의 **엔 토 크립토**…**엔 토 크립토** (은밀히)는 6:18에서 **엔 토 크리파이오**…**엔 토 크리파이오** (은밀히)가 된다.

54 넓은 범위의 구조에 대한 논의들에 더하여 주기도문이 마태복음 전체의 구조에 어떻게 들어맞는지에 대한 논의를 Davies and Allison, *Matthew 1-7*, 592-93; Birger Gerhardsson, "The Matthaean Version of the Lord's Prayer (Matt 6:9-13b): Some Observations," in *The New Testament Age: Festschrift B. Reicke*, ed. William C. Weinrich (Macon: Mercer, 1984), 1:207-20에서 발견할 수 있다.

55 거의 대부분의 주석들은 6:19에서 새로운 단락을 시작하며 앞선 문맥과 어떤 관련을 맺는지에 대해서는 설명하지 않는다. R. T. 프랑스는 6:1-18이 6:19-20을 이끈다고 말하지만 6:19을 새로운 단락의 시작으로 설

함시킨다. 이 구절은 한 부분을 맺고 다음 부분을 시작하는 이중-의미 중첩부의 명확한 예이다(이 현상에 대해서 아래를 보라). 마태복음 6:1-21은 하늘과 땅의 보상이라는 일관된 주제를 가진 구조 단위로서 묶여 있다. 6:19-21의 땅이 아닌 하늘에 보화를 쌓으라는 명령은 6:1-18의 전체 가르침인 땅에 있는 사람들에게 높임을 받기 위해 의를 행하지 말고 하늘의 상급을 얻기 위해 의를 행하라는 가르침의 결론이다.[56]

6:18이 아닌 6:19-21을 결론으로 이해해야하는 여러가지 이유가 있다.[57] 첫째, 6:19-21은 여러 점에서 6:1과 함께 분명한 인클루지오를 만든다: "천국"이라는 단어가 두 구절에서 사용되어 틀을 만들고, "하늘과 땅"이 쌍을 이루어 나타나며, 두 구절 모두 하나님의 보상을 주어로 한다(6:1의 미스쏘스는 6:19-21의 쎄사우로스와 밀접한 관계가 있다). 또한, 간단히 말해서, 6:19-21은 이 매우 구조화된 부분에 필요한 결론을 제시한다. 6:1의 명확한 표제와 이어지는 3개의 단단히 묶인 하위 단락들이 18절에서 마무리된다는 것은 결론을 맺지 않고 끝내는 느낌이다; 1절과 같은 결론을 내리는 명령이 기대되고 필요하다. 같은 선상에서 19-21절의 긍정적인 약속은 1절의 부정적인 진술과 균형을 이룬다. 버거 게하르드손은 1절에는 부정적인 선언만 있고 이 부분 전체에서 발견되는 긍정과 부정의

명한다(R. T. France, *The Gospel of Matthew*, NICNT [Grand Rapids: Eerdmans, 2007], 138). 드물게 발견되는 예외적 관점은 다음과 같다. J. C. Fenton, *Saint Matthew*, Pelican Gospel Commentaries (London: Penguin Books, 1963); Birger Gerhardsson, "Geistiger Opferdienst nach Matth 6,1-6, 16-21," in *Neues Testament und Geschichte: Historisches Geschehen und Deutung im Neuen Testament; Oscar Cullmann zum 70. Geburtstag*, ed. Heinrich Baltensweiler and Bo Reicke (Tübingen: Mohr Siebeck, 1972), 69-77.

56 이것은 나의 책 *Heaven and Earth in the Gospel of Matthew* (Leiden: Brill, 2007; repr., Grand Rapids: Baker Academic, 2009)에서 주장되었다. 펜튼의 주석도 비슷하지만 나는 독립적으로 이런 결론에 이르렀다: "사람들이 볼 수 있도록 경건(기부, 기도, 금식)을 실천하는 것은 사람들의 찬양하고 인정을 받는다는 것에서 이 세상에 보물을 쌓는 것이다; 하지만 경건을 은밀하게 실천하는 것은 하나님과 함께 하늘에 보화를 쌓아두고 마지막 심판에서 그의 찬송과 인정을 기다리는 것이다" (Fenton, *Saint Matthew*, 103). *Heanven and Earth*에서 필자의 이전 논증에서 빠뜨린 펜튼의 의견을 지적한 네이튼 리더보어에게 감사한다.

57 이어지는 두 단락은 *Heaven and Earth*, 245-46의 나의 주장을 조금 수정한 것이다.

균형은 19-21에서만 그 완성이 발견됨을 관찰한다.[58] 마지막으로, 6:19-21의 문자적, 개념적 요소들은 6:22-34보다 오히려 6:1-18과 강한 연결성을 보인다. 예를 들어, 상대적으로 일반적이지 않은 단어인 아파니조 (망치다, 파괴하다; 모양을 손상시키다)[59]는 6:16에 외식하는 자들이 금식하며 그들의 얼굴을 흉하게 하는 모습을 나타내며 바로 이어서 6:19과 20절에 땅의 보물을 파괴하는 것을 설명하며 사용된다.[60] 이 분명한 단어 중복은 우연이 아니다. 반면, 6:19-34을 연결된 부분으로 보려는 여러 시도는 앞뒤가 맞지 않고 결정적이지 않다.[61] 앞서 주어진 여러 이유들만 고려해도 6:19-21이 6:1-18을 완성하는 방식을 보는 것은 어렵지 않다.

21절이 구조적으로 결말임을 인식한다고 해서 그 뒤에 오는 구절(6:22-34)과 연결점이 없는 것은 아니다; 실제로 몇가지 연결점이 있다.[62] 한 주석가가 관찰 한 것처럼, 6:19-21은 선행 본문과 이어지는 본문을 연결하는 이중 관계를 가지고 있는 "가교" 역할을 하는 구절이다.[63] 6:19-21의 쎄사우로스는 6:1-18의 미스쏘스와 6:24의 "맘몬" 모두를 언급한다. 6:22은 새로운 개념과 단락을 소개하지만, 6:1-18과 훨씬 강한 개념적 및 구조적 연결성을 갖는다. 따라서, 6:19-21과 6:22-34의 몇몇 연결점을 볼 수 있지만, 6:1-21을 기본 구조 단위로 이해하는 것이 가장 좋다. 이 모든 논의를 종합한 결과가 6:1-21에 대한 아래의 구조이다.

---

58 Gerhardsson, "Geistiger Opferdienst," 70-71.

59 **아파니조**는 LXX에서 92번 사용되며 주로 "파괴하다" 또는 "멸망하다"라는 의미로 사용된다. 신약에서 단지 5번 나타나며 그 중 3번은 마6 장, 사도행전 13:41(하 1:5 인용), 야고보서 4:14에 사용된다.

60 루츠는 1-18절과 19-21의 용어적 연결성을 인지하지만 부가 설명없이 18절을 단락의 마지막으로 본다 (Luz, *Matthew 1-7*, 353).

61 율리히는 6:19-7:12를 한 단위로 보지만 여섯 가지 "선명한 연결성 없는 전통 단락들"이며 "서로 눈에 띄는 연결성을 보이지 않는다"라고 말한다(Guelich, *Sermon on the Mount*, 322-25).

62 실례로 Davies and Allison, *Matthew 1-7*, 625-26을 보라.

63 Blaine Charette, *The Theme of Recompense in Matthew's Gospel*, JSNTSup 79 (Sheffield: JSOT Press, 1992), 100. 또한 아래의 "단락 중복들"에 대한 논의를 참고하라.

I. 6:1 머리말: 사람이 아닌 하나님을 기쁘게 함

II. 6:2-18 경건의 세가지 영역

    A. 6:2-4 구제

       1. 부정적인 가르침과 보상 선언

       2. 긍정적인 가르침과 보상 선언

    B. 6:5-6 기도

       1. 부정적인 가르침과 보상

       2. 긍정적인 가르침과 보상

       중앙 부록: 6:7-15 기도에 대하여

          부정적인 가르침

          긍정적인 가르침

          약속과 경고

    C. 6:16-18 금식

       1. 부정적인 가르침과 보상 선언

       2. 긍정적인 가르침과 보상 선언

III. 6:19-21 결론적 명령: 세상이 아닌 하늘에서의 보상

앞서 언급 한 바와 같이 주기도문은 더 나은 의와 관련한 세 가지 경건의 예 중 두 번째 예의 중심에 삽입부록으로 위치한다. 삽입 부록 임에도 불구하고, 흐름을 지나치게 방해하지 않으며, 위의 목차가 보여주듯이 주변 내용과 유사한 구조를 갖는다. 가장 중요한 점은 이 구조가 주기도문을 산상수훈의 중심에 둔다는 것이다. 이것은 결코 우연이 아니다. 주기도문의 의미에 대한 더 자세한 설명은 이어지는 장에서 볼 수 있다. 지금 당면한 요점은 산상수훈의 구조가 교회가 오래 동안 사용해 왔던 것처럼 주기도문의 근본적 중요성을 강조한다는 것이다.

주기도문 자체는 서론(6:7-8)과 결론(6:14-15)의 틀을 가지고 있다. 주기도문의 일곱 가지 기도는 두 부분으로 나뉜다. 십계명과 첫 번째와 두 번째 큰 계명에 비교해 볼 수 있다. 주기도문의 일곱 가지 기도는 모두 하나님과 인간과 관련되며, 첫 부분은 하나님을 향한 기도이고(6:9-10; 기도 1-3), 두 번째 부분은 인간의 필요와 인간 관계에 대한 기도이다(6:11-13; 기도 4-7). 다른 방식으로 설명하자면, 주기도문의 두 부분은 각각 하늘과 땅의 영역과 관련되어 있다(각각 6:9-10과 6:11-13). 혹은 주기도문의 두 부분은 각각 종말론적 초점(6:9-10)과 현재의 필요에 대한 초점(6:11-13)이 새겨진 두 돌 판과 같다.[64]

처음 세개의 기도는 세 가지 중첩되는 용어로 설명된 하나의 개념이다. 그것은 하나님의 이름, 그의 나라, 그의 뜻에 대한 기도이다. 그것들로 인해 영광을 받기 위한 것이다. 이 세 가지 모두 6:10의 마지막 구절에 하나로 요약된다-하늘에서 이룬 것 같이 땅에서도 이루어지이다. 이것은 전체 산상수훈과 깊이 관련되며, 세상에 대한 기독교인의 기본적인 방향성을 제시한다. 그리스도인은 지금 이 구속되지 않은 땅에서 하나님의 다가오는 나라를 존중하고 그에 일치하는 삶을 사는 이들이다.

마태복음 6:19-7:12의 구조 : 일상 생활의 여섯 가지 일. 가장 유능한 산상수훈 분석가들 조차도 6:19-7:12에 이르러서는 어려워한다. 선명한 삼중 구조로 조직되어 있는 앞 부분들과 마찬가지로 결론 역시 삼중 경고와 명령(7:13-27)으로 구성된다. 그러나 모든 주석가들은 이 끝에서 두 번째 부분의 구조를 이해하는데 어려움을 겪는다. 이 부분의 내용은 일관된 구조와 주제를 드러내지만 비교적 잘 짜여진 구조 중간중간에 어울려 보이지 않는 삽입구절들이 있다. 예를 들어, 산상수훈의 가장 해석

---

64 Craig S. Keener, *The Gospel of Matthew: A Socio-Rhetorical Commentary* (Grand Rapids: Eerdmans, 2009), 216n163.

하기 어려운 구절인 7:6의 돼지 앞에 놓인 진주에 대한 말씀이다. 이는 마치 고등학생이 과제물 작성을 마치고 제출하기 직전에 반드시 들어가야 할 중요한 내용이 적힌 메모를 발견해 중간에 억지로 끼워 넣은 어울리지 않는 부가물 같아 보인다. 이 마지막 시점에서 저자 마태에게 피로가 온 것일까? 그렇지는 않을 것이다. 이 부분은 마태가 자신의 신학적 강조점을 계속 강조하면서 그 이전에 남아있던 예수 전통/자료에 충실한 곳이다; 그 결과 약간 더 파편화 되었다.

그럼에도 불구하고, 이 부분의 구조가 다른 부분들의 구조 만큼이나 분명하지 않고 여러 주제를 다루고 있음에도 각 하위 단락을 관통하는 일정한 맥락이 있다. 이들은 두개의 삼중 쌍으로 나뉜 여섯 가지 세상과 관련한 더 나은 의의 예로 구성된다(참조, 5:17-48).[65] 이 부분은 앞서 언급했듯이 이중 기능을 수행하는 6:19-21에서 시작한다. 6:1-21은 사람에게 혹은 하나님께 높임을 받는 것의 대조에 관한 것이고, 6:19-7:12은 재물/돈과 세상의 일에 관한 내용이다. 그러므로 마태복음 6:19-21은 머리말로 기능하며, 마지막에 가까운 7:7-11과 평행을 이룬다. 7:12은 6:19-7:12의 결론이며, 특히 5:17-7:12의 더 넓은 산상수훈 중앙 부분의 결론이다. 5:17-20에 언급 된 더 나은 의라는 주제가 이 모든 것을 지배한다.

이 부분은 두 작은 단락으로 쉽게 나눌 수 있다. 서론(6:19-21), 세상의 일들에 관한 더 나은 의(6:22-34), 세상 사람들에 관한 일(7:1-6), 결론(7:7-12)의 구조이다. 이 구조와 관련한 몇몇의 논의가 있다. 알리슨은 6:19-24과 7:1-6에 각각 평행하는 삼중 구조가 있음을 본다. 두 경우 모두 하

---

65 모든 학자들이 6:19-7:12이 묶여 있다고 보는 것은 아니지만 알리슨, 루츠, 베츠 등의 몇몇은 그렇게 본다. 알리슨은 "사회적 관계들"이라고 분석한다. 그는 데이비스의 제안을 받아들여 마태가 시메온의 신실한 유대인들이 강조하는 세가지 기둥인 토라(5:17-48), 예배(6:1-18), 사랑-친절의 행위(6:19-7:12)를 받아들이고 재해석했다고 본다. Allison, *Studies in Matthew*, 173-216, and W. D. Davies, *The Setting of the Sermon on the Mount* (Cambridge: Cambridge University Press, 1964), 315를 보라. 나는 찰스 탈버트를 포함한 몇몇 학자들과 함께 데이비스의 주장에 반대한다. Talbert, *Reading the Sermon on the Mount*, 23를 보라. 알리슨은 이 중간 부분을 묶는 주제로서 더 나은 의에 많은 무게를 두지 않는다.

늘 아버지의 보살핌에 대한 권면의 단어로 마무리되는 강한 평행을 이룬다(6:25-34; 7:7-11).[66] 이 모든 것은 6:19-7:12이 느슨하게 연결된 일련의 말씀이 아님을 나타낸다.[67] 이 부분의 각 단락이 개념적으로 연결되는 것에 대한 더 자세한 설명은 6:19-34과 7:1-12의 주해 부분에서 확인할 수 있다.

결론부의 구조 (마태복음 7:13-27)

산상수훈의 결론부는 명확하고 강력한 삼중 구조를 가지고 있다. 예수님의 가르침을 주의 깊게 들으라는 경고와 명령의 세 가지 은유 또는 비유로 구성된다. 이 세 가지 그림들은 일반 지혜 명령으로 세상에 존재하는 두 가지 다른 방식의 결과를 다루며 진정한 번영의 길로 들어가도록 초청한다. 세 단락 모두 단일성 혹은 전체성의 개념, 즉 제자의 내면과 외면의 통일성이라는 개념을 다룬다.

결론부는 세 부분으로 구성된다. 첫 번째(7:13-14)는 넓고 좁은 문의 이미지를 사용한다. 세 번째(7:24-27)는 집을 짓는 두 사람의 그림을 사용하며, 한 사람은 어리석게 모래 위에 집을 짓고 다른 한 사람은 지혜롭게 바위에 짓는다.

더 길고 확장된 중간 부분(7:15-23)은 양의 옷을 입은 이리와 좋고 나쁜 나무의 이미지를 결합하여 참된 혹은 거짓 선지자에 관해 말하는 한 하위 단락이다. 불행히도 많은 신약성경번역서들이 이 중간부분을 분리된 단락들로 나누었고(7:15-20과 7:21-23), 이것이 구조와 일관된 주제를 인지하지 못하게 한다. 마태복음 7:15-23은 산상수훈 중앙부에서 사용

---

66 Allison, *Studies in Matthew*, 187-93와 Davies and Allison, *Matthew 1-7*, 626를 보라.

67 또한 이전에 언급했듯이 5:21-48과 6:19-7:12에는 여섯 개의 단락 혹은 주제가 있으며, 이는 우발적인 것 같아 보이지 않는다. 더욱이 네이튼 리더호버가 개인적인 대화에서 나에게 말한 것처럼 5:21-48과 6:19-7:12는 거의 동일한 수의 단어를 가지고 있으며 이 역시 우연의 일치로 보이지 않는다.

된 케랄 우페랏 구조와 더 비슷하다(아래 참조). 7:15의 거짓 선지자를 주의하라라는 머리말과 늑대와 나무의 두 가지 이미지로 이 권고를 풀어 설명한다(7:15, 7:16-20). 주제가 바뀌는 것이 아니라 거짓 선지자들의 가르침이라는 주제로 돌아가는 것이다. 이는 후반부(7:21-23) 역시 하나의 단위로 취급되어야 함을 보여준다. 양의 옷을 입은 늑대와 좋고 나쁜 나무는 겉 모양으로는 충분하지 않으며 시간이 지남에 따라 내면의 진실이 드러날 것임을 가르친다. 이 전체성이 중요한 것이다.

종합하면, 이 세 결론의 경고-명령 이미지는 5:3-16의 서론과 일치한다. 시작 부분(비아티튜드)의 마카리즘은 진정한 인간 번영으로 초대하는 세상에 존재하는 방식의 그림을 그린다. 전체적 사람의 의의 필요성에 대한 주해적 가르침 후에(5:17-7:12), 산상수훈은 또 다른 초대로 종결된다. 이 초대는 예수님의 가르침에 위에 인간의 삶을 세워 다가오는 멸망을 피하도록 하는 지혜 경고의 형태이며 더욱 어둡고 강하다(참조, 잠언 1-9). 앞서 언급했듯이, 다섯번째이자 마지막 강화(마23장)의 일곱 가지 화에 대한 선포가 비아티튜드의 마카리즘에 대칭 하고 있지만 산상수훈의 결론의 이 지혜-명령도 적절하고 균형 잡힌 대칭을 이룬다.

세가지 중요한 구조적 요점

산상수훈의 구조에 관해 추가적으로 다루어야 할 세 가지 측면이 있다. 앞선 토론 중에 이미 언급된 것들이다. 이 세가지 구조 구성 요소는 산상수훈 전반에 걸쳐 있으며 그 해석에도 영향을 미친다. 이것들은 (1) 케랄 우페랏 패턴, (2) 섹션 중복의 사용, (3) 산상수훈의 중심으로서 주기도문의 역할이다.

케랄 우페랏

유명한 유대인 교사 힐렐(30BCE-10CE)은 토라 교사가 고대 문헌에 기초하여 체계적인 추론을 하도록 돕기 위한 일곱 가지 원리 또는 해석학적 규칙을 보존했다. 힐렐이 이러한 규칙을 만들지는 않았지만, 그의 집필은 중요하고 영향력이 있는 것이 되었다. 3세대 교사인 랍비 이스마엘(CE 100-170)은 힐렐의 다섯 번째 규칙을 여덟 개의 그룹으로 나누어 이 목록을 열세개까지 확장했다.

이 다섯 번째 법칙인 케랄 우페랏은 "일반적인 것에서 특정한 것으로"를 의미하며 토라를 읽고 그것을 적용하는 방법에 대한 지침을 제공한다. 요점은 일반 원칙이 특정화 되어 다른 본문에서는 제한 될 수 있다는 것이다. 동시에, 특정 규칙이 일반적인 원칙으로 확장 될 수도 있다. 예를 들어, 일반 원칙으로 확대 될 수 있는 소, 나귀, 혹은 양 도둑을 다루는 방법에 대한 가르침이 특정한 것으로 사용될 수 있다.

또한 케랄 우페랏 원칙을 본문 읽기에 대한 해석학적 규칙으로만 생각하지 않고, 본문 제작을 위한 유용한 지침으로도 생각할 수 있다.[68] 산상수훈의 구조는 이 케랄 우페랏 원칙을 반영한다. 마태복음에 대한 이전 연구들은 이 원리가 마태복음의 다른 부분을 편집하는데 사용하고 있음을 보여주었다. 예를 들어, 알리슨은 마태복음에 사용되는 이 형태는 고대의 것이라고 말한다(참조, 레 18:1-24, 시락 3:109, 랍비의 사용).[69] 피터 야오 오퐁-쿠미의 마태복음 비유의 구조에 대한 세밀한 연구는 이 형태가

---

68 율리히 루츠는 **케라림**은 단순한 제목이 아니라는 점을 지적한다: 그들은 단락의 처음이나 끝 부분에서 종종 뚜렷한 전환 기능이 있는 일반적인 조합이다(Luz, Matthew 1-7, 6). 더불어 Donald Hagner, *Matthew 1-13*, WBC (Dallas: Word Books, 1993), 137; Stanton, *Gospel for a New People*, 297를 보라.

69 Allison, *Studies in Matthew*, 181n21. 더불어 다음을 보라, David Daube, "Principles and Cases," in *New Testament Judaism*, vol. 2 of *Collected Works of David Daube*, ed. Calum Carmichael (Berkeley: Robbins Collection Publications, University of California at Berkeley, 2000), 173-75.

마태복음13장을 포함한 여러 곳에서 기능하고 있음을 보여준다.[70] 앞선 논의와 바로 위에서 주장했듯이 마태복음 6:1은 케랄이다.[71]

일반적인 표제 뒤에 구체적인 예가 나오는 이 형태가 산상수훈 중앙부 전체에 적용된다. 일반적인 표제, 몇 가지 특정한 예, 중첩되는 결론이 나란히 이어지는 반복된 형태가 5:17-7:12 전반에 걸쳐 나타난다. 결과적으로 다음의 구조적 모양을 갖는다.

5:17-48
- 케랄 = 5:17-20
- 페랏 = 5:21-47 (여섯 가지 예들)
- 결론 = 5:48

6:1-21
- 케랄 = 6:1
- 페랏 = 6:2-18 (세가지 예 + 중앙 삽입 부록)
- 결론 = 6:19-21

6:19-34
- 케랄 = 6:19-21
- 페랏 = 6:22-33 (두 부분: 6:22-24; 6:25-33)
- 결론 = 6:34

7:1-12
- 케랄 = 7:1-2
- 페랏 = 7:3-11 (두 부분: 7:3-6; 7:7-11)

---

70 Peter Yaw Oppong-Kumi, *Matthean Sets of Parables*, WUNT 2/340 (Tübingen: Mohr Siebeck, 2013), 94-99, 104-5.

71 Pennington, *Heaven and Earth*, 242-47.

• 결론 = 7:12

첫 두 단락이 이 구조로 작동하고 있다는 것은 쉽게 알 수 있다. 세번째 단락(6:19-34) 역시 논리적으로 흘러간다. 6:19-21은 6:1-21의 결론과 6:19-34의 케랄의 두 가지 의무를 수행한다(더 자세한 논의를 아래에서 확인하라). 후자의 경우, 이 분석은 추가적인 통찰을 제공한다. 즉, 6:34과 내일에 대해 걱정하지 말라는 명령은 6:19-21의 이 세상에 보물을 쌓아두지 말라는 경고의 결론이다. 산상수훈에서 가장 문제가 되는 부분은 위에 언급 한 바와 같이 7:1-12이다. 이 케랄 우페랏 분석이 완전히 만족스럽지 않지만, 역시 7:1-12을 함께 묶어 설명하는 다른 분석들보다는 좋다. 특히 어려운 7:6을 더 잘 해석 한다. 위의 구조에서 7:1-12을 이끄는 요점은 7:1-2의 올바르게 심판하다라는 개념이다(10과의 설명을 참고하라). 그러나 동시에 산상수훈의 중앙부가 세 부분으로 구성되어 있고, 6:19-7:12은 하나의 단위라는 나의 주장에 따르면 케랄은 6:19-21이며 결론은 7:12이다. 이 두 가지 구조적 관찰은 상호 배타적이지 않다. 6:19-7:12이 함께 묶여있는 단위이지만 두 부분 사이에 약간의 구별이 있기 때문에 두 부분으로 나눈다.

중복 섹션들

앞선 산상수훈의 구조에 대한 토론에서 구조적으로 이중 목적을 갖는 여러 단락과 구절의 중복을 언급했다. 마태복음과 산상수훈에 자주 발견되지만 현대 독자들에게는 생소한 개념이기 때문에 여기에서 따로 논의하려고 한다.

존 놀랜드가 옳게 보았듯이 마태복음에는 명확히 구별되는 많은 단락들이 있는 반면, 또한 한 절이나 문단이 서론과 결론으로 이중 기능을 하는 곳이 있다.[72] W. D. 데이비스와 데일 알리슨 역시 특정 구절이나 구문이 이중적인 구조적 목적을 이루는 방식에 대한 몇 가지 예를 제시한다. 마태복음 1:1의 첫 번째 단어는 (비블로스 게네세오스)계보 (1:1-17), 예수님의 출생 이야기 전체(1-2장), 복음서 전체, 그리고 궁극적으로 새 창조의 주제 전체를 포함하며 확장된다.[73] 마찬가지로 28:16-20은 28:1-20뿐만 아니라 전체 수난 이야기의 결말이 되고 전체 복음서의 기반이 된다. 알리슨은 산상수훈의 구조에 관한 그의 후기 연구에서 "많은 마태복음의 구절들은 한 단락을 끝내고 다른 단락을 소개한다. 그들은 벽이 아니라 문이다"라고 주장한다.[74]

마태복음의 이 기술은 고대 수사학적 연설과 문헌을 만드는 (그리고 해석하는) 널리 퍼진 중요한 방법의 일부이다.[75] 고대의 저자들은 단락과 단락 사이의 전환에 주의 깊은 관심을 기울였고 "전환을 용이하게 하기 위해 본문 단락들의 경계에 중첩되는 내용"을 가진 "사슬 고리"를 규칙적으로 사용하였다.[76] 고대 수사학의 이 보편적인 형태를 현대 주석가들은 거의 보지 못하기 때문에 성경과 같은 고대의 저작물이 어떻게 구조화되어 있는지 해석하는데 실패한다.

이 통찰이 산상수훈을 이해하는데 많은 도움을 준다. 예를 들어, 5:11-12은 5:3-12의 결론이며 5:13-16에 이어진다. 비슷하게 5:17-20은 산상수훈의 중심 부분(5:17-7:12)과 5:17-48에 대한 머리말이다. 같은 단락의 5:48은 5:17-48 전체에 대한 결론이며 5:43-48에 대한 자연스러운 결론

---

72 John Nolland, *The Gospel of Matthew: A Commentary on the Greek Text*, NIGTC (Grand Rapids: Eerdmans, 2005), 28.

73 Davies and Allison, *Matthew 1-7*, 154, leaning on the comments of J. C. Fenton, *The Gospel of St. Matthew* (London: SCM, 1977), 36.

74 Allison, *Studies in Matthew*, 176.

75 Bruce Longenecker, *Rhetoric at the Boundaries: The Art and Theology of the New Testament Chain-Link Transitions* (Waco: Baylor University Press, 2005)이 이 생각의 근원이다.

76 Ibid., 5.

이기도 하다. 위에서 논의한 것처럼, 단락 중첩 기술의 가장 큰 예 중 하나는 앞뒤에 오는 내용과 관련하여 이중 용법으로 사용되는 6:19-21이다. 또 다른 예는 7:12의 이중 기능으로 7:1-12과 더 넓은 단위인 5:17-7:12의 모두에 대한 결론으로 기능한다.

주기도문 중심성

앞서 다루어 본 산상수훈의 두가지 큰 구조 기술들은-케랄 우페랏과 섹션 중복-어렵지 않게 식별할 수 있다. 이보다 더 큰 논의는 주기도문이 전체 산상수훈에 구조적 틀을 제공한다는 개념이다. 주기도문이 의도적으로 산상수훈 중심의 중심에 놓여 있다는 것은 이미 앞서 논의했다. 일부 학자들은 주기도문의 다양한 기도가 산상수훈의 나머지 가르침의 목차와 같이 기능한다고 강력하게 주장한다. 월터 그러드만, 군터 보른캄, 로버트 율리히, 다니엘 파테, 율리히 루츠와 같은 이들이 다양한 주장을 한다.[77] 이들 각각은 주기도문이 7:1-12의 의미를 해석하는 중요한 기능을 한다는 등의 약간의 통찰을 제공한다. 하지만 대부분의 학자들은 주기도문이 명확한 산상수훈의 구조적 틀을 제시한다고는 확신하지 못한다.[78] 그러나 주기도문의 중심적 역할은 제자들에게 세상에 대한 기본 자세를 개념적으로 제공하고 그것에 하늘에 계신 아버지의 보살핌이라는 주된 주제를 연결한다는 사실을 간과해서는 안된다(6:19-34; 7:7-11).

---

77 Green, *Matthew, Poet*, 179; Stanton, *Gospel for a New People*, 298; and Talbert, *Reading the Sermon on the Mount*, 21-22의 논의를 보라. 시리니는 그런드만과 보른캄을 평가하면서 저들의 이론들이 유익과 통찰력을 주지 않는 것은 아니지만 주기도문과 나머지 산상수훈사이에 의도적인 구조 때문이 아니라 주제의 일치로 인해 연결된다고 결론짓는다(Syreeni, *Making of the Sermon*, 170-73).

78 어마어마한 것은 아니지만 여전히 질문을 하나 남기는 것은 주기도문의 간구들에 따라 비아티튜드의 순서를 구성했다는 코작의 제안이다(Kodjak, *Structural Analysis*, 112-15). 자비를 얻기 위해 자비를 베푸는 자라는 비아티튜드와 다섯 번째 간구인 다른 사람을 용서한 것 같이 우리를 용서해 달라는 것 등의 몇명 평행은 다른 것보다 더 설득력이 있다.

전체 구조와 여러가지 유익한 구조 이미지들

앞선 구조에 대한 논의가 어느 정도의 해석적 통찰을 주었을 것이다. 이 모든 관찰을 종합하여, 이제는 산상수훈 전체 목차를 소개 할 수 있을 것이다.

I. 틀과 문맥: 나라의 복음 (4:23-25)

II. 산에 오르심과 앉으심 (5:1-2)

III. 산상수훈 (5:3-7:27)

    A. 서론: 하나님의 백성으로의 부르심 (5:3-16)

        1. 하나님의 새 백성을 위한 아홉 가지 비아티튜드 (5:3-12)

        2. 하나님의 백성의 새 언약에 대한 증거 (5:13-16)

    B. 본론: 하나님의 백성을 위한 더 나은 의 (5:17-7:12)

        1. 하나님의 율법과 관련한 더 나은 의 (5:17-48)

            a. 주제 (5:17-20)

            b. 여섯 가지 해석들/예들 (5:21-47)

            c. 요약 (5:48)

        2. 하나님을 향한 경건과 관련한 더 나은 의 (6:1-21)

            a. 서론: 사람이 아닌 하늘에 계신 아버지를 기쁘게 함 (6:1)

            b. 세가지 예들 (6:2-18)

            *기도와 관련한 중앙 삽입 부록 (6:7-15)

            c. 결론: 세상이 아닌 하늘에 있는 보상 (6:19-21)

        3. 세상과 관련한 더 나은 의 (6:19-7:12)

            a. 서론 (6:19-21)

            b. 이 세상의 물질에 관한 더 나은 의 (6:22-34)

c. 이 세상의 사람들에 관한 더 나은 의 (7:1-6)

d. 결론 (7:7-12)

C. 결론: 종말론적 심판의 전망에 대한 세가지 경고들 (7:13-27)

1. 두 종류의 길 (7:13-14)

2. 두 종류의 선지자 (7:15-23)

3. 두 종류의 건축자 (7:24-27)

IV. 산에서 내려 오심과 행위 (7:28-8:1)

V. 틀과 문맥: 나라의 복음 (8:2-9:38)

이 구조 분석 전체와 그 바탕에는 평면적, 문예-목차 접근법이 상정되어 있다. 서구 전통의 교육적 관습의 영향으로 문예적 구조를 로마 숫자를 사용하는 2차원적 구조로 생각하는 경향이 있다. 이것이 유용한 접근 방법 중 하나일 수 있지만 이 2차원적 구조가 마태의 마음속에 있었다거나, 이것만이 유일하게 유익한 구조 분석 방식이라고 가정할 수는 없다. 예를 들어, 루츠는 주기도문의 중심성을 시각화하는 다이어그램을 제시한다.[79] 알리슨의 구조 분석은 단순 주제 나열 보다는 시각적으로 복잡하다.[80] 필자가 생각하기에 이들과는 다른 산상수훈 구조의 표현 방식이 필요하다. 필자는 산상수훈을 시각적으로 산을 오르고 내려오는 것으로 표현한다.

---

79 Luz, *Matthew 1-7*, 173.

80 Dale C. Allison, *The Sermon on the Mount: Inspiring the Moral Imagination* (New York: Crossroad, 1999), 37.

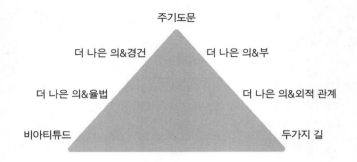

주기도문

더 나은 의&경건　　　　　더 나은 의&부

더 나은 의&율법　　　　　더 나은 의&외적 관계

비아티튜드　　　　　　　　두가지 길

위의 표에서 여행은 인간 번영을 위한 마카리즘의 초대로 시작한다. 그리고 더 나은 의의 필요성에 대한 주제 탐구로 나아가고, 다시 산 아래로 돌아와 청중에게 그들이 배운 것에 세심한 주의를 기울이라는 명령으로 끝맺는다. 이 여정의 꼭대기에 있는 주기도문은 제자들에게 산상수훈의 계시 내용 중 가장 높은 곳에 있는 요점을 제공한다. 이 그림 표는 전통적인 구조 표들이 보여주지 않는 몇 가지 견해를 제공한다. 산상수훈을 산으로 묘사한 것은 산상수훈의 극적인 효과와 산상수훈을 통해 배운 제자의 삶이 여행임을 강조한다. 또한, 산상수훈과 시내산 사이의 연결성을 다시 한번 강조한다.

결론

이번 장은 산상수훈 주해를 시작하기에 앞서 중요한 방향 설정을 위한 마지막 단계의 역할을 하였다. 마태는 분명히 정교한 문예적 구조를 위해 그의 창조적인 힘을 집중해 사용했다. 그렇기 때문에 산상수훈을 읽는 최고의 방법은 그 구조가 어떻게 기능하는지에 주목하여 산상수훈의 개별 본문의 해석에 적절하게 적용하는 것이다. 여기에서 제공된 구조 분석은 산상수훈의 분명한 주제가 더 나은(큰) 의, 즉 마카리오스와 텔레이오스로도 묘사 될 수 있는 전체성-인간(전체성이 있는 인간)이 세상에서 존재 하는 방식이라는 것을 보여준다.

The Sermon on the Mount and Human Flourishing: A Theological Commentary

주 석

2부

6

마태복음 5:1-16

THE SERMON ON THE MOUNT AND HUMAN FLOURISHING

산상수훈 주해에 대한 개요

앞선 다섯 장에서 산상수훈을 이해할 수 있는 토대를 마련했기에 이제는 산상수훈의 내용을 살펴 볼 준비가 되었다. 이어지는 6-11장에서는 앞서 논의하여 결정한 구조에 따라 여러 단락과 하위 단락으로 나뉘어진 산상수훈을 신학적으로 주석 할 것이다.

그리고 각 단락 및 하위 단락에 대한 원어 번역을 추가할 것이다. 그런 다음 이 책의 1부에서 논의 된 문화 백과 사전적 문맥과 대표적 주제들에 대한 정보를 기본으로 본문을 주해 할 것이다. 더 넓은 신학적 비전과 논지라는 높은 지점에서 산상수훈의 각 부분들의 움직임에 초점을 맞출 것이다.

마태복음 5:1-2: 오르심과 앉으심

> 1 그가 무리들을 보았을 때 그는 산으로 올라갔다. 그리고 그가 앉았을 때 그의 제자들이 그에게 왔다. 2 그리고 그가 그의 입을 열어 그들을 가르쳤다, 그가 말한다.

1-2절이 전체 산상수훈의 기본적인 서론의 역할을 하기 때문에 따로 분리해 주해하는 것이 유익하다. 1-2절은 산상수훈의 본론에 앞선 장식 어구들이 아니다. 마태가 선택해 쓰는 모든 단어에는 볼 수 있는 눈과 들을 수 있는 귀를 가진 자들이 알아 차릴 수 있는 여러 단계의 통찰들이 존재한다.[1] 다른 은유로 설명하자면 마태복음이라는 곳간에는 천국의 지혜로운 서기관들이 계속해서 가지고 나올 수 있는 많은 보물들이 있다(13:51-52).

산상수훈을 여는 이 단어들도 마찬가지이다. 한 덩어리의 빵 반죽에 섞인 누룩과 같이 독자들이 알아차릴 수 있는 여러가지 반복되어 나타나는 성경적 주제들이 있다. 그중 가장 중요한 것은 예수님이 모세와 그의 하나님의 백성에 대한 계시의 사명을 완성하는 자라는 개념이다. 이것이 5:1-2에서 소개된다.

마태는 유대 전통의 흐름 안에서 산상수훈을 기록하고 있으며, 이것은 예수님과 모세 사이의 모형적 연결성에서 선명히 드러난다. 이야기라는 기본적인 측면에서 예수님은 많은 무리들을 위한 단순 청각 및 교육적 필요성으로 산으로 올라간다. 즉, 예수님의 가르침이 무리들에게 들려 지기 위해서 그들과 거리를 두어야 할 필요가 있었고 높은 구릉의 높이가

---

1 H. 베네딕트가 지적하듯이 영국과 미국의 학자들은 단어 놀이에 능숙하다. 하지만 이것은 "히브리어를 포함한 모든 문학에서 발견되는 것이다"(H. Benedict, *Matthew, Poet of the Beatitudes* [Edinburgh: T&T Clark, 2001], 21n19). 데일 C. 알리슨 Jr.는 "마태에게 종교적 말하기는 다의적이며 상당히 함축적이다"라고 말한다 (Dale C. Allison Jr., *The New Moses: A Matthean Typology* [Eugene, OR: Wipf&Stock, 1993], 285).

이상적이었다. 우리는 이것을 마태복음 13:1-2의 매우 유사한 상황과 비교할 수 있다. 예수님은 다시 한 번 거대한 군중들에게 둘러싸여 있었고, 그는 필요한 거리를 얻기 위해 어부의 배를 강단으로 사용한다.[2]

그러나 마태는 단순히 지리적 움직임을 기록하는 것 보다 더 많은 것을 하고 있다. 마태는 의도적 선택과 연상적 이야기로 예수님이 산으로 오르시는 것을 신적 계시와 연결한다. 구체적으로, 마태는 예수께서 오르시는 산을 종말론적 사건이 발생하는 장소로 묘사한다(5:1, 15:29, 17:1-13, 24:1-25:46, 28:16-20). 고대 세계(그리고 오늘날)의 "높은 곳"은 신들이 말하고 계시하는 장소이다.[3] 고대 이스라엘도 예외는 아니다. 산은 이스라엘 역사의 전환점을 이루는 중심 역할을 하며 강력한 신학적 상징성을 갖는다. 아라랏산, 갈멜산, 길르앗산, 모리아산, 비스가산, 시온 산을 생각해 볼 수 있다. 이 이외에도 다른 많은 산들이 이스라엘의 여러 역사적 사건을 떠올리게 한다.

가장 분명하고 중요한 계시의 산은 모세가 등장하는 시내산이다.[4] 산에 올라 거기 모여든 하나님의 사람들을 가르치는 모세와 예수님과의 연결성은 오래 전부터 알려져 왔고 파악하기도 쉽다.[5] 산상수훈의 이어

---

2 이어지는 단락에서 이 대조와 관련한 더 많은 논의를 확인하라.

3 에라스무스가 말하듯이 "그가 가파른 언덕을 올라 갈 때, 그는 하늘의 철학자로서의 역할 수행을 시작한다. 아주 높은 그 곳에서 그는 속되거나 저급한 것이 아닌 천상의 것을 전해주려고 한다" (Erasmus, *Paraphrase on Matthew*, ed. Dean Simpson and Robert Dick Sider [Toronto: University of Toronto Press, 2008], 83).

4 많은 학자들이 마태가 산이라는 단어 앞에 필요치 않은 관사를 (에이스 토 호로스) 사용하여 시내산이라는 특정한 산을 상기시킨다고 말한다. 예를 들어, Charles L. Quarles, *Sermon on the Mount: Restoring Christ's Message to the Modern Church* (Nashville: B&H, 2011), 35; W. D. Davies and Dale C. Allison Jr., *A Critical and Exegetical Commentary on the Gospel according to Saint Matthew*, vol. 1, *Introduction and Commentary on Matthew 1-7*, ICC (Edinburgh: T&T Clark, 2004), 423-24를 보라.

5 데일 알리슨은 출애굽기 19:3; 24:15, 18; 34:1-4에서 모세가 시내산에 오르는 것과 분명한 연관성이 있다고 말한다. 또한, 알리슨은 신명기 9:9에서 모세가 율법을 받기 위해 산에 남아있다는 표현은 랍비 전통에서 앉아 있다라는 표현으로 읽혔으며 아마도 마태도 같은 장면을 생각하고 있었을 것이라고 말한다(Davies and Allison, *Matthew 1-7*, 424). 또한 Quarles, *Sermon on the Mount*, 36을 보라. 율리히 루츠는 알리슨처럼 모세와의 연관성을 주장하지는 않지만, 산에 올라 가르치는 장면은 이스라엘의 이야기를 기억하게 하며 하나님이 시내산에서 하셨던 것처럼 예수를 통해 이스라엘에게 말씀하신다고 말한다(Ulrich Luz, *Matthew 1-7: A Commentary*, rev. ed., trans. James E. Crouch, Hermeneia [Minneapolis: Fortress, 2007], 182-83).

지는 부분에서 더욱 명백히 드러나듯이 -특히 5:17-48- 예수님은 하나님의 율법의 새로운 최종적인 결정권자로 드러나며 그렇게 새롭고 최종적인 모세로서 기능한다.[6] 5:17-48의 율법에 대한 예수님의 논의는 산을 오르시고 가르치기 위해 앉으시는 예수님의 모습에서 이미 보여진다. 알리슨이 말한 것처럼 예수님은 "그의 중요한 말씀에 어울리는 장소를 찾고 있다. 즉, 이 강화의 계시적 성격은 그 내용과 일치하는 장소를 요구한다. 따라서 '비아티튜드의 산'은 상징적인 '계시의 산'이다.[7] 알리슨의 이 해석은 산 위에 계신 예수님의 신학적이고 영적인 함의를 이해하는 고대 해석자들의 것이기도 하다.[8]

실제로 마태복음1-4장은 5:1을 모세와 연결해 생각할 수 있도록 준비한다. 모세와 예수님의 삶에 일어난 사건들은 놀랍게도 평행한다- 출생과 관련된 꿈, 유아 학살 사건과 기적적으로 살아남, 있던 곳을 떠나고 하나님의 지시에 따라 돌아옴, 광야에서의 시험, 계시의 산에서 사십 주야 금식 (특히 신 9:9 참조), 요단강을 건넘 등이 그것이다.[9] 또한 마태복음 1-9장은 모세 모형론을 넘어서는 새 출애굽 모형론을 구성한다. 이는 예수님과 모세의 모형적 평행을 포함하지만 모세의 이야기를 더 큰 출애굽의 일부로 본다- 하나님은 자신을 위해 출애굽으로 그의 백성(에클레시아)을 구원하고 구성한다. 따라서 "예수님이 산상수훈을 가르치기 위해 산에 올라 가셨다는 것은, 그가 모세적 메시아로서 메시아적 율법을 말

---

6 모세와의 연결성이 주 내용으로 등장하지만 예수님을 헬라적 지혜자로 묘사하고 있는 문화백과사전적 배경의 상기를 무시해서는 안된다. 앉아서 가르치는 모습은 그레코-로만 철학자들의 일반적인 모습이다. Robert Kinney, *Hellenistic Dimensions of the Gospel of Matthew* (Tübingen: Mohr Siebeck, 2016), 175-79를 보라.

7 Davies and Allison, *Matthew 1-7*, 423.

8 예를 들어, 존 크리소스톰은 하늘의 것과 땅의 것을 대조한다. Jerome은 예수께서 사람들을 더 높은 삶으로 데려가는 것으로 본다. 어거스틴은 산은 "복음의 더 나은 의 … 사랑으로 자유함을 얻는 자들에게 어울리는 더 나은 개념"을 가리킨다고 말한다(Augustine, *Sermon on the Mount* 1.1.2, 다음에서 재인용 Manlio Simonetti, ed., *Matthew 1-13*, ACCS [Downers Grove, IL: InterVarsity, 2010], 77-78).

9 Scot McKnight, *The Sermon on the Mount*, The Story of God Bible Commentary (Grand Rapids: Zondervan, 2013), 22.

씀하신다는 것이다."[10] 산상수훈은 시내산에서 세워진 율법의 단순 대체물이 아니라 그것의 종말론적 성취이다. 찰스 퀄스가 관찰 한 바와 같이 유대인들에게 모세는 법을 주는 자 일뿐만 아니라 구세주, 구출자, 구원자였으며, 이제는 예수님이 유대인과 이방인들에게 그 역할을 하신다.[11] 마태복음의 첫 네 장에 자주 반복되어 나타나는 '이루다'라는 말이 나타내듯 모든 연결성은 성취(fulfillment)로서 만들어 진다.[12] 이것은 예수님이 단지 다른 모세로서 제시되고 있는 것이 아니라는 것을 의미한다. 예수님은 모세와 같은 선상에 있지만, 오히려 모세보다 크시며 하나님의 옛 언약의 목적을 성취하시는 분으로 여기에서 나타나신다. 산상수훈이 제자들의 삶의 방식에 대한 비전을 제시하지만, 산상수훈의 모든 내용 중 첫 번째는 이 기독론적 선언이다.[13]

산에 앉아 계신 예수님의 모습은 마태복음이 예수님을 선생님으로 묘사하는 한 부분이다. 5:1이외에도 예수님은 13:1-2; 15:29 (산상수훈의 작은 반복 부분); 24:3; 26:55에서 가르치기 위해 앉으신다. 또한 마태는 미래에 예수님이 보좌에 앉을 것이라고 말한다(19:28, 25:31; 참조, 20:21-23).

유대 전통이 나타나는 또 다른 방식은 마태복음에 반복되어 나타나는 "그의 입을 열어"라는 표현과 시편 78:2의 연결성이다. 이 반복되는 표현이 입을 움직이지 않고 말하는 복화술사와 예수님을 대조하려는 것은 아닐 것이다. 오히려 이 예기치 않은 표현은 곧 말하여 질 것들을 위

---

10 Davies and Allison, *Matthew 1-7*, 427.

11 Quarles, *Sermon on the Mount*, 37. 교부 유세비우스는 유대인과 이방인 모두를 향한 이 변화를 특별 강조한다. 그가 *Demonstration of the Gospel* 3.2에서 적고 있듯이 "모세는 처음으로 유대인들을 가르친 자이고, 예수 그리스도는 더 나은 신적인 모습으로 그의 제자들을 통하여 그들을 다른 열방에 널리 알린자이다. 모세는 처음이자 유일하게 유대인에게 종교적 법을 준 자이고, 예수 그리스도는 같은 일을 온 열방에 하신 분이다"(McKnight, *Sermon on the Mount*, 23 재인용)

12 성취하다라는 개념을 마태복음의 틀로 보는 것이 아마도 옳을 것이다. 마태는 첫 4장을 성취구문으로 정리한다. 1:22; 2:15, 17, 23; 4:14을 보라.

13 Douglas R. A. Hare, *Matthew*, IBC (Louisville: John Knox, 1993), 34를 보라.

한 엄숙한 분위기를 연출한다. 또한 구약 성경의 엄중한 구절들도 가리킨다.[14] 이 표현이 특정한 구약성경과의 연결성이 아니라 단지 엄숙한 분위기를 연출하는 것일 수 있다. 그러나 평행 구절인 마13:35은 시편 78을 인용하면서 같은 표현을 사용하여 둘의 의도적인 연결성을 드러낸다. 마태복음 13:35은 마태복음의 열 두 성취 인용문 중 하나이며 시편78:2을 인용하여 예수님의 가르침의 방식을 설명한다. 이와 동일한 연결성이 여기에서도 잘 작동 할 수 있다.

마태복음13장과 산상수훈의 연결성은 여러 면에서 흥미롭다. 특히 예수님이 산에서 가르치시는 방식과 바다에 떠 있는 배위에서 가르치시는 방식이 대비된다(13:1-2). 마태복음의 세 번째 주요 강화(13 장)에서도 여전히 엄청나게 많은 사람들이 예수님을 따르고 있으며, 5장에서와 같이 저들이 들을 수 있도록 일정한 물리적 거리를 둔다. 그러나 산상수훈에 대한 군중들의 반응(7:28-29)과 비유 강화에 대한 반응의 대조는 더욱 두드러진다. 무리들과 제자들은 예수님이 지혜를 가지고 계신다는 것을 인정하지만, 그 의미가 분명하지 않은 예수님의 비유적인 가르침에는 당혹스러워하고, 혼란스러워하며, 넘어지기도 한다(13:10-17, 53-58). 5:1(과 24:3)의 산과 13:1-2의 해변이라는 장소적 다름이 이 대조가 전달되는 방식의 일부일 수 있을까? 산에서의 계시적인 가르침(5장의 갈릴리와 24장의 예루살렘)은 13장의 해수면에서의 감추는 가르침과 대조를 이룬다. 이는 예수님이 산에서 제자들에게 가서 그가 가르친 모든 것을 가르치라는 선교 명령을 내리는 복음서의 마지막에서 완전하게 나타난다. 그곳에서 예수님의 권위 (7:29, 28:18)도 다시 강조된다.[15]

---

14 같은 문장이 사도행전 8:35; 10:34; 18:14에 사용된다. 몇몇 주석가들은 이 문장을 이야기의 서론을 알리는 특정한 구조라고 본다. A. B. Bruce, ed., "The Synoptic Gospels," in *The Expositor's Greek Testament*, ed. W. Robertson Nicoll (Grand Rapids: Eerdmans, 1956), 95를 보라.

15 카리 시리니는 산상수훈과 지상명령과의 이 특별한 연관성을 사용하여 산상수훈이 다섯 개의 "큰 강화들"중에서도 특별한 위치와 역할을 한다고 제안한다(Kari Syreeni, *The Making of the Sermon on the Mount: A*

이는 또한 산이 예수님의 삶의 여러 다른 사건에서도 중요한 상징적인 배경이라는 중요한 관찰을 강조 한다. 마5:1-2이전에도 이스라엘 역사 전체에 걸쳐 산에서 계시를 받는 풍성한 유산들이 있다. 마태복음은 예수님의 기도(14:23), 치유(15:29), 환상(17:1, 28:16), 가르침(24:23)의 장소로 산을 설정함으로서 이 전통을 계속 이어 나간다. 특별히 주목할만한 것은 첫 번째 복음서의 마지막이자 부동의 장면인 산에서 선포되는 지상대명령이다. 예수님은 제자들을 온 세상에 보내어 그가 한 모든 일을 행하고, 특히 산상수훈을 포함하는 그가 명령한 모든 것을 가르치라고 한다. 이 연관성을 특히 흥미롭게 만드는 것은 28:16의 예상치 못한 절대적 표현이다. 제자들은 "예수님이 그들에게 지시하신 산"으로 갔다. 어느 산인지 확실히 알 수 없다. 초기의 많은 그리스도인들은 그 의미가 매우 큰 감람산이라고 추정했다. 그러나 초기의 많은 주석가들은 이것이 마태복음의 갈릴리 배경과 맞지 않는다는 것을 주목했다. 가장 가능성이 높은 후보는 변화산이다.[16] 특정한 산의 위치와 상관없이 제자들이 예수님의 지시에 따라 갈릴리로 돌아가서 (마 28:10 참조) 특별히 높은 곳에서 그를 만난다는 것은 분명하다. 이 산이라는 배경은 산상수훈을 돌이켜 가리키고 복음서의 이야기를 정리하고 끝을 맺으며 동시에 제자의 선교 사역이 예수님이 그것을 시작하신 곳에서 다시 시작되고 있다는 열린-결말을 만든다.

주목할 만한 마지막 유대 백과 사전적 배경은 이사야 40:9의 "아름다운 소식을 시온에 전하는 자여 너는 높은 산에 오르라 아름다운 소식을 예루살렘에 전하는 자여 너는 힘써 소리를 높이라 두려워하지 말고

Procedural Analysis of Matthew's Redactoral Activity [Helsinki: Academia Scientiarum Fennica, 1987], 101).

16 이것은 제롬의 관점이다(Jerome, *Commentary on Matthew* 1.5.1). 몇몇 현대 주석가들은 이곳을 갈릴리호수와 근처의 마을들을 한번에 볼 수 있는 높은 장소인 가버나움 근처 타바라고 본다. 바질 픽스너를 따르는 Michael J. Wilkins, *Matthew*, NIVAC (Grand Rapids: Zondervan, 2003), 191를 보라.

소리를 높여 유다의 성읍들에게 이르기를 너희의 하나님을 보라 하라"이다. 이 구절이 특히 중요한 이유는 모든 복음서들과[17] 특히 산상 수훈의 주요 배경이 되는 이사야서의 두 번째 부분(40-66장)이기 때문이다. 앞서 우리는 이사야가 마태복음 1-4장의 핵심 배경임을 확인 했다.[18] 이사야는 시작부분에서 마지막날들에 주님의 집의 산이 세워질 것이라고 예언한다. "많은 백성이 가며 이르기를 오라 우리가 여호와의 산에 오르며 야곱의 하나님의 전에 이르자 그가 그의 길을 우리에게 가르치실 것이라 우리가 그 길로 행하리라 하리니"(사2:3).[19] 이 모든 것은 유대인과 기독교인 독자들에게 좋은 소식 혹은 복음이 높은 산에서 종말론적으로 선포되는 것이 우연이 아님을 설명한다.

마지막으로, 5:1-2에 관한 일반적인 한 질문은 산상수훈은 누구를 대상으로 하며 청중은 누구인가이다. 마태복음 5:1은 무리들(4:25)을 언급하지만, 예수께서는 특별히 그의 "제자들"을 그에게로 부르시어 가르치신다. 그러나 산상수훈의 결말에서는 무리들이 예수의 가르침과 권세에 놀랐다라고 기록하며 저들도 분명히 듣고 있었음을 알려준다(7:28-29). 마태복음의 다른 곳에서는 예수님의 가르침을 듣는 무리들과 그의 가르침을 듣고 가르침에 대한 이해가 주어지는 제자들을 구별한다(11:25-27; 13:10-17). 반면, 여기에서는 모두 예수님의 가르침을 듣고 있으며 모두 환영의 반응을 보인다. 또한, 이 두 종류의 청중 개념은 마태복음의 다섯가지 주요 강화 중 다른 두 강화에도 나타난다. 13장과 23-25장에서 청중은 완전한 제자들과 흥미를 보이는 청중으로 구성되며, 전자는 이해할

---

17 Jonathan T. Pennington, *Reading the Gospels Wisely: A Narrative and Theological Introduction* (Grand Rapids: Baker Academic, 2012), 1과를 보라.

18 마 1:23의 사 7:14; 마3:3의 사 40:3; 마 4:15-16의 사 9:1-2.

19 이 통찰은 Frederick D. Bruner, *Matthew: A Commentary*, vol. 1, *The Christbook: Matthew 1-12* (Grand Rapids: Eerdmans, 2007), 153에 기인하며 강조는 원저자의 것이다.

수 있는 계시적 능력을 받는다.[20]

이것에 비추어 예수님이 특별히 제자들을 자신에게 불렀기 때문에 산상수훈의 의미가 오직 "믿는자"만을 위한 것이라고 억지로 해석하는 것은 좋지 않다. 오히려 무리들을 언급하는 결말은 산상수훈이 하늘 나라에 관한 예수님의 가르침을 요약한 것으로서 모든 사람들을 향한 보편적 부르심이며 "들을 귀 있는 자"는 반응해야 한다는 것을 보여준다. 들음, 이해, 순종은 무리 중의 일부였던 한 사람을 제자의 자리로 옮긴다.

마태복음 5:3-16: 서론: 하나님의 백성으로 부르심

마태복음5:3-12: 새 하나님 백성의 아홉 가지 지복 (Beatitudes)
(참된 인간 번영의 비전)

3 번영하는 자는 심령이 가난한 자니 하늘 나라가 저희의 것이기 때문이다.

4 번영하는 자는 슬퍼하는 자니 저들이 위로를 받을 것이기 때문이다.

5 번영하는 자는 겸손한 자니 저들이 세상을 상속받을 것이기 때문이다.

6 번영하는 자는 의에 배고프고 목마른 자니 저들이 배부르게 될 것이기 때문이다.

7 번영하는 자는 자비로운 자니 저들이 자비를 받을 것이기 때문이다.

8 번영하는 자는 마음이 깨끗한 자니 저들이 하나님을 볼 것이기 때문이다.

9 번영하는 자는 평화를 만드는 자니 저들이 하나님의 자녀들이라[21] 불리워

---

20 이 세 강화의 두 부류의 청중에 대한 인식은 Graham Stanton, *A Gospel for a New People: Studies in Matthew* (Edinburgh: T&T Clark, 1992), 320-21에 기인한다.

21 여기에 사용된 헬라어 단어(휘오이)는 "아들들"이라 옳게 번역될 수 있겠지만, 특정한 성을 (딸들이 아닌 아들들) 지칭하는 것은 아니다. "아이들"이라는 단어는 남성만을 나타내는 오류를 피할 수 있게 하지만 아들에게만 유산이 주어지는 고대 세계의 문화는 놓쳐 버린다. 그러므로 번역자는 이와 같은 딜레마를 고려해서 충분한 설명을 덧붙여야 한다. "아들"과 관련한 번역의 문제에 대한 충분한 논의를 D. A. Carson, *Jesus the Son of God: A Christological Title Often Overlooked, Sometimes Misunderstood, and Currently Disputed* (Wheaton:

질 것 이기 때문이다.

10 번영하는 자는 의를 위해 박해를 받는 자니 하늘 나라가 저희의 것이기 때문이다.

11 번영하는 자는 너희이니 나를 인하여 사람들이 너희를 욕하고 비방하고 [22] 모든 악한 말을 하는 어느 때이든지 그러하니라

12 기뻐하고 즐거워하라 하늘에서 너희 상이 크기 때문이다. 이와 같은 방식으로 사람들이 너희 전에 왔던 선지자들도 박해 하였느니라.

이 구절들은 너무나 유명한 비아티튜드를 구성한다. 이 중요하고 기억에 남을 만한 아홉 개의 마카리오스 선언(마카리즘)들은 의도된 형태이며 전체 산상수훈의 목적을 이해하는데 매우 중요하다. 마카리오스의 의미에 관해서는 2장에서 논의 했다. "번영하는"이라는 문구나 마카리즘은 모두 어떤 한 종류의 삶의 방식에 대한 비전을 던지며 암시적으로 초대한다. "비아티튜드는 좋은 삶(good life)에 대한 묘사이며 찬양이다."[23] 선지자이자 지혜자로서 예수님은 청중들에게 현재와 오는 세상에서 참되고 충만한 번영을 가져다 줄 세상에 존재하는 방식에 대해 알려주시고 초대하신다. 예수님의 이 권세 있고 종말론적인 선언은 그가 행복을 이야기하는 고대 철학자 그 이상도 그 이하도 아니라는 것을 보여준다. 예수님은 마카리즘으로 메시지를 전하기 시작하면서 유대 지혜 전통에 따라 하나님의 통치와 다스림에 순종하는 생활을 위한 실질적인 지혜를

Crossway, 2012) 3과에서 확인하라.

22 이 단어(디오코신)는 주로 "핍박"이라는 단어로 번역된다. 일반적인 의미를 생각할 때 합리적이고 가능한 번역이다. 그러나, 세개의 연속된 동사는 웅변의 성격을 갖는다. 첫번째(오네이디조)와 세번째(레고) 표현은 분명히 이러한 성격을 드러내며 이는 두번째(디오코)도 의미하는 것으로 보인다. 이 시리즈는 예수의 제자들을 말로 모욕하며 공격하고 비난하는 자들에 대한 선언이다. 그러므로 "비방하다"라는 단어가 일반적인 "핍박하다"보다 더 적절하다.

23 R. T. France, *The Gospel of Matthew*, NICNT (Grand Rapids: Eerdmans, 2007), 161.

제시한다. 서바이스 핀캐어는 어거스틴에 크게 의존하면서 말한다, "비아티튜드는 행복에 관한 인간의 질문에 일련의 약속과 도전의 형태로 주어지는 예수님의 대답이다.[24] 동시에 비아티튜드는 스캇 맥나이트가 말하듯이 "하나님의 백성을 급진적으로 수정하는 것"이다.[25] 예수님이 믿음의 영웅들이나 진실로 경건한 자들을 나타내는 도덕적 행위의 목록을 제시하는 것이 아니다, 오히려 하나님의 백성이 누구인지를 재정의한다-그들은 그들의 삶이 이 아홉 가지 존재 방식과 같은 (그리고 예수님 자신과 같은) 사람들이다.

이어지는 논의에서는 비아티튜드를 한절씩 주해하지 않고 마카리즘 전체의 배경, 산상수훈과 마태복음과의 관계, 지혜 문학적 기능을 탐구할 것이다. 개별적인 비아티튜드의 내용에 관해 더 많이 말할 수 있지만, 다가오는 하나님 나라에서의 진정한 인간 번영의 비전이라는 큰 주제와 기능을 다룰 것이다. 마카리즘의 본질 및 구조에 관한 더 자세한 정보는 앞선 2과와 5과를 참고하라.

비아티튜드의 종말론적 이사야 배경

이사야의 선지자적 비전이 이 마카리즘 시리즈의 주요 배경이라는 것을 아는 것이 무엇보다 중요하다.[26] 이사야는 비아티튜드의 문맥과 틀을

---

24 Servais Pinckaers, *The Pursuit of Happiness—God's Way: Living the Beatitudes*, trans. Mary Thomas Noble (Eugene, OR: Wipf & Stock, 1998), viii.

25 McKnight, *Sermon on the Mount*, 31.

26 이사야가 비아티튜드의 배경으로서 주도적인 역할을 하지만, 마태복음 5:3-12에는 다른 많은 본문들의 흐름이 있다. 예를 들어 몇몇 시편의 핵심 내용들, 특히 시편 1, 33, 36과 다른 몇 편들을 상기시킨다. H. 베네딕트 그린은 특히 시편119편을 Beatitudes의 구조와 내용과 관련해 강조한다(H. Benedict Green, *Matthew, Poet*, 2 장). 또한, 비아티튜드는 모세와 (겸손하고 온유하며 하나님을 보았음) 다른 여러 선지자들, 특히 예레미야와 같은 고난 받는 선지자를 포함하는 유대인 역사에서 중요한 인물들을 떠올리게 한다. 하나님을 위해 일어나고 하나님의 언약 백성들의 손에 고통을 겪은 선지자들과의 이 연결은 이 부분의 꼬리 부분인 마5:12에서 강하게 강조된다. 비아티튜드에 대한 상세한 분석을 한 후, Green은 "천국이 저희 것임이요"와 "의를 위하여 박해 받는 자"를 제외하고는 "비아티튜드의 언어의 모든 세부 사항이 LXX 본문의 어딘가에 다 있다"고 결론 내린다(Green, *Matthew, Poet*, 264). LXX와 비아티튜드사이의 헬라어 단어 연결 도표를 266-67 쪽에서 확인 할 수 있다.

제공한다. 마태를 포함한 신약 저자들의 자기 이해에 대한 이사야서의 영향은 오랜 시간 인식되어 왔고 어렵지 않게 발견할 수 있다. (산상수훈에 바로 앞선) 마태복음 3-4장에서 이사야서는 주요 등장인물인 세례 요한과 예수님의 행동을 묘사하는 해석적 틀을 제공하는데 사용된다. 요한의 역할과 사역은 이사야 40:3의 (마 3:3) 선지자적 비전 성취로 그려진다.[27] 예수님의 사역 역시 이사야가 선포한 내용의 성취로 묘사된다: 어둠과 사망 아래 서 있는 갈릴리 사람들, 그 위에 빛이 비추인 것으로 묘사되는 예수님의 여정, 그리고 이방인을 초점으로 한 빛의 전달/선포는 "선지자 이사야를 통해 선포된 예언의 성취"로 설명된다(4:14-16). 마태복음 5-9장의 사건들은 예수님이 자신의 사역을 투옥중인 세례요한에게 설명하시는 장면에서 이사야서 언약의 연속되는 성취로 요약된다(마 11:4-5, 사 26:19; 29:18-19; 35:5-6:42:7-18; 61:1-3).

이사야서가 예수님의 첫 가르침인 비아티튜드의 배경이 된다는 것은 놀랄 일이 아니다. 모델 리더들은 이미 이사야서를 생각하고 있다. 여러 이사야서 구절들이 비아티튜드의 바탕이 되며,[28] 특히 이사야서의 중심 부인 61장은 주요한 백과사전적 배경으로 등장한다.[29]

이사야 61장의 중요성은 분별하기 어렵지 않다. 이 가르침의 샘에서 예수님은 하나님이 예언한 종말론적 구원에 대한 위대한 약속을 상기시킨다. 예수님은 새로운 모세이지만 그의 메시지는 선지자 특히 이사야의

---

27 이사야 40:3의 성취가 요한의 사역에서 분명히 이루어지지만, 마태는 그의 열 번의 "성취 구문 인용 형식"을 사용하지 않는다("이것은 선지자의 말을 이루려 함이라"). 요한이 이사야의 말씀을 성취하지만 마태는 이 성취 구문을 예수님에게만 사용하고자 했을 것이다.

28 Davies and Allison, *Matthew 1-7*, 436-37 의 표를 확인하라.

29 Davies and Allison과 더불어 이런 이해의 방식은 다른 학자들에 의해서도 주장된다. Matthew Black (*An Aramaic Approach to the Gospels and Acts*, 3rd ed. [Peabody, MA: Hendrickson, 1998], 158)은 누가복음 4:16-21에서 예수님은 그의 공생애 사역을 이 구절들로 여기며, 같은 구절들을 요한의 제자들의 질문에 대한 답으로 사용하신다(마 11:5; 눅 7:22). 그리고 이어서 "나를 인하여 실족하지 않는 자가 복이 있다(**마카리오스**)"라고 말한다.

종말론적 비전에 해당하며 그것을 관통한다. 이 종말론적 강조는 마태복음이 실제로 시편을 예언자로 여기며 인용하는 경우에서도 증명된다(마 13:35 절에 인용된 시 78:2의 "선지자"참조).[30]

동시에 비아티튜드는 빛나고 아름다운 방식으로 예수님의 제자들을 이 변영 미덕에 초대하고 다가오는 하나님의 구원과 세상을 바르게 세우겠다는 약속으로 그들을 위로한다. 글렌 스타센이 묘사하듯 비아티튜드는 은혜에 기반한 구원안에서 참여하는 미덕이다.[31] 따라서 이 예수님의 첫 가르침은 미덕적이고 종말론적이다. 참된 인간 변영을 위한 비전과 하나님 중심의 종말론적 소망의 문맥이 결합된다.

나머지 마태복음과 비아티튜드의 연결점

산상수훈 해석과 관련해 교회 역사 전반에 걸쳐 나타나는 가장 흔한 실수는 산상수훈을 그 이야기와 신학적 맥락에서 분리하는 경향이다. 산상수훈을 전체 마태복음의 일부로 읽게 되면 산상수훈의 내용들이 복음서 전체에 걸쳐 다양한 방식으로 깊이 있게 다루어지고 설명되는 것을 볼 수 있다. 예를 들어, 비아티튜드에서 강조된 몇 가지 주제가 마태복음의 다른 구절에서 되풀이 된다. 특히 주목할 네 가지 주제들이 있다. 하나님/하늘 나라, 의, 핍박, 자비이다. 이들 중 첫 번째와 두 번째는 이미 앞선 4 과에서 중요한 주제로 다루었다. 비아티튜드는 이러한 주제들을 그 비전의 중요한 부분으로 사용한다.

---

30 그린은 다음과 같이 적는다:
　　마태는 다른 신약 저자들과 마찬가지로 예언서 중에서 시편 기자를 생각한 것 같다. 그가 토라와 선지서이외에 성경의 어떤 하위 단위를 알지 못했기 때문에 랍비들이 배치한 책들 중 적어도 일부에서 예언적인 긴장이 계속되는 것을 보았을 것이다. 그러나 그가 머리말에 위치시켜 토라의 결정론적 메시아 재해석으로 보도록 한 것, 즉 그 영감이 압도적으로 예언적인 구성물인 비아티튜드는 그가 선호하는 표현인 "율법과 선지자"에 대한 자신의 이해를 어느 정도 밝혀 준다." (Green, *Matthew, Poet*, 265)

31 Glenn Stassen, "The Beatitudes as Eschatological Peacemaking Virtues," in *Character Ethics and the New Testament: Moral Dimensions of Scripture*, ed. Robert Brawley (Louisville: Westminster John Knox, 2007), 246.

(1) 하나님/하늘 나라의 경우, "천국이 저희 것임이라"는 구절이 첫번째와 여덟 번째에 사용되어 인클루지오를 구성하며(5:3,10), 예수님의 마카리즘에 대한 기본 틀을 제공한다.[32] 나라 개념은 5:20; 6:10, 33; 7:21에도 나타난다. 이 나라에 대한 반복적인 언급은 예수님이 가르치시는 것이 그의 첫 선포이자 일반적인 가르침인 "회개하라, 천국이 가까 왔느니라"와 직접적으로 연결된다는 것을 알게 한다(4:17). 산상수훈의 나라에 대한 언급은 마태복음 전체에 걸친 하나님/하늘 나라 메시지의 일부분이다.

(2) 앞에서 언급했듯이 의는 산상수훈의 가장 중요한 개념이다. 아홉 개의 비아티튜드중 두개가 의를 언급한다: 번영하는 자는 의에 주리고 목 마른 자이며(5:6), 의로 인해 박해를 받는 자이다(5:10). 이들은 이사야서와 평행하다(사 61:3, 8, 10, 11). 산상수훈을 포함한(5:20, 45; 6:1, 33) 마태복음 전체에서 디크-어근은 26가지 형태로 반복적으로 울려 퍼진다.[33]

(3) 비아티튜드와 복음서 전체에 나타나는 또 다른 중요한 주제는 박해이다. 전반적으로, (예수님-의를 위한) 고통의 주제는 비아티튜드의 주요 강조점, 분위기, 향기이다. 이것은 마태의 8+1 마카리오스 구조와 산상수훈의 마지막 마카리즘에서 잘 드러난다.[34] 이런 마태의 구조 선택은 박해의 주제를 반복하고 마지막에 위치시켜 강조하기 위한 것이다. 이 여덟 번째와 아홉 번째 비아티튜드는 고통과 박해 속의 번영이라는 예상치 못한 특별한 그림을 그린다. 예수님은 마태복음의 나머지 부분에서 제자들이 그와 그의 의의 길을 따르기 때문에 박해를 받을 것이라고 예언한다

---

32 산상수훈의 구조에 관한 이전의 논의에서 언급하였듯이, 5:3-11에는 여덟 개도 일곱 개도 아닌 아홉 개의 비아티튜드가 있다. 아홉 번째는 여덟 번째에서 분리되어 같은 내용을 반복하여 강조하는 부가절이며 처음부터 여덟 번째 까지를 포괄하는 인클루지오를 완성하는 추가사항이다.

33 마태복음과 산상수훈의 의에 관한 논의는 4과를 보라.

34 5과의 산상수훈의 구조에 대해 보라.

(10:16-23). 더욱이, 그분의 삶과 죽음은 많은 예언자들의 삶처럼 핍박으로 기록될 것이다(예, 예레미야; 마 23:29-36 참조).[35] 이것은 여러 면에서 제자도 핵심 원리의 가장 큰 부분이다– 제자가 그 주인보다 크지 않다(10:24-25); 선생에게 진리인 것은 제자에게도 진리이다. 여기에는 고통과 박해가 포함된다.[36] 여기에서 비아티튜드가 마태복음의 전반적인 가르침과 신학적 이해에 아주 중요한 주제를 강조하고 있다는 점이 잘 드러난다.

(4)마지막으로, 산상수훈에서 제시된 자비라는 주제가 마태복음에서 광범위하게 중요 주제로 등장한다. 자비는 평화를 만들고 긍휼을 베풀고 타인을 용서하는 마음의 상태로 표현된다. "자비는 누군가의 필요를 채우거나 속박에서 구출하는 관대한 행동에 관한 것이다."[37] 이것은 죄책감의 속박으로부터의 구원 혹은 치유나 베품을 통한 구원일 수 있다. 이들은 산상수훈의 자비를 베푸는 것과(5:7) 평화를 만드는 마카리즘에서 유래한다(5:9). 마태복음을 더 넓게 살펴보면 예수님의 의의 길을 다양한 모습으로 보여준다. 특히 이것은 타인을 사랑하라는(22:34-40) 두번째 큰 계명을 성취하는 것이다. 예를 들어, 긍휼히 여기는 것에 대한 큰 비중이 호세아6:6 을 인용하는 두 곳에서 두드러진다(마 9:13, 12:7). 심지어 예수님은 우리에게 죄를 지은 사람들을 용서해야 할 필요성과 그 아름다움에 대해 더 자주 말씀하신다(6:14-15; 18:15-20, 35). 또한 제자들은 도움이 필요한 자들을 도우라는 명령을 받는다(6:3; 25:35-36). 이는 "가난한 자들을 구제(엘레에모수넨)하라"라는 범주에서 자비(엘레오스)를 베풀라는 명령이다.

---

35 Michael Knowles, *Jeremiah in Matthew's Gospel: The Rejected Prophet Motif in Matthean Redaction* (Sheffield: JSOT Press, 1993; repr., London: Bloomsbury, 2015)를 보라.

36 예를 들어 "박해하다"(**디오코**)는 여섯번 사용되며 (5:10, 11, 12, 44; 10:23; 23:34), "죽이다"(**아포크테이노**)은 열두번 사용된다(10:28; 14:5; 16:21; 17:23; 21:35, 38, 39; 22:6; 23:34, 37; 24:9; 26:4).

37 Stassen, "Beatitudes," 251.

비아티튜드는 이러한 마태복음의 핵심 주제들을 강조하는 동시에 예수께서 세상에 존재하셨던 방식에 대한 중요한 이해의 틀을 제공한다. 전기를 쓰는 주된 목적은 (그것이 전부는 아니지만) 뒤따르는 자가 전기의 주인공을 자신의 삶의 모델로 삼도록 영감을 주는 것이다.[38] 이는 그 위대한 사람의 삶의 방식, 그 삶의 유익, 그의 고유한 아름다움을 보여주는 모델링으로 이루어진다. 이 예시를 통한 호소는 변화를 유발하고 다른 사람들에게 미덕을 갖게 하는 가장 중요하고 강력하며 영구적인 방법이다.[39] 복음서들은 전기 이상의 의미를 가지지만 그 이하도 아니다. 예수님은 분명히 우리가 따라야 할 사람으로 묘사된다.

기독교는 단지 유대교에 추가되거나 혹은 심지어 유대교를 근본적으로 바꾸는 교리들의 집합이 아니다. 그것은 한 사람을 통한 하나님의 자기 계시이다. 경건함과 하나님을 닮는다는 것은[40] 항상 하나님의 하나님 되심과 그의 행동하는 방식에 일치하게 행동하는 것을 의미한다. 이는 성육신하신 예수 그리스도를 통한 하나님의 계시에서 가장 분명하고 뚜렷하게 드러난다. 예수그리스도와 그의 삶은 하나님과 같이 되는 것의 완전한 이미지이다. 우리는 이제 이 하나님과 같이 되는 것의 완성된 이미지를 가지고 있으며 이 구속 역사의 특별한 시점에서 하나님의 전기가 쓰여지는 것이다.[41]

이 산상수훈의 시작 부분에서 예수님은 우리의 번영을 가져올 세상에

---

38 Pennington, *Reading the Gospels Wisely*, 2과를 보라.

39 데일 알리슨은 "제자들은 예수의 말씀에 다가 선 것 만이 아니라 메시아 자체를 공부한다. '나에게 배우라'(마 11:29)는 실질적으로 '나를 따르라'(마 9:9)를 의미한다. 사람은 귀로만이 아니라 발로도 배운다. 교육은 완벽하고 틀림없는 명문장가의 말을 듣는 것 이상이다. 미덕을 몸소 구현하신 예수를 모방하며 따르는 것을 포함한다"(Dale C. Allison Jr., *Studies in Matthew: Interpretation Past and Present* [Grand Rapids: Baker Academic, 2005], 153).

40 제이슨 후드는 그의 책에서 "경건하다"는 것은 "하나님의 형상을 닮는다"의 줄임말이라고 한다(Jason Hood, *Imitating God in Christ: Recapturing a Biblical Pattern* [Downers Grove, IL: IVP Academic, 2013]).

41 네 개의 복음서가 있고 초대교회가 이 네 가지 복음서를 네 명의 영감된 증인들이 적은 하나의 복음서라고 이해했을지라도, 여기에는 단수로 "전기"라고 쓰는 것이 적절하다.

존재하는 방식에 대한 비전을 주신다. 만일 예수님께서 지식과 경험없이 혹은 스스로 모범이 되지 않으시면서 이성적으로만 가르치셨다면 그것은 의심스럽고 실망스러울 것이다. 마태는 사려 깊고 신중하게 이 복음서를 적어 내려가며 예수님이 비아티튜드에서 당신이 명령하신 모든 것의 모범이 되셨음을 정확하게 보여 주려고 애를 쓴다. 예수님은 겸손하고 영적으로 가난하며(11:28-29, 21:5), 애통하고 슬퍼하며(23:37), 하나님 나라가 나타나기를 간절히 소망하며 배고프고 목마르며(9:38), 마음이 청결하며(4:10), 자비를 베풀고(12:1-21, 14:13-21, 15:32-39, 20:30-34), 평화를 만드신다(28:10). 그리고 비아티튜드의 첫번째 주안점인 의를 위한 고통과 핍박에 대한 강조에 관해서도 예수님은 위대한 모범이 된다. 실제로 이 비아티튜드의 특징은 복음서들의 전반적인 가치인 예수님의 고통과 부당한 죽음이라는 없어서는 안되는 어둠에 일치한다. 이러한 여러 방식들로 비아티튜드는 마태복음 전체와 밀접하게 연결되며 상호 의미를 드러낸다.[42]

산상수훈의 머리말로서의 비아티튜드: 몇가지 주요한 관찰들

산상수훈의 구조를 분석하는 이전 과에서 논의 하였듯이 장인의 작품이라고 할 수 있는 산상수훈에 우연히 나타나는 내용은 없다. 특히 산상수훈의 서두에 비아티튜드를 배치한 이유에 주목할 필요가 있다. H. 베네딕크 그린을 비롯한 몇몇 사람들은 모세 율법의 첫 번째 부분에 십계명이 위치한 것처럼 산상수훈의 서두에 비아티튜드가 위치한다고 제안한다.[43] 일부 주석가들은 산상수훈은 전체 복음서의 요약이며, 비아티

---

42 산상수훈은 마태복음에 후대에 첨가된 것이며 매우 다른 성격의 보석이고 문맥에서 벗어나서 읽어야만 가장 좋은 읽기가 가능하다고 말한 베츠와는 대조된다(Hans Dieter Betz, *Essays on the Sermon on the Mount* [1985; Minneapolis: Fortress, 2009], 19).

43 Green, *Matthew, Poet*, 284.

튜드는 산상수훈의 요약이라고 말한다.[44] 조금 더 많은 신학적 논의가 필요해 보이지만 이 주장들이 어느 정도 사실을 포함하고 있음은 분명하다. 그럼에도 불구하고 아직 충분히 명백하고 중요하게 다루어 지지않은 내용은 산상수훈이 일련의 마카리즘으로 시작된다는 점이다. 이 마태의 선택은 산상수훈에 대한 전반적인 이해를 위해 여러 면에서 매우 유익하다.

첫번째로 주목해야 하는 가장 눈에 띄는 사실은 산상수훈이 미덕-또는 번영-지향적 지혜 문학이라는 것이다. 앞서 주장했듯이 산상수훈의 전반적인 초점을 반영하는 두 가지 주요한 축은 마카리오스와 텔레이오스이다. 이 두 개념은 산상수훈 이전의 전통에 깊게 뿌리 내리고 있으며, 산상수훈이 놓여 있는 그레코-로만의 미덕 관점과 제2성전 유대교의 지혜 문학적 문맥에 깊이 뿌리 내려 있다. 이는 마태복음 독자들에게 산상수훈을 해석하고 듣는데 필요한 강력한 틀과 시각을 형성한다-산상수훈은 번영 지향적, (현재는 급진적 그리스도 중심적 지향성을 갖는) 종말론적-지혜 명령이다.

마카리즘은 인간 번영을 약속하는 세상에서 존재하는 한 방식(미덕의 비전)으로 사람들을 초대하는 선언이다. 이는 유대인 성경 (특히 시편)과 그레코-로마의 미덕 전통에 풍부한 유산을 가지고 있다. 마카리즘은 구약의 경우 아셰르한 삶의 비전이고 신약의 경우 유다이모니아와 같은 비전이다. 이 안에서 예수님은 보편적 인간의 가장 큰 질문인 진정한 행복과 번영을 누릴 수 있는 방법을 다룬다. 그의 대답은 (신적 계시에 뿌리를 둔) 유대적 기원, (미덕의 언어와 동기의) 헬라적 문맥, 그리고 (종말론적 나라를 지향하는) 급진적 새로운 강조로 구성된다.

구약의 지혜-번영의 중심은 시편1편이다. 시편1편과 산상수훈의 상당

---

44 Pinckaers, *Pursuit of Happiness*, 25는 하나의 좋은 예로서 자크 베닌 보슈트를 인용한다.

한 일치는 단순한 우연이 아니다. 산상수훈은 예수님께서 주시는 시편 1편의 종말론적 확장이다. 모두 마카리스적 지혜이며, 시편1편의 내용이 산상수훈의 결론부에 놀라울 정도로 중복되어 나타난다(7:13-27): 청중을 지혜의 길로 초청한다(시 1:1, 마 7:24); 세상에 존재하는 두 가지 길을 대조한다(시 1:1, 6; 마 7:13-14); 핵심 은유로 열매 맺는 나무를 사용한다(시 1:3-4; 마 7:16-20); 최후의 심판과 악인과 의로운 사람의 분리를 말한다(시 1:5-6, 마 7:13, 21-23, 26-27); 주님이 "아는" 사람들과 그렇지 않은 사람들을 대조한(시 1:6, 마 7:23); 하나님의 계시를 듣고 묵상하는 것을 강조한다(시 1:2, 마 7:24).

위의 내용을 기반으로 비아티튜드가 산상수훈내에서 어떻게 기능하는지에 대해 몇 가지를 추가로 살펴 볼 수 있다. 먼저 주목해야 할 것은 비아티튜드에 구조가 있다는 것이다.[45] 여러 주석가들이 이 구조에 대해 다른 분석을 제시했다. 교회 역사의 전반에서 비아티튜드는 하나님을 향해 올라가는 사다리로 여겨졌다.[46] 개신교 개혁 주의자들은 "의를 향한 굶주림과 목마름"을 중심으로 강조했다.[47] 한스 디터 베츠는 첫 번째 비아티튜드가 중심이며 나머지는 그것을 실행하는 것이라고 제안한다.[48] 마크 알란 포웰은 첫 네 개의 비아티튜드는 불행한(5:3-6)자들에 대한 역전의 약속이며, 나머지 네 개는(5:7-10) 결말(5:11-12)과 함께 미덕한 삶에 대한 종말론적 보상의 약속이라고 보았다.[49] 스캇 맥나이트는 겸손(5:3-5), 정의(5:6-8), 평화(5:9-12)를 비아티튜드의 주된 세가지 도덕적 주제들로

---

45 5장의 산상수훈의 구조에 관한 추가적 논의를 보라.

46 Hugh of St. Victor's *De quinque septenis*, discussed in Boyd Taylor Cameron, "Hugh of St. Victor," in *The Sermon on the Mount through the Centuries: From the Early Church to John Paul II*, ed. Jeffrey P. Greenman, Timothy Larsen, and Stephen R. Spencer (Grand Rapids: Brazos, 2007), 59-80를 보라.

47 Daniel M. Doriani, *The Sermon on the Mount: The Character of a Disciple* (Phillipsburg, NJ: P&R, 2006)를 보라.

48 "산상수훈의 나머지는 첫번째 마카리즘의 강화와 구체화일 뿐이다" (Betz, *Essays*, 35).

49 Mark Allan Powell, *God with Us: A Pastoral Theology of Matthew's Gospel* (Minneapolis: Fortress, 1995), 119-40.

제안하며, 그들로 이루어진 3-3 구조를 제안한다.[50] 더 명확한 문학적 및 구조적 분석을 통해 의도적인 (헬라어) 두운법과 전후 네 개의 비아티튜드가 똑같은 글자수를 가진다는 것을 알 수 있다.[51] 이러한 분석들은 각각의 시각에서 통찰과 유익을 준다. 나는 하나님 중심과 타인 중심에 초점을 맞추는 십계명 두 돌판과의 평행을 제안한다. 첫 번째 네 개의 비아티튜드는 수직적 강조점(하나님에 관한 5:3-6)을, 나머지는 수평적 강조점(타인과 관련한 5:7-12)을 갖는다.[52] 그러나 종합적으로 앞선 5장에서 논의된 바와 같이, 비아티튜드를 산상수훈 전체에 반복되는 3-3 구조로 보는 것이 가장 좋다.

두 번째로, 이러한 마카리즘이 산상수훈의 대칭 구조에서 어떻게 기능하는지를 살필 수 있다. 산상수훈을 여는 아홉 개의 비아티튜드는 산상수훈을 닫는 "마지막 세 경고"와 대칭 한다고 종종 주장되어 왔다. 신명기의 축복-저주 패턴을 모델로 한 "너희가 섬길 자를 오늘 택하라"(수 24:15 개역개정)라는 명령과 일치한다. 이 해석이 완전히 틀린 것은 아니며 일부 사실을 포함한다. 그러나 마카리즘과 축복에 대한 일반적인 혼동에 기반을 두고 있는 것이며 주된 요소는 아니다(2 과 참조).

이 평행 구조를 아홉 가지 초대와 세 가지 경고의 대칭으로 보다 광범위하게 이해하는 것이 훨씬 더 좋다. 위에서 논한 바와 같이 마카리즘은 복-저주 개념인 바라크의 복이 아니다. 마카리즘은 번영을 위한 명령적

---

50 McKnight, *Sermon on the Mount*, 37.

51 Allison, *Studies in Matthew*, 174-75; Green, *Matthew, Poet*, 39-40를 보라. 단어의 수와 관련해 Christine Michaelis, "Die P-Alliteration der Subjektsworte der ersten 4 Seligpreisungen in Mt. v 3-6 und ihre Bedeutung *für* den Aufbau der Seligpreisungen bei Mt., Lk. und in Q," *NovT* 10, no. 2 (1969): 148-61; Julius Schniewind, *Das Evangelium nach Matthäus* (Göttingen: Vandenhoeck & Ruprecht, 1962), 270를 보라.

52 Charles Talbert, *Matthew*, Paideia: Commentary on the New Testament (Grand Rapids: Baker Academic, 2010), 75; David Garland, *Reading Matthew: A Literary and Theological Commentary* (Macon, GA: Smyth & Helwys, 2013), 54. 그런은 비아티튜드의 구조를 이와 같은 방식으로 보지 않는다. 그럼에도 그는 십계명의 수평적이고 수직적인 측면을 인정한다(Green, *Matthew, Poet*, 287-88).

초대이며 화 있음이 그 대조 개념이다. 그리고 마태는 예수님의 생애와 가르침의 마지막 주간을 다루는 23장에서 정확하게 이 대립 개념을 언급한다. 놀랍게도 비슷한 시적 패턴의 반 마카리즘 혹은 비 번영과 그 결과에 관한 선언적 경고가 발견된다(23:1-36). 흥미롭게도, 누가복음 6:20-26은 마카리즘을 (저주가 아닌) 화 있음과 연결하는 방식을 확실히 보여준다. 누가복음 6:20-26은 직접적인 네 가지 마카리즘-화 있음 시리즈이다. 이는 지혜 문학에서 일반적으로 찾아 볼 수 있는 것이다. 마태복음이 이 화 있음에 대한 선포를 산상수훈이 아니라 예루살렘에서의 마지막 고난 주간에 둔 분명한 이유가 있다. 문학적 관점에서 보면 이것은 예수님의 가르침 사역의 시작과 끝을 구분 짓는 강력한 책 마침 쌍을 제공한다. 마카리즘과 화 있음 선포 사이의 열 일곱 장에 달하는 분리도 이 둘이 대조 쌍이라는 명백한 사실을 바꾸진 않는다. 실제로 만약 마태복음의 전체 구조가 교차 대조를 이루는 다섯 가지 강화에 기초한다는 찰스 로어의 주장이 맞다면, 이는 첫번째와 다섯 번째 강화가 마카리즘과 화 있음의 선포를 통해 서로 상응하고 있다는 해석을 더욱 강화한다.[53]

따라서 산상수훈안에서 축복과 경고를 강조하기 보다는 시작과 끝에 초청을 수반하는 자연스럽고 심지어 예상되는 메시지 구조를 관찰하는 것이 더 좋다. 시작 부분의 초청은 긍정적인 것으로 인간 번영을 결과로 가져 오는 세상에서 존재하는 한 방식에 대한 비전을 던진다. 끝 부분의 초청은 부정적인 것으로 경고 메시지이다: 이 메시지 전체를 진지하게 받아 들여 잘못된 쪽으로 기울지 않도록 조심하라. 청중들은 (바리새인이

---

53 Charles H. Lohr, "Oral Techniques in the Gospel of Matthew," *CBQ* 23 (1961): 424-34. 잭 런드봄은 이 형식은 마태가 자신의 글을 새 언약 문서로 제시하고 있음을 보여주는 것이라고 제안한다(Jack Lundbom, *Jesus' Sermon on the Mount: Mandating a Better Righteousness* [Minneapolis: Fortress, 2015], 2장). 이 생각에 동의하지만, 이 주장은 불행하게도 축복과 마카리즘을 동일시하는 오류에 근거한다. 런드봄은 마태복음의 "축복과 화"가 신명기적인 "축복과 저주"와는 몇 가지 중요한 의미에서 다르다는 것을 옳게 지적한다. 하지만 그것들이 똑같은 것이 아니기 때문에 그렇다는 것을 보지 못한다. 대신 그는 이러한 차이가 구약과 신약 (42-43)의 차이점이라고 제안한다.

아니라 예수님의 가르침의 길인) 좁은 문으로 들어가고, (바리새인들이 아닌 예수님의 말을 들음으로써) 지혜로 집을 지어, 인간의 번영과는 정반대인 참으로 파멸과 파괴에 이르지 않도록 명령 받는다(7:13, 27). 이 상태가 실제로 비아티튜드와 대조되는 파멸의 상태이다. 저주가 아니다, 저주는 실제로 7:13-27에서 발견되지 않는다. 또한, 더 넓은 문학적 차원에서, 마카리즘으로서의 비아티튜드는 마태복음 23장의 화 있음과 쌍을 이룬다.

역설적인 고난-번영 비아티튜드

마태복음의 아홉 가지 마카리즘 시리즈를 파 들어가다 보면 검은색 금 덩어리를 발견한다. 값을 매길 수 없는 하나님의 금이지만 어두운 색을 띠고 있다. 여기에 비아티튜드의 진수가 담겨 있다: 아홉 가지 비아티튜드는 그리스도 중심의 종말론적이고 계시(묵시)적인 세상 이해에 자리 잡고 있다; 그들은 참된 인간 번영을 예수님의 제자들이 예수님이 시작하신 하나님의 오는 나라를 기다리는 것 만큼 고통스러운 것으로 제시한다.

예수님의 마카리즘은 번영을 모순적이고, 역설적이며, 현재가 아닌 미래에 주어질 소망으로 설명하는 강한 충격을 준다. 번영한다는 것이 무엇을 의미하는지에 대한 이 선언은 듣는 이들이 가지고 있던 풍성하고 충만한 삶의 의미에 대한 생각과 개념과는 다른 것으로 초대한다. 예수님이 초대하는 번영에서 가장 중요하면서도 예상치 못한 사항은 그것이 인간적이고 자연적 관점에서는 번영이 아닌 것으로 나타난다는 점이다. 서바이스 핀캐어스가 이 사항을 적절하게 설명한다:

비아티튜드를 밭에 놓인 쟁기와 비교할 수 있다. 쟁기의 단단하고 예리한 끝부분은 땅을 향하며 넓은 밭고랑을 만들어 낸다, 시적 표현으로는 깊은 상처를 낸다 … 같은 방식에서 비아티튜드의 말씀은 성령의 힘으로 우리 내면의 흙을 부수기 위해 우리를 관통한다. 그것은 시련의 날카로운 모서리와 그것이 야기하는 투쟁으로 우리 전체를 갈아 엎는다. 그것은 우리의 생각과 계획을 뒤엎고, 명백한 것을 뒤집으며, 우리의 욕망을 좌절시키고, 우리를 당혹스럽게 하며, 하나님 앞에서 우리를 가난하고 헐벗게 만든다. 이 모든 것이 우리 안에 새 생명의 씨앗을 위한 장소를 준비하기 위한 것이다.[54]

존 칼빈이 관찰한 것처럼, 대부분의 사람들은 행복한 사람은 "괴로움이 없고, 원하는 모든 것을 얻고, 즐겁고 쉬운 삶을 사는" 사람이라는 잘못된 믿음을 고수한다; 진정한 행복은 현재의 감정 상태에 관한 것이 아니다. 칼빈은 그리스도는 산상수훈에서 재앙과 비난이 행복한 삶과 모순된다고 생각하는 믿음을 거짓으로 드러낸다고 말한다. 그들은 다음과 같은 신념으로 살지 않는다, "우리의 인내심을 주님이 축복하시기에 우리는 불행 가운데 행복하다, 그리고 곧 행복한 결과를 얻을 것이다 … 그리스도의 제자들은 세상을 초월하고 육신의 고통 너머에 그들의 행복을 두는 철학을 배워야 한다." 칼빈은 비아티튜드의 요점은 "악한 사람들의 비난에 의해 억압받고 여러 가지 재난을 당하는 사람들은 불행하지 않은 사람들이다"라는 것을 보여 주기 위한 것이라고 결론 내린다.[55]

오늘날의 독자들은 지난 2 천년의 기독교 역사를 지나오며 비아티튜드의 내용들을 긍정적으로 생각하는 것에 아주 익숙하다. 반면 그 어두움을 직시하는 것에 실패한다. 그러나 그 어둠을 직시한다면, 즉시 각 전제절의 마카리즘이 긍정적인 인간 번영의 비전이 아니라는 것을 분명히 알

---

54 Pinckaers, *Pursuit of Happiness*, 36-37.

55 John Calvin, *Commentary on a Harmony of the Evangelists: Matthew, Mark, and Luke*, trans. William Pringle (Edinburgh: The Edinburgh Printing Company, 1845), 259-60.

수 있다. 예수님이 번영의 상태라고 선포하신 내용들은 인류가 본능적으로, 심지어 애써 피하려고 하는 것들이다. 그것들은 마음의 빈곤, 애통, 겸손,[56] 굶주림과 목마름, 자비로움, 평화를 만듦 (우리에게 잘못한 사람들을 향해서만 필요한 것), 그리고 특히 박해로 인한 고통 (앞서 언급한 비아티튜드의 절정이고 중점)이다. 마음의 청결함만이 유일하게 완전히 부정적인 것으로 보이지 않는다(5:8). 그렇다고 해서 이것만 다른 내용과 상반된 상태라거나 마카리즘과는 어울리지 않은 것이라고 말하기는 어렵다. 예수님이 일반적인 마카리오스를 사용하여 소개하심에도 불구하고 비아티튜드는 전반적이고 압도적으로 심지어 당혹스러울 정도로 번영과는 반대되는 세상에 존재하는 상태들을 권고한다.

여기에 이 마카리즘들을 해석하는 열쇠가 있다. 전제절과 귀결절 사이의 관계에 주의를 기울여야 한다. 불행히도, 산상수훈의 해석에 관한 역사에서 이 부분은 거의 논의 된 바가 없다.[57] 그러나 이 관계에 대한 사유는 예수님의 가르침과 비전 안에서 이 마카리즘들이 어떻게 기능하는지에 대한 결정적인 통찰을 제공한다.

나는 각 비아티튜드의 두 반쪽을 연결하는 유연한 단어인 호티를 "때문에"라 번역했다. 이 번역은 각 비아티튜드 전체의 뜻을 밝히고 그 내용의 역설적인 본질을 드러낸다. 이것은 영어 번역에서 종종 발견되는

---

56 기독교 전통에서 우리의 시각을 흐리게 하는 이해될만 하지만 유익하지 않은 예수님의 가르침에 대한 주요한 예가 있다. 기독교는 오랫동안 선함과 아름다움 그리고 겸손에 대한 욕망과 "영혼의 빈곤"을 받아 들였다. 그러나 고대 세계에서는 그러한 겸손과 자신 스스로를 다르다고 여기는 것은 가치 있게 여겨지거나 높여지지 않았다. 겸손은 뚜렷하게 기독교적 미덕이며, 특히 아리스토텔레스와 같은 그레코-로만 전통과는 대조된다. 또한, 명예-불명예 문화(고대 유대교를 포함하여)에서 보듯이, 저층민은 사회에서 더 낮은 곳에 위치한다 - 이들은 번영 상태에서 기뻐하거나 번영 상태에 있다고 생각되지 않는 자들이다. 그러므로 여기 낮은 자와 겸손한 사람이 번영하고 행복하다는 예수님의 말씀에는 역설이 깔려 있다.

57 예외적으로 조지 케네디는 그레코-로만 수사학적 형식에 기반하여 비아티튜드의 **마카리오스+ 호티** 형태는 생략 삼단 논법의 한 형태라고 결론 내린다. 생략삼단논법은 삼단 논법 (대전제, 소전제, 결론)에서 전제가 하나로 생략되는 것이다. 케네디는 각 마태복음 비아티튜드의 대전제는 소전제와 결론의 요약으로 나타나며 전제된다고 제안한다. Kennedy, *New Testament Interpretation Through Rhetorical Criticism*, 49-50를 보라. 케네디가 옳든 옳지 않든 전제절과 귀결절의 논리적이고 개념적인 관계에 대한 나의 제안에는 아무런 영향을 미치지 못한다. Kinney, *Hellenistic Dimensions of the Gospel of Matthew*, 197-98의 논의를 보라.

"for"(위하여, 때문에)의 모호하고도 쓸모 없는 번역보다 훨씬 선명한 단어이다. "왜냐하면"은 전제절이 결과절에 선언된 급진적인 역설에 필수적인 설명을 말하고 있다거나 원인과 결과 관계의 근거를 말하고 있다는 것을 보여준다. 각 결과절에서 발견되는 번영에 대한 예상하지 못한 역설적 주장은 설명이 필요할 정도로 충격적이다. 각 비아티튜드의 전제절은 왜 역설적인 결과절이 진리이고 무의미한것이 아닌지를 설명한다.[58]

예수님이 심령이 가난한 사람들이 실제로 번영하고 있다고 담대히 주장 할 수 있는 이유는 겉으로 보여지는 것에도 불구하고, 이 낮은 사람들은 사실상 하나님의 하늘 나라의 소유자이며 그 시민이기 때문이다. "심령이 가난한 자"는 긍정적인 그리스도인의 미덕처럼 보일지 모르지만 고대 근동 및 그리스-로마의 영광과 수치심에 관한 배경에 비추어 보면 심령이 가난한 사람들은 하나님의 나라를 소유하지 못한 자로 취급되는 사회의 낮은 곳에 있는 자들이다. 이와 비슷하게 겸손한 사람들 역시 사회와 세상에서 외적으로 드러나는 모습과 관계없이 번영하고 있는 자들이다-왜냐하면 그들이 진정한 땅의 상속자이기 때문이다. 마찬가지로, 애통하는 자들은 (이사야서의 하나님의 통치를 갈망하며 고난을 당하는 자들의 모습을 떠올림)[59] 진정으로 번영하고 있다, 왜냐하면 하나님이 그들의 위로자가되기 때문이다. 원수와 잘못한 자들을 용서하고 긍휼히 여기는 자들은(5:7, 9) 참으로 번영하고 있다, 왜냐하면 그들은 가장 위대한 이름인 하나님의 자녀라 일컬어 질 것이기 때문이다. 번영하는 자들은 그들의 삶이 의, 즉 세상을 바르게(의롭게) 세우시는 하나님에 주리고 목마른

---

58 안드레이 코작은 산상수훈의 첫 번째 부분과 두 번째 부분 사이의 관계를 대부분의 사람들과 달리 본다. 그는 그들 사이의 관계가 "역의 평등성 중 하나라는 사실을 관찰한다. 이 속성들은 현재의 시간 영역에서는 억압하지만, 하늘과 하나님의 나라에서는 최고의 행복 상태를 만든다. 이 역평등 체계는 비아티튜드에서 뿐만 아니라 산상 수훈의 나머지 부분에서도 일관되게 반복된다." (Andrej Kodjak, *A Structural Analysis of the Sermon on the Mount* [Berlin: de Gruyter, 1986], 71).

59 사 60:20; 61:2-3

자들로 표시되는 삶을 사는 자들이다. 세상이 옳지 않은 것을 인식하여 불만족스럽고 하나님이 다시 오는 것이 필요하여 그것을 갈망해야 하는 세상에서 사는 것이 좋은 상태는 아니다. 그러나 이 의를 위한 굶주림과 목마름이 충족 될 것이라는 큰 약속 때문에 이들은 번영하는 자라고 묘사된다. 이 마카리즘은 하나님의 회복에 대한 위대한 이사야의 소망을 풍성하게 연상시키며, 광야에서 기적으로 굶주린 자들을 먹이신 마태복음에 등장하는 예수님의 일과 연관성을 갖는다(14:14-21; 15:29-38). 마음이 청결한 자들은 하나님을 볼 것이기 때문에 번영하고 있다. 그리고 마지막으로—그리고 가장 급진적이고 예상치 못하게—번영하는 자는 의를 위해 고통 받고 핍박 받는 사람들이다. 한 사람이 무죄하고 진실하며 하나님의 의를 따라 사는 데도 불구하고 공격받고 중상모략되고 지역 사회에서 내쳐지는 것보다 더 심한 고통이 있을까? 없다. 그러나 예수님은 이것이 참된 번영이라고 주장한다. 왜냐하면 이 사람들이 하나님 나라의 상속자들이고 커다란 상급을 받는 자들이기 때문이다. 이 진실된 약속 때문에 그와 같은 고통의 상태에서도 지금 실제로 기뻐하고 즐거워하며 번영의 맛을 볼 수 있다. 이것은 어려움 가운데에서 "애써 웃음 지으며 참는 것"이나 단순히 "침착히 계속 짐을 지는 것"을 의미하는 것이 아니다. 오히려, 현재와 오는 시대의 참된 인간 번영의 상태를 깨닫고 기뻐하라는 초대이다.[60]

이 해석은 전제절의 결과로 결과절의 축복이 주어진다라는 일반적인

---

60 유대인 성경은 강하고 시적인 방법으로 번영과 고통에 대한 이야기를 욥기에서 잘 풀어낸다. 데이빗 포드가 지적하듯이 욥기 1:1-3과 욥기 42:10-17은 인간 번영에 평행하는 그림이며 욥의 극심한 고통에 대한 이야기의 처음과 끝으로 기능한다. 욥기 42:5의 극적인 전환에서 욥은 그의 고통 전에 그가 번영한 상태에서는 오직 하나님의 말씀만을 들었음을 진술하지만 그 후에 "나의 눈이 주를 이제 보나이다"라고 고백한다. David Ford, "God's Power and Human Flourishing: A Biblical Inquiry after Charles Taylor's *A Secular Age*," paper presented at the Yale Center for Faith and Culture, http://faith.yale.edu/sites/default/files/david_ford_-_gods_power_and_human_flourishing_0_0.pdf. 또한 Elenore Stump, *Wandering in Darkness: Narrative and the Problem of Suffering* (Oxford: Oxford University Press, 2010), 177-226를 보라.

산상수훈의 이해와는 완전히 다르다. 대부분의 주석가들은 전제절과 결과절의 긴밀한 관계를 고려하지 않고 하나님께서 먼저 주신 축복 위에 또 다른 축복을 주는 것이라는 이해에 기초하여 비아티튜드를 읽는다. 마카리즘이 현실의 축복이 아니라는 근본적인 문제에 더하여 이런 일반적인 이해는 각 비아티튜드의 전반부와 후반부 사이의 관계를 거의 드러내지 못한다. 하나님이 심령이 가난한 자를 축복하시고 그런 다음에 그 결과로 하늘 나라를 주시는 것인가? 하나님이 영혼의 빈곤을 주고 그런 다음 다른 축복으로 그 축복을 축복해 주시는 것인가? 아주 좋게 들리며 어떤 기본적인 의미에서 사실임을 부인할 수 없다; 물론 모든 좋은 것들은 궁극적으로 하나님에게서만 나온다. 그러나 이것은 마카리즘이 무엇인지, 그것이 어떻게 기능 하는 지와 관련 없다. 이런 방식으로 비아티튜드를 이해하기 위해서는 매우 복잡한 신학적 패러다임이 필요한다. 그러나, 예수님이나 마태의 청중들은 복잡한 신학적 패러다임을 가지고 있지 않았다고 겸손하게 제안한다.[61]

더 큰 문제가 있는 해석은 비아티튜드를 조건부 진술로 보고, 전제절에 "만약"을 결과절에 "그렇다면"을 넣어 읽는 것이다. 이런 방식의 읽기에서 전반부는 무엇을 행하라는 명령이고 –겸손하다, 애통해 하다, 온유하다, 굶주리고 목마르다(명령이라고 하기엔 이상한 것이다) 등– 후반부는 신적 결과를 나타낸다. 만약 당신의 심령이 가난하면 천국을 얻는다; 만약 네가 애통해 하면 위로를 얻을 것이다; 만약 네가 긍휼히 여기면 긍휼히 여김 받을 것이다. 다시 말하지만, 이것은 마카라즘의 본질과 축복에 대한 근본적인 혼란에 근거한다. 더욱이 많은 학자와 교사들이 (특히 개혁교회가) 지적했듯이, "이것을 해라, 그러면 네가 이것을 하나님에게서 얻을 것이다"라는 기계적 해석은 예수님이 주시는 은혜와 구원에 대한 전반

61 시편 1편을 이와 같은 방식으로 읽은 2장의 논의를 기억하라.

적인 가르침과 행위에 일치하지 않는다; 이것은 은혜에 기반한 기독교가 아니라 이상주의적인 종교이다. 2과에서 논의되었 듯이 "천국에 들어가기 위한 의무"로서 비아티튜드를 읽는 것은 나머지 마태복음과 신약과도 일치하지 않는다.

이러한 문제적 읽기에 대한 해결책은 예수님이 종말을 기다리는 상황에서 번영을 고통이라 재정의하고 있음을 이해하는 것이다. 그리고 마카리즘을 번영에 이르게 하는 세상에 존재하는 한 방법으로 초대하는 것이라고 새롭게 이해하며 읽는 것이다. 이것은 은혜에 반하는 것이 아니라 은혜의 수단이다. 예수님의 마카리즘이 갖는 급진적이고 독특한 점은 하나님께서 그의 정의의 다스리심을 하늘로부터 세상에 가지고 오실 날을 기다리는 이 때의 인간의 번영이 고통에 둘러싸인 것으로 발견되는 예상하지 못한 종말론적 전환이다(주기도문 참조).

산상수훈밖에서의 비아티튜드의 신학적 전용

마카리즘과 비아티튜드의 해석 역사가 이러한 읽기 방식을 확증한다. 앞선 2장에서 논의 했듯이 마카리즘은 분명히 예수님만의 독특한 것이 아니다. 신약 성경과 제2성전 유대인 저술을 포함한 고대 근동 문학에 강한 선례가 있다.

제2성전 시대에는 두 가지 중요한 유대 장르인 계시(묵시)문학과 지혜 문학이 혼합된다. 이 두 장르가 결합되는 주요 방법 중 하나는 마카리즘(그리고 이에 상응하는 종말론적 화(woes))를 통한 것이다. 율리히 루츠가 말한 것처럼, 유대 문학에서 비아티튜드는 "사람의 행위와 그 사람에게 일어나는 일"의 상관성을 표현함으로써 지혜를 가르치는 것이었다.[62] 유대인들이 큰 박해를 받고 묵시(계시) 문학이 활발하던 제2성전 시대의 마

---

[62] Luz, *Matthew 1-7*, 187.

카리즘은 특별히 지혜롭게 오늘을 살면 하나님께서 약속하신 좋은 미래가 올 것이라는 희망을 주는 귀결절을 강조한다. 이 맥락은 예수님의 비아티튜드에서도 동일하다.[63] 그것들은 하나님의 오는 종말론적 나라에서의 번영하기 위한 초대이다.

초기 기독교의 산상수훈 적용을 살펴보면, 그들 역시 번영으로의 초청, 특히 번영이 고통과 핍박 중에 온다는 역설적 강조에 같은 초점을 맞추고 있음을 발견한다. 한 강력한 예가 베드로전서 4:14이다. 전체 주제와 성격을 핍박 중의 기쁨과 번영으로 요약 할 수 있다-"너희가 그리스도의 이름으로 치욕을 당하면 번영하는 자로다 왜냐하면 영광의 영 곧 하나님의 영이 너희 위에 계심이라." 베드로전서 4:14과 마태복음 5:10-12사이의 정확한 역사-문학적 관계를 단정하는 것은 불가능하다.[64] 하지만, 같은 메시지를 전달하고 있다는 것에는 의심의 여지가 없다-참된 인간 번영은 박해와 고통 중에 (그리고 심지어 박해와 고통 때문에 신비한 방식으로) 발견된다.

마지막으로, 기독교 역사에서 비아티튜드가 읽혀온 다양한 방식들을 넓게 살피는 것이 유익할 것이다. 많은 사람들은 산상수훈은 은혜의 말씀으로 시작한다고 이해한다. 그리고 이 은혜가 나머지 부분의 높은 윤리적 요구 앞에 있다는 것을 강조한다.[65] 이와 대조적으로 일부는 비아티튜드를 구원의 조건으로 읽는 방식을 고안한다. 또 다른 사람들, 특히 초창기 교회는 비아티튜드를 회개에서 완전에 이르는 장엄한 계단; 심령의

---

63 Ibid., 188. 또한 Davies and Allison, *Matthew 1-7*, 432를 보라.

64 마태복음과 베드로전서 모두에 반복되어 사용되는 주제와 문장들은 두 본문 간에 존재하는 연결성을 보여준다. 가능한 논리적 관계는 다음과 같다. (1) 마태가 베드로를 사용하고 있다. (2) 베드로가 마태를 사용하고 있다. (3) 둘 다 공통된 출처/전통 (서면 또는 구두)을 사용하고 있다. 나는 서신서가 의식적으로 예수전통들을 사용하고 있다고 생각한다. 이것은 적어도 구두로 그리고 종종 서신서가 쓰여지기 전에 서면 형태로 존재했다. 역사적으로 이 중 어느 것을 결정하는 것은 불가능하다. 그러나 궁극적으로 둘 사이에 존재하는 공통된 주제와 해석을 보는 것에서 오는 이익과는 관련 없다.

65 역사적 읽기의 간단한 요약을 Luz, *Matthew 1-7*, 188-91에서 확인 하라.

빈곤으로 시작하여 순차적으로 미덕의 정상에 등반하는 형태의 윤리적 권고 형식으로 본다. 또 다른 한 방식은 비아티튜드가 공동체의 삶, 특히 은혜(마카리즘 1-4)에서 비롯하는 삶(마카리즘 5-8)에 대한 규칙을 제공한다는 것이다.[66]

각각의 읽기 방식에 유익이 있지만, 전체적인 그림인 번영으로의 초대를 보는 것에는 실패한다. 은혜와 미덕을 서로 상충하는 것으로 여긴다면 성경 전체가 증거하는 내용을 이해할 수 없는 딜레마를 자초하는 것이다. 비아티튜드를 포함한 마카리즘은 청중에게 세상에서 존재하는 어떤 특정한 방법(미덕의 특정한 이미지)으로 자발적으로 나아가 삶의 충만함을 찾도록 호소한다. 마태복음에 따르면 이 모든 것은 오직 예수님의 구원 역사의 은혜로만 가능하다(1:21, 26:28). 따라서 이러한 비아티튜드는 개인의 미덕적 선택과 그 결과로 일어나는 번영에 호소하는 것 그 이상이다. 산상수훈은 그리스도를 따르는 사람들이 모인 공동체 한 가운데에서 그리스도를 따르는 개인의 삶을 위한 성명서 또는 법적 문서이다. 베네딕트 그린은 다음과 같은 결론을 내린다.

그렇다면 비아티튜드는 참 제자의 인격에 대한 요약 설명이다; 그들은 산상수훈의 요구를 충실히 따르고 있는 제자, 그리고 반대로 그 요구를 받아들이고 옳은 (그리고 좁은) 길을 인내하며 걸어 가야 할 제자의 모습을 압축한다 (7:13-14). 그들은 이중 사랑의 계명을 순종하는 것에 수반되는 것들을 자세히 쓰고 있다.[67]

---

66 루츠에 따르면 이것은 Christoph Burchard (1978), George Eichholz (1984), Wolfgang Trilling (1969)의 관점이다.

67 Green, *Matthew, Poet*, 288.

따라서 마카리즘의 고유한 특성이 우리의 번영을 가져 오는 삶의 방식에 대하여 호소하는 것임을 인식하지 않으면 안된다. 하나님의 축복에 대한 단순한 진술로 받아 들이면 비아티튜드를 잘 못 읽는 것이다.[68]

비아티튜드의 이러한 개념과 기능을 깨닫지 못하는 산상수훈 해석이 낳은 불필요한 논쟁이 예수님의 산상수훈을 듣는 청중이 누구냐는 것이다. 앞서 언급했듯이, 5:1-2은 예수님의 가르침 중 첫 번째이자 가장 위대한 산상수훈의 청중이 이미 예수님의 부름을 받은 제자임을 설명한다. 그러나 다른 한편으로는 많은 이들이 말하듯 산상수훈이 끝나는 지점에 군중들이 경외심과 놀라움을 느꼈다는 반응을 기록한 것은 산상수훈의 청중이 좁게 정의된 제자라는 범주 이상임을 분명히 알게 한다(7:28-29). 따라서 주석가들은 예수님과 마태의 의도된 청중이 누구인지-예수님을 믿는 자/따르는 자인지 혹은 훨씬 더 광범위하게 누구든지 듣는 자들인지-를 묻는 질문에 자주 넘어지곤 한다.

산상수훈은 천국에 들어가기 위한 의무 사항인가? 아니면 이미 믿는 사람들을 위한 가르침인가? 이것은 산상수훈과 비아티튜드를 해석함에 있어 주석가들이 맞닥뜨리는 큰 주제와 관련되어 있기 때문에 다시 한 번 생각해 볼 필요가 있는 문제이다. 행위 구원과 이신칭의 교리에 민감한 개신교인들이 산상수훈에 접근하는 일반적인 방법은 은혜를 크게 생각하는 것이다. 만약 산상수훈이 천국에 들어가기 위한 조건 목록으로 읽혀 진다면, 이것은 많은 사람들에게 (특히 개신교의 이해에서) 은혜에 반대되는 것으로 보일 것이다. 그 결과 예수님의 가르침에 대한 이러한 잘못된 읽기를 바로 잡기 위해 예수님이 누구에게나 가르치신것이 아니라

---

68 윌리암 덤브렐은 통찰력 있고 **마카리오스**의 의미에 대해 적절히 이해하는 다른 에세이에서 불행히도 도움이 되지 않는 가정을 설정한다: Beatitudes는 "새로운 상태로 부르는 것을 위해 존재하는 것이 아니라 오히려 존재하는 것을 묘사하며 제안하는 것을 목적으로 한다" (William Dumbrell, "The Logic of the Role of the Law in Matthew 5:1-20," *NovT* 23, no. 1 [1981]: 8). 후자는 옳지만 전자를 거부 할 필요는 없다.

제자들에게 말씀하고 계시다는 사실을 강조한다. 그렇기에, 산상수훈의 예수님의 가르침을 통해 하나님의 은혜를 얻거나 천국에 들어 가는 것이 아님을 분명히 한다. 이런 식으로 산상수훈을 읽으면 예수님의 비아티튜드는 축복과 은혜의 맥락에서 주어진 진지한 명령으로 받아 들여진다. 또 다른 이들은 이와 반대로 읽는다-이 목록들은 이미 제자이기 때문에 그들에게만 주어지는 축복으로 이해 된다.

이런 방식의 읽기의 문제는 제자 또는 신자가 된다는 것이 무엇을 의미하는지에 대한 이해가 시대 착오적이고 신학적으로 혼란스럽다는 것이다. 적어도 마태복음의 관점에서 보면 그렇다. 앞서 언급했듯이, 마태는 군중과 제자를 부분적으로 구분 짓는다. 하지만 모든 인간의 삶은 실제로 항상 유동적이며 역동적이다. 복음서의 제자도 예수님을 제한적으로 이해하고 많은 실수를 저지르며 예수님을 따르는 불완전한 인간의 삶 그대로 그려진다(마태복음 14:31; 15:16; 16:23; 17:17; 20:24; 특히 26:69-75 참고). 모든 인간은 언제나 예수님의 말씀을 듣고 깊이 이해하고 적용하도록 초대 받는다. 번영으로 초대하는 마카리즘은 "믿는 사람들"만을 위하고 그렇지 않은 이들을 적대하는 것이 아니다; 들을 귀가 있고 볼 수 있는 눈이 있는 자들은 예수님을 따를 것이라는 이해 아래 하나의 비전을 던지는 것이다.

또 다른 이 일반적 방식의 비아티튜드 읽기 문제는 앞서 언급한 것이다. 이는 마카리즘이 무엇이고 어떻게 기능하는지에 대한 오해에 근거한다. 비아티튜드는 은혜 대 천국에 들어가는 조건이라는 딜레마를 만들지 않는다.[69] 이는 예수님의 마카리즘이 하나님의 오는 나라에서 인간을 번영하게 하는 은혜에 기반한 지혜의 초대라는 사실을 이해하지 못하는

---

69 12장의 논의를 보라.

것에서 자초된 문제이다.[70] 성경이 독자들을 가르치는 방식에 대한 유진 피터슨의 말이 비아티튜드 전반에도 유용하게 적용된다:

성경은 우리에게 도덕적 규범을 제시하지 않는다. "이 정도로 살아라"고 말하지도 않는다. 교리 체계를 설정하지 않고 "이렇게 생각하면 너는 잘 살 것이다"라고도 말하지 않는다. 성경적 방법은 이야기를 해주고 초대하는 것이다: "이런 삶으로 오라-이것이 하나님이 만들고 하나님이 통치하는 세상에 존재하는 인간의 모습이다; 이것은 인간으로서 존재하고 성숙하게되는 것에 관한 것이다."[71]

마태복음 5:13-16: 새 언약의 증인 된 하나님의 백성

13 너희는 세상의 소금이다. 그러나 만약 이 소금이 짜지 않다면,[72] 무엇으로 이것을 다시 짜게 만들겠느냐? 이 소금은 사람들에 의해 짓밟힘 당할 곳에 버려지는 것 외에는 쓸모가 없다.

14 너희는 세상의 빛이다. 산 위에 세워진 도시가 눈에 띄지 않을 수 없다.

15 그리고 사람들이 등불을 켜서 바구니 아래 두는 경우도 없다. 오히려 받침대 위에 두고 집 안 모든 사람에게 빛이 비추이게 한다. 16 이와 같이 너희 빛

---

70 데이빗 웬함은 산상수훈의 실천적 설교 방식을 논하면서 산상수훈 전체에 존재하는 은혜에 대한 강조에 주목한다. Beatitudes의 시작 부분, 주기도문의 죄 용서에 대한 강조, 그리고 아버지가 자녀의 기도에 응답 하듯 하나님께서 기도에 응답하실 것이라는 약속 등에서 보여진다. David Wenham, "Preaching the Sermon on the Mount," in *Preaching the New Testament*, ed. Ian Paul and David Wenham (Downers Grove, IL: InterVarsity, 2013), 73-86을 보라.

71 Eugene Peterson, *Eat This Book: A Conversation in the Art of Spiritual Reading* (Grand Rapids: Eerdmans, 2009), 43-44.

72 번역하기 매우 어려운 문장이다. 헬라어 어구 중 영어로 번역하기 불가능한 어구들이 있기 때문이다. 여기에 사용된 단어(**모란쎄**)는 "어리석은"(**모로스**)의 한 형태이며, 직역하면 "이 소금이 어리석게 되면" 또는 "어리석은 것으로 나타난다면"이다. 관용구로서 이 표현은 "짠맛 내기를 멈추다" 또는 "맛이 없어지다"라는 뜻을 나타낼 수 있고, 그래서 이와 같이 번역한다. 그러나 영어/한글 독자들은 이 구절이 불러 일으키는 다른 무언가를 잃어 버린다-우리의 짠맛은 지혜롭기를 멈추거나 지혜롭게 분산되어 그 효력을 잃을 수 있다. 또한 "어리석음"은 산상수훈의 결론 이미지인 지혜로운 혹은 어리석은 집 짓는 자 (7:24-27)와 연결되며, 후자는 역시 파멸에 직면한다.

도 모든 사람들에게 비추이게 하라. 그와 같이 하여 그들이 너희 착한 행실을
보고 하늘에 계신 너희 아버지께 영광을 돌리게 하라.

이 짧은 구절은 "세상의 소금"과 "산 위에 놓인 도시"등과 같은 기독교인과 비기독교인이 기억하고 자주 사용하는 어휘가 등장하는 산상수훈의 한 부분이다.

첫째, 이 구절은 5:17절 이하의 구절보다는 5:1-12에 분명하게 연결되어 있다.[73] 산상수훈의 구조에 관한 이전 과의 논의에서 언급한 바와 같이, 주석가들은 종종 이 구절이 산상수훈의 흐름에 어떻게 들어 맞는지 확신하지 못하거나 혼란스러워 한다. 왜냐하면 비아티튜드(5:3-12)와 (5:17-7:21의 더 넓은 구조에서) 5:17-48이 분명한 의미 단위를 구성하기 때문이다. 결과적으로, 5:13-16은 이 구조 밖에 따로 떨어져 자유롭게 존재하는 것처럼 보일 수 있다.

그러나 이러한 첫 인상에도 불구하고 5:13-16은 실제로 산상수훈의 시작 부분인 5:3-12에 이어지는 논리적 흐름을 갖는다. 그리고 그것에 잘 들어맞는 결론으로 기능한다. 비아티튜드를 마무리하는 절정의 강조인 의를 위한 고통과 핍박, 그리고 그 속에서 기뻐하라는 가르침(5:11-12)과 논리적으로 연속된다. 정확히 말해, 이 마지막 강조는 소금과 빛에 대한 가르침을 필요로 한다. 그리고 그 배경 의미를 제공하는 부정적이고 잠재적인 불안감을 불러 일으킨다(참조, 10:26-33).

5:11-12와 5:13-16이 함께 읽혀야 한다는 논리적 관계를 드러내는 중요한 본문의 단서는 5:11-12에 갑자기 변화해 등장하는 2인칭 복수 "너

---

73 그러나 동시에 5:16의 "선행"을 5:17-48의 제목으로 볼 수 도 있다. Luz, *Matthew 1-7*, 203을 보라. 또한 Dumbrell, "Logic,"은 한 단락인 5:1-20내의 관계들에 관한, 특히 율법과 새 언약과의 관계에 대한 여러 통찰들을 제공한다(아래를 보라). 그럼에도 불구하고 연결점들이 있다는 것이 새로운 단락이 아직 시작하지 않았다는 것을 의미하는 것은 아니다.

희"이다. 마지막 마카리즘에 사용된 이 강조 용법의 "너희"는 "너희는 …
이다"(후메이스 에스테)라는 소금과 빛 선언에까지 이어진다. 사실, 후메이
스 에스테라는 헬라어 구문은 이 연결 고리 역할을 할 뿐만 아니라, 5:1-
16 전체 단락에서 5:13-16이 그 절정임을 강조한다. 따라서 5:11은 여덟
번째 비아티튜드에 대한 단순한 주석이 아니다. 비아티튜드와 5:13-16사
이의 중추 역할을 하는 완벽하게 설계된 아홉 번째 비아티튜드이다. 그
리고, 비아티튜드(마카리오이)와 5:13-16(에스테)에 반복적으로 사용되는
이 어휘는 두 단락의 완벽한 연결성을 보여준다.

   5:13-16의 예수님의 가르침은 예수님이 세우시는 새 언약의 전령으로
세상에 나아가라는 지침이다. 제자가 된다는 것은 사람들로 하여금 하
나님을 영광/영화롭게 하도록 하나님 나라를 행위로 보여주는 대리자이
자 초대자가 되는 것을 의미한다(5:16). 그러나 제자들은 이러한 하나님
나라 삶이 분명히 고통을 가져올 것이라는 가르침을 받는다. 이것이 비
아티튜드의 절정이자 결론이다. 따라서 경고와 명령으로 완성되는 이 소
금과 빛이라는 이미지는 날아오르기 위해 둥지 밖으로 밀쳐지는 어린
새의 이미지와 같다. 이것이 필요한 이유는 부상의 가능성이 큰 두려움
을 일으키기 때문이다. 고난을 겪고 싶은 사람이 누가 있을까? 앞으로
있을 박해의 분명한 가능성 때문에 예수님의 제자들은 그의 전도자로
세상에 나가라는 명령과 경고까지도 받아야 한다.

   이러한 읽기 방식은 5:1-16 절의 구조를 이해하게 하고 마태가 자신의
주장을 펼치는 방식을 보여준다. 5:13-16에 대한 가장 큰 질문이 남아
있다: 이 은유는 무엇을 의미하는가? 소금 은유가 고대에 동시다발적으
로 많이 사용되기 때문에 그 상징적인 의미에 대한 다양한 의견이 있다.
오늘날 대부분의 주석가들은 소금이 어떤 상징적인 의미를 갖는지를 결
정하여 일반화된 이해를 제시하는 것이 어렵다는 것을 인정한다. 소금은

방부제, 맛을 좋게 하는 것, 견디게 하는 것, 정화 하는 것, 또는 가장 일반적으로는 세상에 대한 제자의 영향력을 의미 한다는 것 등 다양한 의견이 있다.[74] 본문의 "소금"을 고립하여 해석하면 이들 중 어느 것을 의미하는지 알기 어렵다.

그러나 이 소금 은유는 홀로 존재하지 않는다. 그것은 산상수훈에 대충 걸려 있는 진주가 아니며, 마태가 아무렇게나 배열해 둔 것도 아니다. 오히려 소금은 빛과 분명한 평행 관계로 연결되어있다. 13절과 14절은 구조적이고 개념적으로 평행하다. 둘 다 유사한 절로 리드미컬한 동일한 어구로 시작한다:

> 후메이스 에스테 토 할라스 테스 게스
> 너희는 땅의 소금이다
> 후메이스 에스테 토 포스 코스무
> 너희는 세상의 빛이다

이 두 은유 간의 긴밀한 관계는 각각의 결론에 나타나는 "땅"과 "세상"이라는 표현이 확실하게 증명한다. 문제는 이 평행한 단어들 사이에 어떤 구별이 있는지, 아니면 동의어로 간주 될 수 있는지의 여부이다. 대부분의 주석가들은 동의어에 의한 평행법의 한 예라고 본다.[75] 한 잠재적

---

74 잘 정리된 관점들을 다음의 주석들에서 확인 할 수 있다. Davies와 Allison은 열 한가지 가능성을 조사한다(Davies and Allison, *Matthew 1–7, 472–73*). 맥나이트와 터너는 영향력에 대한 일반적인 생각을 생략한다(McKnight, *Sermon on the Mount, 57-58*; Turner, *Matthew*, BECNT [Grand Rapids: Baker Academic, 2008], 154-56). 가장 자세한 연구는 James E. Latham, *The Religious Symbolism of Salt* (Paris: Beauchesne, 1982)에 있다.

75 예외적으로 맥나이트는 평행을 보았지만 "지구/땅"과 "세상"를 두가지 다른 은유로 구별한다. 전자는 이스라엘에 대한 제자들의 역할을 이야기하고 후자는 이방 세계에 대한 제자들의 역할을 이야기한다(Scot McKnight, *Sermon on the Mount*, 57). 따라서 유대인과 이방인에 대한 초기 기독교 선교 사역의 두 부분이 여기에 암시된다. 이 이중 선교는 마태복음과 초기 기독교에서 사실 이었지만, 마태복음의 강조점은 인종에 기초한 선교가 아니라 유대인이든 이방인이든 관계없이 예수님을 믿는 믿음에 근거한 하나님 백성의 재정의에 대한 것이다. 그러므로 마태가 "땅"(유대교에 매우 중요한 개념)을 더 넓은 "세상"의 개념과 동일시하는

함의는 마태가 이스라엘을 위한 땅의 약속을 온 세상의 믿는 모든 사람들을 위한 약속으로 확장했다는 것이다. 마태복음의 다른 절들도 이 해석을 확인한다.[76] 어떠하든지 평행 구조는 분명하다. 두 경우 모두 각 은유의 영향에 대한 설명이 뒤따른다. 특히 각 은유들에 반대되는 경우인 맛을 잃은 소금과 감추어진 빛이라는 실제로는 불가능한 것에 대한 것이다(5:13b, 14b-15). 마태복음 5:16은 전체 문단을 결론 내리는 명령으로 기능한다: 너희 "좋은 행실"(카라 에르가)-"의"에 대한 다른 용어-로 사람들이 하늘에 계신 아버지께 영광을 돌리게 하라. 모든 면에서 5:13-16은 하나의 메시지를 전달하고 있다.

이 일관성은 소금 은유를 전체 메시지의 일부로 해석하는 것과, 특히 빛 은유와 연결하여 해석하는 것을 가능하게 하며 요구하기까지 한다. 빛이 넓은 범위의 은유이기는 하지만 마태복음에서 주는 의미는 매우 분명하다. 구약의 빛은 계시, 가르침, 율법, 의, 하나님의 현존과 같은 많은 중첩되는 개념을 상징한다. 빛이 나타나는 가장 중요한 장소 중 하나는 이사야서이다. 찰스 퀄스는 "이사야의 예언에서 빛나는 빛은 메시아를 상징한다. 그리고 그의 백성이 하나님의 영광을 열방들 가운데 드러내는 선교적 목적을 성취하는 상징이다"라고 적는다.[77] 민감한 독자는 이 은유를 상고하기 전에 이미 언급한 것처럼 이사야서가 비아티튜드를 포

것은 타당하다. 유대인의 중요한 단어 인 "땅"을 더 넓은 개념인 "세상" (고대 유대인들에 대한 부정적인 용어)과 구별하는 것이 아니라 동의어로 사용하는 것이 요지이다. 또한, 땅을 예수님과 함께 하는 모든 사람들에게 약속하는 5:5의 마카리즘을 보라.

76 가장 가까운 비아티튜드는 이미 하나님의 참 백성을 율법이나 인종이 아니라 믿음-미덕을 기반으로 재정의한다. 퀄스는 이사야와의 연관성을 언급하면서 "예수님의 제자들을 '세상의 빛'이라 명하는 것은 그의 제자들을 시온과 함께 정의하며 그들을 새 이스라엘로 표시하는 것임"을 관찰한다(Quarles, *Sermon on the Mount*, 85). 비슷하게 룬드봄은 예수가 새 이스라엘을 구성하는 그의 제자들에게 그들이 세상의 빛이라고 말한다고 적는다(Lundbom, *Jesus' Sermon on the Mount*, 133-34). 마 3:9-10의 세례 요한의 말들에 마태복음의 중요한 주제들이 언급된다-"속으로 아브라함이 우리 조상이라고 생각하지 말라 내가 너희에게 이르노니 하나님이 능히 이 돌들로도 아브라함의 자손이 되게 하시리라 이미 도끼가 나무 뿌리에 놓였으니 좋은 열매를 맺지 아니하는 나무마다 찍혀 불에 던져지리라."

77 Quarles, *Sermon on the Mount*, 84.

함하여 마태복음에 셀 수 없이 많이 인용되고 있음을 발견하였을 것이다. 마태는 5-9장이 시작되기 전에 긴 이사야서 인용문으로 이 읽기 방식을 극대화한다. 4:15-16은 세상 모든 이방 민족들이 어둠 속에 앉아 있지만, 예수님의 오심과 함께 큰 빛(토 포스)을 곧 볼 것이며, 빛이 그들을 비출 것임을 강조하는 성취 인용문이다(이사야 9:2인용). 이사야 42:6("열방을 위한 빛")과 49:6과 같은 이사야서의 다른 여러 본문도 이 은유를 사용한다. 이사야 60장은 빛 은유 위에 세워지고, 땅을 유업으로 얻고 의롭게 존재하며, 그 결과 사람들로 하나님께 영광을 돌리게 하는 하나님의 백성을 언급하면서 결론을 맺는다(60:21). (예수님의 사역과 비아티튜드에 대한 이사야 61장의 지배적 영향력을 기억하라.) 이것이 마태복음 5:13-16에 사용되고 있음을 간과하기는 어렵다. 예수님은 그의 삶과 죽음의 사역을 통해 세상에 구원을 가져다 주는 참 빛이다(참조, 요 1:9). 또한 선생님이라는 정체성을 통해 그의 제자들도 빛으로 묘사된다. 이는 제자는 선생을 모방하는 자라는 개념과 관련 있을 뿐만 아니라, 특별히 예수님이 마태복음 5-9장에 가르치고 행한 모든 일을 제자들이 하도록 선교 명령을 받는 마태복음 10장에서도 구체적으로 설명된다.

소금과 빛의 이미지가 평행하는 것과 마찬가지로 빛 은유의 개념도 제자들에게도 분명히 적용된다. 이사야서의 문맥에 집어 넣어보면 구속역사적인 신학적 비전이 보여진다: 소금과 빛 은유 모두 예수님의 제자들이 예수님이 세우신 새롭고 영원한 언약의 전달자가 되었다는 개념을 전달한다.[78]

앞서 언급했듯이 소금과 빛 은유 자체는 넓고 다양한 의미가 가능하다. 두 은유가 개념적으로 겹치는 영역이 있을까? 언약이라는 영역 안에

---

78 산상수훈 세미나수업에 함께 했던 박사과정 학생 콜린 스모더스에게 감사를 전한다. 그의 소논문이 처음이 생각을 제안하였고 아래의 여러 인용들의 출처가 되었다.

서 그렇다. 고대 세계에서 소금은 영원한 언약을 세우는 중요한 일에 사용된다. 충성의 표시로서 언약적 합의를 위해 소금을 먹었고 혹은 빵과 함께 먹었다(레 2:13, 민 18:19, 왕하 13:5, 참조, 에스라 4:14).[79] 제임스 라탐의 고대 소금 사용법에 대한 방대한 연구는 소금에 대한 가장 근본적인 개념이 영속성이라고 결론 내린다. 구약의 문맥에 적용될 때 소금은 하나님과 그의 백성 사이의 영원한 언약을 의미한다. 라탐은 마태복음 5:13에서 "제자들은 그리스도와 구원 받도록 부름 받은 자들을 연합하는 새 언약의 표시이다"라고 결론 내린다.[80] 마찬가지로, 돈 갈링턴은 폴 미니어와 윌리엄 덤브렐의 연구를 따라 마태에게 "소금"은 구약의 소금 언약 개념과 일맥하는 언약 용어이며 이것이 마태복음 5:13 소금 은유의 요점이라고 주장한다.[81]

마태복음의 빛 개념과 그것의 이사야서 배경으로 다시 돌아가보자. 앞서 언급했듯이 이사야서의 여러 구절들은 마태복음의 언어에 대한 배경을 제공한다. 특히 이사야 42:6은 마태복음 5:14에 중요하다. 이사야서의 "열방을 위한 빛"은 마태복음에서 "세상의 빛/세상을 위한 빛"이 된다. 이사야에서 이 구절은 열방/이방인들에게 향하는 언약에 대한 하나님의 말씀과 직접적으로 평행한다. 이사야 42:6은 "나 여호와가 의로 너를 불렀은즉 내가 네 손을 잡아 너를 보호하며 너를 세워 백성의 언약과 이방의 빛이 되게 하리니"라 말한다. 이어지는 내용은 새로운 일을 행하시는 하나님에 대한 강조, 즉 옛 시대는 지나가고 새 시대가 도래했다는 것이다(참조, 42:9-10). 이사야 42장과 그 이후의 장들은 성령으로 충만한 종

---

79 Quarles, *Sermon on the Mount*, 78에서 성경구절들을 인용하였지만, 여기에 펼쳐진 주장은 그의 관점은 아니다.

80 Latham, *Religious Symbolism of Salt*, 241.

81 Don B. Garlington, "'The Salt of the Earth' in Covenantal Perspective," *JETS* 54 (2011): 715-48; Paul S. Minear, "The Salt of the Earth," *Int* 51 (1997): 31-41; Dumbrell, "Logic," 1-21.

이(42:1) 백성을 위한 언약과 열방을 위한 빛으로서 하나님에 의해 주어지고, 그가 열방을 해방시키고, 정의/의를 세우는 내용들이다.

소금과 빛 은유를 이사야서에 비추어 보면 둘 모두가 예수님을 통해 오는 종말론적인 새 언약에 대한 분명하고 강력한 선언임을 알 수 있다. 소금과 빛 은유와 이사야 40-66장은 모두 하나님이 돌아오셔서 온 세상에 그의 위로와 아름다움을 가져다 줄 새 언약의 때를 나타내는 성경의 여러 이야기와 희망을 연상케 한다. 예수님은 이사야가 말하는 위대한 선지자이며 고난 받는 종으로 온 세상에 빛과 은혜를 가져다 주시는 분이다. 그리고 그것은 예수님의 제자들로 확장되어 그들도 새 언약 메시지의 전달자, 선지자의 아들, 신랑의 친구들이 된다. 5:11-12의 예수님의 제자들이 받을 박해에 대한 예언과 그들에 앞서 박해 받은 선지자들과의 구체적인 연결은 이 모든 논의를 언약의 전달자이자 강화자인 구약 선지자의 문맥에 놓는다.[82]

더불어, 더 넓은 문맥을 고려하면 이 언약을 상기하는 은유들이 이뿐만이 아니라는 것을 알 수 있다. 산상수훈은 예수님이 모세가 언약을 받고 전달한 시내산을 연상케 하는 계시의 산으로 올라가는 장면으로 시작된다. 또한 산상수훈의 중앙 부분을 소개하는 다음 구절(5:17-20)은 5:21-48의 초점이 되는 율법의 문제를 제기한다. 율법에 대한 언급은 5:13-16에서 논의되고 있는 언약적 질문을 강조한다. 덤브렐이 통찰력 있게 지적했듯이, 신약의 "새 언약," "새 계명" 및 "그리스도의 법"에 대한 많은 언급은 초기 기독교가 율법과 언약을 분리하는 것을 어렵게 했다. 더욱이, "율법이 다시 강조되고 급진적이 되는 산상수훈의 주장에는

---

82 덤브렐은 다음과 같이 옳게 말한다: "선지자적 고통은 선지자적 사역을 가리킨다. 그리고 구약용어에서 선지자적 사역은 언약의 틀 안에서 이루어지는 사역이다" (Dumbrell, "Logic," 10).

언약 관계가 내포 되어 있다고 말할 수 있다."[83] 그러므로 소금과 빛에 관한 이 단락은 제자들의 세상에 대한 권위있는 역할을 강조하는 두 번째와 네 번째 강화를 포함하여 전체 마태복음 내에서 다른 여러가지 방식들로 표현되는 예수님의 제자들이 새 언약의 선지자와 판결자이다라는 메시지를 전달한다.[84] 구약 성경과 마찬가지로 제자들은 "그들의 시대를 위한 언약의 증인이자 보장인이다."[85] 이것이 소금과 빛의 의미이다.

이 단락은 5:16의 강력한 권고로 끝난다: 이와 같이 너희 빛도 모든 사람들에게 비추이게 하라, 그것은 그들이 너희 착한 행실을 보는 것이고 그리하여 하늘에 계신 너희 아버지께 영광을 돌리게 하는 것이다. 산상수훈 결론부의 결론이 그렇듯이(7:24-27), 도입부의 결론도 예수님의 가르침에 대한 실제적, 전체성-인간적, 적극적 행동의 필요성을 강조한다. 이것은 1세기 유대교 백과 사전적 문맥에 있는 랍비들의 일반적인 가르침인 선한 행위는 거룩한 이름을 거룩하게 하고 나쁜 행동은 불명예스럽게 한다는 말과 잘 들어맞는다.[86]

제자들이 "소금과 빛"으로서 언약을 전달하는 것은 하늘에 계신 아버지께 영광을 돌리는 선행이다. 마태복음 5:16은 하나님 아버지라는 주제가 산상수훈에 처음 등장하는 곳이다. 이미 4장에서 마태복음의 하나님 아버지라는 주제의 중요성을 살펴 보았다. 마5:16은 텔레이오스함이라는 측면에서 하늘에 계신 아버지와 같아지라는 명령을 기억하게 한다(5:48). 여기에서 강조해야 할 요점은 5:3-15 전체가 5:16으로 요약 될 수 있다는

---

83 Ibid., 5n14.

84 두번째 강화(마10)는 사람들이 제자들과 그들의 메시지를 받아들이는 방식에 따라 그들이 하나님 나라에 속하는지 혹은 그렇지 않은지가 결정된다고 강조한다. 반면 네번째 강화(마18)는 제자들이 "풀고 묶는" 권위, 즉 누군가가 하나님의 백성인지 아닌지를 결정하는 권위가 있음을 강조한다.

85 Dumbrell, "Logic," 13.

86 J. D. M. Derrett, *Law in the New Testament* (London: Darton, Longman&Todd, 1970), 203이 랍비적 가르침의 측면을 강조한다.

것이다. (이러한 종류의 "선행"이 받아들여지지 않고 핍박을 받는다고 할 지라도) 이는 세상에 존재하는 눈에 보이는 한 방식에 대한 명령이며 하늘에 계신 제자들의 아버지를 영화롭게 하는 행동과 성품이다. 특히 이것은 예수님이 약속하시고 그가 이 땅에서의 사역하시는 동안에 지속적으로 주시는 그들의 공통된 정체성이다.

마태복음 5:1-16: 전체성과 인간 번영

산상수훈을 시작하는 구절들은 많은 것들을 상기시키며 산상수훈의 배경을 그려준다. 그리고 예수님의 입으로부터 나오는 산상수훈의 분위기를 설정한다. 옛 이스라엘 전통에서 산은 계시의 장소이고 예수님은 하나님의 선지자로 묘사되어 하나님의 메시지를 선포한다. 예수님의 선지자적 성격은 마태복음의 지속적인 주제가 된다. 그러나 산상수훈은 예수님이 선지자나 모세 이상의 존재임을 밝힌다. 예수님 이전의 많은 선지자들(특히 이사야)과 마찬가지로 예수님은 새로운 시대가 오고 있고 그것이 실제로 여기에 임했다고 선언한다(4:17). 그러나 예수님은 선지자들과는 달리 하나님으로부터 받은 메시지를 전달하는 것 이상의 일을 한다. 그는 단순히 메시지의 전달자일 뿐만 아니라 이 메시지의 결정권자로 묘사된다(5:17-48 참조). 그는 성전을 돌아다니며 심판을 선언하지 않으며, 요단강 주변의 광야에서 세례를 주지도 않는다; 사람들이 그에게 몰려들 때 그는 산 위에 선생으로 앉으신다. 산상수훈의 시작 부분에서 예수님은 의도적으로 군중을 모으고 그들에게 지금 하고 있는 일을 떠나 자신을 따르라고 부른다(4:17-25). 이후에 그는 그가 새로운 공동체를 창조했음을 분명히 한다(18:1-20 참조). 이 첫 두 구절에 아직 분명히 나타나진 않지만 산상수훈은 그리스도 안에서 이루어지는 새로운 하나님의 백성 공동체 혹은 나라에 대한 비전을 제시한다.[87] 모든 공동체는 번영을 구하며 이 공동체 설립 문서는 그에 대한 비전을 제시한다.

---

87 예수님을 따르는 자들의 공동체 기반 문서로서 산상수훈을 읽는 이 중요한 생각은 후에 다시 논의 할 것이다. 산상수훈을 **폴리테이아**를 위한 설립 선언문으로 읽는 것은 크리소스톰 같은 초창기 기독교의 산상수훈 읽기에 흔한 방식이었다. Margaret Mitchell, "John Chrysostom," in Greenman, Larsen, and Spencer, *Sermon on the Mount through the Centuries*, 19-42를 보라.

7

마태복음 5:17-48

THE SERMON ON THE MOUNT AND HUMAN FLOURISHING

개요

이제 산상수훈의 중앙부인 5:17-7:21에 들어 왔다. 이 긴 중앙 부분의 첫 절과 마지막 절에 등장하는 "율법과 선지자"라는 어구는 인클루지오를 만들어 그 경계를 선명하게 표시한다.[1] 이 산상수훈의 중앙 몸통 부분은 "하나님의 백성을 위한 더 큰 의"라고 이름 붙일 수 있다. 이 중앙부는 세 부분으로 나눌 수 있다(5:17-48; 6:1-21; 6:19-7:12). 산상수훈 중앙부의 첫 번째 단락은 서론(5:17-20), 그를 뒤따르는 여섯 개의 예(5:21-47), 그리고 요약(5:48)으로 구성된다. 모두 5:17-20의 서론에 나와 있는 "더 큰 의"라는 주제에 관한 것이다. 서론인 5:17-20은 5:21-48뿐만 아니라

---

1 5:17의 "율법이나 선지자"와 7:12의 "율법과 선지자"의 차이는 중요하다. 사용된 용어의 의미가 겹치기 때문만이 아니라, 5:17의 "~이나(or)"는 ("~과(and)"보다) 부정적인 조항인 "생각하지 말라"에 필요하기 때문이다. 마태의 전형적인 스타일은 동일한 것을 전달하기 위해 다양한 중첩된 표현을 사용하는 것이다. 11:13의 "선지자와 율법"과 22:40의 "율법 전체와 선지자"를 참고하라.

더 넓은 중앙부인 5:17-7:12의 서론으로 이중 기능을 수행한다.

앞서 주장했듯이 산상수훈 전체는 4:17의 회개의 부름과 관련이 있다.[2] 산상수훈은 여러 방식으로 회개에 대한 부름이 어떤 모습인지를 풀어 설명한다. 산상수훈 전체가 그렇지만 특히 5:17-48은 전체성의 거룩함으로 부르신다. 회개란 전인이 하나님께 돌아와 그에게 헌신하는 것에 관한 것이다.[3] 이것을 5:17-48의 핵심 아이디어로 보게 될 것이다.

마태복음 5:17-48: 하나님의 율법과 관련한 더 나은(큰) 의

마태복음 5:17-20: 하늘 나라 윤리의 에토스-더 나은(큰) 의

17 내가 율법이나 선지자를 폐지하러 온 줄로 생각하지 말라 폐지하러 온 것이 아니요 성취하려 함이라. 18 진실로 내가 너희에게 이르노니 하늘과 땅이 없어지기 전에 율법의 일점 일획이라도 없어지지 아니하고 다 성취되리라. 19 그러므로 누구든지 이 계명의 지극히 작은 것 하나라도 줄이거나 그 같이 다른 이들을 가르치는 자는 하늘 나라에서 작은 자라 일컬음을 받을 것이요, 누구든지 이 계명들을 행하고 다른 이들을 가르치는 자는 하늘에서 큰 자라 일컬음을 받을 것이니라.

20 내가 너희에게 말하거니와 만일 너희 의가 서기관과 바리새인들을 넘어서지 못하면 너희가 결코 하늘나라에 들어가지 못하리라.

구조에 관한 논의에서 언급한 바와 같이, 5:17-20은 산상수훈의 프로포지티오 혹은 주제문이다. 이 구절은 산상수훈 전체에 결정적인 것이

---

2 5장의 산상수훈 구조분석을 보라.

3 신30:2; 삼상7:3; 왕하 17:13; 대하7:14; 사31:6; 예25:5; 호6:1-3; 엘2:12-13; 말3:7.

다. 또한 광범위한 기독교 신학에서 가장 큰 논쟁거리 중 하나인 다음 질문의 핵심이기도 하다—기독교와 이스라엘/유대교의 관계는 무엇인가? 또는 옛 언약과 새 언약의 관계는 무엇인가? 이는 오늘날에도 여전히 열띤 논쟁의 주제이며 이 질문에 어떻게 대답하는지에 따라 여러 양식의 현대 기독교가 존재한다.[4] 기독교가 탄생하는 시기에 이 논쟁은 더욱 격렬했다. 몇몇 모세의 율법에 대한 예수님의 느슨한 해석과 자신이 더 큰 율법의 결정권자라는 주장은 종교 지도자들로 예수님을 처형하게 만들었다.[5] 이 갈등은 예수님의 첫 제자 세대에까지 연속되었다. 그들은 예수님이 모세 언약/율법을 뒤집어 다른 것으로 대체했다는 주장을 한 이유로 핍박당하고 죽임을 당하기까지 하였다(행 4:1-3, 5:17-42, 6:8-8:1, 등).[6]

마태복음 5:17-20이 이 복잡하고 다층적인 질문에 대한 완전한 답을 제공하는 것은 아니다(다른 정경의 본문도 함께 검토해야 한다). 그러나 이 논의에서 가장 중요한 본문 중 하나이며, 신약의 첫 번째 책의 첫 번째 가르침이라는 위치적 중요성도 갖는다. 5:17-20의 함축성은 힘이 있지만 어렵기도 한다. 함축적이고 대조적인 이 진술은 이 주제에 관한 큰 그림을 그려 준다. 그러나 그 간결성, 비중 있는 단어, 개념들의 축약성은 본문을 다른 방향으로 해석할 수 있는 여지를 줄 수 있기 때문에 유의해

---

4 여러 분파의 한쪽 끝에는 모세 율법의 특정 부분을 그리스도인의 체험의 필수적인 부분으로 간주하는 제칠일 안식교, 예수 재림교 등의 종파가 있다. 그들은 엄격한 식생활 및 예배 의식을 가지고 있다. 개혁주의 전통과 훨씬 더 젊은 세대주의 전통 사이의 논쟁은 대부분 이 문제에 관련되어 있으며, 후자는 교회가 이스라엘을 대체한다는 것을 거부한다. 개혁주의 내에서 칼빈주의/개혁과 전통과 루터교의 차이점 중 많은 부분은 율법과 새로운 언약의 관계에 대한 다른 이해에 있다.

5 에라스무스의 16세기 마태복음 의역은 5:20을 흥미로운 방식으로 표현한다: 유대인과 기독교인 사이, 그리고 모세의 제자와 내 제자 사이의 차이가 얼마나 큰지를 너희가 깨닫게 하기 위해 나는 분명히 말한다: 만약 너희가 율법에 적힌 무엇이든지, 바리새인들(일종의 절대적인 정의를 소유하였고 스스로 의롭다고 생각하는 사람들)이 성취하는 무엇이든지 성취하고, 그리고 그에 더 완벽한 종류의 것을 더하지 않는다면, 너희는 이 종교적 전문성에서 하찮은 존재가 될 것이며 천국에서 들어가는 허가권조차 주어지지 않을 것이다." (Collected Works of Erasmus: Paraphrase on the Gospel of Matthew, ed. Robert D. Sider, trans. Dean Simpson [Toronto: University of Toronto Press, 2008], 97).

6 예수님의 신성과 메시아적 성취에 대한 주장은 유대인 지도자들이 초기 그리스도인을 박해한 원인이었다. 하지만, 모세 율법에 대한 무시와 공격이 더 격렬한 감정적 폭력 반응을 일으킨 것으로 보인다.

야 한다. 좋은 시와 마찬가지로 이 짧은 단락은 깊은 의미를 가지며 깊은 사유가 필요하다. 이 단락의 전반적인 의미를 그 문장과 용어들이 함의하는 주요 주제들을 통해 살펴 봐야 한다.

첫 주제는 "율법과 선지자"가 무엇을 의미하는 가이다. 일반적으로 1세기에 이 구문은 하나님의 계시로 쓰여진 모든 것을 가리킨다. "율법"은 모세 오경 혹은 모세의 책을 "선지자"는 선지자들에 의해 말하여지거나 쓰여진 시편을 포함하는 나머지 유대인 성경을 의미한다.[7] 히브리 성경의 장르와 구별에 관해 후대에 작성한 기계적이고 정경적 구별인 "선지서"라 불리우는 대선지서와 소선지서 (역사적 순서로 구별한 이사야서에서 말라기까지)와는 다르다. 모든 유대인 성경을 가리키기 위해 일반적이고 포괄적인 방식으로 사용된 "율법과 선지자"라는 문구는 대중적이고 편리한 방식이었다. 그리고 유대인의 이해 속에 모세의 책과 모세 언약의 중심 역할을 보여준다. "율법"은 세상의 창조와 하나님이 사랑하는 언약 백성인 이스라엘의 창조를 설명하는 이스라엘의 기반에 대한 가장 중요한 글이다. 오늘날과 2천년 전의 유대인에게 모세 오경의 이야기와 계명보다 더 중요한 것은 없다. (일반적으로 "선지서"라고 불리우는) 유대인 성경의 나머지 부분은 율법을 다시 돌아보며 순차적으로 다시 적용한 것이다.

그러나, 마 5:17-20의 "율법이나 선지자"는 전체 정경 이상을 가리키는 것 같이 보인다. 예수님은 "선지자"를 추가적으로 언급함으로써 "주어진 그대로의 율법의 본질 뿐만 아니라 선지자들에 의해 해석된" 율법에 관해 이야기하고 있음을 나타낸다.[8] 이는 전체 정경의 문맥 속에서 이해된

---

7 구약 성경이 성문화되고 분류되는 시기에 관한 논쟁이 있지만, 확실히 시간이 흐르면서 일어나고 있었으며, 1세기에는 명백한 구분이 있었다. 그린은 다음과 같이 말한다. "마태는 다른 신약 저자들처럼, 예언서 중 시편을 읽은 것으로 보인다; 그리고 그는 토라와 선지자 이외의 성경의 세분화를 알지 못했기 때문에, 랍비들이 기록하고 배부 한 책 중 적어도 일부에서 계속되는 선지서의 내용을 보았을 것이다" (H. Benedict Green, *Matthew, Poet of the Beatitudes* [Edinburgh: T&T Clark, 2001], 265).

8 W. J. Dumbrell, "The Logic of the Role of the Law in Matthew 5:1-20," *NovT* 23, no. 1 (1981): 17. 비슷한 주장을 다음에서 보라. J. P. Meier, *A Marginal Jew: Rethinking the Historical Jesus*, vol. 4, *Law and Love* (New

토라이다. 이는 율법의 해석자인 선지자들이 백성들을 향해 전심과 종말론적인 신실함으로 언약으로 다시 돌아오라는 부름이다.[9] 그린이 말하듯이 마태는 선지자들을 상기하며 토라에 대한 새로운 해석을 제시하려 한다. 이는 산상수훈 밖에서도 발견된다. 예를 들어 호세아 6:6은 마9:13과 12:7에서 율법의 중대한 문제를 확정하는데 사용된다.[10] 또한 카리 시리니가 말한 것처럼 마태의 중요 표현인 "율법 그리고/혹은 선지자"는 "성취된(fulfilled) 율법"을 위한 기술적 용어가 되었다.[11] 이 "성취된 율법"은 이어지는 예수님의 가르침에 사용된다. 예수님은 이 새 언약, 즉 "성취된 율법"이 지금 무엇을 의미하는지 권위있게 설명한다(7:28-29). "선지자"를 더한 것은 율법에 관한 이 미래 지향적이고 종말론적인 다시 읽기와 새롭게 되고 마음에 새겨지는 율법을 상기한다(렘 31:31-34). 이 모든 것은 예수님의 종말론적이고 새로운 언약에 대한 강조와 정확하게 부합한다.[12]

"율법"이 무엇을 의미하는 가의 문제로 넘어가면 우리는 상당히 중요한 번역과 해석의 문제와 마주치게 된다. "법"은 옳고 그른 것에 대한 결정을 내리는 변호사, 판사, 경찰관의 이미지를 불러 일으키며 주로 손해배상과 관련해 이를 적용한다. "법"이라는 단어는 법적인 사건 또는 준수해야 하

Haven: Yale University Press, 2009), 73, 165.

9 알렉산더 샌드는 "선지자들"에 대한 언급을 덧붙인 것은 마태가 동시대의 많은 사람들처럼 율법에 대한 법적이고 결의론적인 해석 뿐만 아니라 율법에 대한 예언적 이해와 율법과 예언서의 메시지가 그분의 백성을 위한 하나님의 뜻을 드러내는 것이라고 여겼기 때문이라고 주장한다. 카리 시리니가 다 동의하는 것은 아니지만 그가 요약한 다음 글을 보라. Alexander Sand, *Das Gesetz und die Propheten* (Regensburg: Pustet, 1974), Kari Syreeni, *The Making of the Sermon on the Mount: A Procedural Analysis of Matthew's Redactoral Activity* (Helsinki: Suomalainen Tiedeakatemia, 1987), 187.

10 Green, *Matthew, Poet*, 289을 보라.

11 Syreeni, *Making of the Sermon*, 188을 보라.

12 여기서 내가 강조하는 것은 칼빈의 견해와 약간 다르다. 칼빈은 예수님이 구약 명령 자체가 아니라 바리새인의 율법에 대한 해석을 비판하고 있으며, 그러므로 교회에서 옛 언약의 가르침을 위한 여지를 남겨야 한다고 강조했다. 나는 예수님의 말씀과 구약 명령의 연속성에 동의하지만, 마태는 새 언약의 출현과 하나님의 계획의 성취를 통해 일어나는 변화에 중점을 둔다. 또한, 모세 언약과 더욱 급진적인 틈을 만든다. 예수님의 주요 비판은 바리새인들의 잘못된 해석보다는 율법을 자신들에게 적용하는데 있어 전체성이 부족하다는 것이다.

는 규칙을 생각하게 한다. 모든 1세기 유대인에게는 율법은 "언약"의 개념으로 받아들여졌지만, 우리는 "언약"에 대해 생각하지 않는다. 언약에는 제한과 규칙이 포함되어 있지만 분명히 후자는 전자의 일부로 이해되며 별도의 것이 아니다.

"율법"은 헬라어 노모스를 번역한 것으로, 히브리어 토라를 칠십인역이 헬라어로 번역한 것이다. 각 전달과 번역의 단계에서 필연적으로 의미의 손상이 발생한다. 시간, 문화, 언어를 가로 질러 항해하는 이 의미의 배에는 원하지 않는 조개 껍질이 붙기도 하고 물이 새는 경우도 있다. 간단히 말해서, 토라는 모세오경-이스라엘 이야기 그리고 그의 백성과 하나님의 언약을 수반하는 가르침이다. 토라는 가끔 "계명"이라는 좁은 의미에서 구속, 구원하시는 하나님, 그리고 그의 선택된 사람들 사이에 만들어진 상호 언약의 맥락에서 사용된다. 이는 먼지 투성이의 오래된 법률 서적들, 커다란 대리석으로 가득 찬 방들, 그리고 냉담하고 객관적인 힘 있는 판사들과 그 앞에 두려움으로 양형을 기다리며 서 있는 자 등의 재판정 같은 그림과는 거리가 멀다. 토라는 언약적이며 관계적이다. 그러므로 예수님이 "율법과 선지자"에 관해 이야기 하는 것은 모든 은혜로운 이야기와 이스라엘과 맺은 모세 언약에 관해 말하는 것이다. 윤리적/계명의 차원을 가지고 있지만, "율법과 선지자"는 어떤 계명이나 규칙을 반드시 지켜야 하는가라는 질문보다 훨씬 크다. 이는 인간 예수님과 그의 일 그리고 모세의 중재를 통해 이스라엘이 맺은 하나님과의 언약 사이의 관계에 대한 문제이다. 단순히 도덕적인 논의가 아닌 언약적 논의이다.

이 통찰력은 5:17의 첫번째 논의점인 "성취(fulfill)"대 "폐지(abolish)"의 언어를 이해하는 확고한 기반을 제공한다. 예수님의 사역과/또는 마태복음의 역사적인 상황에서 볼 때, 이 구절들은 유대교와 모세의 언약에 대한 그리스도인의 이해에 중요한 설명과 변증이 될 수 있다. 마태복음의 예수님은 기독교에 대한 오해인 반유대주의, 반율법주의, 또는 천하고 미성숙하다는 공격을 받고 있다. 예수님은 하나님이 선택한 사람들에게 행하신 하나님의 옛 일과 모세의 옛 언약을 폐지하고, 전복시키며, 묵살하고, 악의적으로 없애시기 위한 목적으로 무턱대고, 관련없이, 혹은 생각없이 오신 것이 아니다. 그는 모든 도덕적, 윤리적 제약으로부터 자유를 선언하는 덜 성숙한 미치광이 혁명가도 아니다. 이것은 바울이 분명히 반대해야 했던 기독교에 대한 심각한 거짓 진술이다("은혜를 더하게 하려고 죄에 거하겠느냐…"; 롬 6:1; 야고보서 2:14-26 참조). 이런 종류의 견해는 바울과 같은 초기 기독교 지도자들에 대한 "유대주의" 대적자들이나 초기 미성숙한 그리스도인들에 의해 공표되기 쉬웠을 것이다(참조, 갈 2). 그러나 마태복음은 이전의 구원 사역과 언약에 대한 무지한 거부가 예수님의 견해가 아니라고 명확히 진술한다.[13] 윌리엄 덤브렐이 지적하듯 어떤 유대인(또는 기독교인)도 토라가 하나님의 계시로서 종말론적 시대에도 계속 될 것이라는 점에 의문을 품을 사람은 없다. 오히려 질문은 그것이 어떻게 기능 할 것 인가이다.[14] 5:21-48 (그리고 그 이후)의 내용이 이 질문에 대한 마태의 대답이다.

가장 중요한 단어는 "성취"이다. 그리고 여기에 쉽게 해결되지 않는 해석상의 큰 어려움이 있다. 이 논의로 흘러 들어가는 여러 물줄기들이 있고 그것으로부터 흘러 나오는 강 역시 널리 퍼져 있다. 데일 알리슨은 "성취"란 단어를 이해하고 그것이 본문에서 무엇을 의미하는지에 대한 9가지 방식을 정리해준다. 그는 예수님의 "성취"를 모세의 율법을 초월하는 종말론적인 것이라 이해한다. 그리고 단순히 모세의 율법을 설명하여

---

13 데일 알리슨은 이를 반대를 예상하고 오해를 막는 본문, 즉 프로카탈렙시스라고 부른다. W. D. Davies and Dale C. Allison Jr., A Critical and Exegetical Commentary on the Gospel according to Saint Matthew, vol. 1, Introduction and Commentary on Matthew 1-7, ICC (Edinburgh: T&T Clark, 2004), 481를 보라.

14 Dumbrell, "Logic," 19.

그것을 다른 사람들이 행하도록 하는 것이 아니라는 견해를 선택한다.[15] 덤브렐은 루돌프 슈낙켄버그를 따라 이 단어를 "이전 성경의 선언 또는 가르침에 완전한 유효성을 부여함으로서 성취를 가져다 주는 것"이라 정의한다. 또한, "율법은 예수님 안에서 선지자적 중심을 찾는다, 하지만 그것의 종료일 필요는 없다"고 말한다.[16]

5:17의 말씀을 이해하는 데 가장 중요한 한가지 요소는 마태가 이미 앞선 네 장에서 주요 개념으로 "성취"를 사용했다는 것이다. 이 복음서의 시작 부분은 예수님의 잉태와 어린 시절에 대한 일련의 이야기를 제공한다. 각각의 이야기는 예언자들이 이전에 말한 내용을 "성취"한다는 반복되는 형식을 포함한다(1:22-23, 2:5-6, 15, 17-18, 23). 이 예들은 성경적 개념의 성취가 이전의 예언의 완성을 의미하는 것이 아니라는 것을 잘 보여준다. 오히려, 여기서 볼 수 있는 성취의 종류는 형상화 또는 모형론적 상호 연결성이다. 예수님의 초기 생애의 사건들이 이스라엘의 과거에 있던 말씀과 사건을 "성취"한다는 것은 이 사건들이 상호간에 형상적으로 연결되어 있다는 것을 의미 한다; 그들은 극치와 절정이 덧붙이는 마지막 내용으로 상호를 모형화 혹은 모방한다. 성취는 하나님께서 그의 모든 좋은 구속 계획을 완전히 성취하실 때를 향하여 있긴 하지만, 그 자체로 예언에 의존하지 않는 강력한 성경적 개념이다. 예언은 실제로 성취라는 더 큰 개념의 하위 개념이다.

마태복음 1-2장의 다섯 가지 "성취 인용문"은 3-4장의 두가지 중요한 성취 인용문으로 이어진다(총 7개). 신약 성경에서 예수님의 첫 말씀은 그가 세례 요한에게 세례를 받는 것이 "모든 의를 성취하는" 것이기 때문에

---

15 Davies and Allison, *Matthew 1-7*, 485-86.

16 Dumbrell, "Logic," 19. 또한 다음을 보라. Rudolf Schnackenburg, *The Moral Teaching of the New Testament*, trans. J. Holland-Smith and W. J. O'Hara (London: Seabury, 1964), 56-59.

적절하다는 것이다(3:15). 마태복음 4장과 서론 부분은 성취에 대한 일곱 번째 언급으로 끝나며, 긴 이사야서 인용문을 소개한다(4:14-16). 존경받는 마태복음 학자인 R. T. 프란스는 마태복음 전체의 신학 및 주제에 가장 가까운 것이 "성취"라는 사실을 설득력 있게 주장한다.[17]

이 일곱 가지 성취 주제는 5:17 예수님의 말씀에 중요한 배경을 제공한다. 예수님이 율법과 선지자를 폐하려는 것이 아니라 성취 하기 위해 왔다 말씀하실 때, 그는 그가 이전 장들에서 사용하신 것과 같은 개념으로 말씀하신다. 즉, 예수님이 하나님이 앞서 행하여 오신 구원 언약 역사와 연속선상에서 옛 시대에 하나님이 시작하신 모든 일의 극치와 절정을 가지고 오신다는 것을 의미한다. "폐지하다"와의 대조는 연속성 개념을 강조하며, 이어지는 구절인 "다 이루리라"(5:18)는 완성과 극치의 절정의 개념을 강조한다.

이것이 예수님이 5:18-19에서 모세를 통한 하나님의 계시의 지속적인 증거성과 중요성을 강조하는 이유이다. 예수님은 새로운 계획이나 자신을 포함한 새로운 계시를 주는 것도 아니다. 쉽게 인지 할 수 있는 율법의 참된 의도에 대한 단순 설명을 주는 것도 아니다. 오히려 예수님은 참된 극치에 달한 혹은 성취된 율법과 선지자의 이해를 주시는 것이다. 이는 예수님과 그 이전에 이루어진 역사의 연속성을 강조하며 동시에 자신의 출현을 통해 변화하고 있는 것들을 이해하도록 하기 위한 것이다.

알리슨은 이 이해의 두가지 중요한 함의들을 제시한다. 첫째, 복음서 전체가 율법과 선지자를 올바르게 해석하는 방법에 관한 것이기 이전에 예수님이 누구인지에 관한 것임을 명심해야 한다. 예수님은 마태복음의 중심이다; "상징된 것(예수님)은 그것을 가리키는 상징(율법과 선지자)보

---

17 R. T. France, *Matthew: Evangelist and Teacher* (Eugene, OR: Wipf & Stock, 1989), 166-205.

다 당연히 더 중요하다."[18] 마태복음 5:17-20은 다른 무엇보다도 기독론적 진술이다. 둘째, 예수님은 약속된 종말론적 선지자이며(17:5; 신 18:15-20 참조), 따라서 하나님의 권위로 말한다. 또한, 그의 율법의 성취에 대한 강조는 율법이 부적절한(폐지된) 것으로 간주 될 수 없다는 것을 의미한다. "성취는 의심의 여지없이 토라의 진실성을 확인한다. 예수님의 새로운 요구가 구약의 요구를 능가 할지라도 두 가지는 모순되지 않는다."[19] 5:19의 중요한 의미이자 요점은 필요한 종말론적 변형을 겪은 이후에도 토라는 지속적 증거성을 유지한다는 것이다.

이는 하나님의 계시와 구원 사역의 연속성을 나타낸다. 불연속성의 개념에서 "성취"는 이어지는 가르침과 이야기에서 계속해서 풀어 질 것이다. 그러나 5:18의 하늘과 땅이 지나가고 모든 것이 완성될 것이라는 말씀에서 어느정도 보여진다. 언뜻 보면 5:18은 율법과 선지자의 가르침이 결코 사라지지 않을 것임을 말하는 것으로 보이고 많은 사람들이 그렇게 해석해왔다. 여기에서 "하늘과 땅"은 영원한 실재를 나타내는 것으로 사용되었다. 그러나 이 읽기 방식은 방금 논의 된 "성취"의 의미를 놓치고 또한 이 구문에 의해 보여지는 계시적 배경을 이해하지 못하게 한다. 없어지는 하늘과 땅이란 오는 시대와 하나님의 통치가 이 땅으로 돌아올 때 일어날 엄청난 사건을 나타내는 이미지이다. 이것이 바로 예수님이 같은 문맥에서 미래를 바라보는 개념인 하늘나라에 들어가는 것을 말씀하시는 이유이다(5:19-20). 더욱이 "하늘과 땅이 없어질 때까지"와 "모든 것이 성취 될 때까지"는 강한 평행 구조를 만든다(헬라어에서 더 보기 쉽다). 이는 이들이 서로를 해석하는 구절임을 나타낸다: 모든 것이 이루어질 때 하늘과 땅이 없어질 것이며, 그 반대도 마찬가지이다. 더 분명한

---

18 Davies and Allison, Matthew 1-7, 487.
19 Ibid.

확증이 마지막 강화에서 "하늘과 땅이 없어지다"라는 언어가 재사용 될 때 발견된다(24:29-35). 24:29-35에서 예수님은 자신의 죽음과 부활은 하늘과 땅에 재앙의 시간이 될 것이라고 말씀하신다(참조, 27:45-53의 예수님의 죽음의 때에 하늘과 땅이 어두워지는 사건 참조). 이는 또한 종말 혹은 새 시대의 시간을 설명한다. 마태복음의 줄거리에 따르면 예수님을 통한 하나님의 구원 사역의 성취는 예수님의 고난과 죽음과 부활이다. 다 이루었다. 특히 5:17-20과 24:34-35사이의 평행하는 단어 사용이 보여주듯 가장 중요한 것은 율법과 선지자의 가르침이 이제 없어지지 않을 "내 말"(예수님의 말)로 대체되었다는 것이다.

짧게 말해, 언제 이 모든 일들이 이루어지는가에 대한 가장 좋은 설명은 처음으로는 예수님의 죽음과 부활의 때이고 최종적으로는 그의 재림의 때이다. 그러므로 모세 언약은 예수님의 생애와 죽음과 부활을 통해 완전하고, 완성된 끝/목적에 도달했다. 이는 바울이 갈라디아서에서 주장하는 것과 같은 것이다. 아브라함에게 하신 옛 약속은 이제 그리스도 안에서 성취되었다. 그러므로 이 성취는 모세 언약이 항상 그랬듯이 임시 교사(갈 3:10-29)였음을 확인하고 보여준다. 이제 "모세 율법"은 "그리스도의 법"이 되었다(갈 6:2).

하늘과 땅이 없어지는 것에 관한 예수님 말씀의 이 종말론적, 구원-역사적 이해는 5:21-48에 이어지는 여섯 가지 주석의 예들을 설명하는데 많은 도움을 준다. 자주 논의 되는 사항인 예수님이 5:21-48에서 실제 모세 언약의 요구를 말씀하고 있는지 아니면 후대 서기관들의 재해석을 말씀하는지에 대해 더 논의 할 필요는 없다. 어느 쪽이든 관련이 없다. 왜냐하면, 예수님께서 새로운 시대, 즉 마지막 시대에 하나님의 율법 계시와 (그 위에 세워진 전통)을 대신하는 새로운 언약을 시작하셨기 때문이다. 율법을 거부하는 것이 아니다, 선지자가 예언 하였듯이 율법이 마음에 새겨지는 것, 즉 율법 내면화의 성취이다(렘 31:31-34; 겔 11:19, 36:26).[20] 이제 중요한 것은 그의 언약에 대한 가르침인 그의 말씀이다(참조, 마 24:35에서 "율법과 선지자"가 "내 말로" 전환된다).

이 고농축된 문단의 마지막 선언(5:20)은 앞선 논지들을 결론짓는 동시에 7:12에 이르는 산상수훈의 나머지 중앙 부분의 주제를 제시한다. 여기서 중요한 단어는 "의"이다. 그리고 "성취"의 경우와 마찬가지로 말씀하신 것을 이해하는데 필요한 산상수훈에 선행하는 필수적인 마태복음의 문맥이 존재한다.

4과에서 논의 되었듯이 의는 전체 산상수훈의 핵심 개념이며 마태복음에서는 하나님의 본성, 의지, 오는 나라와 일치하는 전체성-인간 행위로 정의 될 수 있다. 특별히 5:20의 예수님의 말씀과 관련해 중요한 이 의로움의 개념은 앞선 두 곳의 이야기에 등장한다. 첫 번째는 예수님의 양아버지 요셉에 대한 1:19의 묘사이다. 요셉은 그와 약혼 한 아내가 임신했다는 소식을 듣고 그 상황을 다루는 방식에서 디카이오스, 의인이라고 묘사된다. 천사가 지시를 받고 나타나기 전에 의인 요셉은 마리아를 정죄하지 않고 오히려 그 관계를 조용히 끝내 마리아가 부끄러움과 비난을 받지 않도록 한다. 이것은 마태복음의 가장 첫 번째 이야기의 매우 중요한 부분이다. 의는 정의가 아니라 자비로 그려진다. 요셉은 하나님의 본성, 의지, 그리고 오는 나라와 일치하는 전체성-인간 행위인 용서와 은혜로 높임 받고 있다.

5:20을 이해하기 위한 "의"가 언급된 다른 중요한 구절은 "성취"와 관련해 중요한 구절인 3:15이다. 예수님은 요한의 침례를 받는다. 왜냐하면 그것이 "모든 의를 이루는 것"이기 때문이다. 이 말씀은 이 책에서 다룰 수 있는 양보다 더 큰 연구 가치가 있는 중요하고 엄청난 표현이다. 요점은

---

20 Dumbrell, "Logic," 20은 비슷한 주장을 한다.

예수님이 세례 요한의 세례를 순종함으로 받는 것이 하나님의 본성, 의지, 오는 종말론적 나라와 일치하는 행동 혹은 행위라는 것이다. 이것이 정확히 5:20에서 논의되고 있는 것이다. "의인"이라고 일컬음 받을 수 있는 전체성-인간 행동 혹은 세상에 존재하는 한 종류의 방법이 있다. 그것은 하나님의 나라에 속하기 위해 예수님의 명령을 "행하고 가르치는" 것이다(5:19). 이것이 산상수훈과 마태복음 전체를 아우르는 하나님의 뜻을 행함이라는 보다 넓은 주제이다(7:21; 12:50; 21:28-32; 26:39, 42; 6:10, 야고보서 1:22; 2:22 참조). 예수님은 제자들이 이를 모델로 삼고 똑같이 하도록 그들을 부르신다. 산상수훈의 나머지 부분들인 5:21-47의 율법을 적용하는 여섯 가지 주해의 예들; 6:1-21의 경건의 세 가지 예들; 6:19-7:12의 여섯 가지 일상 생활의 적용들은 이 전체성-인간의 의가 어떤 것일 수 있는 지와 어떠해야 하는 지를 설명한다. 마찬가지로 요약 결론인 5:48도 전체성으로 정의된 의의 필요성을 강조한다(아래 참조).

　동시에 예수님의 선언에 대한 인격적 호소와 종말론적 절실함이 더해진다. 이 진실하고 더 나은 의는 아주 영적인 사람이나 선택된 소수에게만 해당하는 일종의 선택사항이 아니다; 이것은 하나님의 나라에 들어가느냐 들어가지 못하느냐의 절대적이고 보편적인 문제이다(5:20). 5:19의 복잡한 언어가 이것을 말한다. "하늘 나라에서 가장 작다"라는 말씀은 계명의 "가장 작은"것을 우습게 여기거나 그것에 불순종하는 것이다. "하늘 나라에서 가장 작다"는 것은 그 나라에서 어떤 순위를 매기는 것에 대한 것이 아니다. 5:20이 분명히 밝히듯이 하늘나라에 들어가지 못한다는 시적표현이다.[21]

---

21 마태복음 5:19의 구조에 또 다른 평행이 함축되어 있을 수 있다. 이 구절 후반부의 긍정적인 요소인 "행하고 가르치라"는 무엇을 행하고 가르쳐야 하는지를 명확히 하지 않는다. "이 계명 중 가장 작은 것"을 가리키는 것으로 보인다. 이것이 실제로 정확할 수도 있지만, 이 구절 전반부의 평행법(가장 작은 것을 우습게 여기는 이는 가장 작은 자가 될 것이다)은 후반부의 "일"과 "가르침"의 대상물이 "위대함" 또는 "더 중한" 가르침이 아닌가 생각하게 한다(참조, 23:23)-가장 큰 일을 행하는 사람이 "가장 크게 여김 받을 것이다." 이는

예수님께서는 이 필요한 의의 모습에 대해 충격적인 말씀을 주신다: 그것이 서기관들과 바리새인들의 것보다 커야 한다는 것이다. 이것은 충격적인 나쁜 소식이다. 왜냐하면 예수님 시대에 서기관들과 바리새파 사람들은 의로는 상대할 자가 없는 월등히 우월한 부류였기 때문이다. 한 어린이 성경이 그들에 대해 적듯이 그들은 "초-초-거룩한 사람들"이었다.[22] 이 거룩하고 깨끗한 사람들을 능가하는 의를 갖는 것은 거의 불가능하다. 특히 평균적인 예수님의 청중들에게는 거의 불가능한 일이다. 이 참된 의를 어떻게 이해하고 실행하는지를 살펴보면 이 사실이 상당히 중요하다는 것을 알 수 있다. 비아티튜드의 경우와 마찬가지로 외적 성결보다는 내적 마음가짐이 우선 순위라는 것이 중요한 부분이다. 비록 서기관들과 바리새인들의 의가 모든 면에서 매우 높았지만, 예수님은 그들을 열등하다고 선언한다. 그들의 의로움은 다가오는 하늘나라에 들어가기에 충분하지 않다.

역사적인 관점에서 볼 때, 초기 기독교에서 이 구절들은 참된 기독교가 옛 언약과 새 언약의 관계에 대해 갖는 미묘한 입장을 설명하였다. 그리고, 유대교와 율법에 관해 기독교가 가르치던 것과 관련된 오해를 완화하였다. 이 구절들은 예수님과 그를 따르던 자들이 급진적인 반율법주의자 이거나 옛 전통을 깨는 자들이라는 적대를 예상한 대답이다. 마태복음은 예수님이 어떻게 아브라함과 다윗의 궁극적인 아들인지를 보여주며 예수님이 하나님이 약속하신 모든 것을 성취하시는 분임을 보여주는데 모든 노력을 기울인다.

이 구절들은 산상수훈의 문예적이고 신학적인 문맥에서 참 마카리오

예수님의 율법에 대한 해석에 순종하는 자이고 그것의 더 중한 것 또는 더 큰 것인 마음으로 순종하는 자들이다.

22 Sally Lloyd-Jones, *The Jesus Storybook Bible: Every Story Whispers His Name* (Grand Rapids: ZonderKids, 2007), 211, 213.

스한 의가 실제 삶에서 어떤 모습으로 나타나는지를 설명하는 예들을 가르치는 산상수훈 중앙부의 서론으로 기능한다.

마태복음 5:21-48: 실 생활 속의 율법과 관련한 더 나은(큰) 의[23]

서론이 마쳐지고 서론에서 예수님이 말씀하신 더 나은 의가 실제로 실행되는 내용이 뒤따라 나온다. 예수님은 지혜 교사로서 평범한 격언이 아니라 자신의 지혜의 가르침이 실천되는 실제 삶의 예를 제시한다. 지혜는 "가르쳐지는 것이 아니라 잡히는 것이다"라는 말이 있다. 지혜는 실천과 모델과 예를 보는 것을 통해 진실로 이해된다는 것이다. 1세기 로마 철학자 세네카가 말했듯이, "만약 누군가가 계율을 따른다면 먼 길을 갈 것이지만, 모범을 따른다면 짧고 유익한 길을 갈 것이다."[24] 예수님은 청중의 삶에서 이루어지고 이루어져야 하는 이 세상에서 존재하는 수많은 방법을 설명한다.

이는 이 방법들만이 유일한 적용인 것은 아니며, 이 가르침을 문자적으로 취해야하는 것도 아니라는 의미이다. 예수님이 가르치신 하늘나라 중심적인 지혜는 하나님의 다가오는 나라에 들어가기 위해서는 서기관들과 바리새인들의 보여지는 의/경건보다 더 깊고 높은 의가 있어야 한다는 것이다. 완전히 충격적인 이 가르침이 실제로 무엇을 의미하는지에 대해 예수님이 여섯 가지 의미 있는 예들을 제시한다.

5 장에서 산상수훈의 구조에 대해 논의 했듯이, 산상수훈의 다른 모든 부분과 마찬가지로 5:21-47의 하위 단위가 구성되는 방식에도 많은 의도와 강조점이 존재한다. 이 여섯 가지 예는 세 개로 구성된 두 쌍으로

---

23 5장에서 주장한 바와 같이 5:17-48의 삼중 구조는 도입/케랄(5:17-20), 6개의 주석(5:21-47), 결론(5:48)이다. 아래의 주석에서 5:48은 5:21-48의 더 큰 단위에 포함하여 별도로 언급 될 것이다.

24 Seneca, *Ad Lucilium* 6.5. Richard M. Gummere LCL 75 (Cambridge, MA: Harvard University Press, 1961), 26-27 번역.

(5:21-32과 5:33-48) 나뉜다. 여섯 가지 예들(5:21, 27, 31, 33, 38, 43) 각각에서 반복되고 변화되어 나타나는 서론의 단어들을 인식하는 것이 열쇠이다. 예수님은 "너희가 ~하였다 하는 것을 들었으나"라는 말을 매번 반복함으로써 청각적 닻과 심리적 기억의 갈고리를 주신다.[25] 이어서 5:17-20에서부터 이어지는 이스라엘의 성경과 삶에 대한 예와 그에 대한 예수님의 주석과 적용이 뒤따른다.

전통적으로 이 예들은 유대교 성경이 가르친 것과 예수님의 말씀 사이의 불연속성을 강조하는 "안티테제(반정립)"라고 불렸다. "너희가 ~하였다는 것을 들었다…" "그러나 나는 너희에게 말한다…"라고 말씀하시는 것은 분명히 대립 구도처럼 들린다—"이것이 아니라, 이것이 사실이다." 이런 대립적 읽기 방식은 예수님을 유대인들이 믿고 이해 하는 것에 반대하는 새롭고 다른 가르침을 제시하는 분으로 이해하게 한다.[26]

그러나 이것은 서론인 5:17-20이 강조하는 말씀을 고려하지 않는 것이다. 예수님은 하나님의 계시된 말씀에 반대하거나 대립적인 대안을 제시하지 않는다. 앞으로 살펴보게 될 것처럼 예수님은 그 스스로 종말론적으로 새로운 무언가를 하고 있다. 그러나 그의 가르침의 지혜, 윤리, 비전은 하나님이 말씀하신 것에 대한 새로운 것도 아니고 대립되는 것은 더더욱 아니다. 예수님은 폐하는 것이 아니라 성취하기 위해 오셨다. 알리슨이 적고 있듯이 이 여섯 가지 예들을 통해서 보여주시는 예수님의 목적은 두가지이다. "(1) 예수님은 어떤 태도와 행동을 요구하는가, (2) 자

---

25 이 언어에는 마태의 구조를 이해하는데 도움이 되는 약간의 변형이 있다. 세 번째 주해에서 단축된 형태인 "그것이 말하여 졌다"가 사용된다. 이것은 네 번째 예로 인도한다. "옛 사람들에게 말하여 진 바"(5:33)가 생략되고, 전형적인 마태복음 전환 표시 단어인 **팔린**(다시)과 결합된다. 이것은 마태가 제공하는 구조 표시로 여섯 개의 주해가 두 개의 삼중쌍으로 나뉘어져 있음을 보여준다(5:21-32과 5:33-48). 5장의 논의를 참고하라.

26 "대립적"읽기를 따르는 사람들도 예수님이 구약에 모순되는 것이 아니라고 말한다. 그래서 그들은 "너희가 말하여 진 것을 들었다"라는 부분은 실제로 성경의 가르침이 아니라 잘못된 랍비적 해석으로 율법주의적 가치에 의해 추가 된 많은 인간 전통이라고 말한다. 이것은 본문을 읽는 합당한 방법이 아니며 필요하지 않다고 생각한다.

신의 요구는 토라와 대립되지 않으면서 어떻게 토라의 요구를 뛰어 넘는 가."[27] "그리스도의 계명은 율법을 포함하지만 율법은 그리스도의 계명을 포함하지 않는다. 그러므로 누구든지 그리스도의 계명을 성취하는 자는 율법의 계명을 은연중에 성취한다."[28]

이 여섯 가지 예는 대립이 아니라 주해이다. 구약의 가르침과 예수님의 말씀을 함께 주석하거나 주해하는 설명이다. 5:17-20이 말하듯 율법의 폐지가 아닌 성취가 이루어지는 방식을 보여준다. 대립으로 이해할 수 있는 유일한 개념은 예수님은 다른 어떤 랍비나 선지자와 달리 단순히 하나님의 말씀을 되풀이하고 사람들에게 회개/갱신을 요구하는 것이 아니라는 점이다. 오히려 예수님은 더 과감한 주장을 한다-그는 이제 하나님의 진리의 결정권자이다(참조, 7:24, 29, 21:27, 24:35, 28:18-20). 선지자나 랍비는 죽음을 각오하지 않는 이상 하나님의 계시에 대하여 "너희가 ~ 하였다는 것을 들었으나 나는 너희에게 말하노니~"라고 결코 말하지 않을 것이다.[29] 중요한 대립이 있지만, 그것은 계시의 내용이 아니라 선포자와 해석자인 예수님에 관한 종말론적이며 기독론적인 것이다. 앞으로 논의 될 것이지만 마음속의 내적 의와 관련해 예수님은 예언서 전통과 연속되어 있다.

---

27 Davies and Allison, *Matthew 1-7*, 508.

28 Scot McKnight, *The Sermon on the Mount*, The Story of God Bible Commentary (Grand Rapids: Zondervan, 2013), 72. 불명확한 저자가 다음에서 인용하였다. Manlio Simonetti, ed., *Matthew 1-13*, ACCS (Downers Grove, IL: InterVarsity, 2001), 101.

29 Ulrich Luz, *Matthew 1-7: A Commentary*, rev. ed., trans. James E. Crouch, Hermeneia (Minneapolis: Fortress, 2007), 230-32는 예수님의 권위는 "대립"이라는 단어에서 표현되며, 예수님의 권위를 다른 것이 아니라 그 자신 스스로가 말한 것에 둔다는 것이 놀랍다고 말한다.

마태복음 5:21-26

21 옛 사람에게 말한 바 살인하지 말라, 누구든지 살인하면 심판을 받게 되리라 하였다는 것을 너희가 들었다. 22 더불어, 나는 이르노니 형제나 자매에게 노하는 자마다 심판을 받게 될 것이다. 그리고 형제나 자매에게 미련한 놈이라 하는 자는 재판정에 잡혀가게 되고 바보라 하는 자는 지옥 불에 들어가게 되리라.

23 그러므로 예물을 제단에 드리려다가 거기서 네 형제나 자매가 네게 원망할 만한 일이 있는 것이 기억나거든, 24 예물을 제단 앞에 두고 먼저 가서 형제 혹은 자매와 화해하고 그 후에 와서 예물을 드리라.

25 속히 너의 적대자와의 일들을 옳게 하라 심지어 재판정에 가는 길에 있다고 하더라도 그리하라, 그렇지 않으면 그 적대하는 자가 너를 재판관에게 내어 주고, 재판관이 옥리에게 내어 주어 네가 옥에 던져 지리라. 26 진실로 네게 이르노니 네가 한푼이라도 남김이 없이 다 갚기 전에는 결코 거기서 나오지 못하리라.[30]

5:21-26은 여섯 가지 형태로 가르쳐지고 있는 "율법과 선지자" 읽기의 첫번째 예이다. 이 첫 번째 예/주해는 가장 길고 여러 면에서 가장 복잡하다. 청중들을 첫 번째 예를 통해 주해의 형식을 배우고 나머지 예들로 초대된다. 이어지는 다섯 가지 주석들은 비교적 짧다. 이는 마태복음의 전형적인 형식이다.

---

30 본문의 번역에 관한 몇 가지 의견을 차례대로 적는다. 첫째, 여섯 개의 주해들에서 비교적 의미가 유연한 헬라어 데를 "그러나" 보다는 "더불어(and)"로 번역하기로 선택했다: "옛 사람에게 말한 바 … 하였다는 것을 너희가 들었느니라 … 더불어 나는 이르노니." 불행하게도 "더불어"의 연속성과 "그러나"의 대조를 모두 포함하는 미묘한 감각을 전달할 방법이 없다. "더불어"를 선택한 이유는 이것이 더 여러가지로 해석할 수 있는 선택이기 때문이다. 5:22에서 유대와 그리스의 맥락을 잃는 것을 감내하면서도 **라카**를 "미련한 놈"이라 번역하고 **수네드리온**을 "재판정"이라 번역(의역이 아님)한 이유는 현대의 의미에 잘 들어 맞기 때문이다. 5:23-24에서 **아델포스**를 "형제와 자매"로 번역한 이유는 이 헬라어 단어가 남성 형제들만을 특별히 제한하지 않고 일반적으로 친족을 지칭하는 것으로 종종 사용 되었기 때문이다. 오늘날의 독자에게는 "형제와 자매"가 이 개념을 더 잘 전달한다.

산상수훈내의 각 주해와 마찬가지로 5:21-26은 토라 진술, 참 의도에 대한 예수님의 설명, 그리고 실제적인 적용이라는 세 부분으로 구성 된다. 첫 번째 부분은 21-22 절로 구성된다. 5:21-48에 걸쳐 논의되는 "더 나은 의"라는 주제의 중심 요점이다. 이 구절에서 사용되는 원리는 다음과 같다: 예수님은 유대인 전통의 한 명령을 취하여 그것을 뒤엎지 않으면서 그 명령의 참 의도와 실천적인 실현을 보여주고 자신의 오심에 비추어 그의 요점에 급박성을 더한다.

예를 들어, 하나님은 살인을 금하셨고 예수님은 그것과는 다른 것을 가르치시는 것이 아니라는 점에 모두 동의할 것이다-"살인은 정말로 괜찮다," 혹은 "하나님은 정말로 살인을 염려하지 않으시니 편히 마음을 가지라," 또는 심지어 "살인과 관련된 문제는 윤리적으로 복잡하다." 예수님은 율법을 무너뜨림 없이 오히려 가장 깊은 의미와 극치의 실현(=성취)을 보여 주면서 문제의 심장부에 이른다. 살인의 저변에 깔린 진짜 문제는-옳지 않고 황폐하고 결과적인- 행위 그 자체가 아니라 도덕 행위자의 마음 혹은 내적 성품이다. 외적이고 물리적인 살인 행위뿐만 아니라, 하나님의 형상대로 창조된 다른 사람을 화나게 하고 모욕하는 것(참조, 약 3:8-10)이 옳지 않은 것이며 심판 당해야 하는 것이다.

예수님은 세가지 이미지를 사용해 이 요점을 수사학적으로 풍성하게 전달한다.

- 형제나 자매에게 노하는 자마다 = 심판을 받게 됨
- 형제나 자매에게 미련한 놈이라 하는 자마다 = 산헤드린/재판정에 잡혀감
- 형제나 자매에게 바보라 하는 자마다 = 지옥 불에 들어가게 됨

이 세가지 이미지의 차이점을 너무 세밀하게 나누려 한다면 요점을 놓치고 말 것이다. "미련한 자", "바보", 노하는 것; 심판을 받게 되는 것; 산헤드린/재판정에 잡혀가는 것; 지옥 불에 들어가는 것을 구별하는 것이 이 말씀의 초점이 아니다. 이 세 가지 이미지는 모두 하나님께서 육체적인 행위인 살인 보다 더 깊은 곳에 관심을 갖고 계심을 보여준다. 하나님께서는 마음, 즉 인간의 내면을 살피신다.[31] 이 이미지들은 그 의미가 점점 깊어지는 방향으로 구성된 것이 아니다. 이들은 모두 더 큰 요점을 향하여 확대되는 은유이다. 노하고 타인을 모욕하는 것은 마음의 문제로 간주된다. 심판, 재판, 및 지옥은 결과로 드러난다.

다시 말하지만, 예수님은 살인에 대한 율법을 폐지하지 않으시며 오히려 그 가장 풍성하고 진실된 의미를 드러내신다. 제자들은 "모든 의를 이루는 것"과 "서기관들과 바리새인들을 넘어서는 의"를 얻기 위해 이 내면의 인간이라는 문제에 직면해야 한다. 물론 육체적 살인 행위를 하지 않는 것은 훌륭한 것이고 옳은 것이다, 그러나 그것이 경건, 하나님의 본성, 하나님의 뜻, 오는 천국과의 일치성을 가늠하는 진정한 리트머스 시험은 아니다; 사람의 마음가짐과 말을 살피는 것은 살인적인 폭력을 억제하는 것만큼이나 중요하다.

여기에 예수님이 가르치신 것과 옛 언약 명령이 가르치고 금지하는 것 사이의 큰 연속성이 있다. 5:21-48을 주해할 때 일반적으로 발견되는 해석상의 실수는 예수님이 계명을 어느정도 심화시키거나 확장 시킨다는 것이다. 또한 예수님이 하나님의 의에 대한 표준을 올리시는 점에서 불연속성이 있다고 보는 것이다. 예수님은 르호보암과 같은 방식으로 "너희는 살인이 나쁘다고 생각했지만, 이제 하나님은 더욱 강경해 지셨다!

---

31 "마음"이라는 단어가 헬라어와 히브리어에서는 내적 인간과 그의 정체성을 의미하는 것이지 감정을 나타내는 것이 아님을 기억하라. 4장의 논의를 보라.

너희는 다른 누군가를 싫어하지도 마라!"라고 말씀하신다.[32]

조금만 더 생각해보면 이것은 예수님이 주장하는 것이 아님을 알 수 있다. 모세언약에서 (또는 다른 때에) 하나님께서는 결코 사람의 윤리적인 상태나 내적 성향을 무시하지 않으셨다. 십계명의 요지는 "너희 마음은 상관 없다, 외적으로 이러한 일을 하라"가 결코 아니다. 오히려 정반대이다. 선지자의 메시지는 주로 의를 구하고 순수한 온 마음으로 그것을 행하도록 하나님의 백성을 부르는 것이다.[33] 때때로 하나님의 백성들은 회개하고 외적인 육체적 행위에서 돌이키라고 부름 받는다. 그러나 거기엔 항상 마음이나 내적 인간의 문제가 존재한다. 일어나는 모든 회개는 외적인 행동의 변화 이상이어야 한다. 그렇지 않으면 참된 회개가 아니다. 많은 경우 예언자들은 사람들의 외적인 행위가 아니라 하나님과 일치하지 않는 마음을 책망한다.[34] 요컨대, 하나님은 항상 마음의 자세를 주목하시고 살피신다. 회개는 이 모든 것을 포함한다.

이것이 정확하게 예언자 예수님이 말씀하시는 것이다. 그는 외적 윤리의 덮개를 걷어 내시고 하나님의 백성들-특히 "초-초 거룩한"자들-에게 참된 의는 단순한 외적 순종으로 구성될 수 없음을 상기한다. 참된 의는 전체성(wholeness)으로 이해되어야 한다(5:48). 예수님이 옛 언약 명령의 윤리를 바꾸는 것이 아니다; 그는 선한 선지자들이 했던 것처럼 그것을 드러내고 있다. 그러나 앞서 언급했듯이 예수님의 역할은 선지자 이상이다; 그의 역할은 종말론적 극치를 드러내는 것이다. 그는 율법을 단순히

---

32 르호보암을 언급한 것은 그의 강하고 기억할 만한 말들을 인함이다. 그의 말로 인해 열개의 북 지파들이 유다와 베냐민지파와 분리되었다-"내 아버지는 너희의 멍에를 무겁게 하였으나 나는 너희의 멍에를 더욱 무겁게 할지라 내 아버지는 채찍으로 너희를 징계하였으나 나는 전갈 채찍으로 너희를 징치하리라 하니라" (왕상 12:14).

33 삼상 15:22; 16:7; 왕상 8:61; 대상 28:9; 시 26:2; 40:6-8; 139:23; 잠 21:3; 사 1:11-13; 29:13; 예 32:39; 겔 11:19-20; 호 6:6; 미 6:6-8.

34 삼상 15:22; 시40:6; 51:16-17; 전5:1; 사 1:11; 호 6:6; 아 5:21; 미 6:6-8.

반복하는 것이 아니라 율법을 완전히 성취하기 위해 왔다.

마태복음 5:21-22이 주요 요점이며, 5:17-20의 주해/예로 충분하다. 예수님은 이 원리에 대한 실천적인 적용을 더 주신다. 5:23-26은 이 가르침의 두 번째 부분이다.[35] 그는 노함 또는 말로 "살인"하지 않는 윤리적 문제를 어떻게 실천할 것인지에 대한 두 가지 예를 제시한다. 첫 번째는 교회내에서의 대인 관계에 관한 것이다(5:23-24). 예수님은 화를 내고 싶거나 거칠 것이 있거나 이에 국한되지는 않지만 모욕적인 말이나("바보"[라카]와 "어리것은 자"[모로스] 참조) 고발을 포함하는 갈등이 있을 만한 형제나 자매와 화해하라고 명령한다. 이 계명의 내적-외적 그리고 하나님-헌신의 측면은 여전히 유효하다. 형제나 자매와 수평적으로 관계를 회복하라는 명령은 하나님을 예배하고 그에게 헌신하라는 수직적 명령과 밀접하게 묶여 있다.[36]

5:17-20의 가르침의 두 번째 실천적인 적용(5:25-26)은 더욱 보편적이고 확고하다; 처음보기에는 적절하지 않은 곳에 있어 보인다. 5:21-22에 이어지는 과정에서 한 두 단계의 일반화 과정이 빠져있어 보인다. 전체 문단에 일정하게 나타나 두 개념을 연결하는 뿌리는 심판과 대인 관계의 갈등이다.[37] 이 명령은 타인과의 갈등은 –극단적인 살인 금지 뿐만 아니라– 종종 심각한 결과를 초래한다는 것을 깨닫게 하기 위한 것이다. 따라서, 심판을 경험하기 전에 화해의 길을 찾아야 한다.

---

35 사실 이것은 앞선 두개의 삼중 구조 주해 형식이다– (1) 이해된 윤리적 규범에 대한 진술, (2) 마음의 수준에 있는 참된 윤리적 문제에 대한 설명 ("그러나 나는 너희에게 말한다"), (3) 추가 예 및/또는 영향.

36 형상적으로 서로 관련이 있는 몇 가지 다른 신약 본문이 있다. 산상수훈의 가르침이 반영된 것이거나 같은 출처에서 온 것이다. 고전 11장, 주님의 식탁에서의 연합은 필수적이며 불화는 끔찍한 용어로 경고 된다; 벧전3:7, 베드로는 남편들에게 그들의 아내를 존중하고 사랑과 이해로 살도록 권고하며, 기도가 방해 받지 않도록 하라고 권고한다. 마5:23-24의 구약의 문맥을 살펴볼 때 데일 알리슨은 창4장의 가인과 아벨의 이야기와 관련이 있다는 것을 잘 보여준다. Dale Allison, "Murder and Anger, Cain and Abel (Matt. 5:21-25)," in Studies in Matthew: Interpretation Past and Present (Grand Rapids: Baker Academic, 2005), 65-78을 보라.

37 평행하는 가르침이 누가복음 12:57-59에 등장한다. 두 경우 모두 주위 구절들과 직접적인 연관성이 분명하진 않다.

마태복음 5:27-30

> 27 "간통하지 말라" 말하였다는 것을 너희가 들었다. 28 더불어 나는 너희에게 말하노니 음욕을 목적으로 다른 남자의 아내를 보는 자마다 그의 마음에 이미 그녀와 간통하였느니라. 29 만일 네 오른 눈이 너로 실족하게 하거든 빼어서 내버리라, 네 몸 중 하나가 없어지는 것보다 온 몸이 지옥에 던져지지 않는 것이 훨씬 좋으니라. 30 또한 만일 네 오른손이 너로 실족하게 하거든 찍어서 내버리라, 네 몸 중 하나가 없어지는 것보다 온 몸이 지옥에 던져지지 않는 것이 훨씬 좋으니라.[38]

예수님의 토라에 대한 두 번째 주해 역시 동일한 형태를 갖는다. 잘 알려진 계명(5:27), 그것의 참 의도(5:28), 실천적인 적용(5:29-30)의 설명이 이어진다. 살인에서 간음으로 주제를 옮기면서, 예수님은 십계명에 직접적으로 나오는 두 개의 극악무도하고 파괴적인 죄를 연이어 다룬다(본문에서는 간통에 대한 일곱 번째 계명을 다룬다. 출 20:14). 두 경우 모두에서 참된 의가 계시된다.

이 두 번째 주해에서는 마 5:21-26에 설명된 "노함의 문제"로 씨름하는 자들 뿐만 아니라 거의 모든 남자가 모든 것을 보시고 아시는 하나님의 시선 아래 놓인다. 이 두 번째 예는 창조와 타락의 관점에서 보편적인 남성의 성을 다룬다. 유대인을 포함한 고대 세계의 많은 사람들이 간통죄

---

38 5:28에 있는 **구나이카**를 좀 더 일반적인 "여자"보다는 "다른 남자의 아내"로 번역하였다. 그 이유는 본문의 초점이 일반적으로 단순히 나쁜 행실 또는 성적 부도덕에 있는 것이 아니라 결혼과 특히 간음을 통한 결혼 파괴에 대한 것으로 보이기 때문이다. 성적 부도덕이 받아 들여질 수 있다는 것을 말하는 것은 아니다. 그러나, 주어질 수 있는 여러가지 다양한 예들 중 하나로서 이 주해의 초점은 다른 사람의 아내와 간통에 관한 것이다. 간통죄는 성적 부도덕을 통한 결혼의 깨어짐이다. Luz, *Matthew 1-7*, 244를 보라. 일부 주석가와 번역가는 5:28의 의미는 남자가 성적인 부도덕한 정욕으로 희롱하는 방식으로 여자를 바라 보는 것을 의미한다고 주장한다. 퀄스가 보여 주듯이 이것이 헬라어 본문에서 문법적으로 가능하지만, 이 해석은 잘못된 것이다(Charles Quarles, *Sermon on the Mount: Restoring Christ's Message to the Modern Church* [Nashville: B&H, 2011], 117-18).

를 지은 것이 사실이다. 하지만 대부분의 사람들은 그렇지 않았다. 하지만 중요한 것은 마음에서 저지르는 간통이다. 바리새인들의 강한 종교적 특성, 명예-불명예의 문화적 가치, 성적 부도덕에 관한 엄격한 법률과 처벌 등의 영향 아래 있는 1세기 유대교에서 실제 간통은 살인과 마찬가지로 자주 발생하지 않았을 것이다.

이러한 사실이 정확히 예수님이 말씀하시고자 하는 것으로 인도한다. 간통은 마음속에 탐심이나 정욕을 목적으로 볼 때 이미 (최소한의 의미에서) 저질러진다.[39] "마음"이라는 분명한 언어는 산상수훈 전체에 흐르는 깊고 일관된 주제인 내면의 순결함의 가장 선명한 예이다. 하나님께서는 내면의 사람을 보시고 살피신다. 그렇기 때문에 이 윤리적 명령은 간통죄의 외적 행동뿐만 아니라 훨씬 더 광범위한 내적 의도까지 다룬다. 이것이 예수님이 설교하시는 하나님의 백성들이 추구해야 하는 전체성-인간, 더 나은 의이다. 이것이 없으면 하늘나라에 들어갈 수 없다. 올림푸스의 성 메소디우스가 쓴 것처럼 예수님은 간통 행위를 하지 않는 사람을 깨끗하다고 하지 않는다. 그는 마음도 청결하기를 원한다, "그가 우리에게 몰아내라고 명령하는 것은 간통의 열매가 아니고 그 씨앗이다."[40]

이와 관련하여 두 가지 중요한 논의가 필요하다. 첫째로, 앞의 예와 마찬가지로 예수님의 명령은 구약의 윤리적 가르침과 강한 연속성을 갖는다. 예수님이 결코 구약을 뒤집으려고 하는 것이 아니다. 십계명은 간통죄를 금지한다. 그 뿐만 아니라 행위를 넘어서는 마음의 문제에 대한 명령도 포함한다. 이는 탐심과 관련한 열 번째 계명인 다른 사람의 아내를

---

39 5:28에 사용 된 헬라어 **프로스**+부정사는 목적이나 의도에 대한 개념을 전달하기에 "음욕을 의도로"라 번역하였다. 아름다움에 감탄하거나 아름다움에 자연스러운 끌림을 경험하는 것은 본문이 말하는 문제가 아니다. 오히려 창조의 선물인 (마음에서 이루어지는) 상상력을 다른 사람의 아내를 성적 파트너로 상상하고 물건화하는 목적으로 사용하는 것이 문제이다.

40 Methodius of Olympus, "On Leprosy—An Allegorical Explanation of Leviticus 13," trans. Ralph Cleminson and Andrew Eastbourne, http://www.roger-pearse.com/weblog/wp -content/uploads/2015/09/Methodius-De-Lepra-2015.pdf.

탐내지 말라는 구체적인 언급에서 드러난다. 예수님은 새로운 것을 말하는 것이 아니다. 그는 하나님의 백성들을 마음이 인도하는 회개로 부르신다.

또 다른 중요한 논의는 앞의 예 와도 일맥 한다. 예수님은 구약 성경의 윤리 기준을 높이시는 것은 아니다. 하지만 예수님이 모든 죄를 동일시하시는 것 역시 아니다. 즉, 살인과 노함에 관한 논의처럼 예수님이 정욕을 간통과 동일시하는 새로운 법을 만드는 것은 아니다. 어떤 주석가들은 예수님이 화를 내는 것이 살인과 마찬가지로 나쁘고, 정욕은 간통과 같이 나쁘다고 말씀하면서 모든 죄를 동일시한다고 해석한다(5:27-30). 그러나 이것은 중요한 구별을 없애고 가르침의 요점을 놓치는 것이다. 예수님이 모든 죄를 동등하게 하시는 것이 아니다. 살인과 간통은 증오와 탐심보다 더 큰 사회적이고 개인적인 나쁜 결과를 유발하는 실제로 더 악한 죄이다. 요점은 모든 죄를 동등하게 보라는 것이 아니라, 실제로 배우자를 물어 뜯는 것은 배우자의 말을 물어뜯는 것보다 더 나쁘다; 성적으로 아동을 학대하는 것은 그들에게 애정을 주지 않는 것보다 더 나쁘다. 모든 죄는 같지 않다. 예수님의 요점은 살인을 노어움의 수준으로 떨어뜨리는 것이 아니며 간통죄를 정욕과 동일시하여 모든 구별을 제거하는 것이 아니다.

오히려 마음-중심의 주해가 문제의 진정한 깊이를 드러낸다. 이는 외적인 행위에만 집중하고 마음의 의도와 상관없는 적절한 행동을 갖는 것을 경건으로 여기는 인간의 경향에 대항하는 강력한 공격이다. 넓고 쉬운 길은 전체성-인간적 의의 길이 아니라 외적 종교의 길이다(7:13-14). 만약 가장 실천적인 수준에서 노함과 정욕이 살인과 간통과 동등하게 이해된다면, 우리는 모든 지도자나 목회자를 잃을 것이다(누구도 이 죄에서 자유로울 수 없기 때문이다). 최악의 경우 대부분의 남자들을 살인 혐의로 투옥 된 후 돌로 쳐 죽었을 것이다. 이 말도 안되는 (그러나 논리는 있는) 추론은 예수님의 가르침의 요지를 지나치게 오해해서 읽지 말아야 함을 보여준다.

이 점을 가르친 후 예수님은 지혜로운 명령을 하나 더 주신다. 간통의 죄를 피하기 위해 오른쪽 눈을 뽑고 오른손을 자르는 강한 은유의 말씀 이다(5:29-30). 만일 실제로 하나님께서 마음을 보시고 살피시는 것이 사실이고 음란한 정욕이 심각한 문제라면, 더 나은 의는 제자들이 그러한 죄에 빠지지 않도록 급진적인 행동을 취할 것을 요구할 것이다. 눈을 뽑고 손을 자르는 것은 하늘 나라를 지향하는 윤리 실천을 추구하는데 적절하다.[41] 교회 역사상 일부 사람들은 물리적/문자적으로 이 명령을 실천했다(19:11-12에서 "하늘 나라를 위해 고자가 되다"라는 말씀 참조). 하지만 대부분은 이들을 알레고리적 또는 비유적으로 이해했다. 가장 일반적인 해석은 악한 생각과 탐욕스러운 정신을 차단하라는 것이었다. 하지만, 또 다른 많은 사람들은 이 구절을 이같은 죄들에 자신을 넘어뜨릴 수 있는 교회의 친구들이나 회원들을 멀리하고 혹은 심지어 공동체에서 내보내라는 명령으로 이 구절을 읽었다.[42] 이 후자의 해석은 공동체 일원의 실족을 피하기 위해 "손이나 발을 자르라"와 "눈을 빼라"는 마태복음 18:7-20의 반복되는 명령에 비추어 많이 인정되었다. 이 동일한 구절은 "교회 치리," 혹은 제자들의 집회에서 어떤 사람들을 제외시키는 교회의 권위있는 결정을 논의로 이어진다(18:15-20). 사도 바울 또한 그리스도의 몸에 많은 부분이 있음을 말하며(고전 12 : 12-30), 성적인 부도덕, 정욕 등으로 정의된 세상적인 "부분들"을 죽이고(골 3:5), 배역자들과 성적인 죄인들을

---

41 오른쪽 눈과 오른쪽 손을 제거하라는 요구는 오른쪽 눈과 손의 은유적 가치인 가장 중요한 것 혹은 가치 있는 것을 말하려는 것이다. 그러므로, 요점은 "죄를 피하기 위해서 모든 것, 가장 중요하고 가장 소중한 것 조차도 포기하는 것이다"(Luz, *Matthew 1-7*, 247).

42 이 말씀의 해석 역사를 ibid., 247-48에서 확인하라.

교회 몸에서 제거하라고 명령한다(고전 5:6-13). 이 모두는 그 저변에 예수님의 가르침을 반영하고 있을 가능성이 크다.

마태복음 5:31-32

31 또 일렀으되, "누구든지 아내를 버리려거든 이혼 증서를 줄 것이라" 하였느니라. 32 더불어 나는 너희에게 이르노니 누구든지 음행한 이유 없이 아내를 버리면 이는 그녀로 간음하게 함이요, 또 누구든지 버림받은 여자에게 장가드는 자도 간음함이니라.

예수님의 토라에 대한 세 번째 주석은 앞선 형식을 이어가지만 여러 면에서 독특하다. 기본적으로 이 예는 다른 것들보다 훨씬 짧고, 다른 다섯 개의 예에서 발견되는 규칙적인 형식과 약간 다른 도입부를 가지며,[43] 이전의 내용과 밀접하게 관련되어있다. 일부 주석가들은 이런 이유들로 5:31-32을 앞선 구절들과 묶어 5:27-32을 두 번째 예로 만들고 6개가 아닌 5개의 예들을 구성한다. 그러나 5:31-32를 독립적으로 봐야하고, 세가지 가르침이 두 쌍을 이루는 구조에서 첫 번째 쌍의 세 번째 가르침으로 이해해야하는 설득력 있고도 균형 잡힌 증거가 있다.

깊은 차원에서 이 주해에는 다른 하나의 특별한 측면이 있다. 이혼, 재혼, 간통의 신학적이고 도덕적인 문제는 이후 마태복음 19:1-12에서 다시 구체적으로 다루어진다. 산상수훈의 각 주제와 가르침은 마태복음의 다른 곳에서 나타난다. 그러나 다른 주해의 예들 중 어떤 것도 5:31-32

---

43 다른 예들은 모두 "말하여진것을 너희가 들었다"라로 시작하지만 5:31은 홀로 "말하여 졌다"로 시작한다. 나머지 형식은 다음을 포함하여 동일하다. "나는 너희에게 이르노니…" 여기에서 형식의 차이가 있는 이유는 아마도 이것이 앞선 두개의 예들의 결론이기 때문일 것이다. 다른 사항들도 이를 나타낸다: 두번째 삼중 쌍을 시작하는 5:33의 **팔린**의 사용, "너희가 … 말하여진 것을 들었다"이후에 이어지는 내용과 관련한 첫번째와 두번째 삼중 쌍 사이의 유사성 및 차이점(아래 5:33-37참조), 두 개의 삼중 쌍의 길이와 관련한 대칭성. 이 모든 것들에 관해서, Allison, "The Configuration of the Sermon on the Mount and Its Meaning," in Studies in Matthew, 181-87; 그리고 5과의 구조를 보라.

과 같이 분명히 다시 언급되고 풀어지는 것은 없다. 어쩌면 이것이 산상수훈에서 이혼이 비교적 간단히 다루어지는 이유일 수 있다. 마태복음 19:3-12은 예수님이 가르치신 내용의 요점과 그 의미에 대해 이해할 수 있는 또 다른 기회를 준다. 19장에서 바리새인들은 예수님을 신학적 그리고/혹은 수사학적으로 시험하고 함정에 빠뜨리려고 시도한다. 그래서 그와 비슷했던 선지자적 선구자인 세례 요한의 경우처럼 최하의 경우 대중적 인기의 하락, 최상의 경우 투옥과 사형으로 이어지길 희망한다.[44] 이에 대한 예수님의 대답은 통찰력 있고 천재적이다. 그는 학식 있는 반대파들에게 모세가 이혼을 허용 할 때 실제로 신명기에서 무슨 일이 벌어지고 있었는지를 다시 살피도록 도전하며 현명하게 대응한다. 예수님은 창세기(창 1:27; 2:24)를 언급하며 다시 한 번 성경의 많은 모자이크 조각 같은 증거들을 적절히 찾아 결합시키는 모범적인 방법을 보여주신다. 그는 그가 5:21-48에서 주장하는 것과 똑같은 논증을 한다-외적 행위에 대한 가르침의 저변에 존재하는 마음의 문제가 그것이다. 모세가 이혼을 허용한 이유는 마음의 딱딱해 짐,[45] 즉 마음의 굳어짐이다; 혼인 관계가 깨어지는 것은 결코 하나님의 뜻이 아니다(19:8). 예수님은 5:21-47의 여섯 가지 예에서 사용하시는 것과 같은 종류의 논증을 사용한다-하나님의 윤리적 명령을 이해함에 있어 내면의 인격 또는 미덕에 대해 먼저 고려할 것을 요구한다.[46] 5:31-32이 5:21-48내에서 다른 종류의 주

---

44 예수님과 세례 요한의 삶은 많은 부분에서 평행하다. 단순한 우연이 아니다. 바리새인들은 점점 커져가는 예수님의 인기를 누르기 위해 절박했다. 이혼, 재혼, 요한이 체포되어 참수 당하게 한 간통죄에 대한 혐의의 문제를 제기 했다. 예수님이 같은 운명에 놓이게 된다면 예수님의 반대자들은 상당히 좋아했을 것이다.

45 마태는 **스크레로카르디아**라는 합성어를 사용하여 이 개념을 전달한다. 이 단어는 신명기 10:16(LXX)와 예레미야 4:4(LXX)에서 이스라엘의 마음과 그들의 마음의 할례의 필요성을 묘사하는데 사용된다. 관련된 단어인 스크레로테스는 신약에서 롬2:5에 단 한번 사용되며 분노를 쌓는 마음의 딱딱함을 나타내는데 사용된다.

46 마리아의 남편인 요셉의 이야기를 기억하는 것도 중요하다. 복음서에서 유일하게 그의 약혼녀 마리아와 합당한 이혼을 시도한 자이다. 마태는 요셉이 마리아와 이혼하는 것이 완전히 의로운 것이었음을 그의 독자들이 이해하길 원했다(1:19). 왜냐하면, 이 상황은 분명한 **포르네이아** 혹은 성적 부도덕함이기 때문이다. 어떤 이는 요셉과 마 5:32과 19:9의 **포르네이아**가 예외인 경우를 연결하여 약혼의 경우에서만 이혼이 받

장으로 보일 수도 있겠지만, 마음에 초점을 두라는 일관된 논지의 말씀을 하시는 것이 분명하다.

이 구절의 독특한 요소에도 불구하고, 5:31-32에서 이혼, 재혼, 간통에 관한 가르침은 다른 주해의 예들과 같이 세가지로 나누어진 형식을 따른다. 짧은 구문이지만 선행하는 것과 같은 구조를 갖는다. 구약성경 말씀은 31절에 있으며, 그 진정한 의미에 대한 설명은 32a에 이어진다. "그리고/그러나 나는 … 말한다"라는 같은 구문을 사용해 올바른 윤리적 이해를 설명한다. 앞서 언급했듯이 이 주해에는 살인과 노함의 예와 동일한 외부/내부, 외적 사람/내적 마음의 대조 형식이 즉각적으로 드러나진 않는다. 하지만 같은 주제를 언급하는 19장은 이것이 예수님/마태복음의 윤리 안에 있는 동일한 주해임을 알게 한다.

이 가르침의 가장 논쟁적인 부분은 마태복음의 유명한 "예외 조항"을 포함하고 있다는 것이다. 예수님은 그의 이혼에 대한 근본적이고 충격적인 견해에도 불구하고 이혼이 유효한 한가지 예외적인 상황을 제시한다.[47] 일부 논쟁은 예외 조항에 있는 그리스 단어 포르네이아가 무엇을 의미하는 지를 다룬다. 대부분의 학자들은 포르네이아가 다양한 형태의 성적 부도덕에 대한 일반적인 용어라는 것을 설득력 있게 주장한다. 간통죄(모이케이아)는 결혼 한 자가 저지른 포르네이아의 특정한 하위 형태이다. 따라서 5:32의 "간통"은 포르네이아의 기능적인 개념이다 (왜냐하면 논의의 맥락이 결혼한 사람들을 언급하고 있기 때문이다). 포르네이아는 다른 곳에서 다른 의미를 가질 수 있는 넓은 용어이다(예를 들어 "근

아들여질 수 있다고 이상하게 주장한다. 이것이 요셉의 상황이라 할지라도 약혼의 경우에만 예외가 적용되고 이혼이 유효하다고 결론짓는 것은 불합리한 논리적 추론이다.

47 예수님 시대의 유대교에서 이혼은 미쉬나의 힐렐의 접근법에 요약되어 있는 것처럼 종종 허용되었다. (이혼의 근거에 관한 우스꽝스러운 이유에 대한 조사는 *Quarles, Sermon on the Mount*, 125-27을 참조하라.) 이것은 예수님의 매우 보수적인 입장을 더욱 두드러지게 만든다.

친상간," "수간"등).[48]

공식적인 형식의 세 번째 부분 -추가적 예/함의- 는 32b에 있다. 이 가르침에 대한 마태복음 19장의 반복적 언급은 본문의 이해와 적용을 도와준다. 성적인 부도덕을 제외하고 어떤 이유로 든 여자와 이혼하는 것은 "그녀를 간통하게 한다"는 예수님의 말씀은 본문이 다루는 궁극적인 문제가 재혼이라는 것을 어느정도 명확히 한다. 이혼이 -합당하든 그렇지 않든- 사람을 간통자로 만드는 것은 아니다. 하지만 합당하지 않은 이혼에 따르는 재혼은 그렇다. 1세기 유대교에서 이혼한 여인이 다시 결혼하지 않고 경제적으로나 사회적으로 생존하는 것은 극히 어려운 일이었을 것이다. 따라서 대부분의 이혼한 여성들이 재혼할 것이라고 가정한다. 그래서, 처음에는 예수님의 진술이 이혼한 여인에게 불공평한 것처럼 보인다. 하지만 사실 예수님은 옳지 않은 이혼으로 인해 재혼을 해야하는 여인의 입장에서 이 간음에 대한 근본 원인이 여인이 아니라 이 효력 없는 이혼을 하게 한 가해자 남성에게 있음을 깨닫도록 압박 하시는 것이다. 이 가르침은 남자의 어깨에 동일한 무거운 짐을 지움으로 마친다: 남자들은 재혼 할 자유가 있다고 추정해서는 안된다, 왜냐하면 그들 역시 이혼한 여자들처럼 재혼하여 간통하게 될 것이기 때문이다(5:32b, 참조, 19:9).

이것은 1세기 만큼이나 오늘날에도 어려운 가르침이다. 예수님의 신실한 제자들 조차도 이 강한 입장이 의미하는 것과 씨름하며 어떤 사람이 간통죄에 빠지지 않도록 재혼하지 않는 것이 최선임을 깨닫는다(19:10). 이 모든 것에서 우리는 토라에 대한 예수님의 주해의 요점이 무엇인지 상기 할 수 있다 -예수님은 구약과 신약의 연속성과 불연속성을 그의 삶과 사역을 통해 모범적으로 보여준다. 연속성은 하나님의 백성으로 하

---

48 가장 선명한 논의를 Luz, *Matthew 1-7*, 253-55에서 볼 수 있다.

여금 전심으로 회개하고 윤리로 돌아가도록 부르는 선지자의 본을 따르는 데서 발견된다. 불연속성은 예수님이 새 모세, 마지막 아담, 그리고 하나님의 아들로서 이 땅에서 갖는 하나님의 뜻의 결정권자라는 권위에서 나타난다.[49]

마태복음 5:33-37

33 또 옛 사람에게 말한 바, "맹세를 깨지 말고 무엇이든 제가 주께 맹세한 것을 성취하라"하였다는 것을 너희가 들었느니라. 34 더불어 나는 너희에게 이르노니 도무지 맹세하지 말라, 하늘로도 하지 말라, 이는 하나님의 보좌임이요, 35땅으로도 하지 말라, 이는 하나님의 발 받침이요, 예루살렘으로도 하지 말라, 이는 큰 왕의 성임이니라. 36 네 머리로도 맹세하지 말라, 이는 네가 한 터럭도 희고 검게 할 수 없음이라. 37 오히려 오직 너희 말은 옳다 혹은 아니라 하라. 이를 넘어서는 것은 악으로부터 나느니라.[50]

두번째 삼중 쌍의 첫 번째 예는 서원 또는 맹세를 하고 그것을 이행하는 것에 관한 내용을 다룬다(5:33-48). 이 구절은 여러 구약의 명령들, 특히 레 19:12과 신 23:23과 연관된다. 실제로 이 구절은 아마도 십계명이 의미하는 바를 가장 잘 해석/설명한 것일 것이다(출 20:7). 십계명의 두 번째 혹은 (셈하는 관점에 따라) 세 번째 계명은 하나님의 이름을 모독하며 외치는 것과는 큰 상관이 없다. 오히려 -누군가가 서약과 맹세를 실천할

---

49 오늘날의 교회에 존재하는 복잡하고 감정적으로 염려스러운 문제인 이혼과 재혼에 관한 깊이 있는 목회적 관점을 Scot McKnight, *Sermon on the Mount*, 104-9에서 찾아 볼 수 있다.

50 몇가지 번역과 관계된 설명을 순서대로 적는다: "서약"(oath)이 아닌 "맹세"(vow)를 사용하기로 결정하였다. 이는 일반적인 개념에서 하나님이나 다른 사람들에게 말로 무엇을 하겠다고 하는 말로 하는 선언의 의미를 나타낸다. "선서"(swearing)하다라는 단어를 사용하지 않았다. 왜냐하면, "선서"(swear)은 당시의 어법에서는 신성모독적인 언어 사용을 주로 의미하는 것이기 때문이다. 마지막으로 5:37의 "악으로부터 나느니라"라는 의미의 헬라어 에크 투 포네루 에스틴은 마태가 일반적으로 사용하는 "악한 자"(6:13; 13:19, 38) 호 포네로스와 일치한다.

능력이 없으면서 (신성모독을 포함해) 하나님을 언급하며 어떤 서약과 맹세를 맺으며- 하나님의 이름을 공허하게 사용하는 것을 반대하는 계명이다. 스가랴 8:17과 민수기 30:3-16도 이와 관련 있다.

오늘날의 문화에서 맹세는 특정한 법적 상황을 제외하고는 거의 중요하지 않다. 그러나 고대 이스라엘과 초기 유대교를 포함하는 고대 세계에서 누군가 이것 혹은 저것을 할 것이라고 맹세하는 것은 일반적이었다.[51] 왜 그랬는지 정확히 알 수는 없지만 사람들의 선포와 말이 훨씬 더 높은 수준에서 현실에 영향을 주는 큰 힘을 갖는 고대 세계의 가치와 관련이 있을 수 있다. 하나님은 말하는 하나님이시며 말씀으로 창조하신다. 이 창조는 말씀을 통해 실제 축복을 주시는 하나님의 지속적인 창조 활동으로 이어진다. 반대의 경우인 저주도 마찬가지이다.[52] 성경에서 중요하고 선한 맹세의 예로는 하나님이 아브라함과 맺으신 언약(창 22:22-16-18; 시 105:9 참조), 다윗과 맺으신 언약(삼하 7:10-16, 참조, 시 89:3-4, 19-37, 132:11-12), 그리고 마지막으로 다윗에게 그의 제사장 역할을 약속하신 것이다(시 110:4). 사도 바울은 스스로 나실인 서원을 한다(행18:18). 교회 지도자들은 살아 있고 힘 있는 말을 통해 하늘나라에 속한 자와 그렇지 않은 자를 선언하고(묶고 푸는 선언: 마 16:19; 18:18), 죄 사함을 선언한다(요 20:23; 참조 벧전 4:11).

말의 힘에 대한 이러한 이해는 기계적인 이해와 동시에 진실, 윤리, 전체성-인간의 삶을 회피하는 방식으로 쉽게 왜곡된다. 마태복음 5:33-37도 같은 문제에 맞닥뜨린다. 맹세하는 것은 약속한 것의 실행을 말로 표

---

51 Luz, *Matthew 1-7*, 263n33을 보라.

52 계몽주의 이전의 언어 능력에 대한 개념을 유지하고 있는 미국 기독교의 유일한 분파는 오순절파와 은사주의자들이다. 이들은 예언적인 말과 축복이나 심판의 선언을 그리스도인의 경험의 일반적인 부분이라 여기며 큰 권위를 부여하며 귀를 기울인다. 이 극단적이고 분명하게 왜곡된 개념은 "믿음의 말씀"이나 "건강과 부의 복음"운동에서 찾아 볼 수 있다. 이 운동은 말의 효력을 신체적 번영을 얻는 수단이라는 조작 메커니즘으로 바꾼다. 하나님의 이름으로 나타내지만 하나님의 통제가 없고 그의 뜻에 복종하지도 않는다.

현하는 한 방식이다. 스캇 맥나이트가 말하듯이 "말로 정직을 가늠하는 것"이다.[53] 이것은 맹세를 부분적으로만 수행하려는 방법이다. 마태복음 23:16-22이 이를 분명히 보여준다. 19:1-12이 이혼과 재혼에 관한 주제를 다시 다루는 것과 비슷하게 23:16-22은 5:33-37에서 다루어진 경솔한 발언에 대한 더 자세한 설명과 적용을 준다. 예수님은 23:1-36에서 바리새인들에게 강한 화를 선포하시며 맹세에 관한 마음의 문제를 다루신다. 예수님은 그들이 성전이 아닌 성전의 금으로 맹세하는 것과 제단이 아니라 제물로 맹세하는 것은 지키라고 하는 것은 어리석은 생각이며 의무 회피라고 말한다.

이는 5:33-37의 가르침의 핵심이기도 하다. 예수님은 삼중 형식의 주해에서 먼저 원 윤리적 명령을 선언하시고(5:33), 그 명령의 진정한 의미인 내적 인간, 전체성-인간을 말씀하신다(5:34-36). 그리고 37절에서 간단한 요약 적용을 주신다.

다른 주해들과 마찬가지로 예수님은 본래의 명령을 뒤집거나 없애지 않으신다. 그는 맹세나 서원에 반대하시는 것이 아니다.[54] 구약성경의 본문들에 맞추어 순수한 마음을 가지고 맹세한 것을 실행에 옮기는 것이 중요함을 명확히 확증하신다. 예수님은 상징적이고 시적인 방식으로 맹세를 지키지 않으려는 사람들의 마음의 문제를 말씀하신다.[55] 만약 누군가가 무엇을 하려고 한다면 그/그녀는 아무런 맹세를 하지 말아야 한다.

---

53 McKnight, *Sermon on the Mount*, 112.

54 역사속에서 일부 기독교인들이 실제로 예수님의 말씀 전체를 문자적으로 읽었다는 것은 잘 알려져 있다. 이는 16세기의 루터교/개혁주의자와 재침례교 신자 사이의 산상수훈 읽기의 중요한 차이점 중 하나였다. 이는 재세례파 자손들인 메노나이트와 아미쉬 전통의 삶과 실천에 계속 영향을 미친다. 그들의 사회로부터의 분리는 부분적으로는 이 구절을 정확하게 문자적으로 읽음으로써 그들을 묶을 어떤 서약 또는 맹세를 피하도록 한다. 그 결과 주택 대출, 군 복무, 정부 관청 유지 등이 필요하지 않다. 이로 인해 필연적으로 별도의 맹세 없는 사회를 만들었다.

55 퀄스는 다음과 같이 요약한다. "예수님은 오해의 소지가 있는 맹세의 사용을 금지했지 맹세의 모든 사용을 금지하지는 않는다. 법정에서의 맹세, 결혼 서원, 직무 서약 및 자신의 진실성을 강조하기 위해 엄숙한 날에 다른 맹세를 하는 것은 성경적 가르침과 기독교 실천 모두에 부합한다." (Quarles, *Sermon on the Mount*, 144)

예수님은 강하고 설득력 있는 이미지로 이와 같은 방식으로 맹세하는 것은 하나님의 본성, 뜻, 그리고 오는 나라와 어울리지 않는 방식임을 보이신다; 이는 서기관들과 바리새인들의 의보다 더 큰 것이 아니다.

지혜 교사 예수님은 만일 누구라도 이 맹세와 서원의 문제에 있어서 이와 같은 마음 수준에서의 의를 이루며 사는 방식에 대해 잘 모르겠다면 복잡하게 맹세하지 말고 간단하고 적용가능하게 '예' 혹은 '아니오'라 말하고 그 말한 것을 행하라고 말씀 하신다. 이와 다른 모든 것은 악이요 하나님이 아닌 악한 자로부터 오는 것이다.

같은 맥락에서 야고보서4:13-17은 예수님의 말씀을 사용한다. 야고보서는 마태복음 5:33-37의 가르침과 같이 말로 세운 계획을 교만히 자랑치 말고 주님의 통치를 신뢰하는 겸손함으로 모든 말을 확증하라고 명령한다(야고보서 4:15). 어떤 것을 할 것이라고 말하고 하지 않는 것은 죄이다(4:17). 야고보서 5:12은 마태복음 5:33-37의 예수님의 말씀을 분명히 투영한다 -"내 형제들아 무엇보다도 맹세하지 말지니 하늘로나 땅으로나 아무 다른 것으로도 맹세하지 말고 오직 너희가 그렇다고 생각하는 것은 그렇다 하고 아니라고 생각하는 것은 아니라 하여 정죄 받음을 면하라."

다시 한번 확인해야하는 주제는 큰 의인 내적 인간의 전체성이다. 외적인 문제인 맹세와 관련한 예수님의 이 가르침은 진짜 문제인 순결, 말, 행동, 그리고 의도의 단수성 혹은 전체성의 문제를 다루는 것이다. 인간은 그들의 약속에 진실하고 신실해야 한다, 왜냐하면 하나님 자신이 그의 맹세에 신실하시기 때문이다. 이 주해들은-하늘 아버지가 텔레이오스하시니 예수님의 제자들도 텔레이오스해야 한다-라는 같은 연결점을 만들며 결론지어질 것이다.

마태복음 5:38-42

38 너희는 "눈은 눈으로 그리고 이는 이로"라는 말을 들었느니라. 39 그리고 나는 너희에게 이르노니 악한 일을 행한 자에게 저항하지 말라, 그러나 만약 누군가가 네 오른편 뺨을 치거든 다른 편 뺨도 대어 주라. 40 또 누군가 너를 고발하여 겉옷을 가지고자 하는 자에게 속옷까지도 주라. 41 또 누구든지 너로 억지로 오리를 가게 하거든 그 사람과 십리를 동행하라. 42 누구든지 네게 구하는 이에게 주며 네게 빌리고자 하는 자를 돌려보내지 말지니라.[56]

나는 이 여섯 개의 예들의 일관된 주제로 참된 의를 주장하고 있다. 참된 의는 예수님의 제자가 외적-행위적 도덕성 뿐만 아니라 내면/마음-수준의 미덕을 추구하고 소유하는 것이다. 이 해석에 더해 예수님의 가르침은 종말론적으로 성취된 형태임에도 불구하고 구약의 윤리적 가르침과 선지자적 말씀과 전반적으로 연속된다고 주장하고 있다.

그러나 토라에 대한 예수님의 마지막 두 가지 주해의 예는 언뜻 보기에는 이 두 가지 주장 모두에 모순되는 것처럼 보인다. 5:38과 5:43에서 예수님은 구약의 계명을 인용하며 그것을 부정하거나 적어도 그 의미를 더 깊은 개념으로 바꾸는 것처럼 보인다. 이 두 가지 예는 많은 사람들이 5:21-47을 "안티테제"라고 묘사하는 가장 큰 이유이다. 그들은 예수님이 구약의 가르침에 대립되는 것을 말하거나 적어도 그 적용의 범위를 확대함으로써 크게 수정 하는 것으로 본다. 나는 이 대립적인 이해는 예

---

56 불행히도 5:39의 멋진 헬라어 단어 유희 하나가 번역에서 사라졌다. 마태의 드문 동사 선택 (안티스테나이)은 5:38에서 "눈 안티 눈"과 "이 안티 이"의 렉스 탈리오니스 선언을 감싸는 역할을 한다. 또한 5:39에서 그리스어 토 포네로는 "악", "악마"(사탄을 가리킴), 또는 "악한 사람/악행자"로 묘사 될 수 있다. 다양한 학자와 번역들이 다른 선택들을 했지만, 세 번째가 마태의 용례와 문맥을 고려할 때 가장 좋다. 몇몇 학자들은 아주 다르게 토 포네로를 부사적 수단 용법으로 이해했다—따라서, 악의적 수단에 의해 보복하거나 복수하지 않는다. Glen Stassen, *A Thicker Jesus: Incarnational Discipleship in a Secular Age* (Louisville: Westminster/John Knox, 2012), 189를 보라. 이는 롬12:19-21과 복수하지 말라는 명령과 잘 연결되지만, 이곳에서 가장 좋은 표현이라고 할 수는 없다.

수님의 주해들의 기능에 잘 부합하지 않는다고 주장했다. 아마도 5:38과 5:43의 초창기 읽기 방식이 이 반-대립적 읽기가 실제로 정확하다는 것을 알려줄 것이다.[57]

이 마지막 두 가지 예는 앞선 주해의 예들에서 발견되는 것과 같은 방식을 취한다. 5:38과 5:43에서 예수님은 원래 명령의 기본적인 타당성을 확증한다. 그리고 그 명령의 참 되고 깊은 내적-인간의 개념으로 그 이해를 넓히고 확장한다. 각 구절을 분석하며 이것이 어떻게 드러나는지 설명 할 것이다.

토라에 대한 다른 주해들과 마찬가지로 5:38-42도 구약 명령, 참된 의도 설명, 실천적 적용의 삼중 형식을 따른다. "눈에는 눈, 이에는 이"라는 구문은 구약 성경에서 수차례 발견된다: 출 21:24; 레 24:20; 신 19:21. 이는 오랫동안 렉스 탈리오니스, 혹은 유형법이라 불려온 것이다. 겉으로 보기에는 가혹하고 폭력적인 이 언어의 요지는 실제로는 긍정적인 것이지 부정적인 것이 아니다. 성경 외의 다른 많은 고대 문화에서도 발견되는[58] 렉스 탈리오니스의 규칙은 범죄에 합당하지 않은 심한 보복과 본인 스스로까지 해치는 행위를 방지하기 위해 고안되었다. 복수를 원하는 사람은 통제불능이 되기 쉽다. 정의를 추구하려는 열의에 의해 조종당하고, 선의에서 시작되었지만 종종 원래의 범죄보다 더 많은 피해를 입히며 더 심한 폭력과 불안정의 나락으로 빠지는 상황이 펼쳐진다. 이것이 렉스 탈리오니스가 존재하고 서구 사회 사법 체계의 일부분으로 이어져 온 이유이다.

---

57 많은 사려 깊은 주석가들은 실제로 예수님이 구약 율법을 뒤엎는 것이라고 본다. 예를 들어, 맥나이트는 예수님이 "렉스 탈리오니스를 확증하며 '자비를 베풀지 말라'라는 모세의 명령을 명백하게 끝내고 그를 따르는 자들에게 자비를 베풀라"고 명령한다고 말한다(Scott McKnight, *Sermon on the* Mount, 124). 이 해석을 이해하고 퍼즐을 맞추어야 하는 딜레마를 이해하지만, 여기에서 주장한 이유들과 특히 전반적인 주해들의 해석에 비추어 볼 때 존중하지만 반대한다.

58 고전 헬라어와 함무라비 법전에서 발견된다(Luz, *Matthew 1-7*, 275n41).

다른 예들과 마찬가지로, 예수님은 이 선한 명령이 가지고 있는 선과 모순되지 않는다. 만일 우리가 이 명령을 부정적인 것으로 생각하거나 적에게 정확한 응징을 해야한다는 명령으로 생각한다면 예수님의 말씀을 이 명령과 모순되는 것으로 생각할 수 있을 것이다. 그러나 이 부정적인 생각은 렉스 탈리오니스의 원래 의도나 목적이 아니다. 이 명령은 폭력을 예방하는 것으로서 사회에 유익한 것이다; 이 명령은 자신의 손으로 정의를 취하려는 사람들에 대항한다. 예수님은 이 명령을 반대하지 않으신다. 그는 주해의 두 번째 부분에서 이 명령에 정확히 일치하는 참되고 마음의 수준에 이르는 미덕을 가르친다. 간통에 대해 정욕을 품지 말라 하시고, 살인에 대해 분노를 품지 말라고 하신 것처럼, 예수님은 복수하는 자, 자경하는 자, 스스로를 정의롭게 생각하는 정의의 분배자가 되지 말라고 가르치신다. 하나님을 재판관이자 의를 만드는 존재, 세상을 바르게 만드는 존재로 여기는 것이 스스로 정의로운 것보다 더 크고 아름다운 의이다.[59] 이는 대인 관계에 관한 구약의 일관된 주제이다- 너희 스스로 복수를 하지 말고 하나님을 모든 것을 바르게 세우는 이로 삼으라(삼상 24:12, 25:26, 39; 시 18:47; 렘 5:9, 23:2; 호세아 4:9, 요엘 3:21; 참조, 롬 12:19).[60]

예수님은 토라를 없이 하거나 폐지하기보다는(참조, 마 5:17) 구약 가르침의 진정한 의도와 옳은 해석을 설명하는 전체적 이해를 제시한다. 이

---

59 영어가 헬라어처럼 "의"에 대한 동사 형태가 없다는 것은 언어학적으로 불운한 일이다. 라틴어에서 파생된 "정의롭다"(justify)를 "의"의 동사형으로 사용해야한다. 헬라어 단어 "의", "정의", "정의롭다"는 모두 같은 어근을 가지고 있지만 영어는 다른 단어를 사용해야 하기에 상호 연결성을 놓치기 쉽다. 비록 조금 어색하지만, "세상을 바르게" 혹은 "세상을 하나님의 본성과 의지와 오는 나라와 일치하여 의롭게 만들다라는 성경의 생각을 전하기 위해 "의롭게 하다"(righteousize)라는 단어를 사용하고 싶다. "정의롭게 하다"(justify)는 이제 거의 독점적으로 성경적 의미보다 더 좁은 법적 의미를 전달한다.

60 이는 알리슨이 제시한 것과 유사하다. 개인적인 **렉스 탈리오니스**의 거부와 하나님이 종말론 적으로 심판하실 것이라는 믿음 사이에는 모순이 없다. "예수님이 거부한 것은 개인적인 차원에서 행해지는 복수이다. …그래서 호혜주의의 법칙은 완전히 거부되지 않고 인간의 손에서 거두어져 신성한 손에 놓이게 된다"(Davies and Allison, *Matthew 1-7*, 540). 참고로 살전 5:15과 롬 12:9-21은 예수님 말씀 전통이 바울에게 미친 영향을 분명히 보여준다.

는 5:39a에서 단순한 형태로 발견된다. "그리고 나는 너희에게 이르노니 악한 일을 행한 자에게 저항하지 말라."

5:39b-42은 공식의 세 번째 부분인 실천적 묘사이다. 예수님은 네 가지 대표적인 적용을 주신다: 다른 뺨을 돌려 대라, 겉옷과 속옷을 주라, 여분의 여정을 함께 하라, 요구하는 이에게 주라. 이와 같은 의의 네 가지 예는 종종 오해가 있었지만 서구 문명의 유대-기독교 유산에 익숙하고 기억에 남은 명령으로 남아 있다.

이 묘사들 각각이 필연적으로 1세기 유대교에서 시작된 것이기는 하지만 그들의 요지는 분명하며 시간을 넘어 적용 가능하다 —종종 의(로운) 일을 행하는 것이 다른 사람에 의해 잘못되어 진다; 종종 정의를 세우는 일은 자신의 정의를 구하지 않는 것이다. 우리는 여기서 다시 한 번 비아티튜드의 종말론적 미덕의 비전을 듣는다(5:3-12). 번영은 예상 밖이고 역설적이게도 영혼의 주림, 애통, 겸손, 굶주림과 목마름, 자비로움, 마음의 순결, 평화를 만듦, 의를 위해 핍박당하는 것이다. 혹은 바울이 그리스도인들의 대인 관계 갈등에 관해 자신의 실천적인 적용에서 요약해 말하듯이 불의를 당하고 속는 것이 낫다(고전 6:7).

이 모든 것에서 우리는 미덕-윤리 접근법이 산상수훈의 내용에 적합한 것임을 알 수 있다. 울리히 루츠가 말하듯이 산상수훈은 (모세의 율법을 뒤집는) 새로운 법적 원칙의 구성이 아니라 윤리적 원칙이 법적인 원칙과 대조되는 것이다.[61] 찰스 탈버트가 옳게 말하듯이 5:38-42은 재세례파 전통의 일부 분파에서 발견 된 것과 같이 의무론적 그리고/혹은 문자적 읽기와 대조되는 미덕-윤리 접근법의 주요 본문이다. 문자적 읽기는 (누군가가 너희 의복을 요구하면 모두 벗어주어 알몸이 되어야하는 등의) 모순을 초래할 것이다. 이 구절을 문자적으로 읽는 것은 악에 저항해야 하는

---

61 Luz, *Matthew 1-7*, 276.

모든 종류의 실제 상황에서 의사 결정에 필요한 지혜를 줄 수 없다. 오히려 이 강력한 언어는 우리에게 충격을 주고 새로운 방식으로 상황을 보게 만든다. 탈버트는 이러한 종류의 가르침을 "신의 뜻을 바라보게 하고 사유를 통해 변화를 일으키게 하는 '말로 된 성상(verbal icon)'이라고 부른다."[62] 즉, 예수님의 가르침은 내면을 들여다 보고 다른 류의 사람이 되라는 부르심이다. 이것이 미덕의 비전이다. 종종 우리 생각을 철저히 변화시키기 위해 과장된 말(비유와 같은)이 필요하다.

모든 윤리적인 가르침과 마찬가지로 이러한 원리들의 실천적인 성취-뺨을 돌려 대는 것, 옷을 주는 것, 여분으로 함께 걷는 것의 구체적인 예조차도-를 위해서는 현실화된 지혜가 필요하다. 이 미덕의 비전을 무력화하면 안된다. 이 예들 그대로를 인정해야 한다. 하지만, 이것들이 문자적으로 예외 없이 적용되어야 하는 것은 아니다. 다른 뺨을 돌려 대라는 명령은 아동 학대를 근절해야하는 상황에 적용되지 않으며, 구걸하는 사람들에게 주라는 말씀은 식료품 가게 앞의 노숙자에게 자동차 열쇠를 넘겨 주라는 것이 아니다. 이런 종류의 문자적 해석은 예수님의 주해(보복하지 않음)의 요점을 놓칠 뿐만 아니라,[63] 이 명령의 본질과 윤리적인 가르침의 본질을 오해하는 것이다. 예수님은 하나님의 의에 어울리는 세상에 존재하는 방법에 대한 미덕의 비전을 제시한다; 그러나 개인의 삶에서 이것을 성취하는 것은 필연적으로 국지적이 된다. 이것이 지혜이다.

마지막으로 살펴 보아야 할 두가지가 있다. 첫째, 모든 미덕 전통이 그러하듯이 이 미덕으로의 초대는 본뜸과 모범화라는 개념을 포함 한다.

---

62 Charles Talbert, *Reading the Sermon on the Mount: Character Formation and Decision Making in Matthew 5-7* (Grand Rapids: Baker Academic, 2006), 91.

63 앨리슨이 잘 요약한다. "다음 문장을 문자적으로 이해하려 하면 그 문장을 가져 올 수 없다. 예수님은 종종 자신의 요점을 처음으로 말하고 청중들에게 질문을 하고 새로운 관점에서 세상을 보게끔 극단적인 과장법을 사용했다. 다른 뺨을 돌려 대라는 명령은 가볍게 해석 할 수 없다. 오히려, 순전한 겸손과 개인의 권리를 포기하는 의지로 예수님은 이기적이지 않은 기질을 요구한다. 그는 두 가지 잘못은 의를 이루지 않으며 복수는 독약이라고 선언한다" (Davies and Allison, *Matthew 1-7*, 541).

마태복음은 예수님이 이 미덕의 탁월한 모범이라는 것을 보여준다. 예수님은 그가 당한 악에 대항하지 않았으며, 복수를 추구하지도 않았고, 오히려 자신을 아버지께 맡겼다(참조, 벧전 2:21-23). 마태는 이 개념을 명확히 할 뿐만 아니라 주의 깊은 독자가 알아차릴 수 있도록 5:38-42과 예수님의 수난을 연결해주는 26:67과 27:35등의 여러 언어적 고리를 제공한다.[64]

둘째, 5:38-42은 구약과 마태복음의 다른 중요한 본문들과 관련되어 있다. 몇몇 학자들은 5:38-42와 이사야 50:4-9의 고난 받는 종 사이의 많은 흥미로운 연결점들을 발견한다. 일반적인 마태복음의 이사야 인용 외에도 이 두 본문은 고통받는 종이 뺨을 맞는 것 등을 포함하는 많은 뚜렷한 언어적 연결을 보여준다.[65] 이러한 연결은 마태가 산상수훈의 가르침을 적을 때 자신의 신학적 사유에 이 본문을 사용했음을 거의 확실히 보여준다. 또한 이와 관련하여 마태복음 5:38-42은 마태복음의 다른 본문들, 즉 비아티튜드의 박해에 대한 예언(5:10-12), 제자들이 전도 여행하며 받을 고통에 대한 강조(10:16-25), "너희를 박해하는 자들을 위하여 기도하라"(5:44)라는 제자들을 향한 명령 등을 상기시킨다. 이 모든 본문들을 고려해보면 요아킴 제레마이아스의 주장대로 5:38-42에 그려지는 어려움들은 대부분 예수님을 따르는 데서 기인한 박해로 보는 것이 합당하다.[66] 제자들은 소금과 빛으로서 세상에서 증인의 역할을 하며 명예 훼손, 육체적 고통, 투옥 등의 박해를 각오해야 한다. 그리고 어떤 형태의 보복도 해서는 안된다. 산상수훈의 다른 가르침들과 마찬가지로 이를 위의 경우에만 제한해서 적용해서는 안된다.

---

64 마태복음 5:39과 26:67은 모두 얼굴을 맞다 (**라피조**)를 의미하며 27:35에서 예수님의 옷(**타 히마티아**)은 빼앗겨진다(5:40의 **토 히마티온** 참고).

65 Davies and Allison, *Matthew 1-7*, 544를 보라.

66 Joachim Jeremias, *The Sermon on the Mount*, trans. Norman Perrin (Philadelphia: Fortress, 1963), 29.

마태복음 5:43-47

43 또 너희가 "네 이웃을 사랑하고 네 원수를 미워하라" 말한 것을 들었느니라. 44 더불어 나는 너희에게 말하노니 너희 원수를 사랑하며 너희를 박해하는 자를 위하여 기도하라. 45 너희가 하늘에 계신 너희 아버지의 자녀이기 위해 이를 행하라. 하나님은 그 해를 악인과 선인에게 비추시며 비를 의로운 자와 불의한 자에게 내려 주심이라. 46 만약 너희가 너희를 사랑하는 자를 사랑하면 무슨 상이 있으리요? 세리도 이같이 아니하느냐? 47 또 만약 너희가 너희 형제와 자매만 사랑하면 어떻게 너희가 더 많은 의를 행하겠느냐? 이방인들도 이같이 하지 아니하느냐?

여섯 번째이자 마지막 주해는 그 구조와 내용면에서 모두 절정에 해당한다. 구조적으로 의로운 사람들에 대한 언급(5:45)과 다른 사람들보다 더 나은 의(5:47)에 대한 개념은 도입부(5:17-20)와 같은 주제로 엮인다. 이는 결론에 도달했음을 나타낸다. 사랑하라는 부름은 적절한 결론이며 절정에 달하는 윤리적 명령이다. 이 명령은 기독교의 모든 도덕적 가르침과 비전의 중심이다. 또한, 첫 번째 주해의 살인/증오의 금지 명령을 최종적으로 마무리한다.

다른 주해들과 마찬가지로 세가지 구조를 볼 수 있다: 원 본문의 진술(5:43), 가장 깊은 의미에 대한 예수님의 설명(5:44-45), 실천적 적용(5:46-47). 앞서 언급했듯이 5:48은 이 단락의 일부분이지만, 더 강한 의미에서 5:17-48의 결론이다. 5:48은 독립적으로 다룰 것이다. 이 여섯 번째 예의 구약 본문에 대한 진술은 이전의 예들과 다른 방식이기 때문에 어려움을 준다. 본문의 첫 부분 ("네 이웃을 사랑하라")은 유대인 성경에서 분명히 나타나지만(레 19:18), 후반 절인 "네 원수를 미워하라"는 구약에서 발견되지 않기 때문이다.

학자들은 이 문제를 어떻게 이해해야하는 지에 대해 오랫동안 토론해 왔다. 가장 좋은 이해는 "네 원수를 미워하라"는 것이 (궁극적으로는 성경에 없지만) 다른 성경의 본문들과 개념들을 하나로 묶는 것이라는 것이다. 예를 들어, 개인적인 원수와 하나님의 일에 반대하는 사람들을 미워한다고 말하는 여러 가지 본문들(시 97:10, 119:113, 139:21-22; 보다 일반적으로 전 3:8), 그리고 하나님의 원수가 약속의 땅에서 살고 번성하도록하는 것은 신실한 자에게 올가미가 될 것(신 7:12-16)이라고 말하는 본문들을 포함한다. 규범적이기보다는 서술적인 이 진술들은 원수를 미워하라고 명령하지 않는다. 그리고 악을 미워하라는 희귀한 명령조차도 (아5:15) 불의를 싫어하라고 말하지 개인의 멸망을 작정하고 강요하지는 않는다.

그럼에도 불구하고 오랫동안 억압당한 사람들과 당시 로마 제국의 무거운 문화적 재정적 부담 아래 살고 있는 사람들에겐 적을 미워하는 것이 자연스럽고 신성한 애국심을 가지는 것으로 보였다(참고, 현대 미국 "기독교인"의 개념에서 문화와 정부의 특정 측면에 대항하여 일어서는 것). 제프리 깁스가 말했듯이 1세기 유대교의 맥락에서의 이 견해는 "정경의 토양을 오용해 맺은 뒤틀린 열매이다."[67] 예를 들어, 쿰란 공동체의 사람들은 명백히 원수에 대한 증오를 가르쳤다.[68]

따라서 적어도 부분적으로 예수님은 하나님의 명령에 대한 잘못된 이해를 언급하고 있는 것이다. 이런 의미에서 토라의 폐지 또는 뒤집기가 아니라 유대인들이 하나님의 명령을 오/남용한 것에 대한 타당한 대립

---

67 Jeffrey Gibbs, *Matthew 1:1-11:1: A Theological Exposition of Sacred Scripture*, ConC (St. Louis: Concordia, 2006), 306.

68 알리슨은 1QS 1:10-11과 다른 구절들이 "빛의 아들들"이 "어둠의 아들들"을 미워하도록 부추긴다고 적는다 (Davies and Allison, *Matthew 1-7*, 549-50).

적 읽기라고 주장 할 수 있을 것이다.[69]

그러나 이 대립적인 읽기는 이 여섯 번째 주해가 앞선 주해와 정확하게 일치하는 내용을 제공하고 있다는 일관적인 큰 요점을 놓치게 한다. 예수님의 설명(5:44-45)과 그 이후의 예들(5:46-47)은 전체성-인간, 마음-수준의 의라는 일관된 주제가 지배한다. 원수-주로 당신을 박해하는 자들로 정의된-를 사랑하고 그를 위해 기도하라는 명령은 외적 행동의 측면 뿐만 아니라 제자의 모든 부분에 걸친 의에 관한 것이다. 외적으로 너희를 사랑하는 이들을 외적으로 사랑하는 것과 이미 형제 자매인 자들을 사랑하는 것은 세리와 이방인의 의보다 높지 않은 것이므로 진정한 사랑이 아니다(5:46-47).

마태복음의 다른 곳에 나타나는 역설적인 왜곡처럼(18:19참고) 예수님은 원수 인 바리새파 사람들에게 (그리고 그들처럼 행동하는 교회의 모든 사람들에게) 그들의 의가 그들이 가장 적게 의롭다고 생각하는 사람들-이방인, 세리, 배신하는 유대인-의 수준임을 보도록 몰아 부친다. 그는 두 가지 신중한 질문을 던지며 몰아 부친다: "세리도 이같이 아니하느냐? … 이방인들도 이같이 하지 아니하느냐?"(5:46, 47). 예수님의 이 도전적-초청은 외적 순종만 추구하는 저들의 순수성 결여와 마음과 행위의 불일치성을 인지하게 하기 위함이다. 다가오는 하늘에 계신 아버지의 나라에 들어가기 위해서는 이보다 더 큰 의를 가져야 한다(5:20): 누구든 자신의 완전한 의로 의인과 불의한 자 모두를 사랑하고 돌보시는 하늘에 계신 아버지와 같아야 한다(5:45). 그러므로 진실되고, 더 나으며, 하늘나라에 들어가게 하는 의는 하나님의 본성, 뜻, 오는 나라와 일치하는 마음으로 가득 찬 존재의 삶에서 드러난다.

---

69 루츠는 5:43b는 특정한 그룹이나 지위를 가진 유대인들을 가리키는 것이 아니며 일반적인 유대인의 경향인 유대인만 사랑하라는 것을 가리킨다고 말한다. "모든 실천적인 목적에서 원수를 미워하는 것은 누군가가 사랑의 명령을 배타적이거나 일반 윤리 개념에서 이해할 때 발생하는 일이다" (Luz, *Matthew 1-7*, 288).

여섯 개의 주해의 일관성의 문제에 더하여, 예수님이 마지막 절정 부에 이 예를 두신 것이 우연이 아님에 주목 해야 한다. 예수님이 산상수훈과 마태복음에서 주는 미덕의 비전은 특정한 색, 모양, 소리 및 느낌을 가지고 있다. 지배적인 색조와 곡조는 의심 할 여지없이 서로 사랑하라는 것이다. 사랑은 잘 알려진 바와 같이 기독교의 위대한 메시지이자 비전이다. 그리스도인들은 서로에 대한 그들의 사랑으로 세상에 알려져야한다(요13:35). 본문에 예수님이 인용한 레위기 19:18은 마 19:19; 22:39; 야 2:8("왕"의 법)을 포함하여 신약 성경 전반에 걸쳐 여러 곳에서 여러 형태로 나타난다. 사도 바울은 같은 감정과 같은 비전을 주창하면서 가장 초기의 기독교 신학을 말한다—우리가 추구해야하는 가장 크고 가장 중요한 진리는 서로 사랑하라는 실천적 진리, 즉 율법의 참된 성취이다(롬 13:9-10; 갈 5:14). 유대교에 전례가 없는 것은 아니지만, 원수를 사랑하라는 예수님의 명령은 "종교와 국경을 넘어서는 보편적 유효성"을 갖는 독특하고 새로운 것이다.[70] 이는 그의 백성에게 주어진 하나님의 가장 높은 수준의 요구이다. 그러므로 사랑—심지어 원수에 대한 사랑— 을 더 큰 의의 최종 예로 선택한 것은 단순한 우연의 일치가 아니다. 이는 그리스도의 모든 가르침과 신약의 큰 주제와 일치하는 의도된 것이다.[71]

이 여섯 번째 주해의 중요성을 인지하는 것은 이 첫번째 복음서 전체를 엮는 연결망을 보도록 도와준다. 마태복음을 연구하는 많은 이들은 자비가 책 전체의 기본 아이디어라고 인식해 왔다.[72] 이 가닥을 따라가다

---

70 George Strecker, *The Sermon on the Mount: An Exegetical Commentary*, trans. O. C. Dean (Nashville: Abingdon, 1988), 177.

71 스트레커는 이어지는 관찰들을 적어준다: "원수를 사랑하라는 명령은 교회의 영역을 훨씬 뛰어 넘는 기독교 가르침의 전형이며 모호하지 않은 정확성과 급진성을 가지고 있다. 그리스도인 윤리의 첫 번째 원칙에 따라, 산 위에 있는 설교자의 추종자들은 반복적으로 연구되었으며—역사가 보여주는 것처럼—예수님의 주장과 관련한 그들의 실패는 죄로 정해진다. 이 극단적인 예수님의 요구의 본질이 교회 역사가 —일반적인 인류의 역사처럼— 스스로 이 계명을 멀리한 역사로 기록 된 이유이다."(Ibid.)

72 참고로 예수님이 이중사용하는 호세아 6:6(마 9:13; 12:7)은 제사법을 넘어서는 타인을 향한 자비와 긍

보면 상호 용서의 필요성을 포함한 마태복음의 여러 구절과 주제의 연결성이 드러난다(5:23-26; 6:12, 14-15, 18:15-20, 21-22). 서로를 사랑하라는 명령(22:39; 참조, 5:43-45)처럼 자비의 명령도 여러 번 강조된다(9:13; 12:7; 23:23). 이 여섯 번째 토라의 주해가 마태복음과 기독교의 강하고 동일한 주제인 사랑으로 마쳐지는 것은 전혀 놀랍지 않다.

원수를 향한 이 사랑의 메시지는 산산수훈내의 가까운 문맥에서 말하여 진 내용과 밀접하게 관련되어 있다. 여러 지혜의 말씀으로 대인 관계를 다루었지만 원수를 사랑하라는 계명은 가장 크며 모든 것을 능가한다. 이 명령보다 더 높은 미덕은 없다.[73] 이는 앞선 가르침인 개인적인 보복에 대한 명령과도 밀접하게 연관된다(5:38-42). 또한, 첫 번째 주해의 예인 형제를 말이나 행동으로 미워하지 말라는 명령을 상기시키며(5:21-26) 그 추구할 긍정적인 반례/미덕을 제공하며 마무리한다. 또한, 원수를 사랑하는 것은 하나님의 아들 됨을 말하는 비아티튜드와 강하게 연결된다(5:9; 참조, 5:45; 5:3-12). 그들은 박해를 경험하고(5:10-12; 참조, 5:44), 겸손, 온유, 자비, 화평케 하는 사람들이라는 분명한 비전을 던져준다. 따라서 산상수훈의 첫 번째와 두 번째 주요 부분 (5:3-12과 5:17-48)은 모두 박해로 인한 고통을 당하는 것과 의를 위하여 고통을 당하는 것에 대한 강조로 마무리된다.

"하나님의 아들/자녀"(혈연 관계의 정체성을 말하는 언어)가 되는 개념은 이

훨의 미덕 중심성을 보여준다. 다음을 보라, Richard Hays, "The Canonical Matrix of the Gospels," in *The Cambridge Companion to the Gospels*, ed. Stephen Barton (Cambridge: Cambridge University Press, 2006), 66.

73 어거스틴의 윤리와 해석학은 이 이중 사랑 명령에 뿌리를 둔다(마 22:37-39). 또한, 어거스틴의 미덕과 인간 변영에 대한 이해와 밀접히 관련된다. 그는 올바른 사랑과 특히 하나님을 향한 사랑으로 모든 미덕을 재정의했다. 예를 들어, "미덕이 우리를 행복한 삶으로 인도한다면, 하나님의 가장 큰 사랑은 미덕이외에는 아무것도 없다고 주장할 것이다"라고 적는다(*De moribus* 1.25, 번역 Tornau). 다음을 보라, Christian Tornau, "Happiness in This Life? Augustine on the Principle That Virtue Is Self-Sufficient for Happiness," in *The Quest for the Good Life: Ancient Philosophers on Happiness*, ed. Øvyind Rabbås, Eyjólfur K. Emilsson, Hallvard Fossheim, and Miira Tuominen (Oxford: Oxford University Press, 2015), 272-74.

미 일곱 번째 비아티튜드인 "번영하는 자는 화평케 하는 자이니 그들이 하나님의 자녀라 불리워질 것이기 때문이다"에 사용된다. 또한, 이것은 이어지는 5:48의 하늘에 계신 아버지와 같이 텔레이오스하라는 명령과 밀접하게 연결된다. 흥미롭게도 하나님처럼 되라는 것과 사랑의 사람이 되라는 명령의 조합은 신약 성경에서 여러 번 나타난다. 예를 들어, 에베소서 5:1-2은 믿는 자들에게 "사랑받은 자녀로서 하나님처럼 되고 사랑 안에서 행하는 자가 되라"고 명령한다. 요한 일서 4:7-12은 다른 사람들을 사랑하는 것을 우리를 향한 하나님의 사랑의 모범과 직접적으로 연결시킨다. 그리고 베드로전서 1:13-25은 "내가 거룩하니 너희도 거룩하라"라는 명령과 마음으로부터 진실되게 서로 사랑하라는 명령을 조합한다. 알리슨이 적고 있듯, "분명히 마 5장, 엡 5장, 벧전 1장, 그리고 요일 4장에는 초기 기독교의 도덕적 가르침에 일반적이었던 '하나님의 자녀로서, 그의 사랑으로 그를 모방하라'라는 명령 양식이 내포되어 있다."[74]

마태복음 5:48: 하늘 나라 윤리의 요약적 부르심

> 48 그러므로 하늘에 계신 너희 아버지가 전체적이심과 같이 너희도 전체적 이어라.

5:48은 산상수훈의 기반이 되는 "더 나은 의"에 대한 부분과 전체 5:17-48의 결론에 해당하는 최종 말씀이다. 5장에서 논의된 것처럼 5:17-48은 산상수훈 중앙 부(5:17-7:12)의 첫 단락이다. 이 부분은 5:3-16이 던져준 비전에 따라 산상수훈의 가르침을 적절하게 열어준다. 앞서 살펴 보았듯이 가르침의 내용은 다가오는 나라에 들어가기 위해 필요한

---

74 Davies and Allison, *Matthew 1-7*, 554.

의이다. 이 의는 토라의 계시와 연속성과 불연속성이 있다. 중요한 서두 구절인 5:17-20이 이를 제시하며 이어지는 여섯 가지 마음-수준의 토라의 주해들은(5:21-48) 이 의가 어떻게 나타나는지 보여준다.

이 중대한 문제에 요약된 결론이 없다면 나쁜 수사학일 것이고 불명확한 가르침이 될 것이다. "네가 할 말을 그들에게 말하라, 말하라, 그리고 네가 한 말을 그들에게 말하라"라는 교수법은 가르침의 역사 만큼이나 오래동안 지혜로운 것으로 여겨져 왔다. 이와 정확히 일치하는 요약을 5:48에서 찾을 수 있다. 5:48의 가르침은 5:17-20에서 시작된 더 나은 의에 대한 전체 토론의 결론이다. 이 요약은 우리를 한층 더 깊은 이해 수준으로 인도한다. 짧지만 강한 축약성으로 인해 주의 깊은 연구를 요하는 구절이다. 가장 유익한 해석을 찾기 위해서 적절하지 않고 유익하지 않는 해석들을 먼저 살펴 보는 것이 좋을 것이다.

1. 마태복음 5:48은 "그러므로"가 보여주듯 단순한 5:43-47의 결론이다.
2. 텔레이오스는 "완벽함(perfect)"으로 번역되어야 한다.
3. 이 구절은 하나님처럼 되라는 불가능한 요구를 우리에게 주어서 우리에게 은혜가 필요함을 보여줄 뿐이다.

위의 적절하지 않은 이해들을 하나씩 차례로 살펴볼 것이다. 첫째, 방금 주장했듯이 5:48은 5:43-47뿐만 아니라 전체 단락의 결론으로 기능한다. 5:48의 "그러므로"(운)가 몇몇 독자들을 반대로 생각하게 만들 수 있음을 이해한다. 마태의 저작 스타일과 이 강화의 본질을 고려한다면 "그러므로"가 5:43-48을 하나의 단락으로 읽어야 하는 것을 요구하는 것이 아니며, 5:48을 5:43-47에만 연결시켜야 하는 것도 아님을 알 수 있다. 마태는 다른 고대의 저자들과 같이 단락 구분을 표시해주는 다양한 방법들을 사용한다. "그러므로"는 여기서 더 큰 구조 단락을 표시한다.

둘째, 3장에서 광범위하게 논의 한 바와 같이, 텔레이오스는 신학과 미덕에 관련한 단어로, "완벽함"(perfect)이라는 단어와 충분히 일치하지 않는다. 이미 논의 한 바대로 5:48의 이 핵심어는 5:17-47에서 논의 된 말씀을 완벽하게 (전체적으로) 요약한다.

마태복음 5:48은 5:17-47이 그러하듯 구약성경과 연결되며 균형 잡힌 연속성과 불연속성의 혼재를 가지고 있다. 앞서 주장 했듯이 예수님의 가르침은 그의 본성과 그가 여신 새로운 시대와 새 언약에서 비롯된 옛 시대와 옛 언약과 관련한 중요한 종말론적이고 기독론적인 불연속성을 가지고 있다. 그러나, 동시에 윤리적인 가르침과 미덕에 대한 요구에서 볼 때, 5:17-47의 가르침은 율법의 가르침과 완전히 연속되어 있다; 하나님은 항상 거룩함을 살피신다. 거룩함은 전체성이며 전 인간-마음, 가슴, 몸-에 걸친 순결/의이다. 5:48의 지혜롭고 심오한 말씀도 이와 같은 해석을 담고 있다.

예수님은 앞선 율법의 여섯 가지 주해의 경우와 같이 하나님의 나라에 들어가기 위한 초-윤리적 새로운 법과 더 많은 요구 사항을 부여하지 않는다-"이전에 간음은 나빴다; 지금은 간음과 정욕 모두 나쁘다" 등등. 오히려 예수님은 그의 멍에는 쉽고 짐은 가볍다고 말하며(11:28-30), 외적인 면을 넘어선 내적인 면을 강조하고, 하나님은 사람의 마음을 기준으로 그들이 누구인지 살피신다고 선포한다. 제자가 하나님처럼 텔레이오스 해야 한다는 말은 그들이 전체적이거나 미덕적인 존재이어야 한다는 것을 말하는 것이다-그들이 누구인지에 대해 단일성을 가져야한다는 것이다. 외적인 부분과 내적인 부분 모두에서 하나이어야한다는 말이다. 5:48과 산상수훈 전체에 걸친 텔레이오스에 대한 부르심은 구약

(그리고 신약 성경의 나머지 부분)에서 볼 수 있는 거룩함에 대한 부름과 같은 것이다. 도덕적 완벽함이 아니라 하나님을 전심으로 향하는 것이다. 5:48은 분명히 신명기 18:13의 영향 아래 있는 레위기 19:2과 20:26("내가 거룩하니 너희도 거룩하라")의 큰 거룩의 명령을 재사용 한 것이다.[75] 마태/예수님은 텔레이오스에 관련하여 레위기 20:26을 다시 선언한다. 바리새인들의 세계에서 "거룩"은 주로 외적 순결과 행동의 문제를 의미하기 때문이다.[76] 레위기 20:26을 암시하는 "거룩한"이라는 단어는 아주 많은 의미를 담고 있다. 그렇기 때문에 예수님은 흥미롭게 그러나 심오하게 하기오스(거룩)를 텔레이오스(전체성)로 바꾸어 사용한다. 5:17-47에서와 같이 예수님은 재 적용되고 선명히 주해된 율법의 진정한 의도를 알려 주신다. 레위기 19:2과 20:26의 "거룩함"으로의 부르심은 이제-항상 그 참 의도였던-"전체성" 또는 하나님을 향한 미덕에 대한 부르심으로 적절히 해석되었다. 동시에 전체성을 강조함으로써 예수님은 (토라에 대한 외식적 순종을 통해) 하나님을 기만하며 접근하는 것은 더 나은 의의 열매를 맺지 못한다는 것을 보이신다. 왜냐하면 간통을 피하나 여전히 정욕적이고, 살인을 혐오하나 여전히 미워할 수 있기 때문이다. 따라서 텔레이오스를 얻으려면 더 깊은 것, 즉 마음의 순결(마 5:8), 영혼의 가난함(5:3)등을 가져야 한다. 알리슨이 표현 한대로, 규율에 복종하는 것이 "예수님이 그를 따르는 사람들에게 요구하는 정신을 자동으로 만들어 주지는 않는다."[77] 산상수훈의 다음 가르침에서 보겠지만 이것이 바리새인들의 외식에 대한 예수님의 공격의 본질이다. 그들이 외부적이든 행위적이든 불경스럽다거나 경건하지 않다는 것을 공격하신 것이 아니다. 저들의 일관성, 전

---

75 칠십인역 신명기 18:13은 이스라엘 사람들에게 "너희 주 하나님 앞에서 **텔레이오스**하라"고 명령한다.

76 Ellen Charry, *By the Renewing of Your Mind: The Pastoral Function of Christian Doctrine* (Oxford: Oxford University Press, 1999), 61-67를 보라.

77 Davies and Allison, *Matthew 1-7*, 509.

체성, 참된 미덕성의 결여를 공격하신 것이다.[78]

마지막 셋째로, 산상수훈 자체가 씨름하고 산상수훈을 읽는 독자들도 씨름하게 만드는 더 큰 주제인 구원의 본질, 은혜, 미덕 윤리에 관해 논의 해야 한다. 이 문제들에 대한 충분한 논의는 이 책의 마지막 장으로 미루어야 한다. 하지만, 5:17-48 전체 가르침에 비추어 짧게 논의 할 것이다. 우리는 어떤 관념이나 죄를 정하고 인간의 은혜의 필요성을 보여주는 "율법"에 불과한 것을 다루는 것이 아니다. 은혜와 미덕은 적이 아니라 친구이다. 5:48과 이 단락 전체에 걸쳐 있는 명령은 하늘에 계신 하나님 아버지처럼 번영하는 것, 혹은 마카리즘의 형태로 표현하면 하나님의 아들이라고 불리우는 번영으로의 초대이다(5:9, 45). 이 여섯 가지 주해의 예들에서 하나님 아버지는 각 부분의 주제와 관련해서 텔레이오스 하신 분으로 나타난다-하나님은 살인하지 않고 용서하신다; 하나님은 (이스라엘과) 그의 결혼 언약에 신실하다(참조, 호세아의 광범위한 우화); 하나님은 정직하며 언약적 맹세를 지키신다; 하나님은 그를 불명예스럽게 대하는 자들도 용서하시고 그들에게 베푸신다; 하나님은 원수들 조차 사랑한다.

하나님을 닮는 것으로 이루어지는 이 모든 삶은 오직 은혜 안에 그리고 은혜를 통해 이루어진다. 그러나 더 나은 의의 필요성의 명령이 이로 인해 목소리를 잃거나 약해지는 것은 아니다. 의의 전가를 없애는 것도 아니다; 그리스도와의 연합을 통해 이루어지는 전가가 존재하지만, 5:17-48이 말하고 있는 내용은 아니다. 바울은 성령의 중생과 능력을 통해 하

---

78 맥나이트는 여러 다른 사려 깊은 해석가들의 단서에 따라 여기에 있는 **텔레이오스**는 "사랑함에 있어서 완벽하다", 즉 "모든 인간, 유대인, 로마인을 이웃으로 사랑하는 것"을 의미한다고 결론 내린다(참조, 눅 6:36, "당신의 아버지께서 자비를 베푸시는 것처럼 자비를 베푸소서" (McKnight, *Sermon on the Mount*, 145-47). 이것이 5:43-48의 특정 맥락에서 **텔레이오스**의 적절한 해석이라고 생각하지만, 이 용어가 미덕 전통에서 차지하는 역할과 5:48이 5:43-47을 결론 짓는 것 뿐만 아니라, 더 넓은 5:17-47의 가르침을 요약한다는 사실에서 **텔레이오스**를 "충분히/완전히 사랑하는 것"이라 한정 할 수는 없다.

나님을 영화롭게 하는 선한 일이 가능케 됨을 복음서보다 더 분명하게 이해할 수 있도록 도와준다. 그러나 바울은 예수님이 여기에서 말씀하시는 것에 전심으로 동의한다 - 신자의 삶은 하나님의 본성, 뜻, 오는 나라 (즉, 의, 참조, 고후 5:10, 갈 5:16-21)와 일치하는 세상에 존재하는 방식으로 표시되어야 한다. 5:48이 말하는 전체성 또는 마음-감정-행위의 의의 요구, 즉 하나님 아버지를 닮는 것은 복음의 은혜로운 초대의 훌륭한 요약이다. 복음에 적대하는 것이 아니다. 현대의 한 기독교 시인이자 작곡가가 말했듯이, "이것은 은혜이다 - 아름다움으로의 초대이다."[79]

마태복음 5:17-48: 전체성과 인간의 번영

앞선 논의는 산상수훈의 더 높은 수준의 신학적 해석을 가능하게 한다. 이 책의 목표는 산상수훈을 미덕이나 인간-번영을 중심으로 읽을 것을 강요하는 것이 아니다. 이러한 주제를 이해하는 것이- 특히 전체성 ("더 나은 의")을 통한 번영-산상수훈 신학의 의미를 가장 잘 나타내는 것임을 보여주는 것이다. 산상수훈을 가장 높은 곳에 올라 전망하기 위한 선명한 발판을 마련해 주려는 것이다.

산상수훈 중앙 부분의 이 첫 번째 주요 단락은 전체성이라는 주제에 의해 지배되며, 내적 일관성에서 유래하는 하나님-중심적 행위로 의를 정의한다. 이것이 참 거룩이다. 하나님의 본성, 뜻, 그리고 오는 나라에 일치하는 전체성-인간의 행위가 마태복음이 이해하는 의이다. 이같은 읽기 방식이 5:17-48의 세부 사항과 전반적인 주장을 가장 잘 이해하는 것이다. 산상수훈 전체의 흐름을 비추어 보면 이는 더욱 확실해진다. 앞서 보았듯이, 산상수훈의 전체적인 분위기는 그 시작점인 비아티튜드의 비

---

79 Sara Groves, "Add to the Beauty," in *Add to the Beauty*, INO Records, 2005.

전이 보여준다. 예수님은 하늘의 나라에 참여함 이라는 틀 안에서 참된 인간 번영에 대한 하나님의 관점을 제시한다. 그는 들을 귀 있는 자들을 마카리오스함에 초대한다. 이에 뒤따르는 첫 가르침 단락은 세상에 어떤 방식으로 존재해야 하고 오는 하늘 나라와 어떤 방식으로 일치해야 하는지에 관한 것이다. 이 오는 나라에 들어가기 위해서는 더 나은 의와 전체성의 미덕이 있어야 한다.

마태복음 6:1-21

개요

현대 성경의 장 구분이 유익을 주는 것이 사실이지만 동시에 혼동을
준다. 장 구분이 옳게 될 때는 내용과 주제의 전환을 독자에게 더 명백
하게 하는 데 도움이 된다. 그러나 한 성경을 개별 장들로 분리하여 읽
게 한다는 점에서 (심지어 정확하게 결정될지라도) 혼동의 여지가 있다. 예를
들어, 마태복음 6장을 구분한 것은 성경을 읽는 독자들에게 성경 전체
의 흐름에 둔감하게 하며, 본문의 흐름과는 관계없이 6장에 불쑥 끼어들
어 독립된 장으로 읽게 하는 과대한 편의를 제공한다. 이렇게 함으로써
전체적인 메시지를 종종 잃어 버리고 그 주장의 넓이와 깊이도 감지하지
못하게 한다.

마태복음 6:1-21의 경우가 그러하다. 예수님은 앞서 하늘 나라에 들어
가기 위해 요구되는 더 큰 의의 필요성과 그 구체적인 내용을 주해하였

다. 그리고, 이제 그 주해들이 개인의 경건의 영역에서 어떤 모습으로 나타나는 지를 가르치신다. 그런 의미에서 6:1-21에 대한 도입부는 5:17-20이다. 이미 논의한 것처럼 5:17-20은 5:17-48뿐만 아니라 5:17-7:12의 도입부이기도 하다. 5:17-47에 있는 예수님의 여섯 가지 주해의 예가 "더 큰(나은) 의"의 개념으로 토라 읽기였다면, 6:1-21의 세 가지 예는 개인의 종교적 실천이라는 영역에서 더 큰 의가 어떻게 보여지는지에 대한 대표적인 예를 제시한다. 5:17-48의 여섯 가지 주해는 하늘 나라 지향적, 토라 해석적 의였다; 6:1-21의 세 가지 주석은 하늘나라 중심적 신앙생활의 의 또는 경건이다. 계속해서 마태복음 6:19-7:12은 5:17-20을 일상 생활에 적용한다.[1]

산상수훈 전체와 5:17-48이 그렇듯 6:1-21도 고도로 구조화되어 있다. 예상된 형식인 주제 도입부 또는 케랄(6:1)에 이어 세 가지 예(6:2-4, 5-6, 16-18)가 뒤 따르고, 반복적인 결론으로 마무리된다(6:19-21). 도입부와 결론은 모두 금지에 초점을 맞추는 반면, 중간에 있는 세 가지 예는 금지 명령 –특정 유형의 경건을 행하지 않는 방법– 으로 시작하여 그에 대항하는 긍정적인 대안을 제시한다. 세 가지 예 각각은 헬라어 단어 호탄(언제)과 동사(6:2, 5, 16)로 시작하는 뚜렷한 구조를 이룬다. 이 기본 구조에 덧붙여진 이 중앙부(6:7-15)는 예술적으로 잘 들어맞는 부록이다.[2] 6:7은 분사와 헬라어데 (그리고, 그러나) 조합을 사용하여 분명한 패턴의 단절을 나타낸다. 이 중앙 부록은 세 가지 예 중 두 번째에서 자연스럽게 파생되고 동일한 주제인 기도를 확대 설명한다. 이 부록은 전체 성경에서 가장 유명한 부분인 주기도문이다. 이는 산상수훈의 큰 중앙 부분(5:17-

---

1 5장에서 논의 되었듯이 6:19-21은 산상수훈 6:1-21의 결론과 6:19-34의 서론의 두 가지로 기능한다. 아래의 주석부분에서 모두 다루어질 것이다.

2 "부록"이라는 표현은 주기도문이 부가적인 역할을 한다거나, 6:1-21에 나중에 추가된 것을 의미하는 것은 아니다. 오히려 정반대이다: 주기도문은 고도로 구조화된 6:1-21의 삼중 구조 밖에 위치하며 의도적으로 산상수훈의 중앙 부분의 중앙부의 중심에 위치한다.

7:12)의 중앙부(6:1-21)의 중심이다. 산상수훈 중앙 부분의 중앙의 중앙에 주기도문이 있는 것은 우연이 아니다. 6:1-21을 한 하위 단위로 보고 그 안의 삼중 구조에 따라 살펴 나갈 것이다.

마태복음 6:1-21: 하나님을 향한 경건과 관련한 더 나은 의

마태복음 6:1:도입부

> 1 다른 사람들에게 보이려는 목적으로 이 의를 행하지 않도록 주의하라. 만 약 그리하면 하늘에 계신 너희 아버지께 상을 받지 못할 것이니라.

이 첫 가르침은 당면한 문제를 연속해서 다루는 동시에 새로운 주제를 소개한다. 연속성은 의라는 주제이다. 예수님은 5:17-20에서 시작한 주제 인 하늘 나라에 들어가기 위해 필요한 더 나은 의에 대해서 계속 논하고 있다.[3]

5:17-48에서 말한 모든 것과 일치하게 예수님은 마음/내적 사람과 내 적/외적인 의를 강조한다. 그의 제자가 되려고 하는 자들에게 의는 무엇 인가라는 문제 뿐만 아니라 의로운 일상은 무엇인가라는 문제에도 마음 에 관한 주제(살인 뿐만 아니라 분노; 간음만이 아니라 욕망)가 있음을 경고한 다. 특히, 영원한 숙제인 사람들에게 좋게 보이려고 의를 행하는 사람이 되려는 문제이다. 예수님이 사람들 앞에서 의로운 행위를 하는 것을 정 죄하는 것은 아니다. 이름 없이 비밀로 하는 행위만이 의롭다고 하시는 것도 아니다(아래 6:3-4 참조). 오히려, 잘못된 마음/동기가 있는 의로운 행 동, 즉 하나님의 찬양을 구하기 보다는 다른 사람들의 찬양을 구하는 것

---

3 6:1의 헬라어 원문에 대명사적 용법의 관사는 "이 의"라는 의미를 나타내며 5:17-48의 논의를 다시 언급한다.

에 대해 경고한다. 의의 행위는 올바른 마음으로 행해질 때에만 진정한 의로 정의된다는 것을 다시 한번 알 수 있다. 새 언약의 나라의 의–하늘 나라에 들어가기 위해 필요한 것–는 단순히 외적인 행동이 아닌 내적 동기의 문제이다; 그것은 전체성(텔레이오스) 사람의 문제이며 미덕의 문제 이다.

이 일관된 주장에 상 혹은 보상의 문제가 더해진다. 이 주제는 이미 4 과에서 논의되었고, 이어지는 주해 부분의 결론에서 다시 언급될 것이다. 6:1-21에서 예수님은 5:12에 암시된 개념과 앞선 부분의 마지막인 미덕에 대한 상 혹은 보상의 문제로 돌아가는 것을 볼 수 있다(5:46). 보상의 주제는 이 단락 전반에 걸쳐 있는 일관된 초점이다. 참된 의에 대한 보상을 얻는다는 개념은 예수님의 명령에 대한 현대적인 해석인 이타주의 개념을 모두 없앤다. 또한 "상/보상"은 산상수훈이 많은 제2성전 유대 문헌들에 일관되게 발견되는 명예와 미덕의 세계관에서 뿌리를 두고 있으며, 헬라화된 제2성전 시대 유대인의 맥락에 놓여 있다는 또 다른 단서로도 작용한다.[4] 6:1-21전체에 걸친 마음 깊은 곳에 이르는 의에 대한 초청은 하늘에 계신 아버지께서 주시는 영원한 상급을 얻으라는 호소에 기본 한다. 이 중요한 사상은 6:19-21의 결론부에 다시 나타난다(아래 결론부 논의에서 더 다루어질 것이다). 이 보상은 아버지와 "함께"(6:1)있는 것이지 일반적으로 번역된 것처럼 아버지 "에게서" 오는 것이 아니다. 이는 마지막 날에 예수님의 제자들에게 주어질 썩지 않는 쌓여진 상급을 말한다.[5]

---

4 마지막 요점과 관련해 다음을 보라. Nathan Eubank, "Storing Up Treasure with God in the Heavens: Celestial Investments in Matthew 6:1-21," CBQ 76, no. 1 (2014): 77-92. 신실한 의를 통해 상을 하나님께 쌓아 놓는다는 개념은 제 2성전 문헌에 자주 등장한다. 이것은 죄를 빚이라 표현하는 것과도 관련되며 (다음을 보라, Gary A. Anderson, *Sin: A History* [New Haven: Yale University Press, 2009]), 의도 동일한 경제 용어로 이해된다. 다음을 보라, *Wages of Cross-Bearing and Debt of Sin: The Economy of Heaven in Matthew's Gospel* (Berlin: de Gruyter, 2013).

5 다음을 보라, Eubank, "Storing Up Treasure," 77-78. 헬라어 구문은 **파라 토 파트리**이다.

6:1에 강조되어 있는 다른 중요한 개념은 하늘에 계신 아버지로서의 하나님이다. 산상수훈에서 하나님을 아버지로 부르는 장면은 열 일곱 번 나타나는데 그 중 열 개는 6:1-21에 있으며 시작 부분(6:1), 각 예들의 마지막 부분(6:4, 6, 18), 그리고 산상수훈의 중심인 주기도문에 "우리 아버지"라는 부름이 네 번 사용된다(6:8, 9, 14, 15). 산상수훈의 중앙 부분(6:1-21)의 중심에 있는 이 "아버지"에 대한 초 집중성은 하나님을 하늘 아버지로 이해하는 것이 초기의 기독교에서 상당히 중요한 역할을 하였음을 강조한다. 앞선 4장에서 이 마태복음과 산상수훈의 주요한 주제를 보상에 대한 개념과 함께 자세히 논의하였다.

따라서, 이 단락의 도입부는 앞선 주장과 완전히 일치함과 동시에 인간 생활의 다른 영역인 종교적 실천이라는 영역으로 자연스럽게 그 주제를 확장하며 논의를 이끈다. 6:1-21의 가르침은 5:17-20의 원리를 개인적인 경건의 영역에 적용하는 것이다. 5:21-47의 여섯 가지 예는 율법이 다루는 일반적인 대인 관계에 중점을 두며 내적 및 외적 행동 사이의 일치의 필요성에 대해 말하고 있다. 6:2-18의 세 가지 예는 종교적 및 신앙의 실천에 관해 다룬다.

불행하게도 개인적인 신앙과 경건의 실천이 마음의 타락과 깨어짐의 가능성을 배제하는 것은 아니다. 안드레이 코작이 관찰 한 바와 같이, 일반적으로 받아들여지는 종교적 실천(예: 자선, 기도, 금식)은 사람들을 하나님과 연결시키고 사회적 규범을 확립하는 이중 기능을 한다. 이 실천이 사회적 규범을 수립하기 때문에 한 사람의 사회에서의 명예와 명성은 이러한 종교적 실천과 밀접하게 연관된다. 이것이 재앙을 불러일으키는 원인이 된다. 경건의 실천이 하나님을 향한 것이 아니라 사회의 안전과 보안을 확립하는 것으로 옮겨가기 쉽기 때문이다.[6] 이는 1세기 예수님을

6 Andrej Kodjak, *A Structural Analysis of the Sermon on the Mount* (Berlin: de Gruyter, 1986), 104.

반대했던 자들에게 일어난 일과 정확히 일치한다. 이어서 예수님은 더 나은 의를 요구하는 세가지 행동 표본을 정의한다. 이 표본은 모든 경건에 적용될 수 있다.

마태복음 6:2-4: 첫번째 예-구제

2 그러므로 너희가 도움이 필요한 사람에게 베풀 때에 외식하는 사람이 다른 사람에게서 영광을 받으려고 회당과 거리에서 하는 것 같이 너희 앞에 나팔을 불지 말라. 분명히 내가 너희에게 이르노니 이것이 저들의 유일한 보상이니라. 3 너희가 도움이 필요한 자에게 베풀 때에 오른손이 하는 것을 왼손이 모르게 하라. 4 그렇게하여 도움이 필요한 자들에 대한 너희의 베품을 아무도 모르게 하라. 그러면 비밀리에 이루어지는 것을 보시는 너의 아버지께서 보상하시리라.

첫 번째 미덕 적으로 행해진 종교적 경건의 예는 구제를 베풀거나 가난한 사람들을 돕는 것이다. 2천 년 이후의 우리의 교회의 경험에 비추어보면, 특히 풍요로운 서구의 교회들의 경우 많은 사람들은 목회자, 교회 운영 경비, 일부 선교사의 사역을 지원하기 위한 십일조나 주일 헌금을 생각할 것이다. 전체성-인간 미덕의 동일한 원리가 이러한 재정적 희생에도 확실히 적용된다.

그러나 여기에서 다루어진 문제는 일반적으로 고대 유대교와 기독교에서 개인의 경건에 중요한 본질로 받아 들여졌던 가난하고 궁핍한 사람들을 직접적으로 돕는 구체적인 베품이다. 정부 지원이 없는 빈곤과 최저 생활의 시간과 장소(1세기 팔레스타인과 같은)에서 가난한 자들의 필요를 채우는 것은 지역 공동체의 몫 이었다. 이는 단순한 관습 이상의 것이었다; 이에 대한 구체적인 지시 사항이 성경에 있고 신실한 사람을 정의하는 필수적인 요소로 간주되었다.[7] 이런 개념에서 예수님은 다시 한 번 참된 의가 어떤 모습인지 풀어 주신다.

새로운 강조점 혹은 예수님이 특별히 강조하고 있는 것은 이러한 지역 사회의 모범적인 행위와 종교적 의의 표준이 되는 행위를 수행하는 동기에 관한 질문이다. "외식하는 자들"과 예수님의 제자들에게 기대되는 대조는 구제의 목적이나 내적 동기이다. 구제의 내적 동기는 다른 사람들로부터 받는 영광이 아니라 하나님의 보상이어야한다. 주목해야 할 점은 제자들이 가난한 사람들에게 도움을 주어야 하는지에 관한 것 아니다. 모든 종교적인 사람들은 위선자이든 그렇지 않든 이 행위를 한다. 강조되는 차이점은 5:17-48의 여섯 가지 주해가 다루는 것처럼 내적인 사람 혹은 마음에 관한 것이다. 예수님은 앞선 구절들에서 제자들이 어떤 죄에 직면 할 때 내면과 더 깊은 곳을 볼 필요가 있음을 강조하셨던 것과 비슷하게, 6:1-21에서 제자들이 긍정적인 행위를 할 때에도 내적인 면을 더 깊이 보아야 한다는 것을 강조한다.[8]

착한 종교적 행위를 할 때 다른 사람들로부터 칭찬이나 영광을 받는

---

7 신명기 15:11 "땅에는 언제든지 가난한 자가 그치지 아니하겠으므로 내가 네게 명령하여 이르노니 너는 반드시 네 땅 안에 네 형제 중 곤란한 자와 궁핍한 자에게 네 손을 펼지니라"라고 말한다. 또한 야고보서 1:27을 보라, "하나님 아버지 앞에서 정결하고 더러움이 없는 경건은 곧 고아와 과부를 그 환난중에 돌보고 또 자기를 지켜 세속에 물들지 아니하는 그것이니라." 더불어 이스라엘 백성에게 가난한 자와 이방인을 위해 곡식을 남겨두라는 명령을 보라: 출23:11; 레19:10; 23:22; 신14:28-29; 15:7, 11. 더 일반적으로 출22:22; 23:6; 레19:15; 25:35; 시10:18; 41:1; 82:3-4; 잠11:12; 14:21; 21:13; 22:9, 16, 22; 사1:17; 렘22:3을 보라.

8 이것은 분명히 예수님의 중대한 강조이다. 이러한 내면성은 기독교 윤리를 위한 황금 표준이 되지만, 예수님이 동시대 유대교의 모든 것과 다르거나 독특하다는 것을 의미하는 것은 아니다. 그 당시에도 내적 동기와 (참고. 랍비의 개념인 **카와나**) 마음의 중요성을(참조, **시락**. 17:15, 23:19, 39:19) 강조한다. 구제의 경우, 여러 랍비적 제 2 성전 문헌들도 비슷한 가르침을 포함하며 비밀리에 주는 것이 중요하며 자선 행위는 겸손히 해야한다는 점을 강조한다. 참고 문헌 목록을 다음에서 확인하라, W. D. Davies and Dale C. Allison Jr., *A Critical and Exegetical Commentary on the Gospel according to Saint Matthew*, vol. 1, *Introduction and Commentary on Matthew 1-7*, ICC (Edinburgh: T&T Clark, 2004), 579-80. 또한, 이 책의 주장에 비추어 볼 때 산상수훈의 가르침은 제2성전과 그레코-로만의 미덕 전통의 중간에 있다. 여러 헬라 문헌들에서 이 가르침이 비교된다. 다음을 보라, 에픽테투스, *Dissertationes* 4.8.17: "내가 잘 한 모든 것은 내가 한 것이며 바라보는 자들을 위한 것이 아니며 나 스스로를 위한 것이다 …; 이 모든 것은 나와 하나님을 위한 것이다" (Ulrich Luz, *Matthew 1-7: A Commentary*, rev. ed., trans. James E. Crouch, Hermeneia [Minneapolis: Fortress, 2007], 301에서 인용함).

것은 영원히 존재하는 유혹이다. 더 나은 의로 살지 못하게 하는 것이 바로 이 은밀히 기어들어오는 동기이다. 이것이 마태복음에서 예수님이 외식하는 자를 정의하시는 방법이다. 외식하는 자는 실제로 부도덕한 삶을 살고 있는 종교인이 아니라, 외적 행위는 의롭지만, 잘못된 동기, 즉 잘못된 마음을 가지고 행동하는 자들이다.[9]

흥미로운 사실 한가지는 마태복음에서 바리새인들은 외식하는 자의 명백한 후보이자 예수님의 끊임없는 대적자로 등장함에도 불구하고 산상수훈에서는 외식하는 자들로 등장하지 않는다는 것이다. 산상수훈이 (바리새인들을 특정하지 않으면서) 전체성과 미덕에 관련하여 정의하는 일반적인 외식은 아마도 산상수훈이 예수님 당시의 역사적 대적자들에 대한 비판 뿐만 아니라, 보편적으로 교회에 쉽게 적용되고 사용될 수 있도록 하기 위함 일 것이다. 그럼에도 불구하고 마태복음의 전반적인 관점에서 볼 때, 예수님 당시의 (그리고 분명히 마태의 상황에서) 외식하는 자들은 서기관과 바리새인임이 분명하다. 마태복음23장이 이를 분명히 한다. 5:3-12의 마카리즘에 대응하는 다섯 번째 강화 (마 23-25)의 시작인 화의 선포(23:13-36)는 "서기관과 바리새인"을 반복해서 "외식하는 자"로 정의해 선언한다(23:13, 15, 23, 25, 27, 29; 참조, 23:28; 15:7, 22:18 참조). 또한 서기관들과 바리새인들에 대한 23:1-36의 비판은 6:1-21과 그 이후의 산상수훈의 가르침에 상당히 중첩된다.[10] 6:1-21의 외식하는 자들은 먼저는 마태복음 전체를 볼 때 명확히 서기관들과 바리새인들을 가리키는 한편, 누구든지 다른 사람의 찬양을 받기 위해 경건을 행하는 모든 사람들에게

---

9 외식/위선을 산상수훈의 한 주제로 논의한 4장을 보라.

10 산상수훈과 마태복음 23장 사이에는 많은 연결점들이 있다. 서기관과 바리새인들의 대중적 영광에 대한 사랑(6:1-21; 23:6-7)과 서원/맹세를 통한 다양한 책임 회피(5:33-37, 23:16-22)가 포함된다. (나머지 화에 대한 부분도 마태복음 전체에 연결점이 존재한다.) 이 모든 것 외에도, 외형적으로는 아름답게 보이지만 내적으로는 죽고 부정한 모습에 대한 정죄됨이 있다(23:27-28). 산상수훈 전체의 명령에 대한 요약으로 전체성보다 더 적절한 것을 상상하기 어렵다.

적용할 수 있는 문을 열어 둔다.[11]

예수님은 보상이라는 강한 주제에 대해 계속해서 말씀하시면서, 외식적인 구제를 행하는 사람은 그/그녀가 받게 될 유일한 보상을 이미 받았다는 역설적인 선언을 통해 간접적으로 경고하신다. 이 보상은 하나님으로부터의 보상이 아닌 다른 사람들의 칭찬 (아마도 다른 위선자들의 가벼운 찬양)이다. 이 역설적인 선언과 비슷하게 순종하지 않는 사람들에게 "하늘 나라에서 가장 작은 자"라 여김 받을 것이라고 경고 한다(5:19). 순종하지 않는 사람들은 하늘 나라에 들어가지 못할 것이라는 의미를 갖는 이 선언은 결국 저들은 아무런 보상을 받지 못할 것이라는 표현이다. 이 단락의 강력한 결론부(6:19-21)는 사람의 찬양은 일순간이고, 현세적이고, 변덕스럽고, 세속적이기 때문에 좋은 생각 혹은 좋은 거래가 아니라고 날카롭게 비판한다.

각 예들의 일관된 패턴에 따라, 이 어리석고 그릇된 동기에 기반한 의에 맞서 싸울 대안이 6:3-4에 있다. 예수님의 제자는 왼손으로 하여금 자신의 오른손이 하는 일이 무엇인지 알지 못하게 하여 아무도 모르게 베풀라는 말씀을 듣는다. 이 두 표현 모두 문자주의로 적용해서는 안되는 관용구이다. 왼손으로 하여금 오른손이 하는 일이 무엇인지 모르게 하라는 것은 다른 구성원들의 인정을 목적으로 행위를 하지 말라는 단순한 은유이다.[12] 아무도 모르게 베푸는 것은 (세금 공제 혜택을 위해 추적할 수 있는 수표가 아닌) 현금으로 선물을 주라는 말이 아니다. 혹은 노숙자를

---

11 여러 학자들이 흥미로운 제안을 하였다. 마태복음 5:21-48은 서기관들에 대한 비판이고, 6:1-21은 바리새인들에 대한 비판이다. 데이비스와 알리슨은 (Davies and Allison, *Matthew 1-7*, 581n14) 테오도 잔과 조셉 피츠마이어를 언급한다. 이 두 무리의 구분이 마태의 의도를 정확히 드러내는 것이 아니지만, 산상수훈 중심 부분의 첫 두 단락이 서기관과 바리새인들에 대해 특별한 흥미를 갖고 있다는 통찰력을 준다.

12 Charles L. Quarles, *Sermon on the Mount: Restoring Christ's Message to the Modern Church* (Nashville: B&H, 2011), 177를 보라. "오른쪽"과 "왼쪽"이 무엇을 가리키는지에 대한 논의가 있지만, 전체적인 은유의 요점은 문맥에서 명확하다. 루츠도 동일하게 "이 이미지를 너무 심하게 왜곡하지 말라" 말한다(Luz, *Matthew 1-7*, 300).

도울 때 돕는 이가 누구인지 알지 못하도록 헬멧을 착용해야 한다는 말도 아니다. 문자적 읽기가 수많은 이유들로 불가능하며 불합리하다는 것은 쉽게 알 수 있다. 오히려, "아무도 모르게 하라"는 표현은 외식하는 자가 구제하며 "나팔을 부는 것"에 대한 뚜렷한 대조적 표현이다. 실제로 어떤 종교적 사람들이 가난한 사람들에게 베풀기 전에 나팔을 불 수 있다. 하지만, 이는 일반적인 상황이 아닐뿐더러 예수님의 가르침의 요점을 놓치는 것이다 –"나팔 불기"와 "아무도 모르게"는 연상적, 시적, 기억에 남는 이미지를 사용해 어떤 행위가 사람의 칭찬을 듣기 위한 것인지 아니면 하나님의 칭찬을 듣기 위한 것인지에 대한 마음의 동기의 문제에 대해 이야기 위한 것이다.

이 경건의 첫 번째 예는 일관된 형식으로 결론지어 진다. 경건의 행위를 함에 있어 하지 말아야 할 것을 가르친 후에(6:2) 적절한 방법에 대한 가르침이 뒤따른다(6:3). 4절은 예수님의 가르치심에 순종하게 하기 위한 변함없는 보상을 설명한다(참조, 6:6b, 18b): 만일 제자들이 –다른 사람들의 찬양을 받으려는 것이 아니라 하나님께 전체를 드리는 방식으로– 그들의 의를 실천한다면 하늘에 계신 아버지께서 잃어버릴 수 없는 보상을 실제로 주실 것이다(6:19-21). 제자들은 자기를 높이기 위한 것이 아닌 은밀한 경건의 행위가 보상을 얻을 것이라는 자신감을 가질 수 있다. 왜냐하면 이 자신감은 보상을 주시는 그들의 하나님이 아무도 모르게 일어나는 일을 보시고 모든 것을 아시는 하늘에 계신 아버지이시기 때문이다.[13] 사람은 외모를 보거니와 하나님은 마음을 들여다 보신다(삼상 16:7). 따라서, 제자는 하나님의 힘과 능력에 대한 믿음으로 사회의 칭찬과 영광에 얽매이지 않고 자유롭게 미덕을 추구한다.

---

13 다른 많은 본문들은 하나님을 어둡고 비밀한 장소를 보시는 분으로 묘사한다, 예를 들어, 시 90:8; Philo, *On Providence* 35; Josephus, *Jewish Antiquities* 9.3; *2 Baruch* 83:3; *b. Soṭah* 3a, 9a (Davies and Allison, *Matthew 1-7*, 584).

또한 이와 관련하여, 이 내적 경건의 초점이 -엔 토 크립토(아무도 모르게)가 여러 차례 반복되어 (6:4, 6, 18에서 각 두 번) 강조됨- 마태복음뿐만 아니라 신약의 다른 여러곳에서도 등장함을 알 수 있다. 특히, 로마서2:28-29에서 바울은 동일한 문구(엔 토 크립토)를 사용한다. 바울은 마태복음을 연상케하는 언어로 하나님의 백성을 근본적으로 재정의한다: "무릇 표면적 유대인이 유대인이 아니요 표면적 육신의 할례가 할례가 아니니라. 오직 이면적[엔 토 크립토] 유대인이 유대인이며 할례는 마음에 할지니 영에 있고 율법 조문에 있지 아니한 것이라 그 칭찬이 사람에게서가 아니요 다만 하나님에게서니라."

마태복음 6:5-6: 두번째 예-기도

5 또 너희는 기도할 때에 외식하는 사람과 같이 하지 말라. 그들은 다른 사람들에게 보이려고 회당과 큰 거리 어귀에 서서 기도하기를 사랑하느니라. 내가 확실히 너희에게 이르노니 이것이 저들의 유일한 보상 이니라. 6너희는 기도할 때에 네 골방에 들어가 문을 닫고 아무도 모르는 장소에 계신 네 아버지께 기도하라. 그러면 아무도 모르는 중에 보시는 네 아버지께서 보상하시리라.[14]

이 두 번째 예는 6:1의 원리와 동일한 원리에 의해 지배되며 첫 번째 예(6:2-4)와 같은 형식을 따른다. 다른 사람들의 칭찬을 받기 위해 의로

---

14 두 가지 번역 문제가 있다. 첫째, 6:5의 **엔 타이스 고니아이스 톤 프라테이온**을 "큰 거리 어귀에"라고 번역하여 문장 자체가 강조하는 외식적인 기도의 의도적 공개성을 전달하였다. 둘째, "아무도 모르는 장소에 계신 네 아버지께 기도하라"는 번역적 딜레마를 가지고 있다(6:18 절도 마찬가지 이다). 이것을 타원형으로 해석하여 여기에 암시 된 다음 구절의 동사 "보다"를 사용하여 "아무도 모르는 장소에서 보고 계시는 너희 아버지께 기도하라"라 번역 할 수도 있다. 그러나 반복되는 헬라어 관사가 이를 어렵게 한다. 이는 일부 사본에는 이 관사가 발견되지 않는 결과를 가져왔다. 다른 경우도 마찬가지이다. 이 구문을 부사 구문으로 이해해 "당신의 아버지께 아무도 모르게 기도하라"번역하고, 6:4의 "필요한 자들에 대한 너희의 베풂을 아무도 모르게 하라"와 평행을 이루어 아무도 모르게 라고 번역 할 수 있다. 이러한 가능성을 인식하고 있지만 나는 "아무도 모르는 장소에 계신 아버지"를 선택했다.

운 자가 되려 한다면 상을 받지 못할 것이라는 경고의 원리가 반복된다. 두 번째 예는 기도에 관한 것으로 구제에 관한 것과 가깝다. 동일한 인물, 설정, 줄거리가 나타난다. 외식하는 자들의 동기는 다른 사람들의 찬양이다. 그들은 눈에 띄는 공공 장소, 회당 및 거리의 구석에서의 그들이 의롭다고 생각하는 행동을 한다. 장소가 문제 일뿐만 아니라 "다른 사람들이 볼 수 있도록"하는 동기 역시 문제이다. 6:2에 다른 사람들로부터 영광을 받으려 한다는 것과 시적 평행구이다. 결과는 똑같다 –진실한 의가 없기 때문에 진실한 보상도 없다.

주어진 해결책이나 대안은 구제의 경우와 동일하다: 기도 할 때 동기를 살피라. 예수님께서 기도하는 방법에 관해 확실한 지시를 내리 신다. 기도는 혼자 아무도 모르게 골방에서 해야한다. 문자적 가르침대로 하면 (구제에 대한 가르침과 동일하게 모든 사람이 헬멧을 착용하지 않는 한) 교회의 기도 모임이나 경건한 시간을 야외에서 갖는 것은 금지된다. 이것은 명백히 성경의 명령도 모범도 아니다. 예수님 자신도 밖과 다른 사람들 앞에서 기도하셨다. 예수님의 말씀의 요점은 기도의 적절한 형식에 대한 지시 사항이 아니다. 오히려 대조가 되는 사항은 마음의 동기와 관련해 다른 많은 사람들이 있는 것과 아무도 없는 것에 대한 것이다. 고대의 주석가 테오피락투스는 다음과 같이 시적으로 말한다(번역에는 나타나지 않는다), "나쁜 것은 장소[포토스]가 아니라 본질[트로포스]와 목적[스코포스]이다."[15]

기도에 관한 이 가르침이 기도에 관한 예수님의 말씀의 전부는 아니다. 마태는 바로 이어서 기도에 관한 가르침에 대한 부록을 제공한다. 전심으로 하는 더 나은 의의 기도에 관한 이 가르침은 다른 예의 경우처럼 경고로 끝나는 것이 아니라 제자가 아버지께 겸손과 진정으로 기도하면

---

15 Theophylactus, *Ennaratio in Evangelium Matthaei*, 204, quoted in Luz, *Matthew 1-7*, 302.

그가 들으시고 보상하시리라는 희망을 주는 약속으로 마친다.

마태복음 6:7-15: 중심-주기도문

7 기도할 때에 이방인과 같이 횡설수설 떠들지 말라, 그들은 말을 많이 하여야 들으실 것이라 생각하느니라. 8 그들과 같이 되지 말라, 너희 아버지께서 너희가 구하기 전에 너희가 필요한 것을 아시느니라.

9 그러므로 너희는 이렇게 기도하라:

하늘에 계신 우리 아버지여,

이름이 거룩히 여김을 받으시오며,

10 당신의 나라가 임하시오며,

당신의 뜻이 이루어지며,

당신의 뜻이 하늘에 있는 것 같이, 땅에도 있을 지어다.

11 오늘 우리에게 일용할 양식을 주옵시고

12 우리가 우리에게 죄 지은 자를 사하여 준 것 같이 우리 죄를 사하여 주옵시고[16]

13 우리를 유혹에 이끌어 들이지 마옵시고, 다만 악에서 구하 옵소서. [17]

---

16 헬라어 단어 (오페이레마타)는 일반적으로 "빚"으로 번역되며 부적절한 것은 아니다. 그러나, 나는 "죄"를 선택했다, 왜냐하면 "빚"이 재정적인 문제를 전달하기 보다는 (현대에도 같은 뜻을 전달한다) 명예-수치 문화 (예: 1세기 팔레스타인의 문화)의 은유로 타인에게 수치/죄로 인해 빚진 것을 나타내기 때문이다. 6:12에 대한 주석인 6:14-15의 기도에 대한 부록은 다른 단어를 사용한다. 이 단어는 더욱 선명하고 덜 은유적으로 죄를 나타낸다(파라프토마타). 따라서, 나는 6:12과 6:14-15의 다른 두 단어를 동일한 어휘로 번역하여 의도된 연결성이 명확해 지도록 했다. 6:12의 "빚"을 반드시 이런 식으로 번역해야 하는 것은 아니다. "빚"과 "죄"의 중첩 의미에 대해 논한 아래의 각주39를 보라. 브루너는 "빚"과 "죄"사이의 격차를 줄이기 위해 "실패"를 제안한다(Frederick Bruner, *Matthew : A Commentary*, vol. 1, *The Christbook: Matthew 1-12* [Grand Rapids : Eerdmans, 2006], 308).

17 주기도문의 전통적인 예배 형식은 익숙한 맺음말을 포함한다. "나라와 권세와 영광이 아버지께 영원히 있사옵나이다 아멘." 이것이 이후의 여러 사본에서 발견되지만 최초의 것에는 빠져 있으며 거의 확실하게 원래의 것이 아니다. 브루너는 마귀에 대한 언급으로 주기도문이 불결하게 마치는 것이 많은 청중들에게 너무 거친 것이었으므로 필사자들이 "나라가 아버지께 있사옵나이다"를 더해 다듬었을 것이라고 말한다(Bruner, *Matthew*, 1:315). 흥미롭게도 마태복음과 주기도문의 표현과 명확한 연관성을 보여주는 디다케도 비슷한 결어를 가지고 있다: "권세와 영광이 영원히 아버지께 있사옵나이다" (*Did.* 8.2). 디다케의 이 긴 버전에 대한

14 너희가 너희에게 적대하여 죄 지은 다른 사람들을 용서하면, 너희 하늘 아버지께서도 너희를 용서하시려니와 15 너희가 다른 사람을 용서하지 아니 하면 너희 아버지께서도 너희를 용서하지 아니하시리라.

기독교의 가장 중심적인 말씀인 주기도문을 다루는 상당히 많은 책들이 출판되어 있고 출판 되어야 한다. 이번 한 장으로는 충분하지 않을 것이지만 산상수훈 전체를 읽는 목적을 이루기 위해 산상수훈의 전반적인 가르침과 비전 안에서 주기도문에 대해 몇 가지 주석을 할 것이다.

구조적으로, 이 단락은 도입부(마 6:7-8)와 결론(6:14-15), 그리고 그 사이의 여섯 가지 간구들로 구성되어 있다. 주기도문을 전체로 보면 모든 것을 포괄하는 하나의 그림 같다. 브루너의 시적 표현을 사용하면: "주기도문은 아버지부터 악마까지, 천국부터 지옥까지, 그리고 그 사이에 인생에서 중요한 여섯 가지 간략한 청원이 펼쳐져 있다."[18] 간구의 내용 자체는 9-13절에 나타난다. 틀을 이루는 도입부(6:7-8)와 결론(6:14-15)은 주기도문을 가장 잘 읽을 수 있는 추가 통찰력을 제공한다.

주기도문의 도입부(6:7-8)는 내용의 틀을 제공하고 6:1-21의 흐름과 주장에 주기도문을 엮어주며 실제 주기도문을 듣는 사람을 준비시킨다. 7-15절이 6:1-21의 더 큰 주장에 대한 부록으로서의 역할을 한다는 것은 이 단락의 고도로 구조화된 형태 뿐만 아니라 다른 형태의 기도인 6:7이 6:5과 비슷하게 기도를 언급하며 시작한다는 것에서도 보여진다.[19] 주기도문이 더 넓은 구조 안에 포함되어 있다는 것은 6:8이 6:5의 금지 명령을 환기한다는 점에서 확인된다 -"외식하는 자와 같이 하지 말라…

기독교인의 친숙성은 비교적 후기 문서인 마태복음에 이 맺음말이 나타난 이유일 수 있다.

18 Bruner, Matthew, 1:315.

19 6:2, 5, 16, 17에 나타나는 반복되는 **호탄**+동사 구문은 분사로 시작되며 시간을 나타내기에 "기도할 때에" 라고 번역되었다.

그들과 같이 되지 말라…"- 두 절 모두 앞선 단락의 결론인 5:48을 암시한다("하늘에 계신 아버지께서 전체성을 가지신 것처럼 너희도 전체성을 가지라").

또한, 주기도문의 도입부는 내적 외적 전체성이라는 산상수훈의 일관된 메시지와 이 단락의 적용인 다른 사람들의 찬양을 위해 의를 행하는 것에 대한 문제를 상기시킨다. 이방인처럼 많은 말로 기도하는 것을 금지하는 것은 모든 기도의 시간의 길이 또는 말의 길이를 제한하는 새로운 법을 제정하는 것은 아니다-교회 역사나 신약의 나머지 부분에서 반례를 찾을 수 있다(예: 누가복음 6:12에서 예수님은 밤새도록 기도한다; 마태복음 26:36-46; 사도행전 16:25에 있는 겟세마네 동산에서의 기도). 오히려 공허한 미사여구를 늘어 놓는 것보다는 단순성을, 말을 반복하여 쌓아 놓는 것보다는 명확성을 요구하는 것이다. 보기 드문 헬라어 단어 바타로게오는 "많은 말"(폴루로기아)과 함께 사용되어 "신을 위한 형용 어구를 쌓아놓거나 주문을 외우는 듯한 인상을 주는 횡설수설 떠드는" 이교도의 기도 습관을 나타낸다.[20] 유대 전통에서 엘리야와 바알 선지자의 이야기를 생각할 수 있다. 바알 선지자는 끊임없이 의미 없고 횡설수설 떠드는 말을 늘어놓지만 들려지지 않았다(열왕기상 18:26-29). 대조적으로 엘리야는 간단하고 직접적인 기도를 드렸고 하나님은 즉시 불로 나타나신다(18:36-38). 1세기의 세상에는 많은 의식주의적인 기도와 반복되는 구문을 외우는 주문이 있었고, 이는 종종 개인이나 대중을 종교적 광란에 빠지게 하였다. 후자에 대한 한 가지 성경의 예가 에베소의 바울이다. 바울은 우상과 그 영향을 대적하였고 그에 바울을 대적하기 위해 에베소인들이 모여 두 시간 동안 "크다 에베소 사람의 아데미여"라고 외친다(행 19:34). "이방인처럼"(21)이라[21] 부르는 것은 예수님이 그를 대적하는 유대인들에게 사용할

---

20 Luz, *Matthew 1-7*, 305.

21 "이방인과 같이" 기도하지 말라는 것에 대한 언급은 마태복음에서 매우 역설적이다. 마태복음에서 하나님

수 있는 가장 강렬하고 자극적인 언어이다. (다른 사람들 앞에서) 기도하며 많은 말을 하는 것이 외적으로는 의롭게 보이지만, 예수님이 추구하고 칭찬하는 하나님과의 진실된 내적인 관계는 없다. 주기도문은 이러한 외적인 면에 치중하여 다른 사람들의 찬양을 구하는 기도에 대한 대안이다.

예수님을 따르는 사람들이 횡설수설 짖어대는 이방인처럼 기도하지 않아야 하는 궁극적인 이유는 이미 그들의 필요를 아시는 하늘에 계신 아버지가 있기 때문이다(마 6:8). 예수님이 기도의 신비로움에 혼란을 주거나, 하나님이 이미 알고 계시다는 이유로 기도가 필요하지 않다는 것을 말씀하시는 것은 아니다. 예수님이 바로 이어서 모범적인 기도를 가르치시기 때문이다. 오히려 요점은 제자와 하나님과의 부모-자녀 관계가 신적으로 계시된 아들을 통해 가능하게 되었기 때문에 예수님을 따르는 자들이 응답하기 싫어하시는 하나님을 설득하거나 조작하려고 시도 할 필요가 없다는 것이다. 기도는 간단하고 직접적일 수 있다, 왜냐하면 그것이 이미 확립된 가족적 관계 위에 말하여 졌기 때문이다. 아버지로서의 하나님의 의미에 대해 4장의 더 많은 논의를 참고하라.

예수님의 모범적이고 대안적인 기도가 6:9-13이다. 기도에 관한 유대교의 역사적 맥락에서 몇 가지를 관찰 할 수 있다. 예수님이 공적인 기도 패턴을 주시는 것은 새롭거나 독특한 것이 아니다. 유대인 성경에 기록된 여러 가지 기도 외에도 18가지 축복 기도와 카도쉬를 포함한 유대 전통에서 잘 알려진 몇 가지 공식 기도문이 있다. 이 전통들이 만들어진

의 백성은 인종적인 것이 아니라 예수님을 믿는 신앙에 따라 재정의된다. 구약과 제2성전 기간 동안 "이방인들" 또는 "열방들"은 하나님 백성 밖에 있는 사람들에 대한 암호문이 되었다. 마태복음 역시 이같은 의미로 이 단어들을 사용하지만 근본적인 변화를 주어 유대인이든 이방인이든 간에 예수님을 따르지 않는 사람을 이방인이나 외인으로 언급하는데 이 단어들을 사용한다(참조, 18:15-20). 이 점에서 마태복음은 초기 교회와 일치한다. 예를 들어 예수님에 반대하는 유대 지도자들은 시편2편에서 주님의 기름 부은 받은 자를 대항하는 나라/이방인으로 묘사된다(행 4:24-26).

정확한 연대를 결정하는 것은 불가능하지만, 예수님 당시에 이러한 것들이 이미 사용되고 있었다는 충분한 증거가 있다.[22] 이 기도들의 내용과 개념, 특히 하나님의 이름이 거룩히 여김 받고 그의 뜻과 나라가 이 땅에 임하시는 것을 구하는 미래지향적인면도 중복된다. 예를 들어, 가장 오래된 형태의 키도쉬는 다음과 같이 기도한다: "그의 뜻에 따라 그가 창조한 세상에서 그의 이름이 높여지고 신성히 여김을 받으소서. 너희 사는 날 동안에, 그리고 이스라엘 온 집의 사는 날 동안에 그가 속히 가까운 시일에 그의 나라를 세우길 원하나이다."[23]

이러한 개념적 중첩이 예수님이 자신이 가르치시는 모범적 기도에 새로운 내용을 더하지 않았다는 것을 의미하는 것은 아니다 -그 틀과 형식이 중요한 가르침을 계시한다-. 오히려, 예수님이 선지자의 시각과 언어를 통해 제2성전 유대교와 동일한 흐름에서 하나님을 갈망하고 그가 세상에 그의 나라를 시작하시길 갈망하고 있다는 것을 확증 한다.

마태복음의 주기도문을 초기 기독교의 다른 두 가지 형태인 누가복음과 디다케의 주기도문과 비교해 볼 수 있다. 디다케. 8.2의 경우 1세기 후반 또는 2세기 초의 문서로 형식이 매우 비슷하다. 마태복음과 디다케 사이의 문학과 역사적 관계에 관한 논쟁이 계속되어 왔지만 이 두 문서는 의심의 여지없이 그 당시 예수님의 기도가 지배적이었음을 증거한다.[24] 누가복음과 비교해 볼 때 마태복음의 주기도문은 더 길며 몇 가지

22 크레이그 키너는 주기도문과 다른 유대인의 기도 사이에 어떤 관계가 있다고 가정하는 많은 학자들을 인용한다. 그는 또한 주기도문과 카도쉬사이의 구체적인 연결 고리가 우연의 일치 이상임을 지적하지만, 둘 다 열여덟 축복기도문과 같은 유대인의 기도의 일반적인 특징들을 반영한다고 지적한다(Craig Keener, *The Matthew of A Matthew : A Socio-Rhetorical Commentary* [Grand Rapids : Eerdmans, 2009], 215nn161-62).

23 J. D. G. Dunn, "Prayer," *DJG*, 617, following Joachim Jeremias, *New Testament Theology*, pt. 1, *The Proclamation of Jesus*, trans. John Bowden (1971; repr., London: SCM, 2012), 198-99의 번역이다.

24 다음을 보라 Clayton N. Jefford, ed., *The Didache in Context: Essays on Its Text, History, and Transmission* (Leiden: Brill, 1995). 나는 동의하지 않지만, 마태복음이 **디다케**를 사용했다는 의견과 관련해 다음을 보라, Alan Garrow, *The Gospel of Matthew's Dependence on the* Didache (New York: Bloomsbury, 2013).

일정한 마태복음의 주제와 강조를 드러낸다. 누가복음 11:2-4은 비교적 짧고 다음 세 절이 생략된다: 마태복음의 시적 삼중 구조를 만드는 "뜻이 이루어 지이다"; 마태복음의 지속되는 "하늘과 땅"의 주제를 보여주는 "하늘에서 이룬 것 같이 땅에서도 이루어 지이다"; 그리고 마태복음에 자주 등장하는 개념인 "다만 악에서 구하옵소서."[25]

주기도문 자체의 형태와 구조에 관련하여 가장 먼저 눈에 띄는 것은 십계명과 율법의 가장 큰 두 가지 계명처럼 주기도문의 일곱 가지 간구가 하나님과 인간에 관한 두 부분 –하나님을 향한 첫 번째 부분(6:9-10; 간구1-3), 인간의 필요와 관계를 향한 두 번째 부분(6:11-13; 청원서 4-7)– 으로 차례대로 나뉜다는 것이다. 다른 방식으로 설명하자면, 하늘의 영역(6:9-10)과 땅의 영역(6:11-13)이라는 각각 다른 방향을 가진 두 부분으로 나뉜다. 실제로, 주기도문은 하늘과 땅을 대조하는 마태복음의 강한 주제 위에 세워진다. 그러나 각 부분이 대립적인 것이 아니라 상호 연결된 둘로 접은 책자처럼 종말론적인 것(6:9-10)과 현재의 필요에 초점을 맞춘 것으로 밀접히 연결된다(6:11-13).[26]

신적 또는 하늘에 관한 첫번째 부분은 예수님이 하나님을 부르는 익숙하고 가족적인 이름인 "하늘에 계신 우리 아버지여"로 시작된다. 대부분의 기독교 전통에서 이 처음 두 단어는 "우리 아버지" 또는 라틴어로 파터 노스터로 약칭한다. 이는 예수님이 하나님을 아버지(파테르)라 부르

---

25 이것은 다음의 여러 주석가들에 의해서 인지된다. Davies and Allison, *Mat- thew 1-7*, 591; Robert Guelich, *The Sermon on the Mount: A Foundation for Understanding* (Dallas: Word, 1982), 290; Robert H. Gundry, *Matthew: A Commentary on His Literary and Theological Art* (Grand Rapids: Eerdmans, 1982), 106. Graham Stanton, *A Gospel for a New People: Studies in Matthew* (Edinburgh: T&T Clark, 1992), 334는 이것들을 마태복음이 Q문서를 확대한 예라고 한다. 흥미롭게도 대부분의 현대의 비교할 만한 유대인의 기도문들(예, 카도쉬)은 마태가 "하늘과 땅"을 사용하는 곳에 "세상"이라는 단어를 사용한다. 이 미묘한 차이는 마태가 사용하는 이 어법의 중요성을 강조한다. 나의 책 *Heaven and Earth in the Gospel of Matthew* (Leiden: Brill, 2007; repr., Grand Rapids: Baker Academic, 2009)을 보라.

26 Keener, *Matthew*, 216n63를 보라.

는 마태복음 전체에 44번, 산상수훈에는 17번 용례 중 아홉 번째이다.[27] (하늘에 계신) 아버지로서의 하나님은 전체 산상수훈의 핵심주제이다.[28] 그러므로 이 주제가 특히 주기도문의 중심이며 산상수훈 중앙 부분의 중앙에서 강조되는 것은 당연하다.

주기도문은 산상수훈 중앙 부분의 중앙으로서 산상수훈 전체에 관해 많은 것을 가르쳐준다. 산상수훈의 구조에 대한 이전 토론에서 보았듯이, 몇몇 사람들은 주기도문을 전체 산상수훈 또는 전체 복음서를 이해하는 열쇠로 이해하고 그것을 "하늘 교리의 개요"(싸이프리안) 혹은 "전체 복음서의 요약"(터툴리안)이라고 부른다.[29] 주기도문이 그리스도인이 할 수 있고 해야만 하는 유일한 기도는 아니다. 오히려 어떤 종류의 간구와 하나님 지향성이 그리스도인의 삶을 표시해야 하는지에 대한 모본이다. 마치 높은 탑 주위에 둘러진 디딤판,[30] 혹은 보호 난간 같은 것으로 제자들이 자신들의 기도를 세워 갈 수 있게 돕는 것이다.[31]

먼저 이 모범적인 기도는 그리스도인 삶의 공동체적 실제에 대해 말한다. 주기도문은 개인적인 방향으로 가르치지 않는다 –"나의 아버지 … 나의 일용할 빵 … 나의 죄"라 하지 않는다– 오히려 예수님의 제자 공동체를 의식해 가르친다: "우리 아버지 … 우리의 일용할 양식 … 우리의 죄." 윌리몬과 하우워스이 말하듯이: "숲 속에서 조용히 걸어 다니거나, 도서관에 조용히 앉아 책을 읽거나, 정신 깊은 곳에 들어가는 종교가 있을 수 있다. 그러나 기독교는 그들 중 하나가 아니다. 기독교는 본질적으로 공동체적이며, 교회 공동체의 삶에 대한 것이다. 예수님은 고립된 개인들

---

27 산상수훈과 마태복음내의 이 주제와 관련해 앞선 4장의 더 많은 논의를 보라.

28 N. T. 라이트는 산상수훈 전체 제목으로 "하나님을 '아버지'라 부르는 것은 무슨 의미인가"를 제안한다(N. T. Wright, *Matthew for Everyone* [Louisville: Westminster John Knox, 2004], 58-59).

29 Luz, *Matthew 1-7*, 312.

30 Wright, *Matthew for Everyone*, 58.

31 Bruner, *Matthew 1-12*, 292.

을 불러 그를 따르라고 하지 않았다. 그는 제자들 공동체를 불렀다."[32]

주기도문의 첫 절반의 내용은 중첩되는 세 개의 간구로 구성되어 있으며, 모두 "당신의 뜻이 하늘에 있는 것 같이, 땅에도 있을 지이다"라는 표제어로 요약된다.[33] 마태복음 6:9-10은 종종 세 가지 간구로 취급되지만, 세 가지 평행하는 동사가 하나의 삼중 구조 기도를 구성하는 것으로 이해하는 것이 가장 좋다.[34] 즉, 첫 세 가지 간구들에는 중대한 상호 중첩이 있으며 한 가지 일관된 개념으로 응집된다. 하나님의 이름이 거룩히여김 받는 것(영어 전통에서는 "신성하게 됨"), 그의 나라가 임하는 것, 그리고 그의 뜻이 이루어지는 것은 어감상 미묘한 차이가 있지만 동일한 간구이다. 이들은 하나님의 영광스러운 통치가 완전히 실현되기를 갈망하는 것으로 요약 할 수 있다.[35] W. D. 데이비스와 데일 알리슨은 다음과 같이 설명한다: "하늘 나라의 오심, 하나님의 이름을 신성하게 하는 것, 그리고 하늘에서와 같이 땅에서 하나님의 뜻을 행하는 것은 본질적으로 모두 하나이다: 모두 역사의 텔로스(마지막)를 바라보고 있으며, 모두 하나님의 구원 사역의 마지막 완성을 설명한다."[36]

---

32 William H. Willimon and Stanley Hauerwas, *Lord, Teach Us: The Lord's Prayer and the Christian Life* (Nashville: Abingdon, 1996), 28.

33 여러 주석가들이 마지막 구문인 "당신의 뜻이 하늘에 있는 것 같이, 땅에도 있을 지이다"가 앞선 세개의 간청 모두를 가리키고 있다는 나의 관점에 동의 한다. R. T. France, *The Gospel of Matthew*, NICNT (Grand Rapids: Eerdmans, 2007), 134-35; Floyd Vivian Filson, *A Commentary on the Gospel according to St. Matthew* (Peabody, MA: Hendrickson, 1987), 96; H. Benedict Green, *Matthew, Poet of the Beatitudes* (Edinburgh: T&T Clark, 2001), 86; Alfred Plummer, *An Exegetical Commentary on the Gospel according to St. Matthew* (London: Eliot Stock, 1909), 99. Gundry, *Matthew*, 107만이 이 해석에 동의 하지 않는다. 그러나 그는 아무런 이유를 설명하지 않는다. Davies and Allison (*Matthew 1-7*), Leon Morris (*The Gospel According to Matthew*, PNTC [Grand Rapids: Eerdmans, 1992]) 그리고 Guelich (*Sermon on the Mount*)는 이 질문에 아무런 의견을 제시하지 않는다.

34 6:9-10을 하나의 개념으로 다루는 여러 학자들은 이 절들이 하늘(우라노스)이 만드는 인클루지오로 표시된다고 주장한다. 다음을 보라, Davies and Allison, *Matthew 1-7*, 606; Green, *Matthew, Poet*, 79; Gundry, *Matthew*, 106; John P. Meier, *The Vision of Matthew: Christ, Church, and Morality in the First Gospel* (New York: Paulist Press, 1979), 61.

35 퀄스는 이 간구는 초대교회 시대에 널리 알려진 기도인 "주여 오시옵소서"라는 의미의 아람어 "마라나타"의 배경일 것이라고 지적한다(참고, 고전16:22; 계 22:20; *Did.* 10.6) (Quarles, *Sermon on the Mount*, 198).

36 Davies and Allison, *Matthew 1-7*, 603. 비슷하게 Guelich, *Sermon on the Mount*, 289는 첫 세 간구는 "형식

6:10의 마지막 구절은 이 이해를 강화하고 강조하며 세 가지 간구를 하나로 모은다 –당신의 뜻이 하늘에 있는 것 같이, 땅에도 있을 지어다. 이 마지막 절정의 구절은 그리스도인의 미래 지향성, 종말론적인 희망, 비전, 그리고 세상을 향한 태도의 핵심이다. 예수님을 따르는 자들은 하나님이 (그가 계신) 하늘의 현실을 (인류가 머무는) 지구상의 현실로 만드는 때와 장소를 기다리는 사람들로 정의된다. 하나님 백성의 이 영혼의 상태보다 더 근본적인 것은 없다. 성경 전체에서 볼 수 있는 세상에 대한 태도는 이 세상을 거부하거나 냉담하게 대하는 것이 아니며, "지옥으로 가는 이 세상에서 벗어나고 싶어하는 것"도 아니다. 창조주이며 구속주이신 하나님을 믿는 신자는 오히려 하나님께서 그의 법적인 의가 실질적으로 세상을 다스리게 하거나, 실질적인 의가 완전히 이루어지게 하는 것, 그리고 땅 위에 그 의를 드러내시는 것을 갈망하는 자로 묘사된다. 이것은 신약이 증거하는 것 일뿐만 아니라(계 19-21) 선지자의 비전이다 (사 9:1-7, 35:1-10, 40:9-11). 이것이 기도와 주기도문의 자연스러운 중심이다.

"하늘에 있는 것 같이, 땅에도"라는 구절로 요약되는 이 삼중 간구는 모두 하나님의 다스림 또는 현실적 통치에 관한 것이다. 제자들은 하나님의 이름이 영광스럽게 되고, ("신성히 여김을 받으며"라는 옛 의미에서) 구별되고, 그의 통치 또는 나라가 임하고, 그의 뜻이 현실이 되는 것을 단언하고 기도하도록 가르침을 받는다. 이들은 깊은 상호 관계를 가진 개념들로서 단단히 묶인 교집합으로 묘사할 수 있다 –그들이 기도하는 곳은 왕이신 하나님이 영광을 받고, 하나님의 통치가 분명하고 절대적이며, 따라서 주권적 뜻이 이루어지는 시간과 장소이다. 주기도문의 본질은 이 중첩된 개념들이 현재 하늘의 영역에서 완전한 현실이며 그것이 지상에

적으로는 평형을 이루지만 내용적으로는 연결된다"고 말한다." Keener, *Matthew*, 220은 "이들은 '언젠가 모든 것이 바르게 세워질 것이다'라는 같은 의미를 전달하는 여러 형태의 마지막 때의 약속이다"라고 말한다.

뚜렷히 그리고 완전히 이루어질 것이라는 것이다. 현재 하나님이 이 땅의 왕이 아니라는 것이 아니다. 하나님이 주권자이지만 이 부서지고 반역적인 시대의 현실은 그분의 온전하고 평화로운 의가 아직 모든 창조물을 지배하고 있지 않다는 것이다. 이 하늘의 시대, 시간, 공간, 그리고 경험은 모든 신자가 고대하고 있는 것이며 기독교 생활의 근본적인 방향을 제시하는 것이다.

십계명과 율법의 두 큰 계명은 사랑에 초점을 맞추며 하나님과 인간을 향한 지향성을 가지고 있다. 주기도문의 두 단락도 이와 마찬가지이다. 첫 번째 단락은 기도하는 사람에게 하나님과 하나님의 세상의 통치에 관해 어떻게 생각해야 하는지를 소개한다. 두 번째 단락은 조금 더 평범한 세상에서의 하루의 삶의 필요와 타인과의 관계를 다룬다.

그리스도인의 이 위대한 기도의 지상적/인간적인 면에는 세 가지 측면이 있다.[37] 첫째, 제자의 일상적 필요의 충족에 대한 하나님 의존성을 인식하는 것이다. 우리의 "일용할 양식"[38]이나 생계 유지를 위해 필요한 것

---

37 웬함은 내가 주장하는 대로 주기도문을 3+3형태가 아니라, 6:13을 두 부분으로 나누는 칠중 구조를 주장한다. Wenham, "The Sevenfold Form of the Lord's Prayer in Matthew's Gospel," *ExpTim* 121, no. 8 (2010): 377-82를 보라. 6:13의 두 부분은 하나의 결론적 간구로 보는 것이 가장 좋다.

38 헬라어 **톤 에피우시온**은 번역하기 어렵기로 잘 알려져 있으며 결국엔 필요한 모호성을 어느정도 유지하게 되었다. 알리슨은 그것을 "신약의 어휘 중 가장 큰 해결되지 않은 퍼즐 중 하나"라고 부른다(Davies and

을 위해 기도하는 것은 신자가 하나님을 향해 가져야 하는 겸손한 자세이다. 생명, 호흡, 그리고 생계에 대한 철저한 하나님 필요성과 의존성은 신자이든 그렇지 않든 그리고 그것을 인식하든 그렇지 않든 모든 인간에게 해당하는 경우이다. 출애굽기 16장에 등장하는 광야의 이스라엘 백성들과 만나는 하나님의 공급에 대한 의존성을 분명하고 의도적으로 암시한다. 이 마음 자세로 기도하는 것은 겸손과 믿음의 미덕을 보여주고 가르친다. 이는 온순함, 겸손, 심지어 굶주림의 미덕을 묘사하는 비아티튜드의 전체 음색을 떠올린다. 크레이그 키너가 관찰한 바와 같이 "이것은 자기만족에 빠지거나 자만한 자의 기도가 아니라, 겸손하고, 낮고, 깨어지고, 절망하는 … '땅을 상속받을' '온유한 자'의 기도이다."[39]

많은 기도가 그렇듯이 기도하는 것은 기도의 내용에 관한 것일 뿐만 아니라 기도하는 자의 태도와 발전에 관한 것이다. 모든 기도처럼 여기에도 큰 신비가 있다. 예수님은 하나님이 구하기 전에 이미 모든 필요를 실제로 아시며 심지어 구하지 않아도 피조물들을 위해 계속해서 공급하신다는 것을 말씀하시면서 주기도문을 시작하신다(6:8, 25-34). 실제로 하나님은 그의 나라에 반하는 자들에게도 태양과 비를 베푸신다(5:45). 인간의 일용할 양식의 충족이 신실한 기도에 달려있는 것은 아니다. 오히려 신자들은 일용할 양식을 구하는 기도를 통해 아버지의 돌보심을 체험하고, 겸손과 의존적 태도를 경험하는 일에 초대된다. 이 마음의 태도가 비

Allison, *Matthew 1-7*, 607). 이 단어는 모든 고대 문헌에서 오직 여기와 **디다케**. 82에만 사용되기 때문이다. 어원론적으로 이 단어는 "물질, 본질," "존재하다"라는 의미에서 "일용할 양식" 혹은 "존재할 것이다"라는 의미에서 "미래를 위한 양식"이라는 의미를 전달한다(Dunn, "Prayer," *DJG*, 622). 키너는 종말론적으로 이해된 "내일을 위한 양식"이 현재 학자들 사이에서 가장 지배적인 견해라고 주장한다(Keener, *Matthew*, 221). 흥미롭게도 제롬은 그의 마태복음 주석에서 이 희귀한 형용사를 "미래의"로 이해한다. 왜냐하면, 소위 말하는 히브리인의 복음서에서 "내일의"를 의미하는 **마르**라는 단어를 발견했기 때문이다(*Matthew Commentary*, trans. Thomas P. Scheck, FC 117 [워싱턴 DC: Catholic University of America Press, 2008], 88).

39 Keener, *Matthew*, 216.

아티튜드가 표현하는 참된 번영의 상태이다.[40]

이에 더하여 주석해야 하는 것이 성경에 널리 퍼져있는 빵이라는 강한 이미지이다. 광야에서 하나님이 빵(만나)을 주시는 장면이 바로 떠오를 것이다(출 16장). 마태복음 앞부분에서 사탄의 유혹 중 하나가 돌을 빵으로 바꾸라는 것이었음을 이미 보았다(마 4:3). 예수님께서는 또한 두 번이나 주린 무리에게 빵과 생선을 먹이시는 잊을 수 없는 기적을 행한다(14:15-21; 15:32-39). 두 경우 모두 다가 오는 하나님의 나라의 회복을 향한 유대인의 희망을 불러 일으키는 중요한 식사이다. 또한, 이 두 경우 모두 복음과 관련한 중요한 사건인 최후의 만찬을 바라본다(26:17-30).[41] 빵은 구원의 효과와 새로운 언약을 위해 찢어진 예수님의 몸을 상징한다(26:28). 또한 산상수훈의 다른 두 중요한 부분은 일용할 양식의 필요에 대한 하나님의 공급에 관한 문제를 다룬다(6:25-34, 7:7-11). 특히 예수님은 빵을 먹는 것에 관한 문제를 다루며 그의 제자는 항상 베푸시는 하나님을 아버지로 소유하고 있음을 강조한다. 이런 점들은 주기도문이 산상수훈의 중심이며 그 안의 여러 개념들을 보여주고 있음을 알게 한다. 예수님은 제자들에게 일용할 양식(빵)을 구하라고 가르치시고, 이 개념을 6:25-34에서 깊이 있게 다루신다. 먼저 (우리) 아버지를 신뢰하고 (6:9, 32), 먼저 그의 나라를 추구하고(6:10, 33), 오늘을 걱정하고 내일은 내일이 돌보게 하라고 격려한다(6:11, 34). 마찬가지로 7:7-11에서 예수님은 제자들에게 하나님은 우리의 필요를 아시고 "구하는 자들에게 좋은 선물을 주시는"(7:11) 선한 아버지이시니 그들의 필요를 채워 달라 간구하

---

40 특별히, 가난함, 애통함, 겸손함, 의를 위한 배고픔과 목마름을 참고하라.

41 마태복음이 의도적으로 예수님이 광야에서의 먹이신 것을 출애굽(과거)과 최후 만찬(미래)과 연결시키고 있다는 것은 오래동안 인식되어 왔다. 최후 만찬은 개념일 뿐만 아니라 어휘적으로도 연결된다. 광야의 먹이심과 최후 만찬의 축복 기도 모두에서 동사들이 순차적으로 반복된다-예수님이 빵을 취하시고, 축사하시고, 떼시고, 주신다. 다음을 보라, John Nolland, *The Gospel of Matthew: A Commentary on the Greek Text*, NIGTC (Grand Rapids: Eerdmans, 2005), 592-94; Donald Hagner, *Matthew 1-13*, WBC 33A (Nashville: Nelson, 1993), 418; France, *Gospel of Matthew*, 558-59.

라고 격려한다.

주기도문의 인간에 대한 단락의 두번째 요소는 대인 간의 죄의 문제와 관계적인 갈등에 초점을 맞춘다. 이는 십계명의 후반부와 율법의 두 번째 큰 계명과 연결된다. 제자들은 고대 지중해 지역의 명예-수치 문화를 내포하는 다른 사람에게 진 빚이라는 은유로 다른 사람들에 대한 그들의 죄를 용서해 주시기를 하나님께 기도하라고 가르침 받는다.[42] 이 은유의 중심성이 무시되어져서는 안된다. 왜냐하면 이것이 주기도문의 결론이고(6:14-15), 마태복음 전체의 지배적인 주제이기 때문이다.[43] 하나님께 우리 죄를 용서해 달라는 이 기도는 법적인 사항이다. 6:14-15은 이 기도가 잘못한 사람("빚진자")을 반드시 용서해야 한다는 의미를 갖고 있음을 해설해 준다. 6:14-15에 대한 논의에서 더 많은 이야기를 하겠지만, 이는 이전의 기도와 산상수훈 전체와 일맥 하는 사람의 마음 혹은 내적 성품과 세상에 존재하는 한 방식에 대한 문제를 이 기도가 다루고 있다는 것을 알려준다. 개인 기도에 관한 가르침을 포함하여 예수님은 단 하나라도 청중들에게 편안하고 외적 중심적인 종교로 돌아가는 것을 허락하지 않으신다; 예수님은 그의 제자들이 더 크고 더 깊은 의를 경험하기를 원한다.

세 번째이자 마지막으로 예수님을 따르는 자들은 유혹에 끌려 들어가지 않고 오히려 악한 자에게서 구함을 얻을 것을 기도하도록 지시 받는

---

42 키너는 일부 사람들이 본문의 요점을 빚-노예제도를 배척하는 것이라고 주장하지만, "분명한 점은 유대인의 가르침과 이 두 개념을 나타내는 아람어 용례는 일반적으로 하나님 앞에서의 '빚'은 '죄'를 나타낸다"고 관찰한다(Keener, *Matthew*, 223). 마태복음 내에서 이러한 이해를 뒷받침하는 것은 용서하지 않는 청지기의 비유가 "빚"과 "용서"를 상호 교환적으로 사용하는 것이다(18:21-35). 또한, 6:12과 6:14에서 **오페이레마타**(빚)과 **파라프토마타**(죄)가 서로 바뀌며 동의어로 사용되고 있음을 주목하라(France, *Gospel of Matthew*, 250). 위의 각주 16 에 두 단어 모두를 "죄"로 번역하기로 결정한 내용을 보라.

43 다른 사람을 사랑하라는 두번째 큰 계명 외에도(마 22:39), 첫 번째 복음서에서 중요하고 반복적인 주제는 다른 사람들에게 자비를 베풀고 다른 사람들을 용서하라는 것이다(특히, 18:15-35). 주석에서 다룬 것처럼 이 주제는 미움을 금하는 첫 명령과 사랑하라는 마지막 명령 모두에 등장한다(5:21-26, 43-47).

다.[44] 즉시 떠오르는 질문은 왜 예수님을 따르는 사람들이 하나님이 그들을 유혹으로 인도하지 않도록 간구해야 하는 가이다. 이것은 분명히 그의 아버지의 본성과 모순된 것처럼 보인다. 다른 사람을 용서하는 것과 자신이 용서 받는 것을 묶는 것도 충격적이지만, 이것은 더 충격적이다.

이 본문을 이해하는 열쇠는 관련된 헬라어 페이라스모스(명사)와 페이라조(동사)의 폭 넓은 의미를 이해하는 것과 그 안에 잠재되어 있는 불명료성/교묘성을 인식하는 것이다. 헬라어에서는 이 한 단어가 "시험"과 "유혹" 모두를 의미하지만 우리 말은 이를 구별한다. 하나님은 자기 백성을 단련하고 훈육하기 위해 "시험"하지만 이는 언제나 그들의 유익을 위한 것이다(신 8:2-3, 16; 참조, 창 22:1); 그는 시련을 통해 그 사람을 몰락시키려는 "유혹"을 하지 않는다. 그것은 악한 자의 일이다(마 6:13b, 참조, 야 1:13-14).[45]

지난 교회의 긴 역사 동안 많은 사람들은 이 시험을 산상수훈의 (그리고 신약 전체의) 강한 종말론적 성격에 비추어 "가장 큰 시험" 또는 마지막 날의 최종 시험으로 이해하며 그것으로부터 구원을 기도하는 것으로 이해한다(마 24:4-29). 따라서, 이 시험에 대한 좋은 이해는 하나님이 이끌어 들이시는 유혹에 빠지지 않기를 바라는 것이 아니라, 큰 환난 때 또는 시험의 때로부터 구원해 달라는 기도로 보는 것이다. 이와 밀접히 관련된 개념이 하나님의 백성이 하나님을 시험해서는 안된다는 것, 즉 그들의 시련과 고통으로 인해 하나님의 명예를 의심하고 그에게 도전해서는 안된다는 것이다. 이런 개념에서 "우리를 유혹에 이끌어 들이지 마시옵고"는 시련 가운데서 "우리로 하나님을 시험/유혹하지 않게 하옵소서"

---

44 "악"이 아니라 "악인"이 제일 좋은 번역인 이유를 7장의 각주 50에서 보라.

45 야고보서 1:1-17은 아버지 하나님이 그의 자녀들을 전체적 사람으로 만들기 위해 그들의 성품을 "시험 하는 것"을 (도키미온[1:3]; 도키모스[1:12]) 하나님이 직접 하는 것이 아닌 스스로의 욕망에 의해 "유혹 받는 것"(페이라조)과 대조하며(1:13-14) 그 차이점을 논의한다.

라는 의미를 나타낼 수 있다. 이는 이스라엘 백성이 광야에서 하나님이 그들과 함께 있음을 증명하라고 도전하며 "여호와를 시험한" 폐단의 흔적이다(참조. 출 17:7). N. T. 라이트는 이 생각이 고전10장의 교회에 적용되었다고 말한다. 바울은 그들의 신실하지 않음으로 인해 광야에서 하나님께 죽임을 당한 이스라엘 사람들과 같이 되지 말라고 권고한다. "사실상 바울은 이렇게 말하는 것이다: 너희는 출애굽 세대이다; 그러므로 너희가 시험 당할 때 그 시험에 넘어지지 않고 구해 내실 하나님을 신뢰하라-즉, 악으로부터 너희를 구하실 것을 신뢰하라."[46]

이 모든 것이 주기도문의 이 측면에 대한 중요한 통찰력을 제공한다. 기독교인들이 시험과 환난과 고통으로부터 자유로울 것이라는 약속이나 보장은 없다. 오히려 그 반대가 비아티튜드의 가장 큰 주제로 이미 예언되었다(5:10-12). 예수님은 제자들을 부르신다. 그리고 "제자는 그 주인보다 크지 않다"(10:24). 예수님이 박해 받으실 때 제자들도 역시 그렇게 될 것이다(10:17-18, 25: 행 4-5). 예수님은 그의 설교 사역에 앞서 광야에서 시험을 받으시고 유혹을 받으셨다(하나님께 시험을; 악한 자에게 유혹을 받으셨다) (마 4:1-11), 제자들도 그렇게 될 것이다. 6:13의 간구의 요점은 믿음의 모든 시험과 시련의 회피를 위한 것이 아니다. 오히려 시련에서의 보호를 위한 것이다. "너희(제자)가 견딜 수 있는 것 이상으로" 시험을 받지 않아 하나님을 시험하지 않도록 하기 위함이다(고전 10:13; 마 10:32-33, 야 1:2-17).[47]

고도로 구조화 된 주기도문은 서론(6:7-8)으로 시작하고 주석(6:14-15)으로 결론을 내린다; 둘이 함께 주기도문의 틀을 만든다(6:9-13). 주기도

---

46 N. T. Wright, "The Lord's Prayer as a Paradigm of Christian Prayer," in *Into God's Presence: Prayer in the New Testament*, ed. R. L. Longenecker (Grand Rapids: Eerdmans, 2001), 146.

47 키너의 통찰력 있는 논의 역시 비슷한 결론 내린다. 그는 마태복음26:41이 6:13를 이해하는데 도움이 되는 매우 가까운 평행구임을 지적한다. 예수님은 베드로, 야고보, 요한에게 "유혹/시험에 빠지지 않게 깨어 기도하라"고 가르친다"(Keener, *Matthew*, 223-25).

문의 서론은 마음이 인도하고 간단명료하게 하는 기도에 초점을 둔다. 결론도 마찬가지로 마음과 내적인 성품에 초점을 맞춘다. 서론은 주기도문의 전반부인 하나님에 관한 기도에서의 심성을 강조하며, 결론은 후반부인 인간에 관한 기도에서의 심성을 강조한다.

6:14-15은 주기도문에 대한 예기치 못한 당황스러운 결론이다. 이는 하나님의 백성인 교인들의 대인 관계의 중요성에 비중을 두는 주기도문에 대한 주석이다. 앞서 언급한 것처럼, 자비는 마태복음과 산상수훈의 주요 주제이다; 이는 예수님의 제자들의 미덕 있는 삶의 특징이다. 수사학적인 효과를 위해 다음과 같이 말한다 ―다른 사람들이 너희에게 죄를 지었을 때 용서하지 아니하면, 하나님도 너희가 그에게 지은 죄를 용서하지 않으실 것이다. 이 주제는 마태복음에서 특히 교회(에클레시아)와 하나님의 백성의 함께 하는 삶에 대해 가르치는 네 번째 강화에(18:15-35) 다시 등장한다. 예수님은 용서하지 않는 종의 긴 비유(18:21-35)를 말함으로써 다른 사람들을 향한 이 사랑과 자비의 문제에 큰 강조점을 둔다. 이 비유는 하나님에 대한 인류의 빚이 사람들이 서로 짓는 죄보다 얼마나 큰 지를 묘사한다. 그리고 그러함에도 하나님은 용서한다는 것을 분명히 묘사한다. 이 비유는 빚진 자를 용서 하지 않는 불의한 자에 대한 감정을 효과적으로 자극한다. 가장 중요한 점은, 18:35의 님샬[48] 혹은 이 비유를 이끄는 결론적 가르침(히브리어 마샬)이 6:14-15의 언어를 상기하며 산상수훈의 요점을 선명하게 보여준다 ―"그러므로, 만일 너희가 너희 마음으로 너희 형제를 용서하지 아니하면 하늘에 계신 나의 아버지가 너희에게 똑같이 하실 것이다(용서하지 않는 자를 용서하지 않을 것이다)." 이 마지막 구절이 주기도문의 결론에 정확히 울려 퍼지는 강조의 말이

---

48 지혜 언어나 비유가 일반적으로 님샬 혹은 "이야기 도덕"을 포함한다는 중요한 개념을 확인하기 위해 Klyne R. Snodgrass, *Stories with Intent: A Comprehensive Guide to the Parables of Jesus* (Grand Rapids: Eerdmans, 2008), 17-22을 보라.

다. 하나님의 백성은 그리스도 안에서 단순한 외적 순종과 외적 모양보다 더 큰 의를 가져야 한다. 아돌프 슐라터가 말한 것처럼 "용서에 대한 가장 엄숙한 기도는 용서한 자의 입술에서 나오는 것이다."[49] 복수를 추구하는 마음은 하나님께 죄를 사함 받았다고 믿는 자의 것일 수 없다.

마태복음 6:16-18: 세번째 예-금식

16 그리고 너희가 금식할 때에 외식하는 사람들과 같이 슬픈 기색을 보이지 말라, 왜냐하면 그들은 금식하는 것을 다른 사람들이 보게 하려고 얼굴을 흉하게 하느니라. 내가 분명히 너희에게 이르노니 이것이 그들의 유일한 보상이니라. 17 너희는 금식할 때에 머리에 기름을 바르고 얼굴을 씻으라. 18 이는 너희가 금식하는 것처럼 사람들에게 보이지 않게 하고 오직 아무도 모르는 곳에 계신 네 아버지께 보이게 하려 함이라. 그러면 아무도 모르는 곳에서 보시는 네 아버지께서 보상하시리라.

마태복음 6:16-18은 금식에 적용된 예수님의 더 나은 의에 대한 가르침, 즉 마음에 이르는 의의 표준을 충족시키는 참된 경건의 세 번째이자 마지막 예이다. 이 구절의 구조와 어휘는 이 예가 6:1-21의 전체 논증의 일부이며, 6:2-4(구제)와 6:5-6(기도)과 같은 형식을 가지고 있음을 보여준다. 6:1의 원리를 따르는 이 예에서 마태는 문체 변화를 위해 어휘를 약간 바꾸어 사용하여 이것이 세 번째이자 마지막 예임을 알려준다.[50]

가난한 자에게 베푸는 것과 기도에 관한 예와 같이 음식을 (때로는 마

---

49 Bruner, *Matthew 1-12*, 310에 인용되어 있다.

50 두 번 반복되는 구문인 **엔 토 크립토**(아무도 모르게/아무도 모르는 장소: 6:4, 6)는 희귀 동의어인 **크립토, 크리파이오** (**엔 토 크리파이오**; 6:18)로 바뀌었다. "숨겨진, 사적인"을 의미하는 이 단어는 LXX에서는 네 번, 신약성경에서는 여기에서만 발견된다. 문체에 의한 변형 외에도 LXX의 렘23:24에 대한 미묘한 암시를 이유로 바뀌었을 수 있다—"여호와의 말씀이니라 사람이 내게 보이지 아니하려고 누가 자신을 은밀한 곳에 숨길 수 있겠느냐 여호와가 말하노라 나는 천지에 충만하지 아니하냐."

실 것을) 의도적으로 삼가는 것은 고대 유대인들 사이에 흔히 있는 일이었으며 유대교와 기독교 전통에서 계속되었다. 유대인들은 공동체적이고 개인적인 다양한 금식을 했다. 1세기에 많은 경건한 유대인들은 가뭄에 비를 내리기 위해 특별히 금식을 하기도 했다. 비는 농경 사회 생존에 절대적으로 필요한 것이다. 이들은 종종 다른 사람들을 대신하여 금식한다고 간주되었으며 많은 사람들에게 큰 존경심과 칭찬을 기대하였다.[51]

가난한 자들에게 베푸는 것과 기도에 관한 경우처럼 예수님은 경건한 행위들의 가치를 비난하거나 격하시키지 않는다; 예수님이 가르치는 더 큰 의와 하늘나라 지향적인 삶은 실제 생활에서 겸손, 믿음, 사랑을 실천하는 것에 맞서는 것이 결코 아니다. 오히려 산상수훈의 비전에 따라 다른 사람들로부터 명예를 얻기보다는 진실한 헌신으로 하나님을 위해 행하는 경건의 중요성을 일깨우고 격려한다.[52] 이런 점에서 예수님은 외식적인 금식을 비난한 구약의 많은 선지자들과 연속선에 있다(사 58:1-12; 요엘 2:12-17). 여기에서 문제가 되는 금식은 세상적 쾌락과 생활에서 벗어나려는 의미가 변질되어 사라지고 자존심과 명예를 위해 자신의 삶을 외적 헌신으로 표시하려는 것이다. 이것이 예수님께서 말하는 외식이다.

경건함을 통해 사람들로부터 칭찬으로 보상받고자 하는 욕망은 강력한 마약이다. 구제와 기도의 경우에는 이 칭찬의 마약을 얻기 위해 외적 행위를 수행하는 것은 비교적 쉽다. 하지만, 금식은 눈에 보이는 것이 아니기 때문에 다른 이들에게 칭찬을 얻기 위해 괴롭고 어려운 상황에 처한 사람처럼 연출한다; 이는 영광을 얻을 만한 더 나은 경건한 금식이

---

51 Quarles, *Sermon on the Mount*, 224-25.

52 외적 모습에 집중하는 경향은 인간의 영원한 문제이다. 로버트 그랜트가 지적한대로 산상수훈을 아주 초기에 사용한 **디다케**조차도 내적 모습에 대한 강조는 놓치고 있고 **디다케**를 따르는 자들은 "너무 열심히 노력한다"고 지적한다. 유대인들은 월요일과 목요일에 금식하였기 때문에 기독교인들은 수요일과 금요일에 금식해야 한다고 주장한다(*Didache* 8:1) (Robert Grant, "The Sermon on the Mount in Early Christianity," *Semeia* 12 [1978], 216).

아니다.

선한 금식을 변질시키는 것은 외식으로 정죄 받을 수 밖에 없다. 예수님을 따르는 사람은 하나님께 헌신하는 금식을 하고 그것을 아무도 모르게 함으로써 하나님으로부터 참된 보상을 받는다. 구제 및 기도와 마찬가지로, 금식하고 있는 것을 다른 어떤 누구도 절대 알 수 없게 하라는 의미로 읽는 것은 지나친 해석일 것이다. 핵심은 타인이 알거나 모르는 것이 아니라 마음의 동기이다.

마태복음 6:19-21:결론

19 너희를 위하여 보물을 땅에 쌓아 두지 말라. 거기는 좀과 동록이 해하며 도둑이 구멍을 뚫고 도둑질하느니라. 20 오히려 너희를 위하여 좀이나 동록이 해하지 못하며 도둑이 구멍을 뚫지도 못하고 도둑질도 못하는 하늘에 보물을 쌓아 두라. 21 네 보물 있는 그 곳에 네 마음도 있을 것이기 때문이니라.

이제 우리는 더 큰 의에 관한 이 긴 주해의 결론에 이르렀다. 불행히도, 이 구절을 6:1-21의 결론으로 보는 사람은 거의 없다. 때문에 전체 단락에 대한 이해가 약화된다. 이 구조를 인식하는 것은 이 전체 단락이 하나의 공통된 주제에 어떻게 부합하는지 볼 수 있게 한다. 6:19-21은 6:1에 이미 주어진 주제의 반복이다. 무엇에 최상의 가치를 두고 있고 무엇을 보물로 여기는지를 살펴야 한다. 그것이 어떤 보상을 받을지를 결정하기 때문이다.[53]

이 구절들은 산상수훈의 이 긴 중앙부분의 요점을 여러 방식으로 요

---

53 6:1-21이 한 부분이라고 보는 한 학자는 앞서 언급한 네이튼 유뱅크이다. 그는 Heaven and Earth의 나의 주장을 활용한다. 유뱅크는 6:1-21이 한 부분이라는 나의 이전의 주장은 6:1의 "하늘에 계신 아버지의 보상"이라는 말이 6:20의 "하늘에 있는 보화"의 개념과 정확하게 평행한다는 사실이 강화한다고 말한다 (Nathan Eubank, "Storing Up Treasure," 88-91).

약한다. 5장에서 산상수훈의 구조에 관해 자세히 논의하였지만 여기에서 몇 가지 추가 의견과 함께 간단히 정리해보려고 한다. 6:19-21이 6:1-18의 결론이라는 첫 번째 표시는 핵심 단어 "해하다"(아파니조)가 6:16에서 반복되고 다시 6:19과 20에서 나타난다는 것이다. 이 흔치 않은 단어는[54] "흉하게"라 번역되어 외식하며 금식하는 자의 얼굴을 가리키며 또한 "해하지"라 번역되어 세상에 쌓아둔 모든 보화에 일어나는 일을 나타낸다. 유감스럽게도 번역과정에서 사라졌지만 이것은 단순한 우연의 일치가 아니라 이 구절들을 연결시키는 완벽한 언어유희이다.

6:1-21이 하나의 단위라는 또 다른 힌트는 6:19-21이 전체 논증에 대한 완전한 요약문으로서 더 큰 의는 마음이나 내적 사람에 관한 것임을 말하고 있다는 것이다. 6:21의 결어는 6:1-18의 전체 요점을 요약한다: 사람의 보상은 하늘의 것이나 땅의 것이 될 수 있고 다른 사람들의 찬양일 수도 있고 하나님에게서 오는 찬양 일 수도 있다. 이 두 가지 다른 지향성 중 하나를 선택하는 것은 마음의 자세의 문제이다. 명령은 분명하다, 이는 산상수훈 중앙 부분에 적절하고 필요한 결론을 제공한다. 어리석은 자(참조, 5:13; 7:24-27)만이 보물을 안전하지 않은 장소에 보관하여 해를 당하고 잃어버릴 것이다. 다른 사람들의 칭찬을 얻기 위해 자신의 의를 행하는 자도 마찬가지이다. 다시 말하지만, 예수님의 가르침은 지혜 명령의 형식을 띤다.

이 모든 것들이 산상수훈의 중심 부분(5:17-7:12)에 일관되게 나타나는 케랄 우페랏 형식을 보여준다. 즉, 머리말 (케랄, 6:1)로 시작하고, 구체적인

---

54 LXX에서 이 동사는 "멀리두다, 보이지 않게 하다", "숨겨둔 채로 두다", "끊다", 그리고 은유적으로 "파괴하다"를 포함하는 의미 범위 내에서 다양한 개념으로 90번 정도 사용된다. (은유적 사용법은 후기 본문에서 더 많이 지배적으로 보인다.) 신약에 다섯 번 사용되며, 마 6:18-20, 행13:41 (LXX의 하1:5과 사29:14에서 인용), 야4:14에서 사용된다. 야4:14는 거의 확실하게 마6:19-21을 암시한다. 마태복음이 가장 강력하게 상기시키는 LXX는 시145:9; 잠10:25; 12:7; 14:11이며 이는 모두 의인과는 달리 악한 자는 멸망/사라질 것을 말하는 지혜의 말씀이다.

예를 설명하고(페라팀, 6:2-18), 그 사상을 다시 반복해 선언하는 결론(6:19-21)으로 마친다. 또한, 6:19-21은 이야기 단락이 중첩되는 부분으로 이어지는 가르침(6:19-34)을 위한 케랄로서도 동시에 작용한다.

6:21에 대한 또 다른 한 가지 주석이 있다. 사람의 보물이 있는 곳에 그 마음도 있을 것이라는 이 말은 참된 의는 내면에 관한 것이라는 산상수훈 전체와 선행 단락의 주제의 단순 반복이 될 수 있다. 이는 대담한 진술이다. 단순히 "너희가 가치를 두는 무언가가 너희가 사랑하는 것이다"라는 진술 때문이 아니라, 오히려 유대인의 "마음" 개념은 감정이나 애정을 넘어서는 사람의 본성이나 본질을 나타내기 때문이다. 이 진술은 훨씬 더 많은 것을 말하고 있다: 한 사람이 무엇에 가치를 두는 가가 그 사람이 실제로 누구인지를 나타낸다. 그러므로 하나님보다 다른 사람들의 칭찬을 중요하게 여기는 사람들은 진실로 외식하는 자이며, 이 외식은 제자의 존재 방식과는 대조된다.

마태복음 6:1-21과 인간의 번영

아름답게 만들어진 산상수훈의 다른 부분들과 마찬가지로 이번 단락에서 논의된 언어, 개념, 주제들은 모두 이 메시지가 미덕과 인간 번영에 관한 것임을 표시한다. 이 본문을 그리스-로마 미덕 전통과 제2성전 유대 지혜 전통의 백과사전적 맥락에 비추어 읽을 때, 예수님의 가르침은 인간 번영을 향한 초대의 노래로 울려 퍼진다. 미덕/지혜 전통을 반영하고 되살리는 통찰력 있는 몇 가지 핵심 단어와 개념은 이 단락이 말하고 있는 것과 전망하고 있는 번영이 무엇인지 제시한다.

첫번째 번영의 개념은 보상이다. 이 단락이 산상수훈에서 처음으로 보상의 언어나 개념이 나타나는 곳은 아니다. 아홉 번째이자 마지막 절정의 마카리즘의 확장된 약속에 처음으로 나타난다(5:12); 큰 "하늘의 보상"
이 역설적으로 박해 받음으로 번영의 삶을 사는 예수님을 지지하고 그
를 따르는 자들에게 약속된다. 이 곳 외에도 첫 번째 복음서 곳곳에 나
타난다.[55]

보상은 분명한 6:1-21의 반복되고 지배적인 주제이다. 하늘에 계신 아
버지로부터의 보상은 이 단락의 주제 진술이며(6:1) 각 세가지 예들에서
일관된 형태로 부정적으로 ("그들은 그들의 보상을 충분히 받았다"), 또한 긍
정적으로 ("아무도 모르게 보시는 너희 아버지가 보상하실 것이다") 반복된다. 이
고도로 구조화된 단락의 절정에 해당하는 결론부는 "보상"(미스쏘스)과
밀접하게 관련된 단어인 "보물"(쎄사우로스)을 교환해 사용한다. 이 단어가
이 단락(6:1-21)과 다음 단락(6:19-34)을 감싸는 주제이기 때문이다. 단어
는 달라졌지만 주제는 약해지지 않고 연속된다. 이 언어는 이 단락에 널
리 펼쳐져 있는 지배적인 단어이지만(6:1, 2, 4, 5, 6, 16, 18, 19, 20, 21), 마치
많은 금 가운데 놓인 은처럼 그 일반성으로 인해 종종 간과되고 고려되
지 않는다. 그러나 이 열 번의 반복은 이것이 예수님의 가르침이 주는 주
된 주제임을 의심의 여지 없이 보여준다 —예수님은 하나님으로부터 직접
오는 보물이라는 믿기 어려운 엄청난 보상을 주겠다고 한다.

이 사실은 본문을 자세히 읽으면 더 분명히 드러난다. 현대의 독자들
에게 분명하지 않을 수 있는 점은 이 보상이라는 개념이 미덕과 지혜 전
통에 넘친다는 것이다. 칸트 이후 우리는 윤리의 목적과 중심점으로서
미덕과 지혜의 가치를 잃어 버렸다. 또한, 특히 개신교 전통에서는 보상
의 약속에 관해 겁내게 되었다. 그러나 성경 전체에 걸쳐 하나님께 자신

---

55 헬라어 **미스쏘스**(상, 보상)은 마태복음에 열 번 사용되며(5:12, 46, 6:1, 2, 5, 16, 10:41-42 (3x), 20:8), 관
  련 단어인 **쎄사우로스**(보물)은 일곱 번 사용된다(6:19, 20, 21, 12:35, 13:44, 52, 19:21). 또한, 하나님께
  서 사람들을 합당하게 보상한다는 개념을 가진 본문들도 여러 곳이 있다(6:4, 6, 18; 16:27; 18:35; 20:8;
  21:41). 4장을 보라.

을 드리는 것에 대한 보상, 심지어 배상에 대한 제안은 끊임없이 등장한다. 신약이 강조하는 바와 같이 보상은 궁극적으로 하나님께서 주신 은혜의 선물이지만, 그것은 전체 마음을 다한 의에 대한 하나님의 보상이다.[56] 성경은 이타적이지 않다. "잘했다"는 말은 왕이 종이나 아들에게 할 수 있는 적절한 표현이다(마 25:21, 23).

산상수훈의 이 중앙 부분에서도 마찬가지이다. 약속된 보상은 절대적이고 결정적으로 유신론적이며 기독교적이다 -그것들은 하늘에 계신 예수님의 아버지로부터 오는 것으로 정의되어 있다- 하지만 여전히 하나님을 향해 미덕적으로 사는 의에 대한 "보상"/"배상"의 언어이다; 의는 하나님의 본성, 뜻, 오는 나라에 일치하는 전체성-인간의 행동으로 이해된다. 이것이 분명히 여기 세가지 실천적 전심의 행위(구제, 기도, 금식)가 바라보고 있는 것이다. 이것이 텔레이오스(5:48)하고 서기관들과 바리새인들의 의를 능가하는 더 큰 의(5:17-20)의 예들이다.

이 모든 것은 하나님 중심적, 전체성-인간 미덕을 추구하는 사람에게 현재와 미래에 약속된 인간 번영에 관해 다른 방식으로 이야기하는 것이다. 모든 인간은 미래의 보상에 대한 약속으로 동기 부여를 받는다. 심지어 예수님도 "그 앞에 있는 기쁨을 위하여 십자가를 참으사 부끄러움을 개의치 아니하셨다"(히 12:2)고 말씀하신다. 우리를 구름같이 둘러싼 허다한 믿음의 증인들처럼(히 11:1-40), 그리스도인들은 하나님 중심적 번영을 위해 부름을 받고 있다.

보상을 바라는 것은 부끄럽거나 미덕을 축소하는 것이 아니다("칸트는 물러가라!"). 보상은 하나님 중심적 전심의 미덕이 요구하는 어려운 삶을 위한 하나님이 세워 두신 동기이다. 이것은 유대인 성경 뿐만 아니라 그

---

56 삼상 22:21; 왕상8:32; 시18:20-26; 58:1; 잠11:18; 22:4; 사49:4; 62:11; 고전4:5; 골3:23-24; 히11:6; 야1:12를 보라

리스-로마 미덕 전통 전체에 걸쳐 있는 것이다. 아리스토텔레스는 자주 유다이모니아 또는 번영의 큰 보상/약속을 사용해 그의 추종자들이 어려운 미덕의 길로 가도록 동기를 부여한다. 유대인 성경, 특히 지혜서는 그들의 많은 축복과 희망의 메시지로 삶과 번영과 안전에 대해 끊임없이 약속한다. 이것은 은혜나 언약의 반대가 아니라 하나님-인간 관계의 일반적인 동기 부여의 역학관계이다. 이는 모든 사랑과 욕구처럼 타락 할 수 있다. 사람이 기계적으로 하나님을 바라보고, 오히려 무질서하고, 텔레이오스하지 않은 상태에서 미덕을 추구 할 수 있다. 그러나 하나님은 자신을 보상하시는 분으로 계시하는 것을 부끄러워하지 않으신다. 자신의 피조물에게 오직 확실하고 참된 번영을 얻게 하는 존재 방식을 추구하도록 호소한다(참조, 마 16:27).

보상과 밀접하게 관련되어있는 6:1-21의 미덕과 번영에 관한 두 번째 개념은 다른 사람들로부터 영광 혹은 칭찬 혹은 찬양(독사)받는 것이다. 고대 세계 전역에서 특히 미덕과 지혜 전통 내에서 미덕 있고 현명하며 올바른 방식으로 사는 사람에 대한 공정하고 적절한 보상은 영광스러운 것이다. 그러한 영광은 대부분의 고대 문화에서 가장 높이 평가받는 것이다.[57] 이는 세상에서 옳은 방식으로 사는 사람이 자연스럽게 기대할 수 있는 열매 또는 결과이다. 이것은 내적 미덕의 충만함과 일치하는 번영(유다이모니아)의 외적 혹은 공동체적 측면이다. 사실 외적 영광은 내적 미덕의 삶을 돕는 척도이며 강화제이다.

6:1-21에서 인간 번영의 이러한 측면은 자연스럽고 선하다고 가정되지만, 무질서와 타락에 대한 가능성으로 인해 더 살펴 볼 필요가 있다. 이

---

57 고대 세계의 명예에 관한 연구 자료는 다음과 같다, David deSilva, *Honor, Patronage, Kinship, and Purity: Unlocking New Testament Culture* (Downers Grove, IL: IVP Academic, 2000); Jerome H. Neyrey, *Honor and Shame in the Gospel of Matthew* (Louisville: Westminster John Knox, 1998); Jackson Wu, *Saving God's Face: A Chinese Contextualization of Salvation through Honor and Shame*, EMSDS (Pasadena, CA: William Carey International University Press, 2012).

구절들에서 언급되는 외식하는 자들에 대한 문제는 그들이 미덕적 삶을 통하여 영광을 얻으려 한다는 것이 아니다. 오히려 (1) 온 마음으로 미덕을 추구하지 않고(=외식) (2) 하늘 아버지로부터 오는 것이 아닌 세상 사람들로부터 오는 영광을 추구한다는 것이다. 다른 사람들로부터 영광/존경/칭찬을 받는 것은 본질적으로 나쁜 것이 아니며, 옳은 바탕에 자신감을 갖고 있다면 "자랑하는 것" 조차도 나쁜 것이 아니다.[58] 그러나 어떤 신자라도 가장 큰 가치는 하나님으로부터 영광/존경/칭찬을 받는 것이어야 한다. 죄 많은 인류는 이것을 쉽게 왜곡하고 타락시킨다. 인류는 하나님 중심의 미덕을 위한 동기 부여 목적으로 보상을 추구하지 않는다. 오히려 그들을 위한 영광을 추구하는 잘못된 바탕 위에 있다(참조, 렘 2:13). 문제가 되는 곳은 내적-인간이다.

정확하게 이것이 예수님이 이 단락에서 반복적이고 길게 다루는 문제이다. 그는 어리석고 위선적인 하나님을 향하지 않은 미덕을 없애라고 그의 청중들에게 호소한다. 온 마음에서 비롯한 것이 아니므로 결국에는 실망스러운 것이다; "그들은 이미 그들의 모든 보상을 받았다," 좀과 녹이 파괴하고 도둑이 훔치는 보상이다. 지혜롭고 덕 있는 옛 선생들조차 이 어리석은 삶의 재앙과 평화와 번영의 지혜를 그려주며 자녀들에게 호소한다(참조, 잠 1-9). 미덕/지혜 교사인 예수님 역시 그의 청중들을 현재와 오는 하나님 나라에서 번영을 보장하는 하나님 중심 존재의 길로 초대한다.

세 번째이자 마지막으로 6:1-21이 미덕/지혜 전통을 불러 일으키는 방법은 처음 두 가지와 관련 있는 외식에 대한 묘사와 비난이다. 오늘날 대

---

58 "자랑하다"는 헬라어 **카우카오마이**의 일반적인 번역이지만 이 개념을 이 단어로 표현하기에는 용어가 너무 부정적일 수 있다. "자랑하다"라는 개념은 더 일반적으로 옳게 혹은 옳지 않게 "자신감을 갖다"라는 의미이다. 신약의 용례에서 사람이 자랑하는 것은 나쁜 것이지만 (예, 롬 3:27, 4:2, 갈 6:13), 하나님의 영향 아래에서 누군가가 그 행한 일을 자랑하는 것은 적절하며 (예, 고후10:8-16; 갈6:4), 주님안에서 자랑하는 것은 참 예배이다(예, 고전1:31; 고후10:17; 갈6:14; 빌3:3).

부분의 경우 "외식"이라는 말은 행동에 일관성이 없는 잘못된 삶의 방식, 특히 자신이 옳다고 말한 내용과 자신의 (사적) 삶에서 실제로 하는 행동에 일관성이 없는 것을 의미한다. 이것은 확실히 일종의 외식이며 정죄 받아야 한다. 그러나 예수님께서 여기에서 말씀하고 있는 외식의 종류는 명예와 칭찬을 구하는 문제와 마찬가지로 훨씬 깊은 의미를 갖는다. 경건을 행하는 자들을 "외식하는 자들"이라고 부르는 이유는 그들이 실제로 구제, 기도, 그리고 금식을 하지 않기 때문이 아니라, 전체성-마음이 없이 하기 때문이다. 5:17-48과 같은 가르침을 계속주시면서 예수님은 문제를 단순한 외적 수준을 넘어 서는 전체성/무결성/미덕의 수준으로 옮기신다. 바리새인들의 문제는 도덕성이 아니라 미덕의 문제이다. 경건을 칭찬하는 것이 그들을 외식하는 자로 만드는 것이 아니다. 그들이 경건을 말하면서도 직접 행하지 않는다는 것이 그들을 외식하는 자로 만드는 것이다. 더 미묘하고 더 위험한 것은 실제로 그들이 의를 행하고 있지만, 그것이 그들의 행동과 조화를 이루어야 하는 마음에서 오는 것이 아니라는 점이다. 이것이 전체성의 결여이다. 예수님을 따르는 사람들은 "서기관들과 바리새인들의 의를 넘어서는 의"가 필요하다. 이 전체성이라는 개념이 인간 번영의 지혜와 미덕 전통을 불러 일으킨다. 이것이 예수님이 말씀하기 원하시는 것이다.

9

마태복음 6:19-34

THE SERMON ON THE MOUNT AND HUMAN FLOURISHING

개요

마태복음 6:19-34은 산상수훈 중앙 부분(5:17-7:12)의 한 단락이다. 이 중앙부는 세 단락으로 구성되어 있다: 5:17-48; 6:1-21; 6:19-7:17. 이 세 번째 단락은 세상과 관련한 더 나은 의라는 일관된 주제를 갖으며 그 첫번째 부분인 6:19-34은 세상의 물질과 관련한 더 나의 의를 다룬다. 7:1-6은 세상의 사람들과 관련한 더 나은 의를 다루며 7:7-11은 결론이다. 이 세번째 단락을 6:19-34과 7:1-12으로 나누어 각기 다른 장에서 주해 할 것이다.

앞서 살펴 본 6:1-21은 산상수훈 중앙 부의 중앙이며 산상수훈의 중심인 주기도문(6:7-15)을 포함하고 있는 절정부이다. 6:19-34은 산상수훈이라는 산의 꼭대기인 주기도문에 올랐다가 반대편으로 내려오는 부분이라고 할 수 있다.

이 하강 단락은 연결-단어 기술이라는 방법으로 밀접하게 연결되어 있다.[1] 6:19-7:12에 서로 연결된 여러가지 논의 주제들은 종종 한 주제에서 다음 주제로 피하듯이 넘어가기도 한다. 또한 앞서 논의한 대로 6:19-21은 6:1-21의 결론과 6:19-34의 서론으로 이중 기능을 한다. 이 연결고리가 이 단락의 전체 주제인 보물, 보상, 돈의 중심이다. 6:19-21의 보물은 6:1-21에서는 은유적으로 전심으로 하나님을 찾는 이들에게 주시는 하나님 아버지의 칭찬, 명예, 영광의 보상을 의미했다. 6:19-21의 보물은 6:19-34에서는 이 단락의 더 큰 의의 주제인 실제 돈을 의미한다.

이 새로운 단락은 이 세상의 물질과 물질을 소유하는 것 -그리고 물질에 대한 인간의 본성적 염려-와 더 큰 의를 경험하는 전체성, 즉 미덕 있는 사람과의 관계를 다룬다. 물질 수준에서의 인간의 번영과 이 번영에 어울리는 세상에 존재하는 한 방식이 이 단락에서 예수님이 다루시는 주제들이다.

마태복음 6:19-34: 이 세상의 물질과 관련한 더 나은 의

마태복음 6:19-21

19 너희를 위하여 보물을 땅에 쌓아 두지 말라. 거기는 좀과 동록이 해하며 도둑이 구멍을 뚫고 도둑질하느니라. 20 오히려 너희를 위하여 좀이나 동록이 해하지 못하며 도둑이 구멍을 뚫지도 못하고 도둑질도 못하는 하늘에 보물을 쌓아 두라. 21 네 보물 있는 그 곳에 네 마음도 있을 것이기 때문이니라.

---

1 다음을 보라, Bruce Longenecker, *Rhetoric at the Boundaries: The Art and Theology of the New Testament Chain-Link Transitions* (Waco: Baylor University Press, 2005); 그리고 앞선 5장의 130-31쪽의 논의를 보라.

이 구절은 6:1-21의 결론으로도 사용되는 이중 기능을 하기 때문에 이미 앞선 과에서 여러 세부 사항을 논의했다. 요약하자면, 이 구절은 세상에 존재하는 두 가지 방법, 즉 어리석은 사람과 지혜로운 사람이라는 지혜 은유를 바탕으로 인간의 번영에 대해 호소한다. 동시에 이 호소는 사람들이 가치를 두는 무엇인가가 진정으로 그들이 누구인지를 선언한다라는 결어(6:21)를 통해 전체성-인간/내적-인간의 의라는 더 큰 주제와 연결된다. 이 구절은 6:19-34의 서론으로 기능하며 이 세상에서 살기 위해 제공되는 물질적인 수입 및 돈에 관한 문제에 관해 설명한다. 가장 분명하고 실천적으로 진술된 원칙은 돈과 인간의 관계는 중립적인 문제가 아니라, 내적 인간에 영향을 미치고 내적 인간을 드러내는 직접적인 문제라는 것이다.

이 구절은 돈을 다루는 두 가지 방식을 다룬다. 하나는 돈이 주는 안정과 즐거움 때문에 돈에 큰 가치를 부여하는 것이다. 자신을 위해 보물을 쌓아 놓는 것은 여전히 매력적이며 지혜롭다.[2] 그러나 예수님은 참되고 영적이며 신성한 지혜(모든 인간의 돈은 부패, 분실, 도난, 파괴 및 악화에 취약하다)에 호소함으로 이 명백한 인간의 지혜를 뒤집는다. 예수님은 이타주의자가 아니다(20절은 여전히 자신을 위해 보물을 쌓아 두라고 격려한다). 인간의 보물은 결국 없어져 버릴 것이라는 사실은 문제가 아니다, 언제 그렇게 될 것인가가 문제이다.

또 다른 돈을 다루는 방식은 번영을 가져 오는 지혜로운 방법이다. 진정으로 현명하고 의로운 사람은 안전하지 않은 장소에 보물을 보관하지 않는다. 어리석은 자만이 존재하지 않는 해외 보석 광산의 다단계 금융 사기 계획에 수백만 달러를 투자할 것이다. 지혜로운 사람은 어리석게 그

---

2 참고로 누가복음 12:13-21의 부자와 그가 계획하는 큰 곳간의 비유를 보라. 본문의 가르침을 저축이나 예산을 세우는 것을 금지하는 것으로 이해한다면 요점을 놓치는 것이다. 마태복음 6:1-21에서도 볼 수 있듯이 이 금지조항을 일반화하는 것도 요점을 놓치는 것이다.

런 곳에 보물을 쌓아 놓지 않는다. 대신, 그들은 투자에 손해가 나지 않는 하늘 나라의 영원한 실재에 투자하는 지혜로운 방식으로 돈을 다루며 살아갈 것이다.

구조적으로, 6:19-21은 산상수훈의 중앙 부분의 케랄 우페랏 패턴을 따라 표제어 또는 주제문으로 기능한다. 돈과 관련하여 더 나은 의를 추구하라는 가르침인 6:19-34은 두 가지 작은 주제/예들로 구성된다-단수성 대 전체성에 대한 것(6:22-24)과 염려에 관한 것(6:25-34)이 그것들이다. 데일 알리슨은 6:19-7:11안에 있는 한 패턴을 발견한다. 두 가지 비유 혹은 은유들이 한 명령에 이어져 나온다(6:19-24; 7:1-6). 그리고, 두 비유 모두 하늘 아버지의 보살핌에 대한 매우 유사한 격려의 말로 마친다(6:25-34; 7:7-11).[3] 다음과 같은 구조이다:

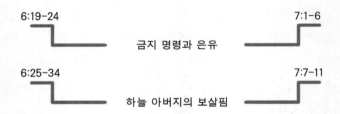

마태복음 6:22-24

22 눈은 몸의 등불이다. 그러므로 네 눈이 전체적이고 관대하면 네 전체 몸이 밝을 것이다. 23 그러나 만약 네 눈이 악하고 탐욕스러우면 네 전체 몸이 암흑이 될 것이다. 그러므로 만약 네 안에 있는 빛이 암흑이면, 그것이 얼마나

---

3 Dale C. Allison Jr., *Studies in Matthew: Interpretation Past and Present* (Grand Rapids: Baker Academic, 2005), 187-93. 또한 다음을 보라, W. D. Davies and Dale C. Allison Jr., *A Critical and Exegetical Commentary on the Gospel according to Saint Matthew*, vol. 1, *Introduction and Commentary on Matthew 1-7*, ICC (Edinburgh: T&T Clark, 2004), 626.

큰 암흑이겠느냐! 24 아무도 두 주인을 섬길 수 없나니, 그가 하나는 미워하고 다른 하나는 사랑할 것이며, 혹은 하나에게 헌신하고 다른 하나는 경히 여길 것이기 때문이니라. 너희가 돈과 하나님을 섬기는 것은 할 수 없느니라.

일반적으로 여러 번역 성경들과 주석들은 6:22-24을 두 부분으로 나눈다(6:22-23과 6:24). 그러나 이 둘을 하나의 단위로 취급하면 이 절들의 근본적인 연합성을 이해할 수 있다. 그리고 6:19-34의 내용들의 일관된 구조와 흐름을 더 잘 감지 할 수 있다. 언뜻 보기에는 하나의 주장으로 보이지 않을 수 있지만, 6:22-24는 실제로 한 가지를 말하고 있다. 이 둘은 아무런 의도 없이 나란히 배치된 것이 아니다. 이들은 6:19-34의 전체 구조의 일부이다. 6:19-21은 돈을 가리키는 케랄/머리말이고, 6:22-24과 6:25-34은 뒤따르는 두 개의 페라팀/설명들이다.

일반적으로 6:22-24을 두 부분으로 나누는 이유는 다음과 같다: (1) 현대의 독자들에게 빛과 어두운 눈의 이미지(6:22-23)와 하나님과 돈을 섬기는 것(6:24)이 어떻게 어울리는지 즉시 명백하지 않다; 그리고 (2) 6:22-23과 6:24 사이에 약간의 전환이 있다. 하지만, 이는 은유에서 적용으로 넘어가는 자연스러운 전환이지 새 주제로 넘어가는 것은 아니다. 먼저 6:22-23을 언급 한 후에 둘의 내적 연합 관계를 다시 다룰 것이다.

이 짧고 함축적인 구절은 풍성한 은유와 언어 유희가 사용되어 번역하기가 쉽지 않다. 언어 사용의 가장 높은 단계인 시적 서술은 각 단어와 문구가 원래의 문화 백과 사전에서 나오기 때문에 가장 어렵다. 6:22-24이 이같은 경우이다; 어려운 번역들의 집합이다. 예를 들어, 어떻게 눈이 등불이 되는 은유가 가능 하고, 어떻게 이것이 암흑이나 빛으로 가득 차는 것과 연결되는가? 22절에 "전체", "튼튼", "건강", "깨끗", "좋음", "잘 베푸는", "단수"등의 뜻을 가진 하플루스를 어떻게 번역해야 할까? 24 절의 맘모나라는 단어를 어떻게 이해해야 할까? 이를 "돈"으로 번역하는 것이 가장 좋은 것인가? 많은 번역들이 "맘몬"으로 음역하는 이유는 무엇인가?[4]

눈이 몸의 등불이라는 은유는 여러 가지 해석이 가능하다. 여러 학자들이 고대 세계의 시각의 관점을 기준으로 이 이미지를 논의한다. 주된 논의는 고대 사람들이 생각하는 빛/이미지가 외부로부터 눈으로 들어가는 것을 말하는지 (이것은 현대인들의 생각이다), 혹은 오히려 내부의 것을 반영하고 투사하는 것인지에 대한 것이다. 두 견해 모두 고대 세계와 마태복음의 사용에 적용 가능한 좋은 증거들을 가지고 있다. 그러나 이것이 마태복음에서 기능하는 방식은 명확하지 않다.[5] 예를 들어, 마태복음의 강한 내적/외적 사람에 대한 주제는 한 사람의 내면의 빛이나 어둠이 그의 행동(소유와 관련하여 관대하거나 탐욕 스러운 것)으로 드러난다고 주장 할 수 있다; 예수님이 다른 곳에서 말씀하신 것처럼, 사람을 더럽게 하는 것은 마음이 있는 사람의 내면이지, 그 안으로 들어가는 것이 아니다(15:10-20). 다른 한편으로, 6:22-23의 은유는 한 사람의 행동이나 존재 방식(단일하고 관대한 것 대 악하고 인색한 것)이 우리 내면의 빛이나 어둠을 만드는 것을 의미한다고 주장 할 수 있다, 왜냐하면 22절과 23절이 미래 시제로 "~질 것이다"라고 말하기 때문이다.

눈이 내면을 반영한다는 견해가 고대 세계와 마태복음에 가장 타당해 보이지만, 지혜로운 견해는 이 논쟁의 한 진영에 치우치지 않고 눈을 사

---

4 베츠는 6:22-23을 산상수훈에서 "가장 어려우면서도 가장 흥미로운 구절이라고 묘사한다. 정리된 이유 목록들을 Hans Dieter Betz, *Essays on the Sermon on the Mount* [1985; Minneapolis: Fortress, 2009], 438)에서 확인하라.

5 이 관점에 강하게 찬성하는 해석이 데일 알리슨이다. 다음을 보라, Davies and Allison, *Matthew 1-7*, 635-41; Dale C. Allison Jr., "The Eye as a Lamp, Q 11:34-36: Finding the Sense," in *The Jesus Tradition in Q* (Harrisburg, PA: Trinity Press International, 1997), 133-67. 찰스 퀄스는 알리슨의 주장을 비판하지만 설득력이 있진 않다. Quarles, *Sermon on the Mount: Restoring Christ's Message to the Modern Church* (Nashville: B&H, 2011), 244-47를 보라.

람의 내면과 외면 사이의 은유적 창으로 보는 것이다.[6] 이것은 마태복음과 산상수훈의 분명한 주요 주제이다 -사람의 내면과 외부의 유기적인 연결, 그리고 참된 의를 위한 통합/전체성의 필요성이 그것이다.

이 주제는 6:22의 핵심 단어인 하플루스를 해석하는 방식을 이해하는 데 중요하다. 가장 일반적이고 기초적인 의미에서 하플루스는 "단일성"을 의미하며 이는 "이중성, 두 가지로 구성됨"을 의미하는 디플루스와 대조된다.[7] 많은 번역이 나타내는 것처럼 하플루스는 "건강함"을 의미하지 않는다. 이 단어는 산상수훈 전체가 주장하는 미덕에 대한 관점의 중심인 고대 개념인 "단일성" 혹은 "전체성"이다. 이는 히브리어 타밈과 헬라어 텔레이오스와 연결된다. 두 단어 모두 3장에서 살펴보았다.

전체성이라는 근본 개념은 문맥에 따라 다양한 색조와 함의를 가질 수 있다. 세상의 돈과 물건을 고대 유대인의 맥락에서 논의 할 때, 하플루스는 "관대함"과 "친절함"-시기와 욕심과 악의에서 벗어난 전체성이나 온전함, 즉 전체성-인간의 관대함을 의미한다.[8] 이것이 6:19-21의 분명한 문예적 문맥이다. 6:19-21의 머리말은 보물이라는 주제를 소개하고, 6:24은 하나님과 돈 사이의 선택을 강조하고, 6:25-34은 영혼의 갈라짐이라는 이 세상의 물질에 대한 염려의 위험에 대해 설명한다.

---

6 율리히 루츠가 관찰하듯 처음 보기에는 눈의 은유가 요점으로 보일지라도 계속 읽어보면 이 은유는 뒤이어 나오는 더 큰 요지를 위한 수사학적 기능을 한다는 것이 드러난다(Ulrich Luz, *Matthew 1-7: A Commentary*, rev. ed., trans. James E. Crouch, Hermeneia [Minneapolis: Fortress, 2007], 333). 시나이 타마스 투란은 랍비들에 비추어 마태복음의 은유를 고려한다. "몸"과 "눈"에 대한 언급은 분명히 유대인이 중요하게 가르치는 나쁜 눈을 가진 신부의 몸을 검사하는 것과 연결될 수 있다고 말한다. 이러한 "외관-윤리"적 가르침은 눈을 본질적으로 영혼의 거울이 아니라 신체의 거울로 보며 그런 다음 사람의 성품에 대한 비유로 사용한다. Sinai Tamas Turan, "A Neglected Rabbinic Parallel to the Sermon on the Mount (Matthew 6:22-23; Luke 11:34-36)," JBL 127.1 (2008), 90을 보라.

7 야고보서와 산상수훈이 일치하는 또 다른 예로 야고보서4:8에 중복되는 **디프시코스**(이중-마음, 이중-영혼)을 볼 수 있다(참조, 시119:113의 히브리어 "나뉘어진"). 또한, 밀접한 관련이 있는 단어가 **디다케**. 5,1과 **바나바**. 20,1의 -**디프로카르디아**(이중-마음)이다. Quarles, *Sermon on the Mount*, 249를 보라.

8 Luz, *Matthew 1-7*, 333-34를 보라. 퀄스도 비슷한 연결점을 발견한다. 예를 들어, 잠언22:9은 관대한 사람은 좋은 눈을 가진 자라고 표현한다(Quarles, *Sermon on the Mount*, 248-49). 관련된 단어인 부사 **하플로스**도 "관대하게"라는 의미를 나타낼 수 있고 (야1:5), 명사 **하플로테스**는 "관대함"이라는 의미를 나타낼 수 있다(롬12:8 고후8:2; 9:11, 13). 또한 *T. Iss*. 3,8을 참고하라.

따라서, 하플루스의 이중 의미를 전달하고 마태복음을 듣는 사람들에게 그 의미를 쉽게 전달할 수 있도록 "전체적이고 관대한"이라고 번역하였다. 마태의 이 단어 선택은 산상수훈의 더 넓은 주제인 전체성과 본문의 돈에 대한 구체적인 논의를 잘 엮어준다. 이 의미를 오늘날의 서구 문화 백과 사전 위에 온전히 옮겨 적는 번역은 불가능하다. 헬라어 본문의 시적 표현도 잃어 버린다.

이것이 하플루스 오프쌀무스 (전체적이고 관대한 눈)를 이해하는 가장 좋은 방법이라는 확정적인 증거는 6:22-23의 대조되는 말씀이다. 전체적이고 관대한 눈은 포네로스 오프쌀무스, "악한 눈"과 대조적 평행을 이룬다. 고대 세계에서 악한 눈은 특히 물질적인 소유물의 맥락에서 사용될 때, 탐욕, 질투, 인색함을 의미한다. 예를 들어, 신명기15:7-10의 70인역은 "네 형제를 향하여 네 눈이 악이 되지 않게 하라[포네류세타이]"(신 15:9)라 말하며 하나님의 백성이 서로에게 인색해서는 안된다고 권면한다. 잠언 23:6과 28:22은 탐욕스럽거나 인색한 사람을 악한 눈을 가진자라고 묘사한다.[9] 토빗 4:16은 남는 물질을 구제물로 바치고, 선물을 줄 때는 네 눈이 시기하는/질투하는(프쏘네세토)것이 되지 않게 하라 명한다. 마태복음20:1-16의 포도원 일꾼 비유도 이 문제를 다시 언급하며 호 포네로스 오프쌀모스(20:15의 "악한 눈")를 사용한다. 이 비유의 요점은 포도원 주인(하나님을 나타내는 사람)의 마지막 말로 제자는 다른 사람의 재물과 축복에 대해 부러워하거나 욕심 -"악한 눈"-을 갖지 않아야 한다는 것이다. 왜냐하면 모든 것이 정의로운 주권자이신 하나님으로부터 나온 것이기 때문이다.

따라서 6:22의 하플루스를 "전체와 관대함"으로 번역함과 동시에 포네로스를 "악과 탐욕스러운"이라는 또 다른 이중 의미 구문으로 이해할 수

---

9 Quarles, *Sermon on the Mount*, 248은 이 구절들과 다른 여러 제2성전 유대문헌들을 언급한다.

있다. 이는 마태복음에 익숙한 중복-언급 평행법이다: 전체성과 관대함의 반대는 악과 탐욕스러움이다. 빛과 암흑의 은유가 여기에 아주 잘 들어맞는다. 각 사람은 빛/선 또는 암흑/악으로 구분되며, 그것은 마음이나 내적 사람이 돈 문제에 어떻게 접근하는지에 따라 달리 표현된다. 그들은 밝거나 어두운 영혼의 상태 중 하나로 드러난다. 일반적인 지혜시 형식에서 두 상태의 중간에 있는 어중간한 상태는 있을 수 없다.

따라서, 6:22-23은 6:19-21에서 자연스럽게 흘러 나와 제자들이 어떻게 돈과 관계를 맺어야 하는 지에 대한 논의를 이어간다. 하늘과 땅이 강한 대조를 이루는 쌍인 것처럼, 빛과 암흑도 마찬가지이다. 보물에 대한 주제는 동일하게 남아있는 반면 어리석은 자가 되지 말라는 호소가 탐욕에 어두운 영혼이 되지 말라는 조금 더 직접적인 경고의 형태로 바뀐다.

산상수훈에서 "악"이 "단일함" 또는 "전체성"의 반대 개념으로 나타난다는 매우 중요한 사실에 주목해야 한다. 산상수훈의 의의 개념이 미덕적인 전체성으로 정의되는 것처럼 악도 일반적으로 이 개념과 반대되는 순전함의 결여(외식)와 이중성으로 묘사된다. 이는 본문의 돈과 관련한 내용을 포함하여 넓고 다양한 방식으로 나타난다.

6:22-23에 대한 이 개념은 6:24에서 직접 적용된다. 날카로운 빛과 어둠의 대조와 이 둘 중 하나일 수 밖에 없다는 사실은 제자들로 "아무도 두 주인을 섬길 수 없나니 … 너희가 돈과 하나님을 섬기는 것은 할 수 없느니라"는 말씀을 기억하게 한다. 6:19-21에서 6:22-23로 이어지는 문맥의 흐름에는 하늘 대 땅, 빛 대 어둠, 하나님 대 돈의 강한 대조들이 놓여 있다. 이들 모두 돈과 사람의 관계라는 주제에 대해 말한다. 그러므로, 6:24은 새로운 생각이나 별개의 말씀이 아니며 6:22-24의 절정의 요지이다 -하나님께 대한 헌신에 있어 사람은 단일성을 갖아야 한다.

맘모나를 어떻게 번역해야 하는지에 대한 문제에도 주목해야 한다. 많은 번역본이 이 단어를 번역하지 않고 "맘몬"으로 음역하거나, "돈"으로 번역한다. 이 헬라어 단어는 신약 성경에서 여기에 한번 그리고 본문과 평행하는 누가복음에 세번 나타난다(눅 16:9, 11, 13). 사실 이 헬라어 단어는 자산, 소유물, 또는 돈을 가리키는 아람어 단어의 음역이다.[10] 마태가 "돈," "보물" 또는 "물질적인 소유물"을 나타내는 헬라어 단어가 아니라 아람어 음역을 사용한 이유를 확실히 알기는 어렵다. 어쩌면 단순히 예수님 시대에 잘 알려진 문구이기 때문일 수 있다. 또는 외래어 음역을 유지함으로써 의인화의 요소를 추가 한 것일 수도 있다-하나님이 맘몬과 싸우신다, 이는 세상의 거짓 우상들과 여호와 사이에 있던 옛 이스라엘의 싸움을 기억하게 한다.[11] 유일성과 단일성에 대한 이 본문의 강조는 하나님의 유일성과 그를 향한 전심과 단일한 헌신의 필요성에 대한 쉐마의 강조를 충분히 상기시킨다(신 6:4-5). 이 모든 것들이 강력한 수사학적인 요지를 만든다. 그러나, 번역 성경에서는 이러한 연상을 식별하기 어렵다. 나는 "돈"이라는 단어를 사용하여 번역하였다. 이 단어는 "물리적인 돈" 이상을 의미하며, 더 넓은 의미에서 "돈이 살 수 있는 세상의 물질"을 의미한다.

이미지로 가득한 6:24의 명령에 대한 두 가지 마지막 논의가 있다. 첫째, 내적 인간에 대한 나머지 산상수훈의 가르침과 일치하는 이 구절의 언어는 단순히 율법적이거나 지적인 것이 아니라 마음에 큰 중점을 두는 전체성-사람에 대한 언어이다. 예수님은 사람이 하나님과 돈을 함께 섬길 수 없다고 말씀 하신다, 왜냐하면 이는 마음의 문제이기 때문이다-

---

10 Quarles, *Sermon on the Mount*, 255를 보라.

11 Martin Hengel, *Property and Riches in the Early Church: Aspects of a Social History of Early Christianity*, trans. John Bowden (Philadelphia: Fortress, 1974), 24를 보라.

하나는 미움을 받게 되고 다른 하나는 사랑을 받게 될 것이다; 하나는 헌신의 대상이 되고 다른 하나는 경멸의 대상이 될 것이다. 하나님의 나라와 세상 물질 중 하나를 선택하는 것은 생각만의 문제가 아니다; 세상의 모든 존재 방식과 마찬가지로, 이는 궁극적으로 마음 혹은 내면의 문제이다. 앞선 산상수훈의 가르침에서와 같이 부담이 증가한다; 내면의 사람과 아무런 관련이 없는 것처럼 가볍게 돈을 생각 할 수 없다. "돈을 사랑함이 일만 악의 뿌리이다"(딤전 6:10).

첫번째 논의와 밀접한 관련이 있는 두 번째 논의는 마 6:24의 가장 큰 강조점이 단일성/전체성이라는 점이다. 두 주인을 섬길 수 없다는 이미지는 산상수훈 전반에 걸친 단일성이라는 일관된 주제와 일치하는 적절하고 강력한 것이다. 이 짧은 세 절은 예수님의 가르침의 주제인 전체성/미덕/내면과 외면의 일치성을 여러 면에서 가장 명확하게 표현한다. 다른 사람들에게 칭찬을 받기 위해 사는 것과 하나님께 칭찬을 받기 위해 사는 것이 불가능 하듯이(6:1-21), 탐욕 적으로 돈에 집중하는 삶을 살면서 하나님께 헌신하는 것은 불가능하다.[12] 제자는 반드시 단일성을 소유하고 전체성을 갖는 창조물이어야 하기 때문에 이것은 근본적으로 불가능하다. 이어지는 단락(6:25-34)은 이 개념을 계속 풀어 설명한다. 6:33은 먼저 하나님의 나라와 그의 의를 구하라는 권고로 궁극적인 해결책을 제시한다.

마태복음 6:25-34

25 그러므로 이에 대하여 내가 너희에게 이르노니: 너희의 목숨에 관한 것

---

12 H. 베네딕트 그린은 5:8의 단일한 순결성과 분리되지 않은 마음의 마카리즘 -주리고 목마름, 성적 욕망, 탐욕 등-은 **예체르 하라**(악의 경향성)에 대한 갈망으로 인해 마음이 나뉘는 자와 대조됨을 언급한다. 탐욕이 마태복음에 특히 중요하며 6:19-24에 연결되는 주제이다. H. Benedict Green, *Matthew, Poet of the Beatitudes* (Edinburgh: T&T Clark, 2001), 240를 보라.

들에 관해서 무엇을 먹을까 혹은 무엇을 마실까 염려하지 말라, 또한 몸에 관한 것들에 대해서 무엇을 입을까 염려하지 말라, 목숨이 음식보다 중하고 몸이 의복보다 더 중하지 아니하냐?

26 공중의 새를 생각해보라, 씨를 심지도 않고 열매를 거두지도 않고 창고에 모아들이지도 아니하지만 하늘에 계신 너희 아버지께서 먹이시느니라. 너희는 이것들보다 더 귀하지 아니하냐? 27 너희 중에 누가 염려함으로 그의 목숨에 한 시간이라도 더할 수 있겠느냐?

28 또 너희가 어찌 의복을 위하여 염려하느냐? 들의 꽃들이 어떻게 자라는가 생각해보라; 일도 아니하고 길쌈도 아니하느니라. 29 내가 너희에게 말하노니, 그런데도 그의 모든 영광으로 옷 입은 솔로몬도 이 꽃들 중 하나 같지 않느니라. 30 오늘 여기 있다가 내일 불에 던져질 들풀도 하나님이 이렇게 입히시거든 얼마나 더 많은 것으로 너희를 입히시겠느냐 믿음이 작은 자들아?

31 그러므로 -"무엇을 먹을까" 혹은 "무엇을 마실까" 혹은 "무엇을 입을까"- 말하며 염려 하지 말라. 32 왜냐하면 이는 다 이방인들이 구하는 것이니라, 그리고 너희 하늘 아버지께서 너희가 이 모든 것들이 필요하다는 것을 아시느니라. 33대신에, 먼저 그 나라와 아버지의 의를 구하라, 그리하면 이 모든 것이 너희에게 주어지리라.

34 그러므로, 내일에 대하여 염려하지 말라 왜냐하면 내일이 그 스스로를 위해 염려할 것이다. 각 날은 그 날에 속한 충분한 괴로움을 가지고 있느니라.

마태복음 6:25-34은 개별 논리와 구조를 지닌 하위 단위이면서, 동시에 더 넓은 부분인 6:19-34의 결론이다. 내부적으로, 6:25-34은 시작, 중간, 끝으로 이루어진 삼중 구조가 세 번 반복되는 구조이다. 핵심 요지는 예수님을 따르는 자들에게 주시는 염려 하지 말라는 명령(6:25, 31, 34)과 하나님 나라를 새롭게 소개함으로서 주어지는 염려에 대한 해결책이다(6:33). 각 권면은 "그러므로"라는 접속사로 시작하여 그것이 앞선 논의의 결론이며 "그래서 무엇을 할 것인가"라는 적용 점을 제시하고 있음을 알려준다.

산상수훈 중앙 부분의 케랄 우페랏 패턴에 따라, 걱정/염려하지 말라는 명령이 6:25에서 발견되며, 이어서 걱정의 영역에 대한 두 가지 실례 또는 묘사가 뒤 따른다. 첫 번째는 일용할 양식, 즉 먹는 것과 마시는 것에 관한 것이다. 두 번째는 의복에 관한 것이다. 예수님은 두 경우 모두에서 걱정은 어리석은 것임을 설득하기 위해 "작은 ~보다 너희가 크다"라는 전형적인 논지 형식을 사용하신다.[13] 이 넓은 케랄 우페랏 형식을 기본으로 아래와 같은 보다 더 구체적인 구조로 나누어 볼 수 있다:

머리말 (케랄): "그러므로 이것을 인하여 내가 너희에게 이르노니: 너희의 목숨에 관한 것들에 대해서 무엇을 먹을까 혹은 무엇을 마실까 염려하지 말라, 또한 몸에 관한 것들에 대해서 무엇을 입을까 염려하지 말라, 목숨이 음식보다 중하고 몸이 의복보다 더 중하지 아니하냐?"(6:25)

첫번째 주제: 양식
긍정적 예-공중의 새들을 하늘 아버지께서 먹이신다(6:26a)
작은 ~보다 너희가 크다는 논지-너희가 더욱 가치 있다(6:26b)
염려함의 어리석음에 대한 책망-아무도 염려함으로 목숨을 더할 수 없다(6:27)

---

13 이런 종류의 논쟁은 고대 세계에서 널리 퍼져 있다. 랍비들의 전통에서 이는 **칼 바호머**(가벼우면서 무거운)로 불리우며 예수님 직전에 활동하던 랍비 힐렐에 속한다. 로마의 수사학에서는 **아 미노리 아드 마이우스** (더 작은 것에서 큰 것으로)라고 불린다. David Turner, *Matthew*, BECNT (Grand Rapids: Baker Academic, 2008), 199를 보라.

두번째 주제: 의복

긍정적 예-들의 꽃들은 자라나며 영광스럽다(6:28-29)

작은 ~보다 너희가 크다는 논지-너희가 더욱 가치 있다(6:30)

염려함의 어리석음에 대한 책망-교회 밖의 사람들은 이러한 것들을 절대적으로 추구한다(6:31-32)

결론적 명령과 이유:

먼저 하나님의 나라와 의를 구하라 그러면 모든 것이 더하여 질 것이다(6:33)

염려하지 마라, 각 날은 그 충분한 괴로움을 가지고 있다(6:34)

앞선 단락인 6:22-24은 하나님과 "맘몬"중에서 하나를 선택하라는 결론으로 마쳤다. 이어지는 마태복음 6:25-34은 돈으로 살 수 있는 삶에 필요한 물건이나 물질이라는 개념을 이어간다. 6:24의 맘모나를 단순하게 "돈"으로 번역했지만 그 더 넓은 의미가 6:25에서 양식과 의복의 두 가지 예로 설명된다. 이 구문은 "영혼"(프쉬케)과 "몸"(소마)이라는 사람의 내부와 외부를 대조하기 위해 한 쌍으로 자주 사용되는 예를 사용한다. 그러나, 여기에서 이 한 쌍을 이루는 단어는 관용적으로 기능하여 인생의 기본적인 염려의 두 가지 실례인 양식과 의복을 망라한다.[14]

첫번째 주제인 양식에 대한 염려 -무엇을 먹고 마셔야 하는가-에 대한 설명을 위해 새들과의 비교가 만들어진다. 새들은 매일 양식을 먹으며 삶을 유지한다; 그들은 농작물을 재배하거나 수확한 음식을 저장하지 않지만(6:26), 하나님께서는 그들을 매일 먹이신다. 하나님의 먹이심이 이

---

14 메리즘/메리스무스는 반대되는 두 개의 단어를 사용하여 전체를 전달하는 비유적 표현이다. 헬라어 **프쉬케**의 가능한 의미의 폭은 현대 언어의 개념에 명확하게 나타나지 않기 때문에 번역하기가 어렵다. "삶에 관한 것들"은 여기서 **프쉬케**의 기능을 전달하려는 시도이다.

작은 창조물에게 사실이라면, 그가 가장 가치 있게 여기는 사람들에게는 얼마나 더 사실이겠는가? 예수님은 부드러운 책망을 더한다 –무엇을 먹고 마실 지에 대해 걱정하는 것은 너희가 구하는 바 목숨을 조금이라도 늘릴 수 없다(6:27).[15] 이는 전체 산상수훈이 말하는 것과 마찬가지로 어리석게 되지 말고 지혜롭게 생각하고 행하라는 말씀이다. 청중들은 불안해 하는 것이 얼마나 어리석은 것인지 생각하도록 부름 받는다. 염려/불안은 안전을 향상시키는데 절대적으로 아무 것도 하지 못한다. 이것은 앞서 마태가 비아티튜드(5:3, 4, 5)와 일용할 양식을 하나님께 구하는 주기도문(6:11)에서 높이 평가한 하나님에 대한 전적인 의존의 태도를 연상시킨다; 해결책은 양식에 집중하는 염려/불안이 아니라 하나님께 의존하는 기도이다.

예수님은 의복에 관해서도 동일한 주장을 이어간다. 예수님은 기억에 남을 만한 시적 이미지로 청중의 정신적 시선을 하늘("하늘의 새")에서 땅("들판의 꽃")으로 향하게 한다. 청중은 야생화의 아름다움과 영광을 동시에 생각하도록 초대된다.[16] 꽃들은 유명하게 옷 입혀진 솔로몬 왕보다 훨씬 더 영광스럽다. 이 아름다운 꽃들은 일시적인 존재들이다 –그들은 오늘 여기에 있지만 내일은 뗄감으로 사용되는 풀과 같다.[17]

농경적 배경 뿐만 아니라 이사야 40:6-8같은 성경적 배경도 확인 할 수 있다. 이사야는 하나님 말씀의 영원한 영광과 시들어 버리고 쇠퇴하

---

15 보다 엄밀하게 말하면, 이 말은 사람의 신장이나 육체적인 외형을 더하는 것을 말하는 것이다. 하지만, 삶의 길이를 더할 수 없다는 과장된 비유로 작용하는 것으로 보인다. 이를 어떻게 해석하는지에 따라 번역성경들의 표현이 다르다. 어느 쪽이든, 요점은 불안은 원하는 물질을 가져다 줄 수 없다는 점이다; 하나님만이 사람의 육체적인 신장과 삶의 길이를 조절하신다.

16 루츠는 헬라어 **크리논**이 반드시 "백합"을 의미할 필요는 없다고 지적한다. 더 일반적인 단어인 "들꽃"(즉, "들풀"을 나타내는 용어이며, "정원의 꽃"을 의미하지 않는다고 주장한다(Luz, *Matthew 1-7*, 343). 이것이 나머지 주장에 더 잘 맞는 의미를 전달한다.

17 현대 서구의 많은 사람들은 풀을 연료로 사용하는 것과 이전 구절의 꽃이 어떻게 연관되는지에 대해 이해하지 못할 수 있다. 이 이미지는 풀밭에서 영화롭고 아름답게 자라던 야생화가 이제는 지고 부서지기 쉽게 말라 두꺼운 풀과 함께 잘려 불의 연료로 사용되는 것을 설명한다.

는 풀과 꽃으로 묘사되는 사람의 일시적인 영광을 시적 언어로 강하게 대조한다. 이사야서와 마태복음 6:28-30은 야고보서 1:9-11에 영감을 준 것으로 보인다. 야고보서는 같은 단어들과 시들고 멸망하는 꽃과 풀의 이미지를 사용하여 거만하게 자신의 부를 의지하는 사람을 책망하며, 마태복음 6:19-34의 주제를 진지하게 다시 상고한다.

"작은 ~보다 너희가 크다"라는 논지 역시 발견된다: 이 짧은 삶을 사는 꽃들이 이렇게 아름답게 입히 운다면, 그가 사랑하는 사람들에게 하나님이 얼마나 더 많은 것을 주시겠는가? 그리고 예수님은 6:30의 마지막에 6:27과같이 작지만 예리한 책망을 덧붙인다. 예수님은 그의 청중들을 "믿음이 작은 자들아"라고 부르신다. 이 언어는 복음서 다른 곳에서도 제자들을 묘사하는 것으로 나타난다.[18]

마태복음 6:31은 염려하지 말라는 명령을 반복하며 다양한 설명들로 이루어진 앞선 말씀을 요약한다. 제자는 그/그녀 스스로에게 "우리가 무엇을 먹고 마셔야 하는가?"라고 말하면 안된다. 이에 대한 다른 이유가 6:32에서 다시 가벼운 책망의 형태로 나타난다. 제자가 불안 속에 살아간다면, 즉 이 불안한 질문들을 입에 달고 살아간다면, 그는 이방인이나 이교도처럼 사는 것이다. 이 책망은 일용할 양식을 위해 아버지를 의지하라는 주기도문 도입부의 강조를 연상시킨다: "7 기도할 때에 이방인과 같이 횡설수설 떠들지 말라, 그들은 말을 많이 하여야 들으실 것이라 생각하느니라. 8 그들과 같이 되지 말라, 너희가 구하기 전에 너희 아버지

---

18 이 새로운 표현(올리고피스토스)은 성경에 5번 나타나고 그 중 4개가 마태복음에 있다(6:30; 8:26; 14:31; 16:8). 다섯째는 누가복음 12:28에 있으며, 마 6:30과 평행을 이룬다. 이 평행은 이 구문이 마태복음의 말씀임을 나타내며 누가가 마태복음이나 공통 전승에서 직접 사용하였다는 것을 의미한다. 마태복음내의 다른 예들은 예수님의 가르침이 아닌 자신의 능력과 공급을 의심하는 제자들에게 대한 그의 반응에서 나타난다. 이러한 용례들 사이의 개념적인 중복은 식별 가능하다. 일부 유대 전통에 따르면(예, 출애굽기 16:4 메킬타; 민수기 11:32 탈굼 슈도-조나단) 안식일에 만나와 메추라기를 모으는 이스라엘 사람이 불완전한 믿음을 가진 것으로 묘사된다(하나님의 공급을 신뢰하는 것과 반대된다). 이 개념이 아마도 마태복음의 용례에 대한 설명일 것이다. Luz, *Matthew 1-7*, 343n49를 보라.

께서 너희가 필요한 것을 아시느니라"(6:7-8).[19]

이방인에 대한 이 언급은 예수님이 사람을 정의하는 새로운 범주들을 만들고 있음을 상기 한다: 하늘나라 밖의 사람들(구약 성경의 "이방인들")은 그들의 삶의 이중성으로 인해 자신의 존재 방식이 불안으로 표시되는 자들이다. 대조적으로 그리스도를 따르는 자들은 하나님을 그들의 필요를 아시고 그들에게 더하실 하늘에 계신 아버지로 소유한 자들이다. 다시 한번 마태복음의 예수님은 인종에 기초한 것이 아니라 예수님이 가르치시는 이 새로운 종류의 의와 이 새로운 종류의 존재 방식을 바탕으로 하나님의 백성을 재정의 하신다(4장의 이방인 주제에 대한 논의를 참고하라).

이 단락은 6:33의 중요한 말씀에서 그 절정에 이른다 -"그러나, 먼저 그 나라와 아버지의 의를 구하라, 그리하면 이 모든 것을 너희에게 더하시리라." 이 구절은 산상수훈의 핵심이다. 마태복음 5-7장 전체의 두 가지 핵심 아이디어인 하나님의 나라와 의를 언급한다.[20] 르랜드 화이트는 이 구절의 "나라/다스림"은 밀접한 (셈어적) 평행인 "의"를 표현한다고 말한다.[21] 이는 하나님의 다스림과 그의 의가 추구해야 하는 두 가지 항목이 아니라 하나라는 것을 보여준다. "그러므로 다시 한번 의는 하나님의 요구 전체를 수행하는 것을 의미한다."[22] 이는 의를 행하는 사람들과 (그로 인해 박해를 받는) 사람들을 하늘 나라를 소유한 사람이라고 일컫는 5:10의 마카리즘을 상기시킨다.[23]

---

19 아버지의 공급에 대한 주제는 7:7-11에 다시 나타난다. 거기에서 사용된 대조는 악한 아버지의 세상적인 관대함, 하나님이 아닌 이방인의 믿음, 그리고 신자의 믿음이다. 하지만, 두 곳 모두 공급에 관한 비교에 추가 있다.

20 이 주제들을 4장에서 보라. 베트 또한 이 구절을 산상수훈의 중요한 부분으로 보며 하늘나라와 의를 강조 할 뿐만 아니라 그것을 추구하는 것도 강조한다. 반복되고 긍정적인 산상수훈의 개념이다(7:7, 8; 참조 7:14)(Betz, *Essays*, 97).

21 참조, 누가복음 12:31, "나라"라는 단어만 있을 뿐 마태복음의 주제인 의에 대한 언급은 없다.

22 Leland J. White, "Grid and Group in Matthew's Community: The Righteousness/Honor Code in the Sermon on the Mount," *Semeia* 35 (1986): 79.

23 R. T. France, *The Gospel of Matthew*, NICNT (Grand Rapids: Eerdmans, 2007), 271를 보라.

"먼저" 구하라는 것 또한 산상수훈의 윤리적 관점인 단일성의 주제와 합치되는 매우 중요한 단어이다. "먼저"는 시간적 순서보다 논리적 순서로 이해되어야 한다; "먼저"는 한 사람의 마음에 오직 한가지 단일한 목적/목표가 있어야함을 나타낸다. 종합하면, 6:33 의 명령은 하나님의 다스림과 하나님의 나라를 드러내는 그리스도 중심적 의의 행위에 헌신한 존재라는 기독교인이 세상에 존재하는 방식에 대한 큰 비전이며 행진 명령이다.[24] 이런 의미에서, 먼저 하나님의 나라와 그의 의를 추구하는 것은 기본적으로 "의에 주리고 목마른" 마카리즘(5:6)과 동일하다.[25] 반면, 이는 앞선 구절의 이방인들이 자신들의 필요를 구하는 것과는 대조된다.

마태복음 6:33은 예수님의 전체 사역에서 산상수훈이 담당하는 역할을 증거한다는 점에서도 중요하다: 산상수훈은 제2성전 유대 지혜 문헌의 한 종류인 동시에 하나님의 종말론적 나라에 대한 예수님의 강조를 드러낸다. 한스 디터 베츠가 말하듯이, 하나님의 나라와 의를 추구하는 개념은 지혜 전통과는 다른 것이기에 "예수님의 가르침의 특유한 측면이다."[26] 예수님은 다른 지혜 선생이나 도덕 철학자보다 더 큰 분이다. 예수님이 하늘 나라 메시지에 더하여 하나님의 의를 추구하라고 강조하시는 것은 그리스도인의 삶이 다가오는 종말을 기다리기만하는 수동적인 것이 아님을 보여 준다. 오히려, 먼저 하늘 나라를 구하며 "산상수훈이 강조하는 의를 구체적으로 실행하는 것이다."[27] 이는 신실한 제자의 활동이다.

---

24 산상수훈의 **디카이오수네**가 그리스도를 통해 하나님께로부터 전가된 법적 지위를 말하는 것이 아님을 다시 한번 주목하라. 오히려 그것의 일반적이고 광범위한 용례처럼 그것은 하나님의 본성, 뜻, 그리고 다가오는 나라와 일치하는 행동을 의미한다. 따라서, 일반적으로 개신교에서 6:33을 그리스도의 전가된 의를 추구하라는 명령으로 이해하는 것은 넓은 의미의 신학적 진리로서 참되고 도움이 되는 것이지만, 이 구절이 말하는 것은 아니다. 4장의 산상수훈의 의에 대한 논의를 보라.

25 이 통찰은 Charles Lee Irons, *The Righteousness of God: A Lexical Examination of the Covenant-Faithfulness Interpretation* (Tübingen: Mohr Siebeck, 2015), 265에 출처한다.

26 Betz, *Essays*, 119. 예수님의 청중의 관점에서 루츠는 타당한 이야기를 한다: 이 말씀들은 "일반적인 신학적 지혜의 표현"을 넘어서지만, 대신에 예수의 하늘 나라 메시지안에 포함된다(Luz, *Matthew 1-7*, 345).

27 Luz, *Matthew 1-7*, 344.

6:19-34의 문맥에서 하나님의 나라와 의를 구하라는 이 거시적 진술은 돈과 관련된 물질, 즉 소유물에 관한 주제의 결론적 응원이다. 돈에 관한 불안의 문제의 궁극적인 해결책은 하나님의 방식으로 세상에서 존재는 것과 다가오는 통치를 추구하는 것에 마음과 가슴을 고정하는 것이다. 이 해결책은 사람의 모든 필요의 완전한 충족을 약속한다. 따라서 불안에 대한 해결책은 단순히 "걱정을 멈추라"가 아니다. 그것은 공급의 약속을 확인하고 그것과 함께 제자의 비전을 올바른 마음 가짐으로 재설정하는 것이다.[28]

　이 단락의 절정인 6:33과 이어지는 6:34이 구조적으로 어떻게 들어 맞는지 살펴 보자. 어떤 면에서 이 단락은 6:33에서 끝나도 충분했을 듯하다. 6:34은 덧붙인 생각이나 또는 부가물 같은 느낌이 든다. 그러나 6:34은 불안에 대한 수사학적 강력한 세번째 반복 명령이며, 전체 6:19-34 단락의 되풀이 되는 결론이다. 이 단락은 보물-마음 원칙 위에 세워진 하늘의 보물과 땅의 보물을 대조하는 케랄로 시작한다(6:19-21). 그리고, 제자의 현재와 미래의 삶의 원칙이 되는 인상적인 말씀으로 마친다. 불안은 필요하지 않다, 왜냐하면 불안은 아직 존재하지 않고 그것이 존재하게 될 때 다루어질 어떤 것(내일의 괴로움)에 대한 염려 속에 사는 것이기 때문이다. 각 날의 고통으로 충분하다. 특히, 하늘 나라를 구하는 제자들에게 그렇다. 리드미컬하고 시적인 언어 유희를 사용해 예수님이 말씀하듯이 "내일에 대하여 염려하지 말라 왜냐하면 내일이 그 스스로를

---

28 6:33의 약속이 제기하는 신정론적 문제는 하나님께서 자녀의 모든 육체적 필요 사항을 공급하지는 않는다는 사실이다; 많은 신실한 그리스도인들이 굶주리고, 식량과 물과 의복이 부족하다. 이것은 물론 신약만의 문제는 아니며, 유대인 성경 전반에 걸쳐 있는 깊은 신학적이고 개인적인 고려사항이다(예: 시 73; 83; 욥기). 베츠는 마태복음6:25-34은 여러측면에서 "신적 공급에 대한 변증"이라고 설명하며 많은 고대 인들이 경험한 신적 공급과 고통과의 씨름이 유발한 위기에 뿌리를 둔다고 한다(Betz, Essay, 119). 산상수훈은 다른 성경의 부분처럼 하나님의 성품과 보살핌을 반영하는 하나님의 신비한 섭리와 믿음으로 그의 뜻에 복종한다는 기치 아래 참된 약속을 이야기한다. 예수님은 겟세마네 동산에서 이 자세의 궁극적인 모범을 제공한다. 거기에서 그는 아버지의 공급과 구원을 추구하지만 "나의 뜻이 아니라 당신의 뜻이 이루어지는"(26:39) 현실에 그의 기도를 더 깊이 복종시킨다.

위해 염려할 것이다." 미래에 대한 불안은 이 세상의 것들과 그것을 유지하는 것에 너무 많은 초점을 두고 있음을 드러낸다. 이는 세상적인 보물을 쌓으려는 어리석음의 범주에 속한다(6:19).[29]

6:25-34의 논지는 큰 질문을 불러일으킨다. 이것이 왜 그렇게 중요한 문제인가? 다시 말해, 왜 6:27, 30, 32에 책망이 있는가? 그리고 특히 예수님은 6:32에서 불안을 누가 (하늘에 계신 아버지와 함께 있는) 참된 제자인지 아니면 누가 외부인(이방인)인 인지를 구별하는 문제로 만드시며 분노의 목소리를 높이시는가?

답은 산상수훈 전반에 걸친 일관된 주장과 일치한다. 불안은 이중-영혼성의 한 예이다; 그것은 그리스도를 따르는 자의 전체성-인간 미덕을 표시하는 단일성과 반대이다. 산상수훈의 다른 예들과 마찬가지로, 인간 생활의 모든 세부 사항에 대한 전체 그림이나 포괄적인 목록은 없다. 양식과 의복에 관한 불안에 맞선 이 명령들이 준비성, 절약, 시간 계획의 필요성 등에 대한 지혜를 반대하는 것은 아니다; 농작물을 재배하거나 하나 이상의 옷 (또는 옷장)을 소유하는 것이 옳지 않다고 말하는 것이 아니다. 오히려, 이 가르침들은 내적 사람이나 마음을 향하여 있다. 음식과 옷의 주제는 보물-마음의 문제이다(6:21). 자신을 위한 공급에 관해 불안해하며 사는 사람은 이중 마음을 갖고 사는 사람이다. 즉, (하늘에 계신 하나님이 우리를 만나 주시는) 현재와 필요에 대한 상상된 (두려운) 미래로 나뉘어진 영혼이다. 이 일반적 인간 상태는 궁극적으로 믿음이 없는 것이며, 그러므로 가르침과 책망이 필요한 상태이다.

---

29 일부 주석가는 이 구절을 미래에 대한 계획과 준비에 반대하는 것으로 이해하지만, 프란스가 주장 하듯 이 여기에 정죄된 것은 내일을 위한 준비나 계획이 아니라 내일에 대한 걱정이다(France, *Gospel of Matthew*, 267). 이 구절의 요점은 아버지를 신뢰하는 것과 불안 속에 사는 것의 대조이지, 계획을 세우는 것과 그렇지 않은 것의 대조가 아니다.

마태복음 6:19-34과 인간의 번영

한걸음 뒤로 물러나서 마태복음 6:19-34을 읽어 보면 이 구절들이 논리적으로 흘러가는 한 단락 임을 볼 수 있다. 케랄 혹은 머리말이 6:19-21에 놓여 있다. 이는 (6:1-21의 일부분인 은유적 표현인 "하늘에 있는 보물"과 반대되는) 실제 돈과 부를 가리키고 있음을 알 수 있다. 이는 자연스럽게 6:22-24의 이중-영혼적 탐욕에 대한 경고로 이어진다. 그리스도인 제자들은 헌신에 있어 단일성을 가져야한다. 그렇지 않다면 불안이 결과로 올 것이다. 이것이 6:25-34의 가르침의 초점이다. 이 이중성에 대한 대안, 혹은 돈이 아니라 하나님을 섬기는 것에 대한 대안은 하나님의 나라와 그의 의를 먼저 추구하는 것이다. 그러면 그에게 필요한 모든 것 (6:33), 즉 참된 인간 번영을 얻게 될 것이다.[30]

여기에 인간 존재의 깊은 아이러니가 있다. 예수님의 가르침에 따르면 사람들이 모든 것을 한데 모아 그들 스스로를 위해 공급하며 하나님을 떠나 살기를 구할 때 그 결과는 그들이 구했던 평화가 아니라 오히려 불안이다. 즉, 6:22-24의 탐욕에 대한 경고와 6:25-34의 불안에 대한 권고 사이에는 유기적인 연관성이 있다. 탐욕은 불안을 야기한다. 세상적 보물을 쌓는 것은 하나님을 향하지 않은 마음이며 역설적이게도 평화를 주지 않는다. 그러나 꽃들과 새들처럼 사는 사람들은 세상의 재정적 관점에서 볼 때 어리석은 자들이지만 불안에서 자유로운 자들이다. 그들은 첫 번째로 하나님의 나라를 추구한다. 그리고 결과적으로 그들의 모든 필요를 불안함 없이 얻는다. 모든 불안의 원인이 욕심이라는 말은 아니

---

30 마태복음은 전형적인 씨 뿌리는 자의 비유에서 번영(혹은 그 반대 경우)의 농업적 이미지를 사용한다 (13:3-23). 가시 나무 속에 뿌려진 씨는 세상의 근심/염려(**메리마**, 6:25-34에서 사용된 동사의 동족)와 "재리의 유혹"이 말씀을 막고 땅이 열매를 맺지 못하게 한다(13:22).

다; 실제이든 상상이든 다른 많은 불안의 요인들이 있다.[31] 그러나 탐욕은 예수님이 초대하는 인간 번영과는 반대되는 이중-영혼의 불안에 필연적으로 빠지게 한다.[32]

---

31 터너는 이 문제를 잘 요약해 다음과 같이 말한다. 하나님은 그의 자녀들에게 쉬운 삶을 약속하지 않으시며 (참조, 5:10-12), 그의 보살핌은 "다른 사람들을 위한 가난과 부를 수반 할 수도 있다. 부유한 그리스도인이 반드시 욕심이 많은 것은 아니며, 가난한 그리스도인이 반드시 소유에 대한 염려에서 자유롭지 않아도 된다." (Turner, *Matthew*, 202).

32 아버지의 공급, 불안, 자기 공급의 대조는 세상에서 증인 됨을 가르치는 마태복음의 두 번째 주요 강화 (10:1-42)의 핵심 주제이다. 제자들은 자신의 필요에 대한 공급을 구하지 말고(10:9-10), 박해 받을 때 어떻게 대답해야 할지에 대해 염려하지 말고(10:19), 두려워하지 말라고 듣는다. 왜냐하면 아버지께 그들은 참새보다 귀하기 때문이다(10:29-31).

10

마태복음 7:1-12

THE SERMON ON THE MOUNT AND HUMAN FLOURISHING

개요

이번 장에서 살펴 볼 말씀은 마태복음 6:19에서 7:12까지 이어지는 산상수훈 중앙부의 세 번째이자 마지막 단락인 7:1-12이다. 이 단락 역시 5:17-20에서 시작되어 산상수훈 전체에 걸쳐 계속되는 더 나은 의를 주제로 한다. 7:1-12에서 더 나은 의의 개념은 제자들과 세상, 세상의 물질(6:19-34), 그리고 사람들(7:1-6)과의 관계에 적용된다.[1] 7:1-12의 마지막 부분은 결어(7:7-11)와 5:17-7:12의 큰 단락을 결론짓는 7:12의 중요한 말

---

1 찰스 퀄스는 7:1에 강한 단절이 있기보다는 6:1에서 7장에 이르는 더 넓은 문맥인 외식의 문제를 중심으로 만들어졌다는 중요한 제안을 한다(이 단어는 6:2, 5, 16, 7:5에서 나타난다). 그는 6:1-34에서 다루어지는 외식과 관련된 두 가지 병폐(하늘의 보상 보다 현재의 보상에 초점을 두는 것과 유물론과 불안을 조장하는 타락한 우선 가치들)를 본다. 외식의 세 번째 병폐, 즉 외식적인 심판을 이어 언급한다. Charles Quarles, *Sermon on the Mount: Restoring Christ's Message to the Modern Church* (Nashiville: B&H, 2011), 283를 보라. 이 주장에 장점과 통찰력이 있다(특히 일관된 주제를 발견한 점). 하지만, 전반적인 구조는 더 큰 의라는 주제가 더 잘 설명한다. 외식은 더 나은(큰) 의에 반하는 하위 예이다. 또한, 7:5의 "외식하는 자"는 6:1-21의 바리새인들이 아닌 신앙 공동체 내의 사람들에 대한 도전으로 분명히 다른 기능을 한다.

씀으로 구성된다. 다음과 같이 구조를 나타낼 수 있다.

세상과 관련한 더 나은 의 (6:19-7:12)
서론 (6:19-21)
세상의 물질에 관한 더 나은 의 (6:22-34)
세상의 사람에 관한 더 나은 의 (7:1-6)
결론 (7:7-12)

7:1-12에는 지난 2천년동안 산상수훈을 중대하고 유명하게 만든 간결하고 중요한 말씀들이 많이 있다. 다른 사람을 판단하지 말라는 명령, 눈에 들보가 있는 모습, 그리고 유명한 황금률이 이 짧은 구절들에서 모두 발견된다.

그러나 동시에 7:1-12은 산상수훈을 전체적으로 이해하고자 하는 주석가에게 두 가지 어려움을 주었다. 첫째는 산상수훈에서 이해하기 가장 어려운 구절인 7:6의 모호함이다. 두 번째는 이 구절들이 어떻게 어울리고 일관된 논증을 만드는지에 대한 것이다.

이 두번째 문제는 우리로 다시 한번 산상수훈의 구조에 대해 고민하게 한다. 이 구절들은 산상수훈의 전체의 결론 부분(7:13-28) 바로 앞에 놓여 있는 동시에 산상수훈 중앙 부분(5:17-7:12)의 마지막이라는 그 구조적 위치가 가장 불명확한 곳에 위치한다. 지금까지 마태복음의 문예적 흐름을 추적하는 것이 어렵지 않았다. 하지만, 7:1-12은 저자 마태가 긴 저술로 인한 피로와 공황이 온 것은 아닌지 생각하게 만든다. 마태가 지친 나머지 머리속에 기억하고 있던 예수님 말씀 전통을 산상수훈 마지막 부분에 뒤죽박죽 모아 놓은 것 같아 보일 수도 있다. 마치 슈퍼마켓이 문닫기 직전에 필요한 것들을 마구 집어 담아 놓은 장 바구니 같아 보일 수 도 있다. R. T. 프란스와 같은 특별히 통찰력 있는 학자들도 일반적인 의미를 제외하고는 7:1-11을 통일성 있는 단락으로 보는 만족스러운 방법을 찾는데 절망한다.[2] 그러나 이미 논의한것처럼 처음보기에는 일관성이 없어 보이지만 일관된 주제와 구조가 7:1-12 전체에 놓여 있다.

이 단락을 함께 묶는 주제 혹은 개념과 그것이 정확한 것임을 차례대로 살펴 볼 것이다. 비록 이 단락에 모아둔 말씀들이 서로 밀접하게 관련되어 있지 않아 보일지라도 산상수훈 중앙 부분의 가르침에 대한 적절한 결론으로 잘 맞는 중요한 지혜의 가르침들로 구성된다. 7:1-12도 앞서 발견한 패턴인 케랄 우페랏 구조에서 가장 잘 이해된다.

- 케랄 = 7:1-2 옳게 평가하기
- 페랏 = 7:3-11 (두 부분: 7:3-6, 7-11) 사람들과 하나님에 대하여
- 결론 = 7:12 결론 말씀

마태복음 7:1-6: 이 세상 사람들과 연관된 더 큰 의

마태복음 7:1-2

1 부당하게 심판을 받지 아니하려거든 부당하게 심판하지 말라. 2 왜냐하면 너희가 다른 사람을 심판하는 그 심판으로 너희가 심판을 받을 것이고; 너희가 무슨 헤아림으로 다른 사람을 헤아리든, 그 헤아림으로 너희 또한 헤아림 받을 것이기 때문이니라.[3]

---

2 R. T. France, *The Gospel of Matthew*, NICNT (Grand Rapids: Eerdmans, 2007), 273.

3 이 번역은 도날드 해그너에게서 영향을 받았다. 7:1에 "불공정하게"를 더한 이유는 "심판"의 의미를 선명히 하기 위함이다. 그리고 7:2은 번역상에 잘 드러나지 않는 원어의 시적 반복인 "심판 … 심판 … 심판"과 "헤아림 … 헤아림 … 헤아림 … 헤아림"을 유지하였다. Donald Hagner, *Matthew 1-13*, WBC 33A (Nashville: Nelson, 1993), 167-70를 보라.

위에 제시된 구조에서, 이 도입부는(7:1-2) 7:1-12의 주제이자 요점을 제시한다. 이 도입부는 7:3-6의 첫 예로 자연스럽게 이어지지만, 주제 혹은 머리말로서 분리된다. 다른 사람들을 평가하거나 심판하는 방법에 관한 주제를 다루는 이 케랄은 7:12에서 다른 사람에게 대우 받고자 하는 데로 다른 사람을 대우 하라는 잘 알려진 광범위한 지혜 원리인 황금률로 결론 내려진다. 종합해 볼 때, 제자들은 그들이 대우받기 원하는 방식대로 다른 사람들을 대우해야 한다, 즉 불공정하게 심판하거나 평가하지 말아야 한다.

7:1-2의 메시지는 간단명료하다 – 하나님이 정한 세상의 본질과 그의 살아있는 정의 안에서 사람은 뿌린 대로 거둔다(참조, 갈6:7-9). 사람들을 불공정하게 심판하든 그렇지 않든, 한 사람이 세상에 존재하는 방식이 세상의 경험과 궁극적인 텔로스 혹은 마지막을 결정한다. 이를 벗어나는 것은 불공정한 것이고 하나님의 성품과 그의 성품을 반영하는 창조 세계와 일치하지 않는다. 그러므로, 7:1-2은 세상에 존재하는 지혜로운 방법에 대한 일반적이고 창조 세계에 기반한 잠언으로 단락을 시작한다: 사람은 다른 사람들과 어떻게 관계를 맺으며 살 것인지를 선택해야하고, 이는 다른 사람과 심지어 하나님과의 경험에 영향을 미친다; 만약 누군가가 다른 사람에 대해 정죄하는 태도를 취하면, 그것이 자신이 경험하는 세상이 될 것이다; 만약 환영하고 받아들이는 태도를 취하면, 그것이 그의 경험이 될 것이다. 이는 서로를 용서하는 것에 관한 주기도문의 다섯 번째 간구를 상기한다(6:12). 다른 사람을 용서하는 것과 하나님께 용서 받는 것을 연결하는 주기도문의 부록인 6:14-15에도 동일한 논리가 사용된다. 이 단락의 결론인 7:12에도 같은 지혜의 말씀이 반복된다.

7:1-2를 읽고 적용하는 방법에 두 가지 어려움이 있다. 첫 번째는 번역

과 관련한 문제이고, 두 번째는 전체적 읽기의 문제이다.

번역 문제는 7:1의 핵심 단어 이자 "비판"이라 주로 번역되는 (영어는 "judge"로 주로 번역되는) 단어에 있다. 완전히 잘못된 번역은 아니지만 이 익숙한 번역은 다른 사람에 대한 비난의 문제로 의미를 좁힌다. 왜냐하면 "비판"이라는 단어가 거의 대부분 "비난하다"라는 뜻으로 사용되기 때문이다. "나를 비판하지 마라"는 현대의 문화적 관습이며, "나의 행동을 비난하지 마라"는 것을 의미한다.

문제는 "비난하다"라는 의미에서 "비판(judge)"은 헬라어 단어 크리노의 더 큰 의미 범위의 하위 집합에 불과하다는 것이다.[4] 이전 세대의 영어에서 "judge"는 그 일반적인 의미인 "평가, 분별, 분리 또는 결정"을 여전히 유지했었다. 이것은 판사의 역할로서, 듣고, 이해하고, 무엇이 공정(just)한지 결정하고, 정의(justice)를 베푸는 것을 의미한다-즉, 은혜, 성공, 구출, 안전, 승리를 옳은 자에게 그리고 비난과 정죄를 옳지 않은 자에게 베푸는 것을 의미한다. 이 판별의 과정이 본문의 "비판(judge)"이 의미하는 것이다.

유감스럽게도, 오늘날의 청중들에게 "비판(judge)"은 부정적 비난의 좁은 의미를 나타낸다. 이것은 정의(justice)가 무엇인지에 대한 우리의 개념을 왜곡한다-정의(justice)는 나쁜 것에 대한 정죄만이 아니라, 옳은 것의 회복이며, 그에 따르는 좋고 나쁜 결과의 배분이다.[5]

따라서 더 나은 번역은 "불공정하게 심판(judge)하지 말라"이다. 요점은 타인과 상황에 대한 모든 평가를 피해야한다는 것이 아니다(아래 참조).

---

4 프랑스는 **크리노**는 법적 판단에 대한 기술적 용어로 사용 될 수 있지만 더 일반적으로는 "심판을 구성하여 사물과 사람 모두에 대한 결론 내리는" 용어라고 적는다(France, *Gospel of Matthew*, 274).

5 이 "비판(judge)"에 대한 이해가 지나치게 좁아지면 한글(영어)로 성경을 읽는 데에도 영향을 미친다. 여러 번역 성경이 "비판"이라는 단어를 사용하지만, 원어가 갖는 "분별" 혹은 "평가"라는 더 넓은 의미를 전달하지 못하는 이상한 번역을 하게 된다. 예를 들면, 시편 기자가 하나님께 그를 "비판"하거나 하나님의 백성을 "비판" 하도록 요구할 때 이것은 "정죄"를 의미하는 것이 아니라 "정의를 세워 달라"는 의미이다(참조, 시 7:8, 50:4, 72:2, 82:8, 98:9 등 (이 참조구문들을 개역 개정 성경은 심판, 판결, 재판, 심판으로 번역함(역자주)).

오히려 제자들은 적절하고 공정하게 평가하고 분별해야한다는 점이다. "다른 사람을 자신 스스로를 심판하는 기준보다 더 가혹하게 혹은 다른 기준으로 심판해서는 안된다."[6] 이 가르침의 초점은 인격적인 상호 관계에 있다. 스캇 맥나이트는 심판하는 것과 비난하는 것의 차이점은 도덕적 안목과 인격적인 비난을 구별하는 것을 배우는 것이라고 묘사한다.[7] 프란스는 이 문제를 다음과 같이 요약한다: 이 본문은 "예수님의 첫 제자 공동체와 같이 친밀히 묶인 공동체를 혼란에 빠뜨릴 위험이 있는 자기 비판의 결여와 타인에 대한 불공정한 비판적인 태도라는 현실적인 문제"를 다룬다.[8] 아마도 이 개념에 대한 가장 명확하고 (그리고 가장 초기의) 주석은 야고보서 2:12-13과 4:11-12일 것이다. 이 두 구절은 형제 자매들이 서로를 심판하고 비난하는 것은 율법 자체를 심판하는 것이라 말하며, 자비를 베풀지 않은 자들에게 자비 없는 심판이 있을 것을 강조한다.

7:2은 같은 요지를 시적이고 상업적 은유로 바꾸어 "적절하게 헤아리다"라고 표현한다. 이 개념은 고대 이스라엘 문학에서 옳은 정의 또는 시적인 정의를 나타내는 일반적인 표현이다: 삼손의 정욕으로 가득 찬 눈은 그를 죄로 이끌었다, 따라서 블레셋 사람들은 그의 눈을 빼버렸다; 압살롬은 그의 머리카락으로 영광을 나타내었고, 결국 그의 머리카락으로 매달렸다.[9] 또한 이 명령은 적절하게 혹은 공정하게 다른 사람들을 평가하여 공정하게 주는 것에 관한 것이다. 이 요지는 다른 사람들을 용서하는 것에 대한 중요한 본문인 18:21-35의 용서하지 않는 종의 비유와도 일치한다. 막대한 빚을 용서 받고도 아주 작은 빚을 진 그의 동료 종을

---

6 Hagner, *Matthew 1-13*, 169. 해근에 또한 시락. 18:20; m. 에봇 1:6; m. 소타1:7등과 같은 유대 문헌에 강한 평행구들이 있음을 알려준다.

7 Scot McKnight, *The Sermon on the Mount*, The Story of God Bible Commentary (Grand Rapids: Zondervan, 2013), 227.

8 France, *Gospel of Matthew*, 273-74.

9 Quarles, *Sermon on the Mount*, 285.

정죄하는 종은 적절하지 않은 헤아림이 어떤 것인지를 잘 보여준다.

크리노를 "공정하게 평가하다"로 번역하고 해석하는 방법은 두 번째 문제인 전체적으로 읽는 문제와 연관된다. 여기서 말하는 전체적 읽기란 하나의 개념이나 구절을 다른 모든 절들을 평가하고 이해하는 지배적인 원칙으로 만드는 것을 가리킨다.

어떤 독자들은 마태복음 7:1-2을 어떤 것도 정죄 하거나 틀린 것으로 심판해서는 안된다는 원리로 이해한다. 그들은 이것이 예수님이 가르치는 유일한 진리이며, 예수님의 다른 모든 가르침과 행동이 이 원리로 심판되어져야 한다고 말한다. 이 관점은 특히 기독교 신앙 밖에 있는 사람들에게서 나타난다. 그들은 예수님을 산상수훈에 예시된 훌륭한 도덕 선생으로 제한한다. 이 관점은 기독교 신앙을 주장하면서도 반대로 기독교 전통에 대해 격렬한 이견을 품는 사람들에게서도 발견된다.

그들에게 "나를 심판하지 마라"는 산상수훈과 모든 예수님의 가르침을 이해하는 유일한 구호이다. 그들은 이 예수님의 말씀을 다른 사람을 심판해서는 안되고 다른 사람의 견해나 삶에 대해 옳지 않다라고 말해서는 안된다는 원리로 읽는다. 이 견해의 문제점은 함축성을 파악하지 못한다는 것과 예수님의 다른 가르침과 행동에 일치하지 않는다는 것이다. 이 견해가 중요한 핵심 진리를 포함하고 있고 다른 사람들에게 사랑과 자비를 베풀라는 예수님의 말씀과도 상응하지만, 복잡한 현실을 표현하기에는 너무 단순하다.

마태복음의 예수님이 7:1-2에서 금하시는 심판이 보편적 심판이 아니라는 것은 7:6에서 확인 할 수 있다. 제자들은 일부 사람들을 돼지와 개로 분류하고 그들을 피하라고 지시 받는다. 이것이 궁극적인 심판은 아니지만 사람들의 옳고 그름을 판단하고 분별하는 것이다. 7:15-20도 같은 전제를 가지고 제자들에게 겉모습과 상관없이 누가 늑대이고 누가 양인지 분별할 것을 경고한다. 마찬가지로 10:11-15에서 제자들은 그들이 방문하는 모든 동네와 마을에서 "합당한 자"가 누구인지를 심판해야 한다. 또한, 마태복음 18:15-20에서 교회 역시 참된 하나님의 교회에 속한 사람과 이방인, 즉 외부인으로 대우 받아야 할 사람에 대해 분별 있는 심판을 요구 받는다. 18:18 (그리고 16:19)에서 사용된 "묶다"와 "풀다"라는 언어는 매우 강하고 직접적이다. 이 선언에 대한 충격적인 사실은 하나님이 악에서 선을 분리하는 것이 아니라(혹은 25:31-46의 양과 염소), 하나님의 백성의 모임에 이 권위와 책임을 주셨다는 점과 이 모임에 그가 참석하여 일할 것이라는 약속이다(18:20).[10] 요지는 그리스도인 제자들은 선한 사람과 나쁜 사람을 포함한 선과 악을 구별하라는 가르침을 받는다는 것이다. 그러므로 7:1-2을 마태복음 자체 뿐만 아니라 나머지 예수님의 가르침과 모순되게 만드는 전체적 읽기는 철저히 피해야 한다.

맥나이트는 7:1-2의 미묘한 조화를 다음과 같이 잘 요약한다: 그리스도인은 "좋은 것"과 "옳지 않은 일"을 말 할 수 있다, 하지만 "하나님이 당신을 정죄한다"라고 말할 수는 없다. 예수님의 신적 권위로 주신 윤리는 "정죄 대신 화해"의 사회를 만든다.[11] T. W. 맨슨의 주석이 특히 잘 표현한다:

사람을 심판하는 모든 일은 하나님의 손에 달려 있다, 왜냐하면 그분만이 사람 마음의 비밀을 알기 때문이다. 옳고 그른 것을 발견하기 위해서 우리가 가진 모든 도덕적 통찰력을 사용하지 말라는 의미가 아니라, 오히려 그 분야에 자신을 국한시키고 사람에 대한 심판을 내리지 않도록 해야한다. 왜냐하

---

10 요한복음은 제자들에 대한 최종 명령의 일부로서 예수 전통과 동일한 내용을 제공한다. 하지만, 다른 단어들과 함께 더 절정의 시점에 사용한다. 요한복음 20:21-23에서 제자들은 성령충만의 결과로 죄 사함을 선언 할 수 있는 권세를 받는다.

11 McKnight, *Sermon on the Mount*, 228.

면 우리의 심판은 그 자체로 그들의 삶을 형성하는 요인이며, 가혹한 심판은 동료 창조물이 지옥에 이르는게 하는데 기여할 수 있기 때문이다.[12]

마태복음 7:3-6

3 어찌하여 형제나 자매의 눈 속에 있는 티는 보고[13] 네 눈 속에 있는 들보에 대하여는 주의하지 않느냐? 4 어찌하여 형제나 자매에게 "나로 네 눈 속에 있는 티를 빼게 하라"고 말할 수 있겠느냐. 보라! 네 눈 속에 들보가 있느니라! 5 너희 외식하는 자여! 먼저 너희 눈 속의 들보를 빼어라. 그 후에야 밝히 보고 형제의 눈 속에서 티를 빼리라.

6 신성한 것을 개에게 주지 말며 너희 진주를 돼지 앞에 던지지 말라. 만약에 너희가 그리하면, 돼지는 그것을 발로 밟을 것이고, 개는 돌이켜 너희를 찢을 것이니라.[14]

7:3-6은 7:1-2 머리말이 언급하는 다른 사람들에 대한 올바른 평가라는 주제의 첫 번째 예를 풀어 놓는다.[15] 다른 사람의 옳고 그름을 구별하는 이 주제는 눈에 들보를 가진 이가 다른 사람의 눈에서 티를 제

---

12 T. W. Manson, *The Sayings of Jesus: As Recorded in the Gospels according to St. Matthew and St. Luke* (Grand Rapids: Eerdmans, 1979), 56, 다음에서 인용 W. D. Davies and Dale C. Allison Jr., *A Critical and Exegetical Commentary on the Gospel according to Saint Matthew*, vol. 1, *Introduction and Commentary on Matthew 1-7*, ICC (Edinburgh: T&T Clark, 2004), 669.

13 "형제나 자매"가 헬라어 단어 **아델포스**의 더 나은 이해이다. 왜냐하면, 본문이 남성만을 고려하는 것이 아니기 때문이다. 초점이 하나님의 가족으로 정의된 기독교인 공동체에 있기 때문에 "누군가의 눈"이라는 보편적 표현보다 더 낫다(참조, 12:46-50).

14 다른 주석가들과 마찬가지로 이 시적 경구에 수미쌍관구조가 있다는 것을 확인하고 7:6후반부에 돼지와 개들에 대한 언급을 반복했다: 개 (A) – 돼지 (B) – 돼지가 짓 밟음 (B') – 개가 찢음 (A'). 개들이 찢고 돼지가 짓밟는 것이지 그 반대가 아니다. 그러므로 번역에서 이것을 분명히 하는 것이 가장 좋다. 다음을 보라, Davies and Allison, *Matthew 1-7*, 677; McKnight, *Sermon on the Mount*, 237; Grant R. Osborne, *Matthew*, ZECNT 1 (Grand Rapids: Zondervan, 2012), 260.

15 7:1-2의 2인칭 복수 대명사("너희")가 7:3-5에서 단수형으로 바뀐다. 이것은 편집의 흔적이거나 (Hagner, *Matthew 1-13*, 168), 일반적인 원리를 넘어서는 개별 상황을 나타내는 것이다(France, *Gospel of Matthew*, 273). 이는 **케랄 우페랏** 구조를 확증한다.

거하려 하는 인상적이면서도 재미있는 예로 제시된다. 이 이미지는 실제 목공소에서 나란히 서서 일하는 두 형제를 연상케 한다(13:55의 "목수의 아들"인 예수님을 참조). 이는 기독교 공동체에 폭 넓게 적용할 수 있는 개념이다.

7:2에서 논의 한 것처럼 티끌-들보의 문제는 그리스도인이 다른 사람의 옳고 그른 것을 절대 분별 하면 안된다는 것을 말하려는 것이 아니다. 오히려 제자가 자신이 장님인 것과 옳게 심판할 능력이 없다는 것을 알지 못하면서 분별하고 있다는 것을 묘사한다. 실제로, 7:5은 다른 사람의 들보를 발견하고 그것을 제거하는 데 도움을 주려는 상황을 상상해 말한다. 그러나 들보가 있는 눈이라는 극단적인 예는 이 말씀의 강조점이 들보를 제거하는 것 보다는 다른 사람을 평가하고 있는 자기를 인식하는 것에 있음을 시사한다. 도날드 해그너는 "명백한 함의는 자기 자신의 잘못에 대한 인식이 … 타인에 대한 심판을 더욱 자비롭게 만들 것이다"라고 말하며 이를 7:1-2과 연결한다.[16] 이 구절은 겸손하게 자신을 시험하고 자신의 잘못을 인식하고 회개하라는 내재적인 부름을 갖는다. 그런 다음에라야 모든 것들을 명확하게 볼 수 있다.

예수님은 강력한 산상수훈의 단어인 "외식하는 자"를 사용해 자기 자신의 잘못에 대한 인식없이 타인의 들보에 초점을 맞추는 세상에 존재하는 방식을 정죄한다(7:5). 이는 "외식하는 자"가 외부 사람이 아니라 제자에게 적용되는 산상수훈 (또는 마태복음 전체)의 유일한 경우이다.[17] 마

---

16 Hagner, *Matthew 1-13*, 170.

17 호격 "너 외식하는 자"로 바뀐 것은 제자보다 바리새인들에게 말하고 있다는 가능성을 더 크게 한다(산상수훈의 청중 인지에 대한 마5:1-2의 논의를 참고하라). 그러나 전체 산상수훈과 그 마지막과 배경이 모든 독자들 특히 기독교인들에게 주어지고 있기 때문에 이 차이에 대해서 너무 큰 의미를 부여해서는 안된다. 그럼에도 불구하고, 만약 바리새인들이 이 청중에 포함된다면, 7:1-5의 첫 사례에 등장하는 명령의 요지는 바리새인들이 예수님 자신과 그의 추종자들을 잘못 심판하지 말아야한다는 것이다. 그러나 원래의 역사적 배경과 관계없이 마태복음의 산상수훈에서 우리에게 주어진 것은 기독교인 독자들에게 양식화되고, 적절하며, 적용된 메시지임을 항상 기억해야 한다. 타인에 대한 사실을 분별 할 때 스스로를 자각하라는 메시지는 일반적으로 예수님 시대의 바리새인들과 그 이후의 모든 기독교 독자들에게 완전히 적용될 수 있기 때문에

태복음 6장에서 이 단어는 전체성과 완료성이 없는 경건을 소유한 자를 묘사하는 중요한 용어였다(6:1-21). 마태복음 23장은 이 같은 사람들은 다른 사람들의 찬양을 받기 위해 사는 서기관들과 바리새인들과 같은 자들이라고 정의한다(23:5-7). 그리고 율법의 외적인 복종과 마음의 의도 사이의 불일치를 보이는 위선자들이라고 정죄한다(23:13-36).[18] 자신의 잘못을 알지 못하면서 다른 사람들을 평가하고 그들을 비난하는 제자들의 모순을 같은 용어로 경고하는 것은 당연하다(참조, 야 1:26; 3:9-12). 이 외식은 산상수훈의 전체성이라는 주제의 또 다른 한 예이다. 의는 자신의 내적 사람과 외적인 행동 사이의 일관성을 요구한다. 자신의 마음을 먼저 살피지 않고 다른 사람의 상태를 판단하는 것은 엄밀히 말해 일종의 이중성이기 때문에 위험하며 사람을 죽일 수도 있는 일이다.

이 단락에는 한가지 더 해석상의 어려움이 있는 말씀이 있다. 근본적으로 마태복음 7:6은 많은 해석적 가능성을 가진 은유적 명사들인 거룩한 것, 개, 진주, 돼지를 사용하기 때문에 그 의미가 선명하지 않다. 시적 용어를 사용하는 것은 고도로 압축된 경구의 본질이다; 간결하지만 의도가 항상 선명하진 않다. 긍정적으로 말하자면 이것은 시적이고 속담적인 말의 아름다운 본질이다: 그들은 많은 적용을 가능하게 한다. 이 본문의 경우도 마찬가지이다.

교회 초기에는 예수님의 이 특별한 가르침을 외부인들이 성찬에 참여하지 못하도록 하는데 적용하기도 했다. 디다케 9.5에 의하면 주님의 이름으로 침례를 받지 않은 사람들은 성찬을 받아서는 안된다, 왜냐하면 이는 개에게 거룩한 것을 주는 것이기 때문이다. 마태복음 7:6을 이렇게

본문의 내용을 얇게 잘라 적용할 필요는 없다.

18 마태복음23장의 화에 대한 각각의 이미지는 (이는 마태복음 5 장의 마카리즘과 의도적으로 대칭된다, 5장 참조) 모두 이 내적 대 외적 전체성의 결여에 해당한다. 이를 가장 명백하게 나타내는 은유의 쌍은 잔과 그릇(23:25-26), 그리고 회칠한 무덤(23 : 27-28)이다.

적용하는 것은 적절하다. 하지만, 이 인상적인 말씀에 대한 다른 적용 가능성을 제한해서는 안된다.

마태 당시의 "개"(헬. 큐온)는[19] "돼지"(헬. 코리로스)와 마찬가지로 확실한 경멸의 용어였다. 이 경멸의 단어는 본문에서도 같은 의미로 사용된다. 이들은 유대인과 비 유대인의 용례 모두에서 멸시 받는 사람들을 묘사한다. 정하고 부정한 동물에 대한 강한 전통적 개념을 지닌 유대인에게 이 용어는 그들의 어휘 중에서 가장 비참한 표현이다.[20] 마찬가지로 "거룩한 것"과 "진주"는 서로 평행을 이루며 서로의 의미를 덧칠한다. 초기 유대교에서 "진주"는 종종 가치 있는 가르침 혹은 탁월한 생각을 의미하기에[21] 본문의 "거룩한 것"을 가치 있는 말이나 훌륭한 생각을 나타내는 것으로 해석 할 수 있다.[22] 분명히 "진주"와 "거룩한 것"은 멸시 받는 "개"와 "돼지"와 대조적으로 귀중한 것을 나타낸다.

질문은 여전히 남아 있다. 예수님의 속담적 지혜인 이 말씀은 무엇을 말하고자 하는가? 맥나이트는 N. T. 라이트를 따라 "개"와 "돼지"는 이방인을 가리키며, 이 말씀은 10:5-6의 "이방인 선교를 촉발한 예수님의 부활, 지상명령, 승천, 오순절 사건 이전까지 금지되었던 이방인 세계에 대한 복음과 천국 비전 전파"를 의미한다고 제안한다.[23] 그러나, 오히려 이

---

19 마태복음 전체를 볼 때 흥미롭게도 15:21-28의 가나안 여인 이야기가 본문과 평행함을 볼 수 있다. 이 외인은 돌려서 "개"라고 표현된다. 이 두 구절에는 "개"라는 의미를 가진 서로 다른 용어가 사용되므로 그 연결성이 즉각적이지는 않다. 그럼에도 불구하고, 두 용어는 여전히 작고 비인간적인 의미를 전달하며, 두 본문 간의 개념적 평행의 연결성을 가능하게 한다. 7:6과 15:26에서 이 단어는 일반적으로 "집 개나 애완용 개"(헬. **쿠나리온**)에 반대되는 "거리 또는 농장의 개"를 가리킨다(BDAG, s.v. **쿠니라온**).

20 Ulrich Luz, *Matthew 1-7: A Commentary*, rev. ed., trans. James E. Crouch, Hermeneia (Minneapolis: Fortress, 2007), 419.

21 *TDNT* 4:472-73.

22 또 다른 흥미로운 마태복음내의 평행구는 "진주"를 재사용하는 13:45-46이다. 천국은 이같이 값진 가치를 가지고 있어서 이 위대한 진주를 얻기 위해 다른 모든 것을 파는 것이라고 묘사한다.

23 McKnight, *Sermon on the Mount*, 238. 나는 루츠, 퀄스 등의 다른 학자들과 함께 이 해석은 이미 마태복음의 처음부터 흐르고 있는 이방인의 포함이라는 주제와 어울리지 않는다고 생각한다. Luz, *Matthew 1-7*, 355; Quarles, *Sermon on the Mount*, 292를 보라.

본문은 천국 메시지와 그 지혜를 믿지 않는 유대인들과 논쟁하며 시간을 낭비하지 말라는 의미를 갖는다.[24] 마태복음10:14에서 제자들은 그들을 받아들이지 않는 사람들에게서 떠나 발의 먼지를 털어 버리라는 명령을 받는다. 이 해석은 계시-분열 주제를 중심으로 하는 마태복음의 다른 구절들에 의해 설명 된다: 예수님은 하나님의 지혜를 계시한다, 그리고 이 계시는 모든 사람들을 –인종에 관계없이– 믿고 따르는 사람들과 그렇지 않은 사람들로 분리하는 결과를 가져온다. 다른 곳에서 마태는 역설적이고 예리하게 믿지 않는 유대인(특히 바리새인)을 가리켜 "이방인"이라고 한다(예. 18:17). 여기에서도 이방인들을 조롱하는데 사용되는 일반적 용어인 "개"와 "돼지"는 예수님과 그의 제자들을 적대하는 믿지 않는 유대인(혹은 이방인)을 가리키는데 사용된다. 따라서, 이 구절을 이렇게 바꿔 말할 수 있다: "너희 가르침을 외부인들에게 주지 말라, 그들이 너희와 그 가르침을 경멸하며 거절할까 하노라."

마태복음 7:6의 직접적인 역사적 배경을 좀 더 살펴 그 의미를 분별할 수 있다. 이 말씀은 종교적 문화적으로 회당과 성전에 여전히 연결되어있는 초기 유대 기독교인들에게 더 직접적으로 필요한 단어였을 가능성이 높다. 모든 말씀이 기독교 독자들에게 더 광범위하고 영구적으로 적용되지만, 이 구절은 일차 독자인 초기 유대인 기독교인들의 현실 문제와 매우 관련성이 높은 실용적인 것이었음이 분명하다.

7:6에 관한 마지막 문제는 그것이 산상수훈의 문예적 구조와 어떻게 부합하는 가이다. 7:3-5과 7:6 사이의 연결성을 즉시 식별 하기는 어렵다. 많은 번역 및 주석가들은 아무런 연관성을 찾지 못하고 구절들을 분리한다. 그러나, 앞선 언급한대로 7:6은 7:1-12단락의 주제인 올바르게

---

24 루터를 포함한 여러 주석가들이 이 해석을 지지한다. 특정 유대인 문헌과 오랜 기독교전통에 뿌리를 둔 대안적인 해석은 일부 특정한 기독교의 가르침과 실천은 외부의 사람들에게 숨겨져야 한다는 것이다. **디다케.** 9.5의 해석은 이와 일치한다. Davies and Allison, *Matthew 1-7* , 676의 토론을 보라.

평가하기와 완전히 들어맞는다; 제자들은 그들이 "개"와 "돼지"를 다루고 있는지를 분별/심판해야 한다.

그럼에도 불구하고, 7:6은 7:3-5의 은유인 티끌-들보-눈과 너무 다르며 부드럽게 이어지지 않는 것처럼 보인다. 그러나 연결점이 있다. 7:6은 7:3-5의 교훈에 균형 잡힌 지혜를 제공한다. 다른 사람들의 잘못을 분별함에 있어 7:3-5이 주저함과 추가적 주의를 강조한다면, 7:6은 어리석게 되고 분별하지 못하는 자가 되지 않도록 균형 추 혹은 평형 장치 역할을 한다. 데일 알리슨은 이것을 7:1-5을 극단적으로 적용하지 않도록 경계하는 역할을 하며 "도덕적 균형"을 위해 주어진 게마라 (주석 또는 분석)이라고 부른다. 제자들은 항상 다른 사람을 평가할 때 조심해야하지만, 신성한 것에 관해서는 느슨하게 해서는 안된다. "형제의 잘못을 덮기 위해 항상 외투를 던져서는 안된다. 모든 상황에 온유함으로 자비를 베풀어서는 안된다."[25]

마태복음 7:7-12: 세상과 관련한 더 큰 의 (결론)

마태복음 7:7-11

7 구하라 그리하면 너희에게 주어질 것이요. 찾으라 그리하면 너희가 찾을 것이요. 두드리라 그리하면 문이 너희에게 열릴 것이니라. 8 구하는 모든 이가 받을 것이요, 찾는 모든 이가 찾아낼 것이요, 두드리는 모든 이에게[26] 열릴 것이니라. 9 너희 중에 아들이 빵을 달라 하는데 돌을 주는 사람이 없지 않겠느

---

25 Davies and Allison, *Matthew 1-7*, 674. France, *Gospel of Matthew*, 273. Cf. 2 Cor. 6:14-18.

26 "모든 사람"을 의미하는 헬라어 **파스**는 여기에서 사용 된 세개의 분사 모두를 다스린다-구하고, 찾고, 두드리는 사람. 나는 대부분의 영어 번역과는 달리 매번 "모든 사람"을 반복하여 이 사실을 분명히 했다.

냐? 10 또는 아들이 생선을 달라 하는데 그에게 뱀을 주는 사람이 없지 않겠느냐?[27] 11 그러므로, 악한 너희라도 너희 자식에게 좋은 선물을 줄 줄 알거든, 하늘에 계신 너희 아버지께서는 얼마나 더 많이 그에게 구하는 자에게 좋은 선물을 주시지 않겠느냐?

모든 산상수훈의 부분들과 마찬가지로 이 구절들 역시 여러 겹의 구조적 동심원 내에 존재한다. 그리고, 어떤 수준에서 논의되는지에 따라 조금씩 다르게 기능한다. 가장 안쪽 원에서 이 구절들은 7:1-2에서 언급된 적절하고 지혜로운 분별에 관한 일반적 법칙의 두번째 설명 혹은 적용이다. 더 넓은 차원에서 이 구절은 산상수훈 중앙 부분(5:17-7:12)의 세 번째이자 마지막 단락(6:19-7:12)의 일부분이다. 이 넓은 차원에서 이 구절들은 제자들의 세상(물질과 사람)과의 관계에 대한 더 나은 의의 주제에 적용되는 일관된 요소들을 가지고 있다. 예를 들어, 6:19-7:11의 "작은 ~ 보다 너희가 크다"는 논지가 나타난다. 또한, 7:7-11은 6:25-34과 동일하게 ("찾으라"는 가르침을 포함해) 하늘에 계신 아버지께서 그의 자녀의 모든 필요를 공급하실 것이라는 기본적인 주장도 포함한다.

하지만, 7:1-12에 모아진 말씀들의 일관성과 연속성은 앞선 산상수훈의 단락들과 완전히 같지는 않다. 7:1-12의 말씀 사이에 연결점이 있는지 여부와 그 연결점이 무엇인지에 대한 학자들의 견해는 다양하다.[28] 6:19-34를 논의 할 때 언급 한 것처럼 알리슨은 6:19-7:11에는 하나의 금

---

27 7:9-10에 대한 나의 번역은 대부분의 번역과 다소 다르다. 각 구절의 후반부에 사용된 헬라어 구조가 질의에 대해 부정적인 답을 기대하기 때문이다(헬라어 메를 사용한다). 번역상에서 이것을 분명하게 가져 오는 것이 매우 중요하다. 두 구절의 주어-"너희 중에 누구"-가 그 자체로 의문문이기 때문에 의역 없이는 쉽지 않다. 헬라어에서는 쉽지만 번역하려면 순서를 변경해야한다.

28 알리슨이 조사한 여러 가능성들은 다음과 같다: (1) 구하고 찾는 것은 7:1-6을 올바르게 따르기 위한 지혜이다. (2) 제자가 다른 사람들을 향하여 행동하는 방식(7:1-6)과 하나님이 사람들을 다루시는 방법의 비교이다(7:7-11). (3) 황금률(7:12)을 소개하기 위해 고안된 별도의 단락이다. 다른 가능성들도 Davies and Allison, *Matthew 1-7*, 678에 언급되어 있다.

지 명령과 뒤 따르는 두 가지 짧은 비유 또는 은유(6:19-24과 7:1-6)의 패턴이 반복된다고 제안한다. 두 단락 모두 하늘에 계신 아버지의 보살핌에 대한 매우 비슷한 격려의 말(6:25-34과 7:7-11)이 나타난다.[29] 알리슨은 이를 제자들에게 주어진 높은 요구들 중간에 높은 격려의 내용들을 끼워 넣음으로써 명령과 도움의 은혜의 균형을 맞추는 것으로 생각한다.[30]

알리슨의 제안은 많은 장점이 있다. 덧붙이고 싶은 것은 흩어져 있는 평행한 구절들 뿐만 아니라 "심판/올바른 평가"의 주제가 7:1-12을 함께 묶고 있다는 것이다. 더불어 고대 문학 및 수사학과는 거리가 먼 현대 독자들은 자신의 감각을 너무 빨리 신뢰해서는 안된다. 우리는 현대와 고대 사이의 문화적 거리의 문제에 직면 할 수 있다; 우리에게 일관성이 없는 것으로 보이는 것이 원저자와 원독자에게는 문제될 것이 없었을 가능성이 많다.

7:7-11은 산상수훈과 신약 전체에서 가장 큰 격려와 희망을 주는 부분 중 하나이다. 제자들은 단순히 전능한 신이 아니라 선하고 돌보시는 아버지로서의 하나님과 관계를 맺으라는 초대를 받는다. 그리고 이에 근거하여 확신을 가지고 자신의 필요 충족을 위해 하나님을 찾으라는 직접적인 권유를 받는다.

이 말씀의 논리는 산상수훈의 독자들에게 익숙하다: 일반적인 말씀이 주어지고(7:7), 예를 통해 그 이유나 근거를 뒷받침 한다(7:8-11). 제자들은 그들의 필요를 위해 구하고, 찾고, 두드리라고 부름 받는다(7:7). 이 시적인 삼중 초대는 잊을 수 없을 만큼 따뜻하다. 예수님은 이 권유에 확

---

29 Dale C. Allison Jr., *Studies in Matthew: Interpretation Past and Present* (Grand Rapids: Baker Academic, 2005), 187-93. 또한, Davies and Allison, *Matthew 1-7*, 626를 보라. 690쪽에서 알리슨은 이 두 구절을 이란성 쌍둥이라고 표현한다.

30 알리슨은 "[명령을 수행하기에 부적절한 상태에 있는] 독자의 혼란을 예상하는 민감한 저자는 천국에 계신 아버지의 선하심을 나타내고, 구하고, 찾고, 두드리는 일에 대해 안심이 되도록 글을 쓰려 한다"라고 말한다 (Davies and Allison, *Matthew 1-7*, 690).

신을 불어 넣는 근거를 제시한다. 왜 제자들은 확신을 가지고 자신의 필요를 채워달라고 하나님께 간구해야 하는가? 왜냐하면 구하고 찾고 두드리는 모든 사람은 그들이 필요한 것을 받기 때문이다. 이 말씀은 산상수훈의 장르인 지혜 전통을 연상시킨다.[31] 이 장르에 비추어 볼 때 놀라운 것은 아니다. 또한 6:33의 "그의 나라와 그의 의를 구하라"는 명령을 상기한다.[32]

그러나, 강한 어조나 오랜 간구는 기도 응답의 비결이 아니다(눅 11:5-8, 18:1-8 참조), 오히려 하늘에 계신 아버지의 친절한 성품이다. 산상수훈 중앙에 위치한 중요한 주기도문은 하나님을 사람들이 구하기 전에 그들의 필요를 알고 있는 분으로 묘사하며(6:8), 하나님께 어린 아이 같이 의존하여 구하라고 묘사한다(6:9-11). 7:7-11도 마찬가지이다.[33] "작은 ~보다 너희가 크다"라는 익숙한 논지를 사용하여 인간 아버지가 하늘 아버지와 비교된다. ("악한 자"라 묘사된) 일관성이 없고 흠이 많은 아버지라도 본성적으로 자녀에게 좋은 선물을 줄 것이 분명한데, 하늘에 계신 아버지가 그보다 못한 것을 제자들에게 주시겠는가? 누가복음 11:11-13과 비교하면 마태복음의 주제는 선이나 성령(눅 11:13)에 대한 전반적인 개념 요약이 아니라(눅 11:13), 제자들의 일용한 필요에 대한 하나님의 공급, 즉 제자들과 세상 물질 사이의 관계이다. 또한 마태복음 6:25-35에서 논의한 바와 같이 지혜문헌으로서 이 말씀은 하나님의 자녀가 결코 고통을

---

31 잠언8:17(1:28참고)과 **지혜서**.6:12의 지혜를 구하는 개념을 참고하라. 또한 기도의 문맥에 있는 예레미야 29:12-13 (LXX 36:12-13)에서 하나님의 백성들이 받은 약속인 "전체 마음으로" 그를 구할 때 그를 찾을 것이라는 것도 참고하라.

32 퀄스는 그의 전형적인 철저하고 사려 깊은 방법으로 7:7-11이 주로 육체적인 필요를 충족시키기 위해 하나님을 구하는 그리스도인에 관한 것이 아니라 6:33과 같이 "천국에 들어가기 위한 은혜로운 하나님에 대한 호소"라는 긴 주장을 펼친다. 그의 주장에 많은 통찰력이 있지만 충분히 설득력 있지 않으며, 이 본문을 종말론적 나라 또는 아버지의 육체적 필요에 관한 이야기로 읽는 것이 필요한지에 대해서도 확신할 수 없다. 두 해석 모두 유익하다. Quarles, *Sermon on the Mount*, 296-308 (인용은 299 쪽)을 참조하라.

33 이것이 일부 학자들에게 주기도문이 중심이고, 7:7-11이 주기도문에서 시작된 단락의 결론이라고 보는 한 이유이다.

겪지 않을 것이라는 절대적이고 보편적인 약속을 하는 것이 아니다, 오히려 하나님의 성품과 세상에 존재하는 방식에 대한 우리의 이해를 형성하는 희망적인 비전을 던진다.[34]

독립된 지혜 말씀으로 생각하면 7:7-11은 강력하고 효과적인 조각이다. 산상수훈의 전반적인 구조 안에서, 제자들은 하나님의 본성을 아버지와 베푸시는 분으로 올바르게 재고하고 평가하도록 부름 받는다. 이런 점에서 올바르게 심판하기/평가하기라는 주제와 묶인다. 그는 신뢰할만한 분이시기에 그렇게 심판/평가 되어야 한다.

마태복음 7:12

12 그러므로 모든 것에서, 무엇이든지 다른 이가 너희에게 또는 너희를 위하여 행하여 주기 원하는 대로 너희도 다른 이를 대접하라,[35] 이것이 율법이요 선지자이기 때문이니라.

잘 알려진 7:12의 황금률은[36] 여러 가지 이유로 산상수훈의 절정에 해당하는 중요한 구절이다. 산상수훈의 여러 기억할 만한 말씀 중 하나이며 기독교인의 자기 이해에 영향을 끼친 동시에 기독교의 벽을 넘어 더 넓은 문화에 전파되었다. 다른 사람들을 사랑으로 대하라는 가장 단순하고 포괄적인 형태로 요약할 수 있는 이 말씀은 기독교 안과 밖에서 예

---

34 이 주제에 관한 역사적 해석을 Luz, *Matthew 1-7*, 359-61에서 보라.

35 여기에 주목할 두 가지 주요 번역 결정 사항이 있다. 첫째, "너희에게 또는 너희를 위해"는 의미가 중첩되고 모호한 헬라어 휘민이 전달할 수 있는 두 가지 개념을 적절히 표현한다. 헬라어 용어의 잠재적 이중 의미 모두를 표현할 수 있는 하나의 단어를 찾기 어렵기 때문에 부정적인 의미에서 ("너희에게") 행해진 일과 긍정적인 의미에서 ("너희를 위해") 행해진 일이라는 더 풍부한 표현으로 번역하였다. 둘째, "다른 이가 너희에게 또는 너희를 위하여 하여 주길 원하는 대로 … 다른 이를 대접하라"는 불행히도 헬라어 동사의 평행법을 드러내지 못하지만 반복으로 인해 길어진 문장을 훨씬 더 매끄럽게 만든다.

36 이 이름의 기원에 대한 의견 차이가 있다. 프란스는 3세기 로마 황제인 알렉산더 세베루스의 이야기를 다시 언급한다. 알렉산더 세베루스는 기독교인이 아니지만 삶의 방식에 대한 이 말씀에 감명을 받아 이를 그의 방에 금으로 새겨 넣었다(France, *Gospel of Matthew*, 284). 베츠와 키너편에 있는 퀄스는 이것을 거부하고 중세시대에 만들어진 이름이라고 본다(Quarles, *Sermon on the Mount*, 306).

수님의 마음 자세로 인식된다. 기독교인과 비기독교인 모두에게 대인 관계에 관한 예수님의 가르침의 요약으로 오랫동안 유익을 주었다. 시간과 공간을 가로 질러 미국 켄터키주의 안전 운전 과정의 마지막 문구에도 적용되었다 – "당신이 대접받기 원하는 대로 다른 운전자를 대접하라."

또한, 마태복음 7:12은 산상수훈의 구조, 흐름, 그리고 비전의 절정이자 핵심이다. 이 구절은 여러가지 구조적인 역할을 한다. 서로를 공정하게 평가하라는 명령을 요약하고(7:1-11), 세상과 관련한 더 나은 의에 대한 주제의 결론을 내린다(6:19-7:11). 더 넓게는 산상수훈 중앙 부분의 마침 역할을 한다(5:17-7:12). 접속어(판타 운)은 이 말씀을 7:10만이 아니라, 더 넓은 구조 단위와 연결한다. 이 종합적 개념을 전달하고자 "그러므로 모든 것에서, 무엇이든지"라고 번역하였다. 산상수훈의 더 넓은 부분과의 연관성은 주제뿐만 아니라 반복되는 단어에서도 드러난다: 7:12의 "율법과 선지자"는 5:17요약문의 "율법과 선지자"와 연결되며 산상수훈 중앙 부분의 결론을 내린다.[37]

산상수훈의 가르침 안에서 황금률의 의미에 대한 두 가지 관찰이 있다. 첫째, 전통적-역사적 관점에서 볼 때, 예수님의 이 종합적인 말씀은 유대인 성경과 그들의 전통과 중대한 연속성을 갖는다. 특히 황금률은 이웃을 자신처럼 사랑하라는 두 번째 큰 계명에 대한 지혜 말씀으로 이해할 수 있다. 십계명에 대한 전통적인 요약이면서, 율법을 요약하는 가장 큰 계명("하나님을 사랑하고 이웃을 사랑하라")의 두번째 부분은 하나님의 율법의 가장 높은 목표를 효과적으로 표현한다(마태복음 22:34-40).[38] "다

---

37 5장의 산상수훈의 구조를 보라. 이 두 구절이 인클루지오라 여겨지기 쉽지만 아마도 누군가는 "율법이나 선지자"(5:17)와 "율법과 선지자"(7:12)간에 어떤 차이가 있는지를 물을 수 있다. 명시적 의미에는 차이가 없다. 두 구절은 서로 연계하여 유대인 성경의 이 두 측면을 그려준다. 5:17의 분리는 "내가 율법이나 선지자를 폐하러 온 줄로 생각하지 마라"라는 부정적인 진술 때문이다.

38 또한, 마22:34-40에서 볼 수 있듯이, 6:1-21은 십계명의 첫번째 돌판(하나님과의 관계)의 성취, 그리고 6:19-7:11은 두번째 돌판(다른 사람들과의 관계)을 성취하는 것으로 볼 수 있다. Osborne, *Matthew*, 263을 보라.

른 이가 너희에게 하여 주길 원하는 대로 너희도 다른 이에게 행하라." 이는 유익하고 기억하기 쉬운 속담 형태의 말씀이다. 유대인 전통의 힐렐은 비슷한 격언을 부정적인 형태로 말한다: "너희가 싫어하는 것을 네 이웃에게 행하지 마라. 그것이 전체 토라이며, 나머지는 그에 대한 주석이다."[39]

이것이 마태복음이 말하는 황금률이 "율법과 선지자이다"라는 말씀의 의미를 가장 잘 설명한다. 즉, 이 지혜 말씀은 모든 성경 말씀을 성취하는 것이 무엇인지를 적절히 요약한다. 적어도 대인 관계와 관련하여는 그렇다. 이 이해 방식에 대한 확신을 바울의 두 진술에서 찾아 볼 수 있다. 이 마태복음의 말씀을 상기시키는 바울의 진술은 그가 받은 예수님 말씀 전통을 반영하였을 가능성이 높다. 먼저, 갈라디아서 5:14에서 바울은 이렇게 말한다: "온 율법은 '네 이웃 사랑하기를 네 자신 같이 하라' 하신 한 말씀에서 이루어졌나니." 로마서13:8에서 바울은 "피차 사랑의 빚 외에는 아무에게든지 아무 빚도 지지 말라 남을 사랑하는 자는 율법을 다 이루었느니라"라고 명한다. 바울의 예수님 말씀 전통에 대한 이러한 반영은 마태복음 말씀에 내재된 의미를 보도록 도와준다 - "율법과 선지자를 이루다"라는 5:17의 말씀이 같은 개념을 짧게 줄인 형태로 7:12에 반복된다.[40] 22:34-40도 이 두 가지 큰 계명을 묘사하며 "율법과 선지자"라는 표현을 다시 사용한다: "이 두 계명이 온 율법과 선지자의 강령이니라"(22:40).[41]

---

39 힐렐에게 접근하는 이방인 이야기를 담고 있는 b. 안식일 31a를 보라. 위에서 언급한 힐렐의 말대로 자신이 한 발로 서 있는 동안 토라 전체를 그에게 가르칠 수 있다면 그가 개종할 것이라고 말한다. 유대인 문헌에도 여러 가지 평행구들이 있다. Davies and Allison, *Matthew 1-7*, 678을 보라.

40 알리슨은 7:12을 "가장 기본적이거나 중요한 율법의 의무이다. 토라를 대체 하는 것은 아니지만, 그 참된 목적을 표현한다"라고 말한다(Allison, *Studies in Matthew*, 194n44).

41 이것은 율법에 대한 선지자적 읽기 라고도 할 수도 있다. 즉 율법을 선지자처럼 올바르게 해석하는 방법으로 외적 순종 뿐만 아니라 내적 인간과 사랑에 초점을 맞추는 것이다. 사 29:13; 렘 31:31-34; 겔 11:19; 36:26; 호6:6을 참조하라.

두 번째 관찰은 이 책에서 논의 된 윤리와 미덕보다 광범위한 주제와 관련이 있다. 황금률은 규칙을 기반으로 하는 윤리보다 미덕에 기반하는 윤리의 전형적인 예이다. 이는 유대인 전통과 아주 멀리 떨어져 있는 도덕 철학에서 황금률과 현저하게 비슷한 말이 발견되는 이유를 설명한다.[42] 마태복음 7:12은 세상에 존재하는 방식을 아름답게 요약하며 어떤 많은 규칙이나 규정도 이를 아우를 수 없고 넘어설 수 없다. 황금률은 규칙이 아니라 비전이다(아마도 "황금 비전"이 더 좋은 표현 일 수 있다). 이는 다른 사람들과 관계를 맺는 방법에 대한 비전을 제시함으로써 미덕에 초대한다. 이런 의미에서 황금률은 텔레이오스(5:48)를 표현하는 또 다른 방법이다. 그리고 "더 나은"와 전체 율법의 성취(5:17-20)로 이해될 수 있다.[43]

마태복음 7:1-12과 인간의 번영

산상수훈의 지혜서 본질과 인간 번영의 초점에 대한 이 책의 주장이 옳다면, 산상수훈의 주요 가르침의 마지막 부분에서 같은 주제가 발견되는 것은 놀라운 일이 아니다. 이 구절은 선한 삶을 향한 명령에 기반하여 세상에 존재하는 한 방식을 묘사한다. 선택의 결과는 심판에 이르거나(7:2), 찢겨지고 짓밟히거나(7:6), 혹은 우리가 대접 받기 원하는 대로 대접 받는 것(7:12)이 될 것이다. 이 모든 것은 산상수훈의 나머지 부분과 마찬가지로 비전을 제시하고 제자들을 잘 사는 삶이라는 넓은 공간으로 초대한다. 이 초대는 모든 인간이 원하는 진정한 행복과 번영에 대

---

42 평행되는 개념들이 헤로도투스, 이소크라테스, 공자등에게서도 발견된다. Craig S. Keener, *The Gospel of Matthew: A Socio-Rhetorical Commentary* (Grand Rapids: Eermans, 2009), 248을 보라.

43 마5:48이 바로 앞선 단락(5:43-47)뿐만 아니라 5:17-47을 요약하는 것처럼, 7:12도 같은 역할을 한다고 볼 수 있다. 그리고, 5:21-47이 말하는 토라의 최종적이고 절정의 해석이 다른 이들을 사랑하는 것이라는 점은 우연이 아니며, 5:48과 7:12 사이에 평행과 또다른 연결점을 만든다.

한 자연스럽고 좋은 본능에 대한 호소이다. 그리고 이 본능에 기반하는 일상 생활에 영향을 미치는 실용적인 지혜(프로네시스)로의 초대이다. 이 인상적이고 보편 적용 가능한 격언 모음집은 그리스-로마 미덕 전통과 제2성전 유대인의 지혜 문헌과 공통된 맥락에 있으며 인간 번영이라는 커다란 질문에 대한 예수님의 답이다

개요

이제 산상수훈의 결론에 도달했다. 결론부는 삼중 구조로 구성되며 그에 맞추어 세 가지 은유로 이루어진다. 이 세 가지 은유(7:13-14, 15-23, 24-27)는 서로 다른 세 가지 이미지를 제공하지만 함께 묶여 산상수훈 전체 강화의 요점을 완성한다. 이 세가지 은유들의 유대는 세 가지 방식으로 나타난다. 첫째, 산상수훈의 중심 주제인 외적 모습과 내적 실제의 다름이 모든 은유에 일관되게 나타난다. 둘째, 세 가지 은유를 관통하는 "두 가지 길"이라는 주제가 있다. 이 두 가지 길은 청중들에게 예수님의 가르침을 주의 깊게 들어야 하고 그에 순종의 반응을 보여야 함을 생각하게 한다. 두번째와 밀접하게 관련된 세번째 일관된 주제는 하늘 나라에 들어가기 위해 필수적인 "하나님의 뜻을 행함"이다.

첫째, 이 세가지 이미지는 산상수훈 전체에 걸쳐 보여지는 미덕적 전체성 대 이중성의 대조 주제 위에 세워져 있다. 외적 모습만으로는 참으로 선한 사람인지, 즉 (외적 모습과 내적 실제의) 전체성을 가지고 있는 사람인 지 알 수 없다. 이 대조를 비현실적인 세 가지 예가 묘사한다. 크고 넓으며 편안한 길은 대부분의 여행자들을 끌어들이기에 매력적이다. 하지만, 예상과는 다르게 그 길은 파멸로 인도한다(7:13-14); 거짓 선지자들은 귀신을 쫓아 내고 예수님의 이름으로 위대한 일을 행하지만, 실제로는 양의 옷을 입은 늑대이다(7:15-23); 모래 위에 세워진 눈에 띌 정도로 좋은 집은 폭풍과 홍수가 올 때까지 바위 위에 세워진 집과 전혀 달라 보이지 않는다(7:24-27). 따라서, 이와 같은 산상수훈의 결론은 텔레이오스함을 통한 마카리오스함이라는 중심 주제를 계속 이어간다. 이에 더하여 잘못된 길과 잘못된 소리로 인도될 수 있는 가능성에 대한 위급성의 주제도 언급된다.[1]

이러한 위급성은 7:13-27의 또 다른 주제인 "두가지 길"과 묶인다. 이 주제는 산상수훈 이전 시대과 동시대의 지혜 명령 문헌에서 흔히 볼 수 있다. 구약에도 많은 예가 있다. 신명기 30:15-20에서 모세는 하나님의 백성에게 삶과 죽음, 선과 악 중에서 하나님의 길을 걷도록 명령했다. 이 개념은 예레미야21:8등과 같은 선지적 명령에도 암시되고 되풀이 된다. 산상수훈 전반에 비추어 볼 때 특히 중요한 곳은 악인과 의인의 길과 삶을 대조하는 시편1편의 이미지이다. 주목할만한 것은 이 지혜의 시편이 산상수훈 서두의 마카리오스함에 대한 이해와(마 5:3-12) 산상수훈 결론부의 의로운 자와 사악한 자의 길의 대조(7:13-27)를 공유하고 있다는 점이다.[2] 이 두 가지 길에 대한 주제는 유대인의 전통과 초기 기독교 문헌

---

1 R. T. 프란스는 7:13-27을 "제자도의 의무에 대한 추가적 가르침이 아니라 결정을 촉구하는 종결부의 부르심"이라 묘사한다(R. T. France, *The Gospel of Matthew*, NICNT [Grand Rapids: Eerdmans, 2007], 282).

2 시편1편과 산상수훈 결론부와의 연결성은 다양하다. 산상수훈이 종말론적이며 예수님이 주시는 시편1의 확장이라는 실제 개념이 존재한다. 시편1편과 마태복음7:13-27은 청중을 지혜의 길로 초대한다(시1:1; 마 7:24); 두 길 또는 세상에 존재하는 방식을 대조한다(시1:1, 6; 마7:13-14); 열매 맺는 나무를 핵심 은유로

들, 특히 디다케(1-6)와 바나바의 편지(18:1-21:9)로도 이어진다.

　세상에 존재하는 두 가지 방법에 대한 수사학적 대조는 현자들, 선지자들, 그리고 설교자들 모두가 말하는 지혜에 대한 보편적 호소이다. "너희가 섬길 자를 오늘 택하라"(수 24:15)는 말씀은 종교적이든 아니든 어떤 면에서 모든 도덕적 명령에 숨겨진 의미를 포함한다. 예수님은 산상수훈에서 풀어놓은 참된 인간 번영에 관한 그의 가르침을 그의 독자들이 주의 깊게 고려하도록 명령한다. 이 명령이 필요한 이유는 예수님이 인간의 지혜를 넘어서는 내용을 가르치기 때문이다: 그의 명령은 신적 권위를 갖는 요구이다. 또한 예수님이 가르쳐 주시는 지혜의 내용은 단순한 자연적인 인간 지혜가 아니라 이전 것들을 뒤엎는 충돌을 만든다. 뒤집힌 마카리즘부터 경건의 재정의를 거쳐 돈과 심판에 관한 구체적 명령에 이르기까지 예수님이 가르치시는 지혜와 인간 번영을 위한 길은 인간의 사고와 개념에서 자연스럽게 흘러 나오는 것으로 그려지지 않는다. 그것은 세상에 밖에서 침입한 것이다. 이 침입에 대한 두가지 가능한 대응 방식이 날카롭게 대조된다.

　산상수훈 전체가 종말론적 위급성 문맥 안에 짜여져 있기 때문에 강화의 마지막에 경고를 더하는 것은 적절하다. 비아티튜드는 이 종말론적 분위기를 하늘 나라의 도래와 역전이라는 주제로 풀어낸다. 그리고 이 종말론적 초점의 주요 지점은 산상수훈의 중심인 주기도문에서 가장 분명히 발견된다. 그러므로 솔로몬이 그의 아들에게 준 단순한 잠언적 지혜처럼 인간의 힘으로 어떤 이의 선택에 영향을 주려는 것과는 다르다. 솔로몬보다 더 큰 자이며, 지혜자이며, 동시에 종말론적 선지자로서 예수

사용한다(시1:3-4, 마7:16-20); 최후의 심판과 악인과 의인을 분리한다(시1:5-6; 마7:13, 21-23, 26-27); 주님이 "아는" 사람들과 모르는 사람들을 대조한다(시1:6, 마7:23); 하나님의 계시를 듣고 중시하는 것을 강조한다(시1:2, 마 7:24). 시편1편과 마7:13-27의 연결성은 알리슨이 제안하는 신명기적 배경보다 훨씬 강해 보인다, 하지만 둘 중 어느 하나를 선택해야 할 필요는 없다. Dale Allison, *The New Moses: A Matthean Typology* (Minneapolis: Fortress, 1993; repr., Eugene, OR: Wipf & Stock, 2013), 190-91을 보라.

님은 인간의 지혜를 넘어서는 종말론적이고 나라를 뒤엎는 명령을 준다. 이런 이유로 산상수훈의 마지막은 위급성과 생명 혹은 파괴라는 위험성 높은 언어들로 마쳐진다.

7:13-27을 묶어주는 세 번째이자 마지막 방식은 마태복음과 산상수훈의 강한 주제인 하나님의 뜻을 행함이다. 앞선 4장에서 논의 된 바와 같이 전체 마음으로부터 나오는 의의 주제가 산상수훈 전반에 엮여 있다. 이는 외적으로만 순종하는 사람과 의로운 것처럼 보이려는 사람들은 하나님의 나라에 속한 자들이 아니요 서기관들과 바리새인들을 넘어서는 의를 실제로 가지고 있는 사람들이 하나님 나라에 속한 자들이라는 예수님의 가르침과 밀접하게 연결되어있다(5:20). 이 의를 설명하는 또 다른 방식이 "하나님의 뜻을 행하는 사람들"이다.[3] 이 언어가 사용되는 마태복음의 여러 곳과 더불어(12:50; 21:31; 또한 야고보서 2:14-26 참조), 산상수훈의 결론부도 이를 핵심 개념으로 사용한다. 이 주제는 참된 열매를 맺는 여부에 따라 선한 자와 악한 자를 정의하는 두 번째 은유(마 7:15-23)에서 가장 분명하게 나타난다. 이 은유는 단순한 말이나 (거짓)열매를 맺는 자가 아니라 "내 아버지의 뜻을 행하는 사람"만이 하늘나라에 들어간다는 분명한 7:21의 말씀으로 마친다. 이는 7:24-27의 최종적이고 절정의 은유에도 명백히 드러난다. 지혜로운자와 어리석은 자는 그들이 예수님의 말씀을 듣고 행하는지(7:24) 혹은 듣고 행하지 않는지에 따라 정의된다(7:26).[4] 이는 길을 걷는 은유를 사용해 삶의 방식을 대조하는 첫 번째 은유(7:13-14)에도 하나님의 뜻을 행하는 것과 동일한 강조가 함축되어

---

3 찰스 퀄스는 이 표현을 "구약의 계명과 예수님의 가르침, 특히 산상수훈의 가르침을 통해 표현된 하나님의 도덕적 뜻"이라 요약한다(Charles Quarles, *Sermon on the Mount: Restoring Christ's Message to the Modern Church* [Nashville: B&H, 2011], 333).

4 야고보서 2:14, 26과 이 구절의 공명은 쉽게 확인할 수 있다. 이 구절은 만약 믿음에 선한 일을 하는 손과 발이 없다면 이 단순한 "믿음을 갖는 것"은 충분하지 않다는 것을 강조한다. 또한, 두 아들의 비유를 생각할 수 있다(마21:28-32). 좋은 아들은 아버지의 뜻을 따라 행하는 자로 정의된다.

있다는 것을 알게 한다. 따라서, 같은 개념이 발견한다 – 의와 하늘 나라에 들어가는 것은 인지적 믿음의 집합 자체가 아니라(믿음도 여전히 중요하다), 세상에 존재하는 방법과 행동으로 정의된다.

마태복음 7:13-27: 결론: 종말론적 심판의 전망에 관한 세가지 경고

마태복음 7:13-14: 두 가지 길

13 좁은[5] 문으로 들어가라, 왜냐하면 멸망으로 인도하는 문은 넓고 그 길은 쉬워 그 문을 통하여 들어가는 사람이 많으니라. 14 그러나 생명으로 인도하는 문은 얼마나 좁고[6] 그 길이 얼마나 어려운지 발견하는 자가 적음이라!!

산상수훈의 결론은 세상에 존재하는 두 가지 방식, 즉 좁은 문과 넓은 문 그리고 쉬운 길과 어려운 길이 묘사하는 두 가지 삶의 방식의 대조에 의해 표시된다. 이 두 가지 대조적인 방식은 서로 반대되는 두 장소인 생명(7:14)과 멸망(7:13)으로 인도한다. 주석가들은 문과 길의 이미지가 어떻게 이해되어야 하는지에 대해 논의한다. 두개의 다른 길로 인도하는 두개의 문이 있는 것으로 이해야 하는지 혹은 문과 길을 서로 유사한 이미지로 사용하여 같은 요점을 말하고 있는 것으로 이해해야 하는지에 관한 것이다. 후자가 더 정확해 보이지만 이와 관련없이 더 큰 요점은 분명하다: 두 가지 존재 방식이 대조된다, 하나는 편안함과 넓은 폭으

---

5 "좁은"이라 표현된 헬라어 형용사 **스테노스**는 공간적 개념을 가질 수 있지만, 비좁은, 한정된, 괴로운, 또는 힘든의 은유적 의미가 훨씬 더 지배적이다. 곤란한 문제와 고통으로 신음하다라는 의미를 중심으로 하는 다른 용어들과도 상응한다. 나는 "넓은"이라는 단어와 대조를 이루는 "좁은"이라는 단어를 사용했다. 하지만, 헬라어 단어 자체의 은유적 의미는 많이 사라진다. "어려운"의 의미에 대한 비슷한 경우를 아래의 각주9에서 보라.

6 의문문 형태의 "얼마나 좁고"는 여러 번역들과 가능한 여러 가지 번역 방법 중에서 헬라어 본문을 가장 잘 전달하는 해석이다. France, *The Gospel of Matthew*, 284n3 참조.

로 인해 더 좋아 보이지만 멸망으로 인도하는 것으로 밝혀지고, 다른 하나는 어렵고 협착하여 불편하지만 실제로 생명으로 인도한다. 많은 사람들이 넓고 쉬운 길로 들어가고 적은 자가 좁고 어려운 길을 찾는다는 것은 양적 차이를 말하려는 것이 아니라 과장된 표현이다. 대다수의 사람들이 예수님의 메시지에 반응하지 않는 것처럼 보이는 것이 사실이다(참조, 13:3-23의 씨 뿌리는 자의 비유 참조). 그러나, 7:13-14의 대조는 쉬움과 어려움, 그리고 그에 따른 생명과 죽음의 다른 결과에 집중한다.[7]

이 구절들은 단순한 설명이 아니다. 명령문으로 시작하는 삶의 방식에 대한 명령이다. 이는 오는 시대의 하나님의 통치 혹은 나라에 들어가는 것에 대해 제2성전 시대 유대교가 말하는 방식이다.[8] 이어지는 이야기 단락에서 이와 평행한 언어를 볼 수 있다. 많은 사람들이 "천국에 들어 가지"못하고(7:21) 나무가 불에 던져지는 것처럼 버려질 것이다(7:19). 다른 곳에서도 마태복음은 영원한 불 또는 영원한 불 지옥에 들어가는 것과 반대되는 것으로(18:8-9) 영원한 생명에 들어가는 것을 하늘 나라에 들어가는 것으로 말한다(18:3-4). 마찬가지로 예수님을 찾아 온 부유한 청년 이야기에는 하늘 나라와 영원한 생명에 관한 표현이 상호 교차된다(19:16-30): "영생을 가짐"(19:16), "생명에 들어 감"(19:17), "하늘의 보물을 소유함"(19:21), "하늘/하나님의 나라에 들어감"(19:23, 24), 그리고 "구원 받음"(19:25)은 모두 같은 내용을 묘사하는 상호 교차적 은유들이다. 산상수훈과 관련하여 가장 주목할만한 점은 부자 청년이 생명/나라에 들어가는 것을 막는 것은 텔레이오스한 의의 부재라는 것이다(19:21). 그러므로, 우리는 산상수훈의 결론이 비아티튜드의 틀이 되고 산상수훈 내

---

7 또한, 두 가지 길에 사용되는 동사에도 어느 정도의 중요한 대조의 의미가 있을 수 있다. 많은 사람들이 넓은 길로 들어가는(에이스에르코마이) 반면, 극히 적은 사람이 좁은 길을 발견한다(휴리스코). 이것은 7:7의 명령과 약속을 기억하게 한다, "찾으라 그러면 찾을 것이요(휴레세테)."

8 Craig S. Keener, *The Gospel of Matthew: A Socio-Rhetorical Commentary* (Grand Rapids: Eerdmans, 2009), 250를 보라.

용의 가장 주된 주제인 하늘 나라(4:17; 5:3, 10)로 되돌아간다는 것을 확인 할 수 있다.

줍은 길로 들어가라는 이 마지막 명령은 예수님이 산상수훈 전체를 통해 그려 주시는 일관되고 명백한 주제인 하늘나라와 내적 전체성에 대한 강조에서 떠나 외적 행위를 강조하는 쪽으로 갑작스럽게 바뀌는 것처럼 보일 수 있다. "넓고" "쉽고" "크다"라는 말은 느슨한 도덕적 삶을 표현하는 것처럼 들리는 반면, "줍고" "어렵다"는 것은 경건과 자기 희생과 의무에 대한 이미지를 떠올리게 한다. 역사적으로 이 본문은 넓은 길은 악한 행동을 보여주고 줍은 길은 봉사 행위와 기독교인의 의무를 보여주는 이미지로 읽혀지고 그려져 왔다. 예수님이 갑작스럽게 전체성/미덕을 강조하시는 분에서 불같은 행동주의 설교자로 변화하시는 것인가?

그렇지 않다. 오히려 반대의 경우이다. 오랜 기독교 경건주의 전통이 줍은 문과 넓은 길의 차이점을 경건한 행위와 부도덕한 행위의 대조로 이해해 왔음에도 불구하고 여기에서의 구별과 대조는 산상수훈의 전체 주제인 내적 의와 외적 의에 대한 구별과 대조이다. 멸망으로 인도하는 넓고 쉬운 길은 정확하게 예수님이 계속해서 묘사하고 계신 외적 의로만 살아가는 것이다. 반면 줍고 "어려운"[9] 길은 행동보다 더 크고 그보다 더 깊은 예수님이 던지시는 의에 대한 비전이다. 넓고[10] 쉬운 길은 바리새인

9 이 말씀이 산상수훈의 나머지 부분과 동일한 비전을 던지고 있다는 단서 중 하나는 7:14에 "어려운"으로 번역된 헬라어 단어를 암시적으로 연상시키는 점이다. 헬라어 어휘(테쎄리메네)는 전형적으로 억압, 괴로움, 박해를 묘사하기 위해 명사형과 동사형 모두가 성경에 사용된다. 이것은 비아티튜드의 절정에서 강조하는 고통에 대한 주제를 마음에 불러일으킨다(5:10-12). 함께 읽으면, 줍은 길은 어려운 길이며, 심지어 비아티튜드가 보여 주는 박해를 초래하는 길이라고 말하고 있는 듯하다. "줍은"(스테노스)의 은유적 의미를 힘들고 괴로운 으로 이해함으로써 강화된다. 위의 각주5를 참조하라. Scot McKnight, *The Sermon on the Mount*, The Story of God Bible Commentary (Grand Rapids: Zondervan, 2013), 258n8; 그리고 W. D. Davies and Dale C. Allison Jr., *A Critical and Exegetical Commentary on the Gospel according to Saint Matthew*, vol. 1, *Introduction and Commentary on Matthew 1-7*, ICC (Edinburgh: T&T Clark, 2004), 700, 모두 이 연결점을 언급한다. 알리슨은 또한 고난, 넓고 줍은 길, 그리고 멸망과 관련 있는 이사야26:1-19과 30:18-26의 단어 배열을 언급한다.

10 이 해석을 뒷받침하는 또 다른 단서는 "넓은" 또는 "큰"(프라테이아)이라는 단어의 함축적인 의미가 만드는 대조이다. 이 단어는 6:5에서 외식 하는 자들이 다른 사람들에게 보이기 위해 서서 기도하기를 좋아하는 장소를 나타내는데 사용된 단어와 같은 단어이다. 더불어, 바리새인들이 외식적으로 경문 띠를 넓게 하는 일

들의 길이다. 그들의 의는 간통하지 않기, 살인하지 않기 등의 외적차원에만 한정되는 쉬운 것이며 외적 차원에서만 요란한 것이다. 좁고 어려운 길이 예수님이 바라보시는 길이다. 좁고 어려운 의는 깊은 뿌리를 필요로 하는 한 사람 전체를 하나님께 드러내어 놓는 참된 미덕이다. 여기에 사용된 이미지가 예수님이 강조해 오신 "더 나은 의로 서의 미덕/전체성"의 주제를 바꾸지 않는다. 오히려 같은 주제를 기반으로 적절히 명령하며 종말론적 위급성을 명백히 밝힌다. 외적 행동의 수준에서만 하나님과 관계 맺는 것은 부족하다라는 이 날카로운 지적은 예수님과 마태 시대의 바리새인뿐만 아니라 모든 세대의 하나님 백성에게 중요하게 살아 있다.

마태복음 7:15-23: 두 종류의 선지자들

15 거짓 선지자들을 조심하라, 그들은 양처럼 옷을 입고 너희에게 올 것이지만[1] 속은 몹시 굶주린 탐욕스러운 이리라. 16 너희가 그들의 열매로 그들을 알아 볼 것이니라. 가시나무에서 포도를, 또는 엉겅퀴에서 무화과를 거둘 수 없지 않겠느냐? 17 이와 같이 건강한[2] 나무마다 좋은 열매를 맺고 부패한 나무마다 나쁜 열매를 맺느니라. 18 건강한 나무가 나쁜 열매를 맺을 수 없고 부패한 나무가 좋은 열매를 맺을 수 없느니라. 19 좋은 열매를 맺지 아니하는 모든 나무는 잘려 불에 던져지느니라. 20 이러므로 그들의 열매로 그들을 알리라.

을 묘사하는 평행 구절(23:5)에도 동사형(프라티노)으로 사용된다: 바리새인들은 다른 사람들에 의해 경건하다고 여겨지도록 그것들을 넓게 한다. 이러한 종류의 시적인 단어 표현은 마태복음의 전형적인 기술이다.

11 "오다"는 현재시제형태 (혹은 미완료 상)이지만, 주변의 강화의 내용을 비추어 볼 때 현재 시점을 넘어서는 미래 명령의 의미가 있기 때문에 미래로 번역하였다.

12 마7:17-18의 **칼로스, 포네로스, 아가쏘스, 사프로스**에 대한 번역상의 단어 선택은 다양 할 수밖에 없다. 이 식물과 관련한 문맥에서 "건강"과 "부패"는 나무의 상태에 대한 의미 개념을 묘사한다. 이는 생산된 과일에 대해 "좋다"와 "나쁘다"라고 하는 것도 마찬가지이다. 흥미로운 점은 마태복음에서 아가쏘스가 포네로스(칼로스와 짝을 이룸)가 아니라 사프로스와 대조되는 점이다.

21 나에게 "주여, 주여" 하는 사람이 모두 하늘나라에 들어갈 것이 아니요, 다만 하늘에 계신 내 아버지의 뜻을 행하는 사람만이 들어 가리라. 22 그 날에 많은 사람이 나에게 이르되 "주여, 주여, 우리가 주의 이름으로 예언하며, 주의 이름으로 귀신을 쫓아 내며, 주의 이름으로[13] 많은 기적을 행하지 아니하였나이까?"하리니. 23 그 때에 내가 그들에게 선포할 것이로되, "내가 너희를 도무지 알지 못한다! 무법을 행하는 자들아 내게서 떠나가라" 하리라.

세 가지 결론 이미지 중 두 번째 이미지는 가장 길고 가장 복잡한 방식으로 그려진다. 다른 두 개의 이미지와 마찬가지로 내적/외적 의, 두 가지 길, 아버지의 뜻을 행함의 세 가지 주제가 흐른다. 구조적으로 7:15-23은 단순히 은유적 이미지만을 제공하는 7:13-14과 7:24-27과는 다르다. 마태복음 7:15-23은 산상수훈 중앙 부분에서 사용된 케랄 우페랏 구조와 비슷하다. 7:15은 머리말이며 -거짓 선지자를 주의하라- 두 개의 이미지가 이 명령을 풀어 설명한다(7:16-20, 21-23). 이리에서 나무에 이르는 은유의 다양함은 많은 번역 성경들이 표시하듯이 이것을 분리된 두 단락(7:15-20, 21-23)으로 보게 한다. 그러나 후반부에서 거짓 선지자에 대한 주제로 돌아간다는 점은 이것이 하나의 복합 단위임을 보여준다. 또한, 머리말(7:15)에 이어지는 예들(7:16-20, 21-23)은 각각 인클루지오 구조로 이루어진다 -16절과 20절은 알아 보다(에피기노스코)라는 개념으로 연결되어 있고, 21절과 23절은 둘 다 말하기/선언하기(각각 레고와 호모로게오, 또한 22절의 에로 [레고의 미래시제])로 연결된다. 두 개의 하위 단위들 또한 핵심 단어인 포이에오의 반복에 의해 연결된다. 이 단어는 매우 다양한 의미로 사용되는 단어로서, 일반적으로 "생산하다"라는 의미로 사용된다 -7:16-20에서는 열매를 맺다 라는 의미로 사용되고, 7:21-23에서

---

13 23절에 세번 반복되는 "주의 이름으로"는 중요하기 때문에 번역에도 문장 제일 앞에 두었다.

는 기적을 행하다라는 의미로 사용된다.

거짓 선지자를 조심하라는 말씀은 7:15-23의 일관된 메시지이다(참조, 7:6). 어떤 측면에서 이 주제는 7:13-14의 넓은 길/좁은 길과 연결시킬 수 있다. 거짓 선지자는 좁은 길(전심을 다함)보다는 넓은 길(외적 행위)을 따라 경건을 실천하도록 사람들을 속이는 자로 이해할 수 있다.[14] 그러나 앞선 이미지 뿐만 아니라 7:15-23에 이어지는 더 크고 연속되는 요지도 있다.

거짓 교사들과 거짓 선지자들의 존재와 그들을 향한 경고는 구약에도 드물지 않게 나타난다(신 18:20-22; 렘 6:13-14; 14:14-18; 23:11, 애 2:14; 겔 13:1-23). 신약 역시 여러 곳에서 거짓 교사들과 거짓 선지자들이 (심지어 거짓 사도들도) 나타날 것을 가르치며, 특히 마지막 날에 많은 수의 속임이 일어날 것이라고 경고 한다(마 24:11, 24; 고후 11:13-15; 딤후 4:3; 벧후 2:1; 요일 4:1-6; 계 20:10). 산상수훈의 문맥에서 거짓 선지자와 거짓 교사는 진리를 말하지 않는 사람들이 아니라 (이 의미가 내포되어 있지만), 오히려 경건하게 보이지만 참된 전체성 인간의 의를 행하지 않는 이들로 정의된다. 첫 번째 예로 서기관과 바리새인을 떠올릴 수 있다(마 5:20; 참조, 23:1-39의 경고와 화).

이는 이 단락의 다소 예기치 못한 충격적인 마지막 말씀의 존재 이유를 설명한다 -"내가 너희를 도무지 알지 못한다! 무법을 행하는 자들아 내게서 떠나가라"(7:23). 이 말씀이 일부 번역이 일반적으로 표현하듯이 "악을 행하는 자"를 의미하는 것은 아니다.[15] 오히려 마태는 70인역의 시편 6:9을 직접 인용한다. 왜냐하면, 산상수훈이 가르치는 바 참된 율법

---

14 Grant R. Osborne, *Matthew*, ZECNT 1 (Grand Rapids: Zondervan, 2012), 271를 보라.

15 프란스는 마태가 사용하는 시편6:9의 칠십인역("무법을 행하는 자")은 히브리어 본문에서 좀 더 일반적인 표현인 "악을 행하는 자"를 번역 한 것이라고 말한다(France, *Gospel of Matthew*, 295). 프란스의 주석은 "무법을 행하는 자"와 "악을 행하든 자"는 다르지 않다는 것을 암시한다. 실제로, 요한일서 3:4은 "죄를 짓는 자마다 무법(불법)을 행하나니 죄는 무법(불법)이니라"고 말한다. 그러나 외연적 수준에서 같은 개념들이지만, 마태의 문맥에서 "무법을 행하는 자"와 "악을 행하는 자"간의 함축된 의미의 차이는 중요하다. 위의 추가 주석을 참조하라.

준수는 역설적이게도 토라에 순종하는 것이 아니라 예수님께 순종하는 것이며 단순한 외적 율법 준수를 넘어서는 의를 갖는 것이기 때문이다.[16] 따라서, 7:15-23의 거짓 선지자(주로 바리새인들)에 대한 "너희 불법을 행하는 자들아"라는 묘사는 본문을 5:17-48과 묶어준다. 5:17-48에서 예수님은 자신의 예언자적, 종말론적, 그리고 기독론적 권위 있는 율법 해석으로 율법을 행한다는 것이 어떤 의미인지 그 당시 서기관과 바리새인들의 해석을 적대적으로 뛰어 넘어 재정의한다. 또한 이 연결점은 바리새인들이 의의 외형은 가졌지만 내면은 "위선과 불법"으로 가득 차 있다고 정죄된 23:28에도 나타난다. 또한, 예수님의 말씀을 행하는 것에 따라 지혜로운 자와 어리석은 자가 분리되는 산상수훈의 마지막 이미지와도 연결된다(7:24, 26). 마지막으로, "불법"은 예수님을 따르지 않은 것으로 인해 종말론적 미래(13:41; 24:12)에 정죄 받는 사람들을 묘사하는 것 중의 하나이다.

예수님께서 마지막 심판 날에[17] 이 거짓 선지자들에게 말씀 하실 또 다른 한 가지는 그가 그들을 결코 알지(기노스코) 못한다는 것이다. 거짓 예언자들을 "알아보다/알다"(에피기노스코)와 하나님이 "아신다"라는 언어는 매우 중요하다. 성경에서 "아는 것"은 때로는 관계를 맺다, 혹은 성적으로 관계를 갖다라는 의미를 전달한다. 이뿐만 아니라, 아모스3:2에서처럼 "그의 백성과 하나님의 특별한 관계"를 말하는 방법이기에 매우 중대한 것이다.[18]

마태복음 7:16-20에 사용된 나무와 열매 이미지를 돌아보면 이 강력

---

16 명사 "무법"(헬. 아노미아)과 그 관련 형용사인 "무법의"(헬. 아노모스)는 빈번하고 중요한 칠십인역의 단어이다. 각각 228번과 106번 나타난다. 이 중 대부분은 시편에 나오며 산상수훈내에 주된 흐름으로 이어진다.

17 7:22의 "그날에"라는 말씀은 7:13-27 전체의 종말론적 본질에서 이해해야 한다. 7:21의 "나라에 들어가다"라는 말씀은 유대인 청중들에게 하나님의 종말론적 임하심과 땅에 그의 통치와 평화가 시작될 것을 기억하게 했을 것이다.

18 France, *Gospel of Matthew*, 295.

한 지혜의 은유가 "회개에 합당한 열매를 맺으라"(3:8)는 침례 요한의 선포에서 이미 사용되었음을 알 수 있다. 또한 이는 예수님이 바리새인들과 첨예한 갈등을 겪는 12:22-37에 다시 나타난다. 예수님은 자신을 바알세불의 힘으로 마귀를 쫓아 낸다는 저들의 논쟁에 반박하기 위해 나무와 열매 이미지를 사용한다. 12:33-37에서 예수님은 그의 대적자들에게 "나무도 좋고 열매도 좋다 하든지 나무도 좋지 않고 열매도 좋지 않다 하든지 하라"고 선언한다, 왜냐하면 "그 열매로 나무를 알기 때문이다"(12:33). 여기에서 동사 포이에오(만들다, 하다)는 약간 다르게 사용되지만(34-37절의 말하기 문맥 때문에 "말하다"라고 표현함), 근본 논리는 동일하다: 성장하는 것은 그 본성에 따라 좋은 것 혹은 나쁜 것을 생산한다. 예수님은 말씀하신다, "나의 일이 참으로 선하니 나를 선하다 하든지 혹은 나의 일이 참으로 악하니 나를 악하다 할지니라." 열매로 선과 악을 분별하는 능력은 이 모든 예들에서 일관되게 나타난다.

이 단락의 두 예들이 묘사하고 있는 외적이고 내적인 의의 차이에 대한 주제는 잠재적인 딜레마를 불러일으킨다. 외적으로 양처럼 보이는 이가 실제로 내적으로는 늑대 일 수 있다(7:15). 외적으로 강력한 선지자처럼 보이는 이가 내적으로는 하나님을 실제로 알지 못하고 그의 나라에 들어가지 못하는 거짓 선지자일 수 있다(7:21-23).[19] 이는 외모는 속임수일 수 있다는 것을 일깨워준다. 애굽의 마술사도 모세와 비슷한 여러 가지 기적을 행했던 것처럼(출 7:12, 22), 예수님은 그의 청중들이 경건의 선행(마 6:1-21), 심지어 기적적인 예언과 귀신을 내어쫓음, 그리고 다른 권능의 행위가 반드시 그 사람이 의롭고 경건하다는 것을 의미하지는 않는

---

19 **제2 클레멘트** 4.2은 "그가 나에게 말한다, '주여, 주여'라고 말하는 모든 사람이 구원을 받을 것이 아니라, 오직 의를 행하는 사람만이 구원받을 것이다"라고 적는다. 이것은 마7:21-22이 아주 이른 시기에 재사용된 것이다. 하나님의 뜻을 행하는 것을 의라고 말하는 산상수훈의 정교한 이해를 반영한 것으로 보인다. Bart D. Ehrman, trans., *Apostolic Fathers, vol. 1, I Clement, II Clement, Ignatius, Polycarp, Didache*, LCL (Cambridge, MA : Harvard University Press, 2003), 170.

다는 것을 알기를 원하신다. 참 능력과 참 하나님과의 관계 없이 경건의 모습을 드러내는 것이 가능하다(딤후 3:5).[20] 바리새인들을 그 대표적인 예로 생각하는 것은 어렵지 않다. 예수님은 마태복음 5:17-48과 6:1-21에서 바리새인들의 도덕성과 경건은 순전히 외적인 것이었다고 밝히신다.

이 직설적인 가르침이 지적하는 문제점 혹은 오류는 7:16의 다른 은유와 거짓 선지자의 가르침에 반대되는 나무/열매 이미지에서 드러난다. 7:16은 열매로 그 나무의 건강이나 병든 상태를 분별할 수 있듯이, 그들의 행위로 거짓 선지자를 알아볼 수 있다고 가르친다. 세례 요한과 예수님은 모두 이 선명한 나무와 열매 이미지를 사용하여 다른 곳에서 같은 요지를 전달한(3:10, 12:33-37). 7:20은 이를 다시 한번 명쾌하게 요약한다 –"그들의 열매로 [거짓 선지자들을] 알리라." 여기에서의 어려움은 이 이미지를 거짓 선지자들에게 엄밀하게 적용할 때 실패하는 것으로 보인다는 것이다. 즉, 거짓 선지자를 거짓으로 만드는 것은 선한 것으로 보이는 일을 거짓으로 하는 것이다; 이리가 양처럼 보일 때 그리고 그렇게 보이기 때문에 가장 위험하다. 그러므로 실제로 거짓 선지자를 그/그녀의 행동 –예언, 귀신을 내어 쫓음, 권능의 일을 행함– 으로 분별 할 수 없다; 이것이 정확히 거짓 선지자가 성공하게 되는 이유이다. 이는 전체 은유를 무너트릴 수 있는 혼란스럽고 위협적인 것이다.

이 가르침이 이 문맥에 어떻게 들어 맞을까? 해결책은 두 이미지 모두가 전체성(텔레이오스)개념 –내적인 면과 외적인 면이 함께 필요함– 과 함께 기능할 뿐만 아니라, 두 이미지 모두 내면의 진실을 식별 할 수 있는 최종성이 있음을 인식하고 있다는 것이다. 나무와 마찬가지로 그 열매는

---

20 고린도전서12-14장의 바울의 주장 역시 **카리스마타** 또는 "영적 은사"의 소유와 사용이 반드시 성숙의 증거 또는 참된 신앙의 증거는 아님을 보여준다. 또한, 사도행전에는 기독교 신앙 밖의 사람들에 의한 귀신을 내어쫓음 (또는 시도)의 예가 있다(행16:16-18; 19:11-17). 요세푸스, 랍비 문학 및 기타 제2성전 유대 문헌은 고대 세계에서 기적을 일으킨 일꾼들을 증거한다. Quarles, *Sermon on the Mount*, 338-403을 보라.

즉각적으로 나타나지는 않지만 최종적으로 나무의 진실된 본질을 드러낸다. 거짓 선지자들의 경우도 마찬가지이다 ─이르든 늦든, 그리고 종말론적 심판 때에[21] 분명히 거짓 선지자와 이리는 그들이 진실로 무엇이었는지 드러날 것이다. 예수님은 그의 청중들에게 겉으로 항상 보기 좋은 거짓 선지자의 실재 위험을 분별하기 전에 너무 빨리 판단하지 말라고 명령한다(7:1-2). 이것은 초기 교회의 문제였을 뿐만 아니라(예, 갈 1:7-8, 사도행전 5:1-11의 아나니아와 삽비라) 수세기 동안 계속되어 온 문제이다.

이 가르침, 특히 마 7:21-23은 기독교인 독자를 크게 불편하게 할 수 있다. 외적으로 경건하고 기적을 행하던 사람을 거짓된 자로 보는 이 충격적인 전환을 자신에게 적용하는 것은 쉬운 문제가 아니다. 민감한 영혼은 "내가 그런 사람일 수 있을까?"라고 묻는다. 같은 질문이 다섯 번째 주요 강화를 끝내는 양과 염소의 유명한 비유에서도 일어난다(25:31-46). 그러나 요한 일서의 강한 명령처럼[22] 마태복음 7:21-23은 신자에게 건강하지 않은 자기 성찰이나 과도한 자기 의심을 일으키려는 것이 아니다. 오히려 영혼과 마음에 주의를 기울이지 않고 오직 외적인 은사와 권능과 행위에 현혹되지 않도록 명령한다. 예수님은 그를 따르는 자들에게 그러한 사람들을 조심하라고 엄밀히 경고한다. 저들은 경건의 모습을 가지고 있어 작은 자들을 넘어지게 할 수 있기 때문이다(18:6, 24:4-11). 또한, 이 거짓 선지자들이 예수님의 거부로 인해 진심으로 놀랐다고 단정할 할 이유는 없다. 오히려, 7:22 (그리고 25:44)에서 그들의 저항은 놀람이

---

21 "하늘 나라에 들어감"과 "잘려 불에 던져짐"이라는 언어는 이들이 종말론적으로 사용되고 있음을 분명히 한다.

22 요한일서에는 신약에 대한 가장 뜨겁고 잠재적으로 가장 혼란스러운 내용이 담겨 있다(예, 3:6-10). 하지만, 서신을 주의 깊게 읽으면 이러한 내용이 주로 교회 안의 사람들에게 두려움과 자기 의심을 주는 내용이기보다는 외부 사람들에 대한 진리를 묘사하는 것임을 알 수 있다. 예를 들어, 요한은 "그들이 우리에게서 나갔으나 우리에게 속하지 아니하였나니 만일 우리에게 속하였더라면 우리와 함께 거하였으려니와 그들이 나간 것은 다 우리에게 속하지 아니함을 나타내려 함이니라 너희는 거룩하신 자에게서 기름 부음을 받고 모든 것을 아느니라"고 적는다(요한일서 2:19-20; 또한 2:12-14, 27을 보라).

아니라 자기 정당화로 나타난다.

마태복음 7:24-27: 두 종류의 건축자

24 그러므로 누구든지 나의 이 말을 듣고[23] 행하는 자는[24] 그의 집을 반석[25] 위에 지은 지혜로운 사람으로 비유할 수 있느니라. 25 비가 내리고 강이 넘치고 바람이 불어 그 집을 치되 무너지지 아니하나니 이는 반석 위에 주추를 놓은 까닭이니라. 26 그러나 나의 말을 듣고 행하지 아니하는 자는 그의 집을 모래 위에 지은 어리석은 사람으로 비유할 수 있느니라. 27 비가 내리고 강이 넘치고 바람이 불어 그 집을 치매 그 집이 무너지고 그 무너짐이 심하였느니라.

산상수훈은 가장 넓은 의미에서 지혜 -실천적, 그리스도 중심적, 하늘 나라 형상적, 종말론적 지혜로운 삶- 에 대한 초대이다. 이 첫번째 강화의 마지막 절정의 말씀이 이를 적절히 드러내고 직접적으로 이 지혜를 명령한다.

살아내는 지혜, 즉 실천적인 지혜(아리스토텔레스 전통에서는 프로네시스)에 대한 이 결론적 호소는 마지막 두 가지 길 이미지 뿐만 아니라(7:13-27), 이 두 가지 길을 대표하는 두 등장 인물인 프로니모스한 자와 모로스한 자의 대조 혹은 유형의 대조에도 담겨있다(7:24-27). "모론" 혹은 어리석은

---

23 일반적으로 영어 번역은 오히려 복잡한 헬라어 구문인 "나의 이 말"을 "이 나의 말"로 번역한다. 나는 단순하게 "내 말"로 번역한다, 왜냐하면 헬라어 원문이 전달하는 "나의"에 대한 강조점을 더 잘 전달하기 때문이다. 다른 번역본에서는 이 부분을 놓치기 쉽다. "나의 이 말"은 산상수훈이라고 가정 할 수 있다. 또한, 이 특별한 강화 뿐만 아니라 예수님의 폭 넓은 말씀에 비추어 볼 때 마태복음 전체에 대한 말씀이다.

24 여기서 "행하는"으로 번역된 단어는 7:17, 18, 19, 21, 22에서 "(열매)맺는"이라 번역된 동일한 동사 **포이에오**)이다. 불행히도 헬라어의 일관성에도 불구하고 7:24의 사용과 이 구절들에 사이에 나타나는 일치를 유지하는 좋은 방법은 없어 보인다. 산상수훈에서 "하다"라는 주제에 관한 더 많은 내용을 아래에서 보라.

25 이 구절과 다음 구절에서 이 단어에 대한 선택 가능한 번역은 "반석"과 "그 반석"이다. 두 경우 모두 대표적인 헬라어 관사 용법이라고 주장 할 수 있다. 세심하게 마태복음을 읽는 독자는 이 단어와 베드로에 대한 언급 및/또는 16:18의 "바위"라는 그의 고백을 연관 지을 수 있을 것이며, 이것이 완전히 부적절한 것은 아니다. 그러나 7:24과 25절에 관사를 넣어 "그 반석"으로 번역하는 것보다는 단순하게 "반석"으로 번역하면 더 쉽게 이해할 수 있다(7:26의 "모래"와 비교).

자는 예수님의 지혜의 길을 따라가지 않는 자이고 지혜로운 자는 따라가는 자이다.

프로니모스는 그리스의 미덕 전통과 마태복음에 중요한 단어이다. 미덕 전통에서 이 용어는 분별력을 가지고 사려 깊게 사는 연습을 통해 배우고 "진리를 알 뿐만 아니라 그것에 따라 행동하는 사람"을 의미한다.[26] 또한, 미덕 있는 모범적인 사람을 나타내는 일반적이고 잘 알려진 단어이다. 이는 미덕 있는 삶에 대한 의도를 가지고 매일 실천하는 지혜를 묘사하는 중요한 명사인 프로네시스의 형용사 형태이다.[27] 신약성경에 드물게 사용되는 이 용어는 마태복음이 특별히 선호하는 단어이며 이 첫 복음서에만 일곱 번 사용된다(마태복음외에서 7번 사용된다).[28] 마태복음에서 이 용어는 항상 긍정적인 반면, 나머지 신약 성경의 용례에서는 중립적이지만 다소 역설적이고 냉소적으로 사용된다.[29] 다섯 번째이자 마지막 강화의 결론부에서 프로니모스한 자는 그 반대인 모로스한 자와 다시 한번 대조를 이룬다. 신랑을 기다리는 10명의 처녀 중 5명은 실천적이고 준비가 되어 있는 프로니모이로 묘사되고, 그렇지 않은 5명은 모라이로 묘사된다(25:1-13).[30]

세 가지 이미지로 이루어진 산상수훈 결론부의 처음 두 부분은 "들어가라!"(7:13)와 "조심하라!"(7:15)는 명령으로 시작된다. 두 가지 모두 지혜자의 적절한 지혜 명령이다. 세번째 결론부는 은유 또는 비유를 사용해

---

26 Donald Hagner, *Matthew 1-13*, WBC 33A (Nashville: Nelson, 1993), 190.

27 성경해석학에서 **프로네시스**와 "지혜의 신학"개념이 어떻게 작용하는지에 대한 정보를 다음에서 보라. Daniel J. Treier, *Virtue and the Voice of God: Toward Theology as Wisdom* (Grand Rapids: Eerdmans, 2006), 129-206.

28 마7:24; 10:16; 24:45; 25:2, 4, 8, 9에 사용된다.

29 이 용례는 바울에게 일반적인 것이었다. 바울은 자신의 그레코-로만 문맥에서 종종 복음의 메시지를 당시 철학자의 지혜와 대조 할 필요가 있었다. 롬11:25; 12:16; 고후 11:19을 보라. 사복음서내의 다른 유일한 사용례는 누가복음12:42과 16:8이며, 후자는 바울의 사용법과 유사하다.

30 또한, 본문의 **모로스**는 밖으로 던져져 짓밟 힐 것으로 예상되는 짠 맛을 잃은 사람(**모란쎄**)과 연결 할 수 있다(5:13).

직접적이기 보다는 암시적으로 명령하며 그 명령의 강도를 최고조로 끌어 올린다. 이 비유는 세상에 사는 두 가지 방법과 그 결과인 번영 혹은 파멸을 묘사한다. 이 이미지에 대한 몇 가지 중요한 논의가 있다.

첫째, 내적 의와 외적 의의 대조, 혹은 더 좋은 표현으로 전체성의 필요라는 일관된 주제가 이 마지막 가르침의 핵심이다. 이 결론부의 핵심은 이 주제가 앞선 내용 전반에 걸쳐 존재함을 확증한다. 특히 집의 기초에 대한 이미지를 사용한다는 점이 중요하다. 지혜롭고 어리석은 집의 대조는 외형이나 외부 구조에 달려 있지 않다; 실제로 누군가는 어리석은 사람의 집이 훨씬 더 매력적이며 더 낫다고 생각할 수 있다, 마치 바리새인들의 금식과 구제와 기도할 때 긴 술로 장식하고 드러내어 놓고 거만히 행하며 길게 기도 하는 관습처럼 말이다(마 6:1-21). 그러나, 폭풍을 견디는 집/사람과 그렇지 못한 집/사람의 차이는 숨겨져 있는 기초, 즉 눈에 보이지 않는 근본적인 시작점에 달려 있다. 따라서, 또 다른 강력한 방법으로 5:17-20의 대조가 강조된다 -예수님을 따르는 사람이라는 것은 전체성- 사람, 즉 내면 지향적인 의를 갖는 사람이다(참조, 23:25-28).

둘째, 예수님을 믿는 것뿐만 아니라 예수님의 가르침을 실제로 실천하는 것으로 부르신다. 이것이 지혜 문헌이다. 이것이 마태복음이 말하는 제자됨이다. 제자들은 예수님의 가르침을 인지하는 수준보다 더 깊은 실천하는 수준으로 부름 받는다. 이것은 정확하게 야고보서 1:22-25과 2:14-26이 말하는 것이다. 야고보는 그의 독자들에게 (악마처럼) 단순히 듣고 인지하는 자가 되지 말고 믿음과 더불어 예수님의 말씀을 행하는 자가 되라고 명령한다.[31]

---

31 로버트 M. 그란트는 산상수훈과 야고보서를 비교하며 둘은 같은 "사회적 윤리적 태도"를 공유하며, 만일 야고보가 산상수훈을 알았다면 행위로 표현되는 믿음이라는 이 주제를 강조하기 위해 문자 그대로 받아들였을 것이라고 적는다(Robert M. Grant, "The Sermon on the Mount in Early Christinity," Semeia 12

번역 성경에서는 분별하기 어렵지만 헬라어 원문에서는 반복적인 어휘 포이에오를 통해 이 행함을 강조한다. 이 동사에 대한 다양한 번역들은 –"하다, 만들다, (열매) 맺다, 생산하다, 선언하다, 실행하다"– 이 단어가 만드는 산상수훈 전체를 관통하고 있는 중요한 한 문맥을 보지 못하게 한다; 포이에오는 마태복음 5-7장에만 약 22번 나타난다.[32] 특히 중요한 곳은 5:19; 6:1; 7:12이다. (산상수훈 전체 주제 선언의 일부인) 5:19은 율법의 하나라도 떼어 놓아 어기거나 그렇게 "행하며[포이에오] 가르치는 것"에 따라 하늘나라 안과 밖의 사람들을 정의한다. 전체성–사람의 경건에 대한 명령의 케랄 또는 머리말인 6:1은 제자들에게 조심해서 "그들의 의를 실천/행하라"고 한다. 그리고, 7:12은 황금률/황금 비전도 역시 행함에 기초함을 알려 준다–"모든 것에서 무엇이든지 다른 이가 너희에게 또는 너희를 위하여 하여[포이에오] 주길 원하는 대로 너희도 다른 이를 대접[포이에오]하라." 산상수훈을 마무리하는 7:15-27은 포이에오를 8번 사용하여 이것이 산상수훈의 반복되는 주제임을 독자들에게 확인시킨다. 요점은 두 가지 삶의 방식은 듣는 것이 아니라 행하는 것으로 결정된다는 것이다. 마지막 이미지가 이를 가장 명백하게 보여준다(7:24, 26). 도널드 해그너가 더 이상의 수정이 필요 없을 정도로 이 본문을 가장 잘 설명한다:

아마도 신약의 어떤 본문도 제자도의 본질을 이보다 간결하고 더 예리하게 표현할 수 없을 것이다. … [제자도는] 말이나 종교성이나 심지어는 예수님의 이름으로 놀라운 일을 행하는 것에서도 발견되지 않고, 오직 참된 의를 나타

[1978], 215).

32 **포이에오**는 마태복음에서 총 86번 사용된다. 주로 일반적인 의미로 사용되지만, 12:48-50과 같은 더 비중 있는 말씀의 일부로 자주 등장한다: "누가 내 어머니이며 내 동생들이냐? … 누구든지 하늘에 계신 내 아버지의 뜻대로 하는 자가 내 형제요 자매요 어머니이니라."

내는 것에서만 발견된다 - 즉, 지금 예수님이 가르치며 해석하는 아버지의 뜻을 행하는 것이다. [어떤 말씀과 선한 행실도] 산상수훈이 전해주는 이 의에 대한 최대한의 그림을 대신 할 수 없다.[33]

셋째, 이 산상수훈의 마지막 명령을 단단히 묶고 있는 급진적인 예수님 중심성에 주목하는 것이 중요하다. 예수님은 하나님께 순종하는 방식, 혹은 토라를 실천하거나 장로의 가르침을 따르는 방법으로 지혜로운 자와 어리석은 자가 구별되는 것이 아니라고 하신다. 오히려, 지혜로운 자와 어리석은 자는 예수님의 말씀에 어떻게 반응하는지에 따라 구별된다는 것을 강조한다. 이는 그의 말씀이 사라지기 전에 하늘과 땅이 사라질 것이라고 약속하시는 24:35과 예수님의 이름으로 행한 일이 땅과 하늘에서 묶인다는 것을 말씀하시는 18:15-20을 미리 암시한다. 예수님은 선지자와 지혜자로 분명히 묘사되지만, 또한 그 이상의 역할, 즉 그분 자체가 참되고 최종적인 계시의 원천으로 반복 묘사된다. 예수님의 청중들은 그의 가르침과 그의 세상에 존재하는 방식 위에 그들의 평생의 삶의 기초를 세우라고 초대 받는다. 예수님은 자신을 하나님의 계시와 인간 번영의 길로 가는 권위있는 결정권자로 제시한다. "들을 귀 있는 자는 들으라"(11:15, 13:43), 그리고 "읽는 자는 깨달으라"(24:15) 마태가 여러 곳에서 여러 번 말한 것처럼 각 청중과 독자는 따라갈지 아닐지를 결정해야한다.

마지막으로, 삶을 세우는 두 가지 방식에 대한 마무리 은유에 종말론적 심판의 위급성이 있음을 주목해야한다. 비와 홍수와 바람을 모든 인간이 직면하는 "삶의 폭풍"으로 옳게 해석 할 수 있지만 (이 해석 전통은 적어도 어거스틴까지 거슬러 올라간다), 더 나아가 이 이미지들은 최종 심판의 의미를 부각시킨다. 유대교와 성경적 맥락에서 이 말씀은 모든 인간

---

33 Hagner, *Matthew 1-13*, 188.

은 창조주의 얼굴 앞에 서야한다는 최종 심판의 믿음을 명확히 떠올린다. 홍수와 범람하는 물의 이미지는 여러 성경분문에서 하나님의 진노를 나타내는데 사용된다(창세기 6-7장; 이사야 28:17-22; 렘 23:19-20; 30:23-24; 겔 13:10-16). 또한 폭풍과 고난을 견디는 지혜로운 자와 의로운 자의 그림을 그리는 여러 잠언도 있다(잠언 10:25, 12:7, 14:11). 찰스 퀼스는 이를 다음과 같이 요약한다: "예수님의 가르침은 종말론적 심판을 폭풍으로 나타내는 구약의 묘사와 악인을 파괴하는 재앙을 견디는 의인이라는 지혜 문헌의 주제를 통합한다."[34]

이 마지막 심판의 개념은 산상수훈의 가르침에 위급성과 무게감을 더한다. 그리고 순전한 철학적 사유와 그레코-로만 전통을 넘어서는 산상수훈의 선생님을 따라야 할 필요성도 더해 준다. 사람들은 현재 인간의 경험과 죽은 자에 대한 기억 뿐만 아니라 가르침을 주시는 신적 존재의 헤아림과 평가에 관심을 기울여야한다. 예루살렘에 다가오는 파멸과 세상에 존재하는 바리새인의 방식에 관한 예수님의 말씀을 후기 기독교 독자들에게 직접적으로 적용할 수 없지만, 이 말씀들이 시사하는 바를 참고 할 수 있다.

마태복음 7:28-8:1: 내려옴과 행위

28 그리고 예수께서 이 말씀들을 말하기를 마치시매 무리들이 그의 가르치심에 놀라니, 29 이는 그가 그들을 대단한 권위로 가르쳤고, 그들의 서기관들이 가르치던 것 같지 아니함이라. 8:1 그리고 예수께서 산에서 내려 오시니 수많은 무리가 그를 따르니라.

---

34 Quarles, *Sermon on the Mount*, 349.

이 짧은 구절은 산상수훈의 맺음말로 기능한다. 강화가 끝에 이르렀음을 표시하는 저자/전도자가 주는 표시이며 전체 가르침의 틀이 되는 역사적-신학적 주석이다. 이 표시는 "예수께서 이 말씀들 말하시기를 마치시매"라는 구절이다.[35] 이 구절은 마태 복음에서 다섯 번이나 나오며 이 첫 복음서가 조직적이고 예술적으로 제공하는 다섯 개의 주요 강화의 끝을 나타내기 위해 사용되는 청각적, 문예적 표시이다.

듣는 사람이나 읽는 사람에게 이 반복되는 구문은 이 다섯 개의 강화가 어떻게 연결되며 서로 어울리는지 고려하도록 권유한다. 이 책의 논의 범위를 넘어서는 것이지만, 다섯 가지 강화 모두에 계시와 분리라는 이중 주제가 일관되게 존재함을 잠시 생각해 볼 수 있다. 각 강화는 예수님을 진리와 지혜를 계시하는 자로 나타내며, 이는 계시를 받아들이는 자와 그렇지 않는 자로 분리한다.[36] 이 마태복음의 주제는 이해가 어떻게 일어나는지에 대한 일종의 신학적 인식론이나 신학적 설명으로 묘사 될 수 있다. 이 신학적 인식론은 7:13-27의 산상수훈 내용에 대한 삼중 결론에서 강조된다(앞서 논의 하였다). 청중은 좁은 길 대 넓은 길, 늑대 대 양, 그리고 지혜로운 건축자 대 어리석은 건축자의 두 가지 유형으로 분리된다.

산상수훈의 마지막에 등장하는 군중 (5:1에도 나타나 메시지를 받는 자들)은 분명히 예수님의 가르침을 받아 들이는 자들이다. 적어도 가르침의 선명함과 권위에 놀라는 장면이 이를 보여준다. 비유들로 구성된 세 번

---

35 이 강화 표시는 7:28; 11:1; 13:53; 19:1; 26:1에 나타난다.

36 네 가지 다른 강화에서 계시와 분리의 주제는 다음과 같이 나타난다: 선교적 대표성(10:5-42), 씨, 열매, 알곡과 가라지, 좋고 나쁜 물고기의 분리 비유 강화(13:1-53), 교회의 내인과 외인의 분별에 대한 교회론적 강화(18:1-35), 참과 거짓 지도자, 지혜롭고 어리석은 처녀, 양과 염소의 분리의 심판 강화(23:1-25:46). 계시와 분리라는 주제가 다섯 가지 주요 강화를 연결하는 방식과 그것을 드러내는 방식에 대한 더 많은 토론을 위해 다음의 나의 글을 보라, "Theological Epistemology in the Gospel according to Matthew: A Watsonian 'Canonical Perspective,'" in Joel Willits and Catherine Sider Hamilton, eds., *Gospel Writing and the Fourfold Gospel: An Examination of the Possibilities and Problems in Francis Watson's Recent Contribution to Gospel Studies* (London: T&T Clark, forthcoming).

째 강화인 마태복음 13 장은 실제로 예수님의 가르침에 대한 여러 가지 반응이 있음을 설명한다. 그 중 하나가 말씀을 듣고 놀라 즉시 받아들이지만 잠시 후 넘어지는 사람들이다(13:5-7, 20-22). 또한, 예수님이 그의 가르치는 방식을 산상수훈의 선명함에서 비유의 불투명함으로 급진적으로 바꾸신 후에도(13:10-17) 군중들은 놀라는 반응을 보여준다(에크플레쎄스타이, 13:54). 하지만 이번에는 회의론에 빠지며 예수님을 받아들이지 않고 결국 넘어진다; 그들은 예수로 인해 분개하게 되며(에스칸달리존토, 13:57), 그를 모욕한다.

또한, 7:28-29은 산상수훈의 중요한 내용을 전달하는 것을 넘어서 마태복음의 광범위한 목적을 충족시킨다. 마태는 예수님의 가르침과 그 효력을 동시대 "서기관들"과 대조한다. 이 서기관들이 누구였는지 절대적 확신을 가지고 말할 수 없지만, 그들은 보수파 바리새인들의 한 부류인 율법 전문가들이었을 것이다. 청중들의 일반적인 선생들과는 달리 예수님은 위대한 권세를 가진 사람으로 표현된다. 예수님이 산상수훈에서 말씀하시는 "너희가 … 들었으나 나는 너희에게 이르노니"라는 진술과 참된 마카리오스한 상태에 관한 그의 가르침, 또는 그의 말씀 위에 삶을 세우라는 명령 등의 담대한 주장에 비추어 볼 때 이는 예상하지 못했거나 놀라운 반응은 아니다. 최선의 경우 배척을 당하거나 최악의 경우 십자가에 못박히는 것을 추구하지 않는 이상 ―즉, 자신이 대단한 권위를 가지고 있다고 생각하지 않는 이상, 그 어떤 1세기 유대인 서기관도 이런 과감한 주장을 하지는 않을 것이다. 마태는 분명히 예수님이 그러한 분임을 믿는다. 그리고 다른 곳에서 말씀과 행위 모두에서 예수님의 권위를 강조한다(8-9장). 또한, 지상 명령이 주어지는 장면에서도 제자들은 승천하신 예수님의 사역을 이 세상에서 이어가기 위해 그와 같은 포괄적인 하늘과 땅의 모든 권세를 받는다(28:18-20).

7:29의 마태의 주석은 예수님과 당시의 종교 지도자들, 특히 보수파 바리새인 사람들 사이의 반목을 미리 암시 한다. 결국, 이들이 바로 이 권위있는 (그들의 견해로는 권위있는 척하는) 선생님을 투옥하고, 때리고, 죽게 만든 강한 반목을 일으키는 서기관들이다(12:14; 21:45-46; 26:3-4).

마태복음 7:28-8:1은 5:1-2과 평행하는 북 엔드로 산상수훈을 공식적으로 마무리한다. 5:1-2의 산 위에 오르시는 장면과 대응하는 산을 내려오시는 이 장면은 독자들을 예수님의 연속되는 가르침에서 전기 서사적인 마태복음 전체의 이야기 흐름에 다시 옮겨 놓는다. 예수님을 따르는 큰 무리에 대한 언급은 마태복음 서사의 다음 부분인 8-9장으로 직접 인도한다. 마태는 4:23-25과 9:35-38에서 가르침, 긍휼히 여김에 따른 치유, 그리고 예수님을 따르라고 사람들을 부르시는 내용을 포함하는 "나라의 복음"의 내용을 설명하는 상호작용하는 요약문을 배치한다. 마태복음8:1은 가르침에서 치유와 부르심으로 옮겨가는 예수님의 사역의 적절한 전환점 역할을 한다(8-9장). 8:1의 산에서 내려오시는 장면은 독자들에게 전체 산상수훈의 근본적인 틀인 새롭고 더 큰 모세, 선지자, 교사 및 진리의 결정권자로서의 예수님의 역할을 상기시킨다. 6장의 5:1-2에 대한 토론을 보라.

마태복음 7:13-8:1과 인간의 번영

학자들은 예수님이 복음서내에서 어느 정도 수준에서 지혜자로 제시되는지에 대해 논의해왔다.[37] 복음서 전체가 예수님을 "지혜자"로 그리

---

37 존 도미닉 크로산과 같은 일부 예수 세미나와 특정 역사적 예수를 연구하는 이들은 과장된 방식으로 예수를 현자 또는 지혜선생으로 연구해 왔다. John Dominic Crossan, *The Historical Jesus: The Life of a Mediterranean Jewish Peasant* (New York : HarperCollins, 1991)를 보라. 보다 균형 잡힌 접근법을 Ben Witherington III, *Jesus the Sage: The Pilgrimage of Wisdom* (1994; repr., Minneapolis: Fortress, 2000)에서 볼 수 있다. 제2성전 유대교 문맥에 대한 비판과 더 견고한 재구성을 다음에서 보라, Grant Macaskill,

고 있다고 말하는 것은 지나칠 것이다. 그러나 산상수훈은 처음부터 끝까지 권위있는 교사인 예수께서 주시는 세상에 존재하는 신적 지혜로운 방식을 가르친다.[38] 예수님은 지혜자 이상이다, 하지만 특히 마태복음과 산상수훈에서는 그 이하도 아니다. 고대의 지혜자나 철학자는 고대의 왕권 개념과 깊게 얽혀 있다는 앞선 논거에 비추어 볼 때, 지혜자로서의 예수님과 왕으로서의 예수님은 서로 경쟁하는 것이 아니다. 그렇기 때문에 예수님에 대한 이 두 가지 묘사는 상호 유익하며 지배적인 것이 된다.

앞에서 언급했듯이, 예수님을 지혜 선생님으로 설명하는 것은 산상수훈 –특히 서두의 비아티튜드와 말미의 경고들– 에 자주 반복되는 신명기적 언약의 저주와 축복의 내용보다 산상수훈 자체의 기록과 더 일치한다. 언약적 개념이 산상수훈에 전혀 없는 것이 아니고 모세와의 연결성이 적절하게 기록되어 있지만, 산상수훈은 처음부터 끝까지 그것이 종말론적 지혜 문헌이라는 것을 보여준다 –서두의 마카리즘, 실천 도덕적 주제들, 경건, 대인관계, 그리고 말미의 지혜로운 삶을 위한 격언적 호소 등을 포함한다. 솔로몬보다 더 크신 예수님은 그 나라의 아들들과 딸들을 하나님을 영화롭게 하는 세상에 존재하는 한 방식으로 부르시며 그를 따르는 자들에게 번영을 약속한다.

만약 산상수훈의 독자나 청취자가 산상수훈의 전체 요지가 예수님을 유대 메시아적 그리고 헬라적 언어와 문맥 내의 종말론적 선지자-지혜자로 제시하는 것임을 아직 파악하지 못했다면 마태복음 7:13-8:1이 이를 명백한 사실로 제시한다는 것을 보아야 한다. 두 가지 길에 대한 주제, 내적 외적 전체성의 필요, 지혜와 어리석음의 대조는 이 책 전체에서

Revealed Wisdom and Inaugurated Eschatology in Ancient Judaism and Early Christianity, JSJSup 115 (Leiden: Brill, 2007).

38 John Yueh-Han Yeih, One Teacher: Jesus' Teaching Role in Matthew's Gospel Report (Berlin: de Gruyter, 2004)을 보라. 마태가 예수님을 선생으로 표현한다는 것을 주장하기 위해 문예-비평적 접근을 사용하고, 그 표현들을 (쿰란) 의의 선생과 에픽투스와 비교한다.

내가 제안하는 것을 엮어 전달한다: 산상수훈은 제2성전 유대 지혜 문헌과 그레코-로만 미덕 전통이 교차하는 백과 사전적 문맥에서 가장 잘 해석될 수 있으며 산상수훈 전체는 참된 인간 번영에 대한 기독교의 초대이다.

The Sermon on the Mount and Human Flourishing: A Theological Commentary

신 학 적 반 추

3부

12

산상수훈과 인간 번영 신학

스케치

THE SERMON ON THE MOUNT AND HUMAN FLOURISHING

개관

이 책의 목적은 역사적인 측면에 민감한 산상수훈의 신학적 주석을 제공하는 것이었다. 산상수훈을 가장 잘 이해하는 방법은 그것이 제2성전 유대교와 그레코-로만 미덕 전통이라는 두 역사적 문맥이 교차되는 지점에서 생성된 지혜 문예 작품이라는 것을 이해하는 것이다. 헬라화된 유대교에서 태동한 초기 기독교는 구약 성경에 철저히 뿌리 내린 신학적 이해의 특징을 가지고 있다. 그리고 이는 헬라의 언어와 문화로 재구성되고 설명된다. 마태복음과 산상수훈도 예외는 아니다. 그러므로, 산상수훈은 구약 성서에 뿌리 내리고 있으면서 1세기의 헬라 도덕 철학이 사용하는 언어들을 중첩 사용한다. 산상수훈은 믿음을 기반으로 하면서 미덕을 통해 인간 번영으로 초대하는 종말론적, 그리스도 중심적, 하늘나라 지향적인 지혜 문예 작품이다.

이 논지를 주장하기 위해 산상수훈의 기원에 대한 백과 사전적인 문맥을 탐구하고, 이 문맥에 비추어 산상수훈의 여러 표현과 주제가 전달하는 환기 인자를 이해하려 했다. 가장 깊고 폭 넓은 수준에서 마카리오스함, 텔레이오스함, 전체성, 단일성, 의, 그리고 다른 주제들이 함께 만드는 세상에 존재하는 한 방법에 대한 비전("도덕적 상상")[1]을 주장했다. 이 비전은 현시적으로는 부분적이고 종말론적으로는 완전하게 될 인간 번영을 약속한다. 이 인간 번영은 하나님의 권세를 가진 아들 예수님을 믿고 그를 공개적으로 지지하는 것을 통해 얻는다. 예수님은 다가오는 하나님 나라 안의 번영으로 사람들을 초대하는 이상적인 철학자–왕의 현현이며, 성육신하신 하나님이다.

이 결론장은 산상수훈이 뿌리내리고 있는 인간 번영 신학을 구성하는 여러 맥락과 주제를 함께 묶어주는 신학적 주장들을 스케치 형식으로 제시한다. 시공간의 제약으로 여섯 개의 논지 형태로 된 스케치를 제공할 것이다. 이 논지들은 앞서 주장한 것들을 요약한 것이며, 이들을 더 큰 신학적 범주들의 영역에 집어 넣어 정리한 것이다. 이 여섯 개의 논지들은 서로 연관성을 가지며 그 내용도 중첩된다.

논지1: 성경은 인간의 참 번영에 관한 것이다

앞선 1-3장은 마태복음과 초기 기독교의 백과 사전적인 문맥과 산상수훈의 인간 번영의 개념이 상호 연관 되는 방식을 확인했다. 많은 학자들은 광범위한 성경적, 신학적, 역사적 관점에서 성경을 인간 번영에 대

---

1 이것은 데일 알리슨의 짧은 산상수훈 주석집인 Dale C. Allison Jr., *The Sermon on the Mount: Inspiring the Moral Imagination* (New York: Crossroad, 1999)의 부제이다.

한 책이나 메시지로 이해할 것을 주장해 왔다.[2] 앞서 살펴본 여러 어휘 및 개념적 주장을 반복하거나 다른 학자들의 연구를 반복 제시 하기보다는, 앞선 논의에 기초하여 나의 이해를 주장할 것이다.

짧게 말해, 신구약 성경은 아브라함, 이삭, 야곱, 그리고 예수님의 (아버지) 하나님이 유일하게 참되시고 충만하며 세상에서 영원 가능한 인간 번영을 주신다는 것을 선언한다. 이는 하나님이 이제도 있고, 전에도 있었고, 앞으로도 있을 만물의 창조자이자 유지자이기 때문이다. 성경을 시작하는 장과 마치는 장이 모두 아름답고 풍성하며 푸른 장소인 번영의 이미지인 것은 우연이 아니다. 미로슬라브 볼프가 말하듯이 이 이미지는 "세상의 창조에서 시작하여 새 하늘과 새 땅으로 마치는 웅장한 이야기의 일부이다," "접근조차 할 수 없는 빛 안에 거하시는 분의 실재에 대한 확신에 뿌리 내린" 번영의 비전이다.[3]

성경은 단일신론적(오직 하나의 신을 예배해야 함)이지만 급진적 유일신론(유일하신 참 신만이 있음)을 주장하며 그분을 향한 예배 뿐만 아니라 인간 존재에 관한 것도 말한다. 결과적으로 인류는 오직 그들의 유일한 창조주와 다른 창조물과의 관계를 통해서 그들을 위한 텔로스 혹은 목적을 찾을 수 있다.

이에 내포된 전제는 다음과 같다-기독교 저술과 전통을 포함하여 모든 철학과 종교가 공통으로 가지는 인류의 최종 목적과 보편적인 욕망

---

2 이 관점에 관해 다음을 보라: Brent Strawn, ed., The Bible and the Pursuit of Happiness: What the Old and New Testaments Teach Us about the Good Life (Oxford: Oxford University Press, 2012); Ellen Charry, God and the Art of Happiness (Grand Rapids: Eerdmans, 2010); Miroslav Volf and Justin E. Crisp, eds., Joy and Human Flourishing: Essays on Theology, Culture, and the Good Life (Minneapolis: Fortress, 2015); Miroslav Volf, Flourishing: Why We Need Religion in a Globalized World (New Haven: Yale University Press, 2016), N. T. Wright's After You Believe: Why Christian Character Matters (New York: HarperCollins, 2010). 이들은 종말론적이고 미덕 윤리적인 이해의 창조적이고 충분한 성경적 주장을 제공한다. 예일 대학교의 믿음과 문화 센터는 신학과 인간 번영에 관한 다양한 자료들을 제공한다: http://faith.yale.edu/god-human-flourishing/god-human-flourishing.

3 Volf, Flourishing, x.

은 삶의 풍성함, 행복, 번영을 경험하는 것이다. 성경도 모든 종교와 철학이 항상 묻는 것과 같은 것을 질문하고 그에 답하고 있다: 어떻게 참되고 영원한 행복을 경험할 수 있을까?

교회는 오랜 역사를 지내오며 믿음과 교회 윤리 내의 행복에 대한 본질을 잃어버렸다. 그렇기 때문에 행복은 기독교 안에서 새롭게 단언 되어야 한다.[4] 사실, 개신교, 루터교, 복음주의 전통은 인간 번영을 말하는 것에 대한 잠재적인 두려움을 가지고 있다. 이는 많은 신실한 신자들을 괴롭히고 있다. 이 인간 번영 중심성의 상실은 하나님과 피조물 사이의 적절한 질서 관계를 지키고 "하나님 중심성"을 강조하는 옳은 성경적 의지에서 비롯한다; 인간의 중요성에 대해 너무 많은 이야기하는 것은 많은 이들에게 성경의 하나님 중심성을 잃어 버리는 것처럼 들릴 수 있다.

또한, 신학적 인간 번영에 대한 이 두려움은 예수님이 그를 따르는 자들에게 자기를 희생하고(막 8:34-35, 눅 9:23-24), 십자가를 지고(마 10:38; 눅 14:27), 자신들보다 다른 이들을 더 중히 여기라고(빌 2:3-8) 부르신다는 점에 기인하기도 한다. 그러나, 앞서 논한 것처럼, 이것이 인간의 상, 보상, 만족, 또는 궁극적인 번영에 대한 절대적 거부로 해석 될 수 있는 것은 아니다. 산상수훈에서 보았던 것처럼 예수님이 사람들에게 희생하라고 부르실 때에는 미래의 상과 보상에 대한 약속을 전제로 하신다(예, 6:1-21). 이 약속은 예수님의 희생의 동기로 묘사되기도 한다, 칸트 주의적 이타주의가 아니다 – "믿음의 주요 또 온전하게 하시는 이인 예수를 바라

---

4 Charry, *God and the Art of Happiness*는 서구 교회 특히 프로테스탄티즘 안에서 이 변화가 어떻게 일어났는지에 대한 그녀의 이해 방법을 개괄적으로 설명한다. 로마 카톨릭 전통은 분명히 획일적이지 않다, 하지만 행복/인간 번영의 교리의 상실은 크지도 깊지도 않다. 로마 가톨릭 교회 안의 많은 사람들은, 특히 도덕 신학자 (또는 윤리 학자)는 행복으로 윤리학과 신학의 틀을 만든 어거스틴 전통을 이어간다. 예를 들면, Servais Pinckaers, *Morality: The Catholic View*, 번역 Michael Sherwin (South Bend, IN: St. Augustine's Press, 2003), *The Source of Christian Ethics*, 3rd ed., trans., Mary Thomas Noble (Washington, DC: Catholic University of America Press, 1995). 그녀는 기독교 전통의 도덕성 개념이 의무와 금지명령을 향한 방향으로 잘못 옮겨 갔다고 주장한다. 그녀는 오히려 도덕성은 어거스틴과 마찬가지로 그리스도인의 미덕을 통해 경험되는 행복을 위한 자유를 주는 능력의 개념으로 변화해야 한다고 주장한다.

보자 그는 그 앞에 있는 기쁨을 위하여 십자가를 참으사 부끄러움을 개의치 아니하시더니 하나님 보좌 우편에 앉으셨느니라"(히 12:2; 참고, 빌 2:8-10).

찰스 테일러가 적고 있듯이 하나님을 섬기고 경배하라는 기독교의 부름은 스토익 학파의 번영에 관한 관점처럼 단순 자기부인으로 해석 될 수는 없다. 지금 희생을 요구하고 다른 이들을 사랑하고 일부 물질을 포기하라는 부름은 번영의 가치를 부정하지 않는다; 이는 오히려 하나님을 모든 것에 중심으로 놓으라는 부름이다."[5]

개신교 전통의 핵심, 특히 루터교와 개혁파교회의 핵심은 하나님으로부터 멀어진 인간의 충만한 죄성을 강조한다는 점이다. 이 강조점의 현저함은 복음주의 (주로 개혁주의) 학생들과의 수업에서 내가 한 실험에 잘 드러난다: 내가 "인류"라는 말을 들을 때 마음에 떠오르는 첫 단어를 말하라고 물으면 거의 항상 대답은 "죄로 가득함"이다. 성경적이고 개신교적인 관점에서 볼 때, 인류가 죄로 충만하고 결과적으로 하나님과 분리되었다고 말하는 것은 분명 정확한 진실이다. 이 기본적인 현실이 복음의 핵심이다: 인류는 죄로 인해 구원 받고 하나님과 화목 해야만 한다.[6] 그러나 하나님의 관점에서 죄의 충만함이 인류에 대한 첫 번째 또는 주된 진술인지 여부를 묻는 것이 필요해 보인다. 적어도 이 일반적인 대답은 복음주의 인류학의 핵심을 보여준다. "인류"는 "죄로 충만하다"를 떠올리게 하는 일종의 개념과 습관의 문화화 혹은 교육이 존재한다.[7] 나는

---

5 Charles Taylor, *A Secular Age* (Cambridge, MA: Harvard University Press, 2007), 18.

6 마이클 크루거는 그의 통찰력 있는 블로그 게시물에서 신약 전체에 하나님의 백성을 부르는 많은 표현들이 있지만 "죄인"은 그 중 하나가 아니며 "성도"가 일반적인 것이라고 지적한다. 크루거는 "성도"라는 부르심은 기독교인 정체성에 영향을 미치는 것이며 그리스도를 향해 만들어진 우리의 모습과 우리의 죄 많은 삶 사이의 의식적 불협화음을 만들어내는 것이어야 한다고 지적한다(http://michaeljkruger.com/saint-or-sinner-rethinking-the-language-of-our-christian-identity/).

7 자주 인용되는 이사야 64:6은 이 생각을 단단히 뿌리 내리고 강화한다-"우리의 의는 다 더러운 옷 같으며"-이는 행위를 통해 하나님의 은혜를 얻으려는 인간의 시도가 어리석고 틀렸다는 증거이다. 이것이 사실이지

오히려 "죄로 충만함"은 인류에 대한 두번째 적절한 표현이라고 제안 하고 싶다. 성경의 관점에 따른 첫 번째 반응/말은 "사랑받은" 또는 "아름다운"이어야 한다.[8]

신학적 인류학에 대한 이 짧은 견해의 요점은 다음과 같다: 이 문화화 된 접근 방식의 한 가지 부정적인 효과는 개신교 전통의 많은 사람들이 성경의 메시지와 하나님의 인류에 대한 목표가 인간 번영이라고 생각하는 것은 잘못된 것이라고 보게 할 수 있다는 것이다. 인간의 번영에 대한 초점은 죄와 관련이 없거나 죄에서 구원받는 것에 반대되는 개념으로 잘못 인식 될 수 있다. 또는 악한 이들이 경험하는 번영과 행복은 하나님과 세상의 최종 목적인 하나님의 영광에 반대되는 것이라 인식 할 수 있다.

그러나, 이는 사실이 아니며 적절하지 않은 이분법이다. 성경의 텔로스는 하나님 중심적이고 동시에 인간 중점적이다. 존 파이퍼의 유명한 웨스트 민스터 신앙 고백서 수정본은 "사람의 가장 중요한 목적은 하나님을 영원히 즐거워하는 것으로 하나님을 영화롭게 하는 것이다"라고 말한다.[9] 또는 (파이퍼 관점의 원천인) 조나단 에드워즈의 말처럼 인류의 행복은 삼위일체 하나님과의 연합에 연결된다:

하나님이 생각하는 창조물의 선과 그 자신에 대한 생각은 분리된 것이 아

만, 이 과장된 시적 진술이 산상수훈을 포함하여 의, 선행, 그리고 하나님께 영광되는 인간의 아름다운 행실에 대한 전부는 아니다(예, 마5:16, 사람들이 신자들의 "선행"을 보고 그 결과로서 하나님께 영광을 돌린다).

8 하나님께서 자신의 형상으로 특별하게 만들어진 피조물을 사랑하신다는 것은 분명히 성경의 주된 그리고 궁극적인 메시지이다. 이것이 왜 우리의 반역과 죄에도 불구하고 복음이 들려지고 성육신이 일어났는가를 설명한다. 나의 요지는 위에서 언급한 크루거와 약간 다르다. 크루거는 그리스도인의 주된 정체성이 "죄인"이 아닌 "성도"라 말했지만 그것은 죄가 있기 전에 하나님의 형상대로 지음 받은 사랑스러운 창조물의 주된 정체성을 생각하는 것과 유사하다.

9 웨스트민스터 소요리 문답은 "인간의 최종 목적은 무엇인가? 인간의 최종 목적은 하나님을 영화롭게 하고 그를 영원히 즐거워하는 것이다"로 시작한다.

니다; 둘 다 하나로 연합되어 있다, 그는 창조물의 행복을 목표로 삼으며, 그 것은 그 자신과의 연합에서 오는 행복이다. 창조물은 하나님이 그의 궁극적 목적으로 두신 그의 행복을 넘어서는 행복을 가질 수 없다, 하나님과 하나가 되는 것보다 더 큰 행복은 없다. 더 많은 행복은 더 큰 연합이다: 완벽히 행복 이 할 때, 연합도 완벽하다. 그리고 행복이 영원까지 증가할 수록 연합도 더 욱 단단하고 완벽해 진다; 하나님 아버지와 아들 사이의 연합에 더 가까워지 고 더 비슷해진다; 그들의 연합은 완벽하며 그들의 관심사도 완벽하게 일치한 다.[10]

이 책은 하나님중심성과 인간 번영 사이의 잘못된 이분법을 교정하기 위한 작은 기여를 추구했다. 산상수훈은 급진적 하나님중심성을 유지하 는 동시에 예수 그리스도를 통한 인간 번영으로 초대한다. 예수님은 도 덕적인 철학자이자 인간 번영의 지혜를 공급하시는 분 이상이다, 그러나 그 이하도 아니다. 이에 대한 분명하고 강력한 증거 중 하나가 산상수훈 이다. 산상수훈은 모든 사람들을 예수님이 계시하는 세상에 존재하는 방식으로 초대하는 가르침의 전형이다. 이것만이 사람들을 번영하게 할 것이다.[11]

논지2: 성경의 인간 번영 비전은 하나님 중심적이고 종말론적이다
신구약 성경은 같은 시대 다른 종교와 문화에 존재하는 인간 번영에

---

10 Jonathan Edwards, "The End for Which God Created the World," in *The Works of Jonathan Edwards*, ed. Paul Ramsey (New Haven: Yale University Press, 1992), 8:533-34.

11 로버트 S. 키니는 산상수훈은 "예수님을 율법과 그의 의에 대한 명령을 따르는 자를 위한 하늘의 보상에 대 한 권위있는 결정권자로서 성공적으로 제시했을 뿐만 아니라; 또한 제자를 모으고, 제자를 가르치며, 선을 위한 그들의 발전을 이루어내는 소크라테스적 인물로서 예수님을 제시하는 것에도 성공한다"고 요약한다 (Robert S. Kinney, *Hellenistic Dimensions of the Gospel of Matthew* [Tübingen: Mohr Siebeck, 2016], 215).

대한 강조를 공유한다. 그러나, 인간의 번영을 구성하는 것과 그것을 얻는 방법에 대한 구약과 신약의 대답은 동시대의 것들과 다르다. 고대 근동 또는 그레코-로만 세계에 번영하는 삶이 무엇인지에 대한 일치된 답은 없다. 특히, 부와 특정한 미덕이 샬롬 또는 유다이모니아의 상태를 얻는 것에 어떤 역할을 하는지에 대한 철학적 질문에 일치된 답도 없다.[12] 따라서, 일관된 고대의 표준과 단순한 비교 방식으로 성경의 인간 번영 신학의 내용을 평가하는 것은 불가능하다. 그럼에도 불구하고 다른 동시대적 접근 방식과 공유하는 성경적 인간 번영의 일부 측면을 살핌으로써 얻을 수 있는 통찰이 있다.

1장에서 언급했듯이, 산상수훈은 인간 번영(마카리오스, 아슈레, 유다이모니아)을 성취하기 위해 미덕이 필요하다고 강조한다. 이는 구약성경, 제2성전 유대교, 그리고 헬라 전통과 일치한다. 이 미덕은 전체성-인간의 역할의 필요성을 핵심으로 한다. 이는 완성과 일치를 목적으로 추구한다(텔레이오스함). 이 정도가 동일한 점이다.

그러나, (구약과 신약 모두에서 발견되는) 인간의 번영에 대한 그리스도인의 이해는 철저한 유일신론적 (그리고 궁극적으로 기독론적, 삼위일체적) 세상 이해에 뿌리를 둔 뚜렷이 구별된 모양과 어조를 가지고 있다.[13] 이 근본과

---

12 다른 헬라 철학 분파들은 행복(**유다이모니아**)의 본질과 그것을 얻기 위한 돈과 감정의 역할에 대해 긴 시간 토론했다. 다음을 보라, Darrin McMahon, "The Pursuit of Happiness in History," in *The Oxford Handbook of Happiness*, ed. Susan A. David, Ilona Boniwell, and Amanda Conley Ayers (Oxford: Oxford University Press, 2013), 254. McMahon's fuller treatment, *Happiness: A History* (New York: Grove, 2006). 또 다른 유익한 최근의 글들을 다음에서 볼 수 있다, Øvyind Rabbås, Eyjólfur K. Emilsson, Hallvard Fossheim, and Miira Tuominen, eds., *The Quest for the Good Life: Ancient Philosophers on Happiness* (Oxford: Oxford University Press, 2015).

13 크리스토퍼A. 비리는 교부 전체에 존재하는 인간 번영이라는 중요한 주제를 탐구하고 그들의 이해가 얼마나 급진적인 그리스도 중심적 근본주의였는지 보여준다. 예수님은 구원 사역을 통해 인간의 번영을 증진하는 것이 아니라 보다 근본적으로 자신의 정체성을 통해 인간 번영을 증진시킨다. "그리스도는 그 자체로 인간 번영의 원형이자 최초의 예이며, 다른 인간들은 그리스도의 신적-인간의 삶에 참여함으로써 번영한다" (Christopher A. Beeley, "Christ and Human Flourishing in Patristic Theology," Yale Center for Faith and Culture에서 발표된 소논문, 다음에서 찾아볼 수 있다, http://faith.yale.edu/sites/default/files/beeley_christ_and_human_flourishing_in_patristic_theology _-_ final.pdf).

그리스도안의 하나님의 계시가 소개하는 인간 번영에 대한 기독교 신학은 다음과 같은 의미를 갖는다. (1) 충만한 번영은 오직 하나님과의 관계와 교제에 있을 때만 경험 될 수 있다. (2) 충만한 번영은 오직 하나님이 그의 다스림과 통치(하나님의 나라)를 완전히 세우실 때인 종말 때에만 경험 될 것이다. (3) 번영은 선교적이고, 제사장적이며, 바깥 세상에 중점을 두어 하나님의 영광을 세상에 퍼뜨리는 것이다. 각 요점을 아래에서 살펴 보자.

(1) 고대 세계의 다른 종교는 번영을 얻는 방법에 대한 묘사의 일부로서 신과의 관계를 분명히 언급하고 있다. 심지어 헬라 철학 전통도 (사소한 역할이라 할지라도) 신들의 진정한 행복(마카리아)과 그것을 얻기 위한 부의 역할에 대한 인식이 있었다. 그러나, 유대적 계시에 뿌리를 둔 그리스도인은 유일하신 참 하나님과 언약적 관계에서 벗어난 모든 인간 번영의 경험은 파생적이고 일시적인 것일 뿐이라고 이해한다. 시편과 잠언과 같은 지혜서는 어리석고, 근시안적이며, 영원한 행복을 약속하지 않는 불경건한 즐거움의 짧은 수명과 파괴적인 본질을 자주 묘사한다.[14] 또한, 예언서는 번영을 약속하지만 그 끝은 파멸인 우상 숭배의 유혹을 피할 것을 하나님의 백성에게 자주 호소한다.[15]

산상수훈도 이와 똑같은 이해와 강조점을 가지고 있다. 예를 들어, 중앙 부분인 경건에 관한 가르침(6:1-21)은 하나님 중심이 아닌 바리새인들은 "이미 그들의 상을 다 받았고" 그 상은 좀이 먹고 동록이 해할 것이라고 한다(6:19-21). 그리고 산상수훈의 절정인 결론부는 현재 좋고 유익한 것으로 보이는 것들이 후에는 파괴하는 것과 파멸될 것 이라는 개념에 기초한 세 가지의 강렬한 이미지들인 넓은 길과 문, 양의 옷을 입은 이

---

14 예, 시 73; 잠 1:8-19.
15 예, 사 44:9-20.

리, 모래 위에 지어진 어리석은 집(7:13-27)을 나열한다. 기독교 인간 번영 신학은 지혜에 대한 호소이지만, 분명한 유신론, 기독론적 이해, 그리고 언약적 관계에 뿌리를 두고 있다.

(2) 번영에 대한 초기 기독교의 이해와 동시대의 이해 사이의 또 다른 중요하고 궁극적인 차이점은 번영의 종말론적 본질이다. 성경에 따르면 세상을 향한 하나님의 경륜은 창조 세계의 회복과 천국과 같은 번영의 상태로 인류를 구속하고 새롭게 하는 목표를 갖는다.[16] 신약 성경은 이 메시지를 하늘에서 땅으로 하나님의 나라를 가져오고, 적을 물리 치고, 사람들과 모든 창조물 사이의 정의와 평화를 확립하는 삼위 일체 하나님으로 구성한다. 신약 성서 전체가 이 종말을 향해 기울어 있다. 그러나 아직 그 상황은 아니다. 그리스도인의 경험은 기다림, 갈망, 그리고 그리스도의 재림을 통한 하나님의 돌아오심을 준비하는 것이다. 그러므로, 인간 번영은 완전히 경험될 수 없다, 왜냐하면 하나님께서 세상과 인간을 창조하신 이유인 그 마지막이 아직 완성되지 않았기 때문이다. 이것이 기독교 번영 이해의 가장 역설적인 요소이다. 실제로 인간 번영은 세상에서의 고난과 깨어짐 가운데서 현재 경험된다. 이미-아직 이라는 세상의 종말론적 현실이 이것을 부득이하게 한다. 마지막이 아직 오지 않았기 때문에 인간 번영은 상실, 갈망, 고통, 박해 등에 행복, 기쁨, 만족, 평화가 결합된 역설적인 방식으로만 경험 될 것이다. 비아티튜드는 마카리오스함이 궁핍, 상실, 깨어짐, 빈곤, 심지어 철저한 박해의 순간을 통해 경험되고, 하나님이 그의 나라를 다시 세우실 때 온전히 경험될 것이라는 것을 강조함으로써 이 경험적 불가사의함을 확고히 설명한다.

---

16 이것이 N. T. 라이트의 성경적 미덕 윤리 탐구의 가장 큰 강점이다-그의 통찰은 신약이 말하는 인간의 유다이모니아와 텔로스에 대한 이해는 완전히 인간성으로 들어가는 것이고, 완전히 그리고 진정으로 그리스도의 새-창조의 일부로서 하나님의 형상을 반영하는 것이다. 특히 다음을 보라, N. T. Wright, *After You Believe*, chap. 5, "Transformed by the Renewal of the Mind."

(3) 기독교의 번영에 대한 이해와 그와 가장 가까운 사촌이라고 할 수 있는 헬라 행복 전통의 결정적인 차이점 세번째는 성경적 번영 신학의 종말론적 본질에서 유래한다. 성경적 종말론의 텔로스는 "세상의 회복",[17] 즉 창조 전체에 대한 샬롬의 회복이다. 그것은 개인의 행복 경험에 관한 것만이 아니다; 또한 선교적이고, 제사장적이며, 외부 중심적이고, 하나님의 영광과 사랑을 지상 전체에 전파하는 것이다. 실제로 인간 번영의 공동체적 측면은 마카리오스에 대한 그리스도인의 이해에 필수적이다.[18] N. T. 라이트는 이렇게 말한다: 초기 그리스도인들은 텔로스나 목표에 기초해 삶의 틀을 세워가는 것을 버리지 않았지만, 아리스토텔레스적 목표를 다른 것으로 대체했다. 그 목표는 창1-2장에 의하면 무엇을 위해 인간이 처음으로 만들어졌는지, 그리고 출애굽기에 의하면 무엇을 위해 이스라엘이 부름을 받았는지에 관한 것이다 - "그것은 왕적 제사장, 예배자, 청지기 직분의 임무를 통해 정의와 아름다움을 창출하는 것이다."[19]

니콜라스 월터스트로프는 찬사를 받을 만큼 이 차이를 가장 명확하게 이해하고 표현하고 있다.[20] 그는 아리스토텔레스적 행복 전통의 모든 유익에 대해서 설명하며 궁극적으로 그 전통은 개인과 개인 경험에 중심을 두고 있고, 자비로운 관계라는 선한 삶의 필수 요소는 결핍되어 있

---

17 이 언어는 N. T. 라이트의 통찰에 빛을 지고 있는 James K. A. Smith, *Imagining the Kingdom* (Grand Rapids: Baker Academic, 2013)의 마지막 과에서 가져왔다.

18 데브라 딘 머피는 기독교 전통에서 행복은 정치적 현실로 이해되었다고 본다-"우리가 경험하는 번영은 우리가 하나님의 선하심을 실천하는 것을 추구할 때 함께 경험된다." 예수님의 비아티튜드는 "사랑과 타인을 향한 책임으로 우리를 묶는 특별한 행동 양식으로의 초대이다" (Debra Dean Murphy, *Happiness, Health, and Beauty: The Christian Life in Everyday Terms* [Eugene, OR: Cascade, 2015], 6-7).

19 Wright, *After You Believe*, 82-83.

20 월터스트로프는 기독교교육과 관련한 그의 소논문 모음집인 Wolterstorff, *Educating for Shalom: Essays on Christian Higher Education*, ed. Clarence W. Joldersma and Gloria Goris Stronks (Grand Rapids: Eerdmans, 2004)에 더하여 행복주의와 평화주의(헬라어 "평화"를 의미하는 [에이레네]에 기반함)의 구분점을 그의 책 *Justice: Rights and Wrongs* (Princeton: Princeton University Press, 2008), 특히 7-8과에서 발전 시킨다. 그는 그의 책 *Justice in Love* (Grand Rapids: Eerdmans, 2011)에서 "아가피즘"(헬라어 "사랑"을 의미하는 [아가페]에 기반함) "사랑주의"라는 용어를 만든다.

다고 보았다.[21] 그러나, 번영에 대한 성경적, 기독교적 이해는 개인이 좋음을 경험하는 수단 일 뿐만 아니라, 하나님의 샬롬(번영) 또는 평화를 그의 온 창조 세계에 전파하는 우주적 규모의 선교이다. 월터스트로프는 샬롬의 헬라어 번역을 바탕으로 유다이모니즘(행복주의)보다는 에이레네이즘(번영/평화주의)라는 용어를 사용한다. 이 에이레네이즘은 다른 사람들 안의 내재적 선을 보는 것과 다른 사람에게 도덕적 유익을 주는 필수적인 차원에 중점을 둔다. 유다이모니즘(행복주의)이 우정과 공동체라는 개념을 포함하고 있지만, "그것은 도덕적 유익을 얻는 대상을 위한 자기부인의 성격이 결여되어 있다. … 에이레네이즘(번영/평화주의)는 진정한 자비의 행위로 (즉, 다른 사람과 함께 그리고 그들을 위해 고통받는 것으로) 실현된다."[22] 진정한 인간 번영은 무엇인가라는 질문에 대한 답은 단순히 "나는 어떻게 살아야하는가?"가 아니라 오히려 "어떻게 하면 다른 사람들에게 선을 가져다 줄 수 있을까?"가 되어야 한다. 실제로, 고통의 한가운데서 번영이 경험된다는 역설과 마찬가지로 개인적인 번영은 오직 하나님의 평화와 사랑을 세상에 가져오는 더 크고 타인 중심적인 일에 참여 할 때에만 완전히 경험할 수 있다. 그리스도인의 미덕은 자신으로부터 벗어나, 하나님을 예배하고 세상을 선교하러 나아가는 것을 가리킨다.[23] 행복

---

21 월터스트로프 이외에 행복주의전통에 대한 독선주의자적라는 비판이 있으며 이 문제를 어떻게 이해해야 할 지에 대한 토론들이 있다. 줄리아 아나스는 균형잡힌 관점을 다음에서 보여준다. Julia Annas, *The Morality of Happiness* (Oxford: Oxford University Press, 1993). 행복을 추구함에 있어 타인의 역할에 대한 일부 후대 헬라 철학자에 대한 논의를 다음에서 보라. Miira Tuominen, "Why Do We Need Other People to Be Happy? Happiness and Concern for Others in Aspasius and Porphyry," in Rabba s, Emilsson, Fossheim, and Tuominen, *Quest for the Good Life*, 241-64.

22 이 방식의 문장은 월터스트로프의 글에 기반하지만 이 개념을 어린이 문학에 적용시킨 코트 루이스의 통찰력 있는 글에 기인한다. Court Lewis, "The Cricket in Times Square: Crickets, Compassion, and the Good Life," in *Philosophy in Children's Literature*, ed. Peter R. Costello (Lanham, MD: Lexington Books, 2012), 220. 웨슬리적 관점에서 머피는 다음과 같이 설명한다: "교회는 사회적 몸(**폴리스**)이며 하나님의 선을 통한 모든 피조 세계의 번영을 목표(**텔로스**)로 한다… 산상수훈은 각 기독교인의 개인적인 믿음을 대해 의도된 불가능한 요구들의 목록이 아니라 오히려 공동체적 삶의 방식에 대한 설명이며 기준이다" (Murphy, *Happiness, Health, and Beauty*, 8).

23 Wright, *After You Believe*, 243.

은 그것을 전적으로 자기 자신을 위해 추구하지 않을 때 발견된다.[24]

마태복음이 지혜/번영 명령인 산상수훈의 틀을 이와 같은 방식으로 만드는 것은 쉽게 확인 된다. 마태복음은 처음부터 끝까지 세상에 오셔서 "자기 백성을 그들의 죄에서 구해 내는"(1:21) 타인 중심적 예수님의 사명에 집중하고 있다. 그리고 이 마태복음은 예수님의 제자이자 독자들에게 세상에서 활동적인 예수님의 대리인이 되며, 예수님이 말씀하시고 행하신 것을 선포하고 가르치며, 예수님이 계시하신 세상에 존재하는 방식을 세상에 전달하라는 지상 명령으로 마친다. 산상수훈이 그려주고 약속하는 번영은 마태복음이 그 전체에 걸쳐 그려주는 외부 세상에 중점을 둔 예수님의 제자가 되는 것에서만 발견할 수 있다.

논지3: 성경의 도덕적 관점은 계시된 미덕윤리이다.

앞서 언급했듯이 성경은 윤리 혹은 도덕성은 행위적이며 미덕 실천적이라는 이해를 갖는다. 이는 동시대의 철학과 종교와도 공유되는 측면이다. 즉, 윤리란 사람이 누구인지에 관한 것이고 세상에 존재하는 한 분명한 방식이다. 윤리는 번영을 위한 수단으로서 보다 미덕 해지는 것이다. 앞선 언급했듯이 이 미덕 윤리 안에서 성경의 목표는 특별히 종말론적이고 보편 선교적이다; 그것은 개인적인 인간 번영 뿐만 아니라 세상에 하나님의 궁극적인 샬롬을 회복하는 것이기도 하다.

이와 관련된 성경의 윤리적 입장의 또 다른 핵심 요소는 그것이 계시적이라는 것이다. 다시 말해, 성경의 도덕 명령이 지혜를 가르치는 방식

---

24 이 역설적인 인간의 경험은 많은 이들에게 관찰되었다. C. S. 루이스는 그의 자서전에서 그의 붙잡기 어려운 기쁨의 경험을 설명한다. C. S. Lewis, *Surprised by Joy: The Shape of My Early Life* (London: Bles; New York: Harcourt, Brace & World, 1955). 이 진리는 2014년에 보급된 심오한 영화인 *Hector and the Search for Happiness*의 한 요점이기도 하다.

이며, 산상수훈과 같은 중요한 본문도 지혜/미덕 문헌(파레네시스)인 반면, 그것은 동시에 신성한 계시에 기초하여 그 모양이 만들어진 지혜 명령이다. 하나님은 말씀하시는 하나님이다. 그는 자연과 인간의 창조와 그 지혜에 자신을 반영하여 계시한다. 잠언 6:6은 우리에게 "개미를 생각해보라…"라고 명령한다.

또한, 하나님은 성경과 하나님의 말씀 자체인 그의 아들을 통해 말씀하심으로 자신을 계시한다. 그러므로, 성경적 미덕-윤리에 대한 모든 말씀은 계시된 지혜라는 것을 항상 강조해야 한다; 미덕은 단순히 문화와 인간의 경험 뿐만 아니라 궁극적으로 하나님의 말씀에서 발견된다.[25] N. T. 라이트는 궁극적으로 중요한 것은 마음이 새롭게 되고 우리가 새로운 성품을 갖는 것이지만, 그럼에도 불구하고 도덕법은 여전히 중요하다고 말한다-"누구도 법에 반하는 미덕을 가질 수 없고 소망도 의미 있을 수 없다."[26] 월터스트로프도 비슷하게 지적한다. 윤리의 행위자가 어느 것이 옳은 성품이고 가져야 할 감정인지를 외부적 옳음의 기준 없이 결정하려 하는 단편적 미덕-윤리 접근법은 문제가 있다.[27]

앞선 1장에서 스캇 맥나이트의 산상수훈 윤리에 대한 세가지 다른 접근법을 살펴 보았다-위로부터의 윤리, 미래로부터의 윤리, 아래로부터의 윤리. 이들은 (율법에서와 같이) 명령에 기반하고, (예언서에서와 같이) 미래의 종말에 기반하며, (지혜 문헌에서와 같이) 지혜에 근거한 도덕성과 일맥

---

25 올리버 오도너번은 우리가 지혜롭게 되기 위해서는 성경에 있는 모든 도덕적 지침과 원리 목록 그 이상인 도덕적 비전이 필요하다고 말한다. "포괄적인 도덕적 관점으로 우리의 생각을 인도하기 위해서 성경을 읽을 때, 그리고 단절된 도덕적 주장으로 다루지 않을 때, 그때만 성경을 진지하게 읽는 때이다. 우리는 성경을 단절된 도덕적 벽돌들로 바라볼 것이 아니라 벽돌들이 함께 만드는 질서 정연하게 표시하는 것을 찾아야한다" (Oliver O'Donovan, *Resurrection and the Moral Order: An Outline for Evangelical Ethics*, 2nd ed. [Grand Rapids: Eerdmans, 1994], 200).

26 Wright, *After You Believe*, 132.

27 Wolterstorff, *Justice: Rights and Wrongs*, 165. 이것은 행복주의가 모든 사람의 권위를 위한 정당한 사회를 세우는데 충분하지 않은 이유에 대한 월터스트로프의 주장의 일부이다.

한다.[28] 맥나이트는 예수님이 (전체 성경이 그러하듯이) 이 모든 세 가지 방법으로 가르치신다는 것을 옳게 주장한다, 그러나 유감스럽게도 우리는 종종 이러한 관점들 중 하나로 윤리와 산상수훈을 제한하여 다루기도 한다. 1장에서 제안 했듯이 이들을 윤리적 접근에 대한 세 가지 다른 방법으로 단순화해서는 안된다. 오히려, 성경 윤리의 목표와 초점은 하나님의 명령에 뿌리를 둔 미덕을 배우는 사람들이라는 것을 이해해야 한다. 맥나이트가 성경의 윤리는 계시적이며, 종말론적이고, 그리고 동시에 지혜 기반을 두고 있다고 주장하는 것은 옳다.

지난 150년간 윤리의 본질이 무엇인지에 대한 의무론적, 실용주의적, 혹은 작인적/미덕적 진영간의 토론이 있어 왔다.[29] 나의 세번째 논지의 요점은 앞서 살펴본 산상수훈의 해석과 전체 성경의 맥락에 비추어 볼 때 성경적 윤리는 미덕 윤리라는 것이다. 이는 우선적으로 세상에서 살아가는 한 특정한 방식을 배우고 그에 따라 성장해가는 인간에 집중하다. 동시에 행위뿐만 아니라 행위자/인간의 중요성을 강조한다. 그러나, 이 미덕 윤리는 하나님의 계시에 둘러싸이고 그에 뿌리 내려 형성된다. 이것을 계시적 미덕 윤리라고 묘사할 수 있다. 예수님께서는 그가 받으신 하나님의 언약적 가르침의 결정권자라는 특별한 권위에 기초하여 (5:17-48; 7:28-29) 청중들을 텔레이오스함을 필요로 하고(5:48; 6:1-21) 마카리오스함을 약속하는(5:3-12) 세상에 사는 한 방식으로 초대한다.

어거스틴과 같은 신앙 전통에서도 많은 것을 배울 수 있다. 어거스틴의 도덕성에 대한 이해는 행복 추구에 선명한 초점을 맞추고 있다. 행복은

---

28 Scot McKnight, *The Sermon on the Mount*, The Story of God Bible Commentary (Grand Rapids: Zondervan, 2013), 1-17.

29 이 주제에 관한 문헌은 물론 방대하다. 지난 40 년 동안 윤리학 분야는 아리스토텔레스와 토마스 아퀴나스 전통의 회복에 뿌리를 둔 미덕 윤리 접근법의 르네상스를 경험했다. 그 중 많은 부분이 알리스더 매킨타이어의 정교한 업적에 기인한다, Alisdair MacIntyre, *After Virtue: A Study in Moral Theory*, 3rd ed. (Notre Dame, IN: University of Notre Dame Press, 2007).

오직 하나님과 올바르게 성립된 사랑 안에서만 가능하다. 어거스틴의 이 행복주의 중점적 도덕성은 신적 방향성을 가지 있기 때문에 신적 계시에 대한 의무에 기반을 둔다.[30] "죄는 영원한 법에 위배되는 행동, 말, 또는 욕망이다. 영원한 법은 자연 질서를 유지하고, 그것을 위반하지 않도록 명하는 하나님의 신적 이성 혹은 의지이다."[31] 죄는 그 뿌리에 하나님과 그의 법을 사랑하지 못하는 기능 잃은 사랑을 가지고 있다.[32] 그렇다면, 죄의 반대는 하나님과 다른 사람들을 향한 사랑 안에서 그리고 사랑을 통하여 추구되는 미덕이다. 따라서, 어거스틴은 행복주의적 미덕 윤리와 하나님의 계시 모두에 초점을 둔다.

조나단 윌슨의 짧은 책인 복음의 미덕은 하나님 중심성과 계시를 그 기초한 현대 복음주의적 미덕 윤리의 사용을 제안한다.[33] 윌슨은 뚜렷히 복음주의적인 관점에서 미덕-윤리 접근법의 재발견과 재활성화를 탐구하며 반드시 다루어져야 하는 신학적 우려 또한 언급한다. 이러한 우려 중 하나는 신적 명령이 미덕 윤리에 어떻게 부합하는 가이다. 그는 하나님의 도덕적 가르침이 신적 명령에 반드시 포함되어야 한다고 결론을 내린다. -"성경에 근거한 모든 윤리는 반드시 하나님의 명령에 따라야한다"-동시에 신적 명령 윤리에 대한 신적 미덕 윤리의 우월성에 주목해야 한다. 크게 두 가지 점에서 우월하다. 첫째, 성경에 뿌리 내리고 있는 신적 미덕 윤리는 우리로 하여금 하나님이 그의 피조물인 사람에게 원하시는 성품에 주의를 기울이게 한다. 둘째, 성장에 대한 성경적 강조와 그

---

30 Albert Plé, *Duty or Pleasure? A New Appraisal of Christian Ethics*, trans. Matthew J. O'Connell (New York: Paragon House, 1987), 17-22의 유용한 논의를 보라.

31 Augustine, *Contra Faustum Manichaeum* 22.22, Plé, *Duty or Pleasure?*, 21에 번역되어 있다.

32 이 개념에 대한 개요와 실천에 관한 토론을 위해 다음을 보라, David K. Naugle, *Reordered Love, Reordered Lives: Learning the Deep Meaning of Happiness* (Grand Rapids: Eerdmans, 2008).

33 Jonathan R. Wilson, *Gospel Virtues: Practicing Faith, Hope, and Love in Uncertain Times* (Downers Grove, IL: InterVarsity, 1998).

리스도인의 삶의 습관을 통한 성장에 주의를 기울이게 한다(갈 5:22-23; 엡 4:22-24, 빌 4:8, 2; 벧후 1:5).[34]

논지 4: 산상수훈은 구원이 제자도/미덕적 변화를 불가분하게 수반한다고 가르친다.

여러 면에서 이 논지는 명백하고 문제가 없어 보인다. 하지만, 계속되는 혼동과 여러가지 다양한 종류의 신학들 때문에 산상수훈의 관점에서 분명하게 명시되어야 한다.[35] 앞서 살펴보았듯이, 산상수훈을 포함한 마태복음의 큰 주제들 중 하나는 더 나은 의(5:20)와 하나님의 뜻을 행하는 것의 필요성이다(7: 21-23; 12:50; 21:28-32; 26:39; 위의 4장 참조). 하나님의 나라에 들어가기 위해서는 그리스도에 대한 믿음이 있어야 한다. 그러나, 이 믿음이 제자도의 신실한 삶을 제외한 단순한 정신적 동의 혹은 희망으로 해석되어서는 안된다. 야고보서는 믿음과 행함의 필요성에 대한 그 유명한 말씀을 부각시켜 말하며(야 2:14-26), 산상수훈도 필요한 더 나은 의가 어떤 모습인지를 중점적으로 말한다. 전체성 사람, 하나님께 대한 전심적 헌신이 그것이다. 이것을 간단히 제자도라고 부를 수 있다.

이 논의와 관련한 큰 신학적 문제는 바울의 칭의 교리에 대한 개신교의 강조점과 산상수훈의 미덕적 제자도의 필요성에 대한 강조점이 어떻

---

34 Ibid., 38.

35 잘 알려진대로 본회퍼의 대표적 책인 Dietrich Bonhoeffer, *The Cost of Discipleship*, trans. R. H. Fuller and Irmgard Booth (New York: Macmillan, 1959; repr., New York: Touchstone, 1995)는 산상 수훈을 기반으로 하며 "예수님을 따름"이라는 관점에서 기독교 신앙을 나타낸다(참조, *Nachfolge*, 독일어 제목). 본회퍼의 삶에 대한 간결한 이야기와 그의 회심과 삶에 작용한 산상수훈의 역할은 Glen Stassen and David Gushee, Kingdom Ethics: Following Jesus in Contemporary Context (Downers Grove, IL: IVP Academic, 2003), 125-27에서 볼 수 있다. 또한 산상수훈의 적용을 위한 본회퍼의 씨름에 대한 사려 깊은 사색을 다음에서 보라, Glen Stassen, *A Thicker Jesus: Incarnational Discipleship in a Secular Age* (Louisville: Westminster/John Knox, 2012), 175-95.

게 일치하는지에 (혹은 일부에 의하면 그렇지 않은지에) 대한 것이다.[36] 예수님의 제자도에 대한 강조와 바울의 성령을 통해 믿는 자들에게 주어지는 하나님의 은혜의 효력과 그 필요성을 상호 충돌하는 것으로 이해하는 것은 틀린 생각이다.[37] 바울과 마태복음은 때때로 다른 질문을 던지기도 하고 다소 다른 용어로 말하기도 한다. 하지만, (야고보와 바울처럼) 근본적인 동의 안에 있고 서로 같은 윤리적 종말론적 세계관을 공유한다.[38] 마태와 바울이 의에 대해서 다른 방식으로 이야기한다 할지라도 그것이 그들이 제자도와 구원에 대한 다른 관점을 가지고 있다는 것을 의미하는 것은 아니다(유대교와 대립적 배경에 있는 바울에게 의는 전가와 세상을 의롭게 하시는 하나님을 다루는 범주인 반면 마태복음의 의는 항상 윤리적 행위와 연관된다). 실제로, 바울은 마태처럼 마음의 변화의 필요성에 대해 급진적이며 (롬 12:1-2; 고후 3:18, 엡 4:22-24), 마태는 바울처럼 그리스도에 대한 믿음의 필요성에 대해 급진적이다(마 8:10, 9 : 2, 22, 29, 15:28, 21:21, 6:30, 13:58).[39]

---

36 베츠는 그의 박식하고 통찰력있는 산상수훈과 그것의 그레코-로만 배경에 대해 말하면서 바울과 산상수훈을 대립되는 것으로 잘못 이해한다. 심지어, 그는 마태복음이 "이 계명 중 가장 작은 것이라도 버리고 그처럼 다른 사람들을 가르치는 사람은 하늘 나라에서 가장 작다 일컬음 받으리라"는 말씀은 바울을 염두에 두고 말한 것이라고 제안한다! 다음을 보라. Hans Dieter Betz, *Essays on the Sermon on the Mount* (1985; Minneapolis: Fortress, 2009), 19-21. 정통 기독교는 초기 기독교의 다양한 본문들에 대한 이같은 강한 대조적인 해석을 수용할 필요가 없게 하는 신약의 가르침의 다양성 안에서의 일치성을 설명하는 여러 다른 방법을 보여준다.

37 이 주제에 관해 읽은 가장 놀랍고 즐거운 책 중 하나는 Joel D. Bierman, *A Case for Character: Towards a Lutheran Virtue Ethics* (Minneapolis: Fortress, 2014)이다. 루터교 미주리 주교인 비어만은 루터, 멜랑흐톤, 그리고 루터교 전통이 루터교 신학체계내에 미덕 윤리학의 이해를 위한 공간을 가졌으며 갖춰야 한다는 역사적이고 신학적인 강하고 유익한 사례를 만든다. 그는 또한 루터교 관점에서 세 가지 종류의 의를 어떻게 이해할 것인지에 대한 건설적인 패러다임을 제시한다. 개혁교회 측에서 읽을 만한 가치가 있는 책은 Kirk J. Nolan, *Reformed Virtue after Barth: Developing Moral Virtue Ethics in the Reformed Tradition* (Louisville: Westminster John Knox, 2014)이다. 이 책은 바르트 개혁교회 전통은 미덕 전통과 일치한다고 주장한다.

38 바울이 **디카이오수네**를 도덕적 변화와 분리된 것으로 여겼다고 생각하는 것은 오해이다. 로마서의 이 용어에 대한 개신교의 해석은 분명히 하고자 하는 것을 모호하게 했다. 올리버 오도너반은 다음과 같이 지적한다, "'칭의' 이후에 '의'를 행하지 않는 것은 '칭의'와 관련 없는 '의'이며, 이는 곧바로 개신교 사상인 '성화'에서 스스로를 드러낸다. '칭의'와 '성화'의 부적절한 분리는 개신교에 세상에서의 삶을 고려하지 않는 복음, 그리고 복음을 잊어 버린 삶에 대한 염려를 유산으로 남겨주었다"(O'Donovan, *Resurrection and the Moral Order*, 254).

39 David A. deSilva, *Transformation: The Heart of Paul's Gospel* (Bellingham, WA: Lexham, 2014)는 바울은 복음을 변화라고 생각했다고 주장한다. 그는 복음이 주는 자유와 관련 복음의 변화에 대해 논의한다. 이 자유는 그리스도 안에서 새로운 사람이 되게 하는 것이며, 새로운 방식으로 서로 관계를 맺을 수 있는 것이

이 질문을 직접 다루는 유용한 책 중의 하나가 로저 몰랭의 Matthew and Paul: A Comparison of Ethical Perspectives이다.[40] 몰랭은 바울과 마태복음의 윤리적 가르침을 신중히 분석하며, 둘 사이에 분명한 관점의 차이가 존재하지만, 첫인상처럼 단순하지 않다고 말한다. 몰랭은 바울과 마태가 "그리스도인의 삶의 본질에 대한 다소 다른 견해"를 나타내지만, 서로 모순되지 않으며, 둘 모두에 율법과 은혜의 두 요소들이 있음을 관찰한다.[41] 마태복음이 하나님의 뜻을 행하는 것에 기반한 제자로서의 삶을 강조한다면, 바울은 "그리스도 안에 있는 하나님의 은혜에 대한 헌신과 감사의 반응으로 사는 것"을 강조한다.[42] 둘 모두 예수님을 모방해야 할 모본으로 여긴다. 그러나, 마태에게 예수님은 의의 모범이며 바울에게 예수님은 자신을 내어주는 사랑과 섬김의 모델이다. 몰랭에 따르면, 바울과 마태 사이의 관점과 강조점의 차이에는 사회적, 대립적, 장르적 차이를 포함하는 몇 가지 서로 다른 배경 요소가 있다.[43] 몰랭의 연구가 많은 도움이 되는 통찰력을 제공하지만, 내가 보기에는 그는 실제보다 더 바울과 마태 사이의 차이를 주장한다. 그들이 서로 다른 상황에서 글을 쓰고 있다는 점과 그들이 여러 요점들을 다른 방식으로 표현한다는 것도 사실이다(예를 들어, "의"의 의미를 다르게 표현한다). 하지만, 몰랭이 보지 못하는 것은 마태와 바울이 모두 유대적, 그리스-로마 미덕 윤리 개념 안

며, 하나님의 통치를 증거 할 수 있도록 세상의 법에서 벗어나는 자유이다.

40 Roger Mohrlang, Matthew and Paul: A Comparison of Ethical Perspectives (Cambridge: Cambridge University Press, 1984). 또한, Dan Via, *Self-Deception and Wholeness in Paul and Matthew* (Minneapolis: Fortress, 1990; repr., Eugene, OR: Wipf & Stock, 2005)는 마태복음과 바울의 생각 사이의 관계를 자기 기만과 온전함의 개념을 사용하여 보다 실존적 관점에서 다룬다.

41 Mohrlang, *Matthew and Paul*, 127.

42 Ibid.

43 그는 일곱 가지 사항을 나열한다: 사회적(다른 지역 사회에서 살기), 대립적(다른 사회상황), 동기 부여적(윤리가 동기 부여되는 방법), 심리적(인간 본성의 다른 개념), 기독론적(선생으로서의 예수님 대 최상의 은혜의 예로서 예수님), 문학적 장르와 해석적(마태복음은 유대인과 이방인 공동체의 일부이다) (Ibid., 128-31).

에서 글을 쓰고 있다는 것이다. 만약 우리가 두 사도 모두 그리스도인의 삶의 목표를 오는 하나님의 나라안에 있는 그리스도 중심적 참된 인간 번영에 두고 있음을 이해한다면, 말하는 방식과 강조의 차이점은 오히려 상호 보완적인 것으로 볼 수 있을 것이다.

최근 높이 평가받는 존 바클레이의 중요한 책인 바울과 선물은 다른 각도에서 이 질문에 접근한다.[44] 이 상세한 연구를 간단히 스케치하는 것은 해서는 안되는 일일 것이다. 바클레이는 고대의 성경적 선물 혹은 은혜에 대한 개념이 필연적으로 받는 사람 쪽에서의 일종의 상호교환성을 수반한다는 것을 설득력 있게 보여 준다. "완전히 무료"인 선물이라는 개념이 발전된 현대 서구를 제외한 고대 여러 문화와 현대 세계의 여러 곳에서 선물 기증이나 은혜는 관계적 용어로 이해된다. 베푸는 자와 받는 자는 종종 평등하지 못한 상태이며, 선물은 종종 부조리한 방식으로 조장되며, 상호교환성은 선물에 대한 순전한 보상이나 그것과 동등한 것으로 간주되지 않는다. 그럼에도 불구하고, 은혜나 선물을 베푸는 것의 관계적 (성경적 관점에서 "언약적") 본질은 감사함, 충성심, 신실성 등의 응답을 수반한다.[45]

바클레이의 말을 빌리자면 바울을 비롯한 성경에서 은혜는 "무조건인 (unconditioned)" 것이지 "무조건적인(unconditional)" 것이 아니다.[46] 롬 6:1-23; 고후 6:15:9-10; 갈 5:13-26; 엡 2:8-10; 빌 2:12-13등은 "무조건인, 그러나 무조건적이지 않은" 하나님의 급진적 그리스도 중심의 시작된 은혜/선물에 대한 이해를 보여준다.

---

44 John M. G. Barclay, *Paul and the Gift* (Grand Rapids: Eerdmans, 2015).

45 후원자-수혜자 문화와 명예-불명예 문화(구약과 신약의 문화와 같은)에서 선물을 주는 것은 사회적으로나 경제적으로 사회의 보편적인 친목의 역할을 하며, 수혜자의 충성과 감사의 상호성을 포함한다. 예를 들어, David deSilva, "Honor and Shame," DNTB, 518-22의 유익한 논의를 참조하라.

46 Barclay, *Paul and the Gift*, 492.

이는 또한 바울과 마태복음 사이의 긴밀한 유사성을 이해하는 데 도움을 준다. 하나님의 은혜에 전심의 제자도로 반응하는 것을 구원으로 강조하는 마태복음은 결코 바울과 다르지 않다. 바울은 비슷하지만 다른 방식으로 하나님께서 은혜로 사람들을 그리스도의 텔레이오스한 형상과 일치하는 신실한 제자의 삶, 그리고 산 제사로 드려지는 삶으로 부르신다(롬 12:1-2). 비록 산상수훈 자체가 은혜를 드러내어 강조하지 않는다고 할지라도 마태복음의 미덕적인 제자도의 비전과 그리스도 안의 하나님의 은혜에 대한 바울의 강조 사이에 어떤 종류의 긴장된 관계가 요구 되는 것은 아니다. 또한, 이 미덕적인 선생님이 "죄사함을 위해" 자신의 피를 쏟아 내고(26:8), "자신의 백성을 그들의 죄에서 구하러" 오신 죄를 짊어지는 구원자로 보여지는(마 1:21) 마태복음 전체의 문맥을 고려하면 이것이 더욱 분명하다.

2장에서 논한 바와 같이, 산상수훈 주석가들은 비아티튜드를 하나님의 은혜에 대한 선언문 (주로 구원의 조건)으로 보는 자들과 혹은 종말론적 역전의 선포에 관한 선언으로 보는 자들로 나뉜다. 또한, 산상수훈이 부과하는 명령보다 하나님의 은혜가 앞선다는 사실을 강조하는 경우도 많다.[47] 이것은 옳은 것이고 사실이다. 하지만, 미덕적인 제자도의 부름은 바울과 마태복음의 은혜에 대한 개념에 실제로 충돌하지 않기 때문에 어떤 면에서는 불필요한 것이다.[48]

---

47 이 접근법의 한 가지 분명한 예는 알리슨이다. "도움이 명령 전에 온다"(Dale C. Allison Jr., *Studies in Matthew: Interpretation Past and Present* [Grand Rapids: Baker Academic, 2005], 198). 루츠는 비아티튜드의 명령과 은혜에 대한 해석 역사에 대한 훌륭한 요약을 제공하며 비슷하게 결론을 맺는다: "마태복음 전체의 이야기는 그의 비아티튜드를 '은혜의 길'로 만드는 은혜의 우선성으로 구조 지어진다. 예수님의 요구는 그의 공동체와 함께하고 도움을 주는 '임마누엘'의 요구이다"(Ulrich Luz, *Matthew 1-7: A Commentary*, rev. ed., trans. James E. Crouch, Hermeneia [Minneapolis: Fortress, 2007], 201).

48 도날드 해그너는 하늘 나라의 도래라는 은혜에 중점을 두면서 예수의 강한 명령을 해석하며 다음과 같이 결론 내린다, "심지어 바울도 주장한 것처럼 예수님의 가르침은 모든 진지함으로 받아들여야 한다. 그리고 산상수훈은 (바울과는 달리) 값싼 은혜의 복음을 옹호하는 바울주의에 대한 적절한 해독제로서 교회의 정경안에 세워져 있다. 신약의 복음은 복음이길 멈추지 않으면서 예수님의 엄격한 윤리를 위한 공간을 가지고 있다"(Donald Hagner, *Matthew 1-13*, WBC 33A [Nashville: Nelson, 1993], 191-92).

논지5: 미덕과 은혜는 대립하는 것이 아니라 화합하는 것이다.

앞선 논의와 밀접히 연결되는 반복적 내용이지만 분명해야 할 내용이기 때문에 간단하고 명료하게 논의하려 한다. 신약 성경에 기초한 기독교 신앙은 직설법과 명령법, 은혜와 미덕, 신적 선물과 인간의 실천 모두를 포함한다. 이것들은 대립하지 않고 화합한다. 그리스도를 통한 하나님의 은혜는 성령의 사시는 임재를 통해 죄 많고 영적으로 죽은 사람들을 살아나게 하고, 삼위 일체 하나님과의 새로운 언약적 관계로 인도한다. 이 직설법은 구원에 대한 존재론적이며 연대론적인 토대이다. 성품에 대한 신약 성경의 가르침은 아리스토텔레스의 가르침과 큰 중첩을 갖지만, 그리스 미덕 전통과 달리 하나님의 은혜가 전체 메시지를 떠받치며 지배한다. 라이트는 바울의 변화(transformation)에 대한 강조를 논의하며 다음과 같이 말한다: "아리스토텔레스와 달리 바울은 단 한순간도 도덕이 단순히 어떤 특정한 성품을 수용할지 말지를 결정하는 것이거나 어떠한 방식의 삶을 살거나 삶을 개혁하기 위한 자신 안의 역량과 힘을 발견하는 문제라고 생각하지 않는다."[49]

이 은혜/직설법 현실이 복음의 출발점이다. 하지만, 이것이 이야기의 전부는 아니며 전체 복음도 아니다. 이 직설법은 변증법적이며 명령법과 상호 유익의 관계에 있다. 하나님이 먼저 일을 시작하시고, 그의 창조물들은 구속을 받으며 (고후 5:17에서는 "새 피조물"이라고 부름), 신실함과 순종으로 반응하라는 부르심을 받는다. 그들은 참된 섬김의 종으로 이전되고(롬 6:1-23), 그들이 경험한 하나님 나라에 충성하도록 부름 받는다(골 1:13). 믿는 사람들은 성령과 성령의 은사를 함께 받으며, 이제 그들은 "성

---

49 Wright, *After You Believe*, 137.

령으로 살고" 열매를 맺도록 부름 받는다(갈 5:22-24).[50] 이것은 모두 은혜이다.

주로 바울의 개념과 용어로 말하였지만 이는 마태복음이 대체적으로 믿음을 제자도로 묘사하는 방식과 완벽히 양립한다. 산상수훈과 마태복음은 그리스도인의 믿음은 세상에서 가장 지혜롭고 참된 길을 가르치는 선생인 예수님을 따르고 그에게 배우고 그와 같이 되는 것으로 이해한다. 그렇기 때문에 신약 성경이 시작되는 곳과 신약 성경 대부분의 분량은 전기문, 예수님의 삶, 그리고 사복음서로 구성된다. 기독교는 책이나 신학적 개념에 그 중심이 있는 종교가 아니다. 오히려 한 인격, 즉 하나님-인간이신 예수 그리스도를 중심으로 한 종교이다. 기독교의 근본이 되는 책인 복음서는 예수님의 제자가 되려는 사람들을 배움과 실천적 삶으로 초대하기 위해 예수님의 전기적 장르로 기록된다.[51] 예수님은 분명히 모방을 위한 윤리적 모델로 제시된다. 이것이 예수님을 신적존재보다 못한 존재로 만들거나 복음서의 기독론적 주장을 축소시키거나 은혜와 모순되게 만드는 것은 아니다.

조나단 윌슨은 미덕 윤리 접근방식은 하나님의 은혜와는 별개로 인간의 능력과 업적을 나타내기 때문에 오히려 은혜에 대해 말해야 한다고 주장하는 일부 사람들의 신학적 반대 의견을 설명한다.[52] 윌슨은 기독교 미덕 윤리는 자기 정당화에 대한 인간의 성향과 하나님의 은혜에 대한 필요성의 부정에 신중 해야하며 이러한 경고를 들어야 한다고 현명하게 인정한다. 그럼에도 불구하고, 윌슨은 기독교 미덕 윤리가 하나님의 주권

---

50 라이트가 이를 잘 요약한다-"성령의 아홉 가지 열매를 포함한 그리스도인의 미덕은 하나님의 선물이며 믿음의 사람이 이 삶의 방식과 이 가슴과 마음의 습관을 기르기 위한 의식적인 결정의 결과이다"(Ibid., 197).

51 이와 관련해 다음을 보라, Jonathan T. Pennington, *Reading the Gospels Wisely: A Narrative and Theological Introduction* (Grand Rapids: Baker Academic, 2012); Allison, *Studies in Matthew*, chap. 7.

52 Wilson, *Gospel Virtues*, 34-35.

적 은혜를 인지하며 동시에 은혜에 따른 행위와 은혜가 인간 삶에 나타나는 방식을 설명할 수 있다고 올바르게 지적한다. 하나님의 은혜의 기반 위에 세워지고 인간의 죄와 성령의 역사의 필요성을 인식하는 그리스도인의 미덕 윤리는 "복음을 증거하는 기독교인의 삶의 실천적 양식으로 우리를 인도한다 - 이는 성령을 통한 하나님의 은혜로 가능하게 된다."[53] 그리고 미덕 윤리는 개인을 위해서뿐만 아니라 교회를 위해서도 중요하다. 왜냐하면 "교회를 이러한 미덕을 구현하고 형성하는 공동체로 인도"하기 때문이다.[54]

찰스 탈버트 또한 직설법과 명령법의 관계, 특히 마태복음과 제자도가 이 문제와 어떻게 관련되어 있는지에 대한 유용한 통찰력을 준다. 여러 학자들이 직설법과 명령법을 다양한 방법으로 서로 부합하게 하려 노력해 왔으며 일부는 서로 상충하는 것으로 또 다른 일부는 한 방향 혹은 다른 방향을 향한 암묵적 또는 명시적인 계층 관계가 있다고 정리한다.[55] 그는 다음과 같이 결론 내린다, 마태복음의 이해는 "구원론적 율법주의 또는 율법주의적 신율주의가 아니다. 바울처럼 마태복음의 구원론은 처음부터 끝까지 은혜에 기인한다."[56]

또한, 탈버트는 이 지배적인 "신적 직설법"은 "신적 실행 능력성"을 동반

---

53 Ibid., 35.

54 Ibid.

55 찰스 탈버트는 그의 파이데이아 마태복음 주석에서 윌리 막센, 페트리 루오마넨, 로저 몰랭, 율리히 루츠, 데이빗 시리, 휴버트 프랭크몰, 데이빗 쿱의 관점을 정리한다(Charles Talbert, *Matthew* [Grand Rapids: Baker Academic, 2010], 9-12). 더 많은 논의를 다음에서 볼 수 있다 Talbert, *Reading the Sermon on the Mount: Character Formation and Decision Making in Matthew 5-7* (Grand Rapids: Baker Academic, 2006), 4장, "Is Matthew a Legalist? Enablement of Obedience in Response to the Sermon."

56 Talbert, *Matthew*, 27. 카리 시리니도 비슷하게 산상수훈의 명령과 은혜에 관한 마태복음의 가르침의 다른 측면들을 엮는다: "예수님의 말씀을 행하는 것만이 중요하다고 강조하면서 그는 이것이 쉬운 멍에였다고 주장했다(11:28-30). 그리고 제자는 의를 찾고 추구해야한다는 것을 강조하면서 그는 또한 찾는 이가 찾을 것이라고 단언했다(6:33; 7:7-11)" (Kari Syreeni, *The Making of the Sermon on the Mount: A Procedural Analysis of Matthew's Redactoral Activity* [Helsinki: Suomalainen Tiedeakatemia, 1987], 219). 율법과 은혜는 함께 건강한 현실을 만든다.

하며, 이것이 이 두 가지가 함께 어울리는 방법이라고 설명한다. 예수님의 제자들은 단지 모방하기 위해 부름을 받은 것이 아니다. 하나님이 시작하고 지탱하는 일을 통해 그렇게 실행 할 수 있도록 부름 받는다. 이 실행 능력성은 예수님의 임재 안에 있는 것으로 가능하다. 하나님은 예수님 안에서 우리와 함께 계시며(마1:21), 예수님과 함께하는 것은 변화를 가져온다.[57] 탈버트는 이 신적 임재를 통해 변화시키는 제자도의 개념은 "신의 임재가 자아의 변화를 일으킨다는 지중해 지역의 일반적인 믿음에 대한 철학적 변형물이며, … 그러한 (신의 임재의) 모든 사례는 비전에 의한 인간의 변화를 수반한다"고 말한다.[58]

지금까지의 논의들을 통해 내가 주장하고 있는 요지는 이미 오래전에 어거스틴에 의해서 잘 표현되었다.[59] 어거스틴은 그리스 전통의 유다이모니아 행복주의에 분명히 정통했으며, 윤리의 목표는 인간의 번영/행복이라는 것과 그것이 오직 최고의 선(summum bonum)의 안정적인 소유를 통해 얻을 수 있다는 것에 동의하였다. 이 행복주의에 대한 그의 철저한 기독교적 이해는 더욱 특별하게 행복은 최고의 선이며 변함없는 선이신

---

57 탈버트는 다음과 같이 주장한다, 하나님께서 그의 백성과 함께하신다는 강한 구약 배경을 고려해 마태복음이 "'너희와 함께' 또는 '너희 가운데에'라는 공식을 사용하는 것은 하나님이 앞서 실천을 가능하게 하시는 행위(직설법), 즉 개인들이 그들 앞에 놓인 일을 행할 수 있도록 힘을 주시는 행위를 말하는 것이라고 결론을 내려야한다. 이것은 또한 마태복음의 성령론이 저개발된 이유를 설명 할 수 있다. 이 공식(너희와 함께/너희 가운데에)은 덜 명백하지만 그의 백성들 사이에서의 하나님의 활동을 말하는 대안이다" (Talbert, *Matthew*, 16).

58 Ibid., 21. 탈버트는 그의 산상수훈 주석에서 이 효과에 대한 그리스 철학자들의 몇가지 예문을 보여준다. 다음을 보라, Achilles Tatius, *Clitophon Leucippe* 5.13 ("시각으로 인한 쾌락은 눈으로 들어 와서 가슴에 그 집을 만들고; 그것으로 영원한 이미지를 만들며 … 영혼의 거울에 그 이미지를 새겨 넣어 남겨진다"), 그리고 Philo, Rewards and Punishments 114 ("귀한 모델을 계속 응시 하는 것은 완전히 딱딱하고 돌 같지 않은 영혼에 그들의 모습을 각인시킨다") (Talbert, the Sermon on the Mount, 43) . 이 개념에 대한 더 많은 증거는 줄리아 아나스의 플라톤의 미덕 개념 논의에서 찾아 볼 수 있다. 플라토닉 사상에서 미덕은 신과 같이 되는 것이며, 행복을 결과로 갖는 것이 아니다(아리스토텔레스와 그리스 전통과 마찬가지로), 오히려 "미덕은 인간의 삶을 다른 종류의 무언가로 변화시킨다" 즉 신과 같이 변화시킨다(Julia Annas, *Platonic Ethics: Old and New* [Ithaca, NY: Cornell University Press, 2000], 53).

59 다음의 주석은 Christian Tornau, "Happiness in This Life? Augustine on the Principle That Virtue Is Self-Sufficient for Happiness," in Rabbås, Emilsson, Fossheim, Tuominen, *Quest for the Good Life*, 265-66의 간결한 논의에 기반한다.

하나님을 소유한 사람에게만 성취될 수 있다는 것을 의미한다. 더욱이 어거스틴은 전통적인 행복주의와는 달리 궁극적인 행복은 부활 이후의 축복의 삶에서만 경험될 수 있다고 말한다. 또한, 어거스틴은 경건한 미덕의 추구를 요구하는 인간 번영은 그 자체로 은혜의 선물이라는 점을 강조한다. 인간이 자신의 능력을 통해 행복을 얻는 것은 불가능하며 자신의 공로를 통해 구원받은 사람도 없다. 그렇지 않으면 은혜가 은혜 되지 못한다. 따라서 우리는 어거스틴을 통해 번영을 위해 필요한 그리스도인의 미덕의 상호수반성에 대한 강력한 이해를 갖으며, 모든 것이 데이도눔, 즉 하나님의 선물이라는 것을 알게 된다.[60]

이 모든 것의 요지는 마태복음의 비전에 대한 올바른 이해가 마태복음이 "의롭다"고 부르는 것과 우리가 "미덕"이라고 부르는 신실한 제자도가 하나님의 선제적 그리고 지속적 은혜와 완전히 양립 할 수 있음을 볼 수 있게 한다는 것이다.[61] 이 두 가지는 산상수훈의 궁극적인 목적인 예수님을 따르는 자/모방하는 자가 된다는 것이 무엇을 의미하는지에 대한 비전으로 합쳐진다.

논지6: 성경적 인간 번영은 하나님의 구원 사역의 의미와 형태에 중요한 통찰을 제공한다.

마지막으로 이 책이 제안하는 산상수훈의 해석에 대한 주요 공헌은 인간의 번영이라는 성경의 주요 주제를 강조하고 이것이 어떻게 하나님

---

60 개혁파는 그들의 어거스틴에 대한 이해를 의식적으로 모델링했으며, 나는 이 어거스틴 주의자들의 균형을 재발견해야 한다고 제안한다. 왜냐하면, 특히 후기의 복음주의는 때때로 종교개혁 때 존재했던 긴장감을 잃어 버린 축소된 형태를 나타내기 때문이다.

61 비아는 다음과 같이 말한다: "마태는 가장 직접적으로 마음을 변화시키는 복음에 기반하여 윤리를 형성한다. 은혜는 힘으로서 내적 존재와 윤리적 행위를 가능하게 한다(13:14-17, 23, 19:25-26, 20:28-34). 그러므로 인간 스스로 하는 것이 아니다. 은혜로 인해 변화된 인간, 즉 마음으로부터의 순종에 대한 하나님의 요구를 성취 할 수 있다고 여겨지는 인간이 하는 것이다" (Via, *Self-Deception and Wholeness*, 134).

의 구원에 대한 성경적 강조와 일치를 이루는지 생각해 볼 수 있게 한 것이다.

성경에는 하나님의 구속/구원 사역을 묘사하는 풍성한 은유들이 있다: 구원, 구속, 양자됨, 변화, 영광에서 영광으로, 그리스도와의 연합, 새로운 피조물, 새창조, 그리스도 안에 (있음), 천국에 들어감, 하나님의 성전으로 이어짐, 하나님의 집으로 지어짐, 새로운 인류등. 피조물을 위한 하나님의 사랑의 다양한 측면의 역사를 포괄적으로 요약하는 하나의 은유는 없다. 많은 신학 체계들의 약점과 공통적인 문제는 통합효과이다. 우리를 위한 하나님의 일이 하나의 개념화 혹은 은유들의 집합으로 틀 지어지고 받아들여진다. 그러나 인간 본성, 인간 경험, 및 하나님 자신의 복잡성은 진실하고 상호 호환되는 다양한 은유의 사용을 필요로 한다.

"인간 번영"이 성경의 메시지를 묘사하는 유일한 은유는 아니다. 하지만, 이는 다시 그 높은 지위를 회복해야 하고 성경의 모든 메시지에 통찰력을 주는 하나님의 일을 묘사하는 한 방식이다. 구체적으로 말하자면, 인간 번영의 개념은 성경의 다른 여러 주제와 이미지를 묶는 아주 포괄적인 것이다. 이는 하나님의 창조와 구속의 역사가 궁극적으로 무엇에 관한 것인지를 이해하게 하는 틀을 제공한다. 이는 고대 세계의 철학자와 왕의 중첩되는 범주를 이해할 때 더 많이 볼 수 있다. 철학자와 왕의 범주의 중첩은 인간 번영에 대한 예수님의 가르침이 동시에 하나님의 나라에 관해 가르치고 있는 것임을 보여준다. 또한, 신학적 개념으로서의 인간 번영은 성경의 많은 대립성, 특히 은혜와 미덕, 그리고 믿음과 제자도가 어떻게 상호 대립되는 긴장관계에 있으면서도 함께 존재할 수 있는지를 이해하도록 도와준다.

누구라도 균형을 잃고 상호 대립되는 부분의 한쪽만을 강조하다 보면 쉽게 실패 할 수 있다. 기독교 인간 번영 신학이 이와 같은 경우이다. 앞서 언급 한 바와 같이, 교회는 성경적인 인간 번영에 대한 명확한 이해를 거의 잃어 버렸다. 대부분의 이유는 종말론, 하나님의 나라의 최종 상태, 그리고 새창조에 대한 바른 강조의 부재이며 이 강조들과 고대 철학과의 연관성을 잃어 버린 것이다. 나의 견해로는 교회가 산상수훈을 면밀하고 신중하게 읽는다면 하나님의 구속 사역 안에 있는 인간의 번영이라는 심오하고 충만한 주제를 회복하는 데 도움을 줄 것 이라는 것이다. 스테판 포프의 언어를 빌리자면, 우리는 "수직주의적" 또는 "수평주의적" 기독교인들중 하나만 되어서는 안된다. 수직적인 그리스도인들은 하나님의 구원 역사에 대한 그들의 이해를 그리스도 안에 바르게 뿌리 내린다. 하지만, 인간 번영은 오직 영원한 구원 뿐이라고 이해한다. 수평적 그리스도인들은 인간 번영을 모든 억압으로부터의 해방이라고 여긴다. 포프는 영적 실제의 우선성과 실생활에 관련한 일을 통합하는 세 번째 방법이 필요하다고 주장한다. 그리스도의 성육신이 이 모든 것의 기반이다. "인간 번영은 사회적이고 유물론적일 뿐만 아니라 도덕적이고 영적이며, 일시적일 뿐만 아니라 영원하다."[62]

부활승천하신 구세주의 재림을 기다리는 교회와 예수님의 제자들은 현재 그러나 아직 온전하지 않은 인간 번영의 경험으로 그들을 인도하는 세상에 존재하는 한 방식으로 초대된다. 하나님은 세상을 그의 창조물들을 위한 생명과 평화의 장소로 창조하셨으며 그들이 세상에 번영을 가져오는 일에 참여 할 수 있도록 힘을 북돋아 주신다. 예수님은 청중들을 다가오는 그의 번영과 생명의 나라로 초대하는 지혜자이자 왕이다. 산상수훈이 이 메시지의 중심에 있다. 어떤 학자가 말한 것처럼, 모세의 율법은 유대 민족의 역사를 형성했지만, 그에 못지 않게 그리고 그보다

---

62 Stephen J. Pope, "Jesus Christ and Human Flourishing: An Incarnational Perspective," 소논문 발표 Yale Center for Faith and Culture, available at http://faith.yale.edu/sites /default/files/pope_christ_and_flourishing.pdf.

더 "산상수훈은 그 안에 하나님의 백성의 역사, 우리의 개인적인 역사, 그리고 모든 인류의 역사를 창조하고, 인도하고, 변화시키는 잠재력을 가지고 있다."[63]

---

63 Servais Pinckaers, *The Pursuit of Happiness—God's Way: Living the Beatitudes*, trans. Mary Thomas Noble (Eugene, OR: Wipf & Stock, 1998), 12.